近代ドイツの歴史

―18世紀から現代まで―

若尾 祐司/井上 茂子 編著

ミネルヴァ書房

まえがき

本書は、『ドイツ近代史――一八世紀から現代まで』（木谷勤・望田幸男編著、ミネルヴァ書房、一九九二年）を改訂する話から始まった。前著は、関西の研究者を中心に、一八世紀から現代までのドイツ史を、「屈折のナショナリズム」「後発資本主義国の工業化が経済・社会・政治体制の間に引き起こすきしみとジレンマ」「権威と自由の相克とジレンマ」という三つの視点から描いた通史であった。また、興隆著しい社会史研究の最新成果を各章末尾の節に盛り込み、補章で戦後西ドイツの歴史学論争を紹介して、読者に「ドイツ近現代史の見方ととらえ方」の認識を深めてもらうよう工夫した。このような特徴を備えた前著は、簡便な大学生用テキストとして好評を得たと思うが、ここ一〇年間あまり、再統一後のドイツ社会の変容とEU統合というヨーロッパの激動を目の当たりにして、最新の歴史研究の成果を取り込み、前著で不十分だった点を補足・修正し、次第に変化する日本の学生気質にあった本にする必要性が生じた。そこで、同じ期間を七章から十二章に組み直し、編者と執筆者をほぼ全面的に入れ換え、以下の点を充実させた近代ドイツ通史を新たに作ることにした。それが本書である。

前著と比べて本書がまず取り組んだのは、「戦後史の拡充」である。前著で批判を受けていた東ドイツ（ドイツ民主共和国）史の不足を是正し、西ドイツと東ドイツを同等に扱う記述に書き換え、さらに、再統一後のドイツの状況に一章を与えた。結果的に戦後史の分量は拡大し、読者の要望に沿う形になったと思う。

第二に、「人々はその時代をどのように感じ、生きたのか」の問いに答えられるような、「日常史的観点からの記述」を加味した。それは社会史研究の領域が、政治史・事件史を超えた「社会経済史中心の社会史」から、人々の行動様式・生活文化・心性を重視した「広義の文化史としての社会史」へと拡大している現状に沿った方向性である。この点を反映しているのが、本書の前半部分の章立てであろう。きっちりした年代記的な章立てにはなっておらず、同じ時期を複数の章で扱い、一つの時代を視点をずらしつつ眺めることによって、ドイツ史を重層的に分析することを試みた。

第三に、どこまでがドイツか、という線引き自体が歴史を作ってきたドイツ史の特徴（付図を参照）を考え、本書は一国史観を超えたトランスナショナルな発想で、「ドイツ語圏・中欧・ヨーロッパ・世界の中にあるドイツ」を意識した記述を試みた。例えば、市民革命・産業革命・国民国家形成のうねり・帝国主義・世界大戦・ファシズム・冷戦・経済成長と文化変容・東欧社会主義ブロックの崩壊など、ドイツの歩みに大きな影響を与えたヨーロッパおよび世界の時代状況を強く意識して、ドイツ史を描こうと試みた。章の記述でこのことが十分に表現できない場合（オーストリア史への言及など）は、コラムで補った。

最後に「読みやすい歴史」である。ドイツ人研究者が書く歴史書は、一般に初学者に読みにくい。抽象的な概念用語が頻出し、言葉遣いが専門的で、図表・写真などのビジュアル資料が乏しく文字で埋めつくされ、ページ数が多いからである。日本のドイツ史研究者もこの傾向があり、今時の学生にはドイツ史は取っつきにくいものになっていた。本書では、写真・図表などを各節に最低一つ取り入れ、各章に年表を配置し、章の数は増やしても各章の分量は減らして、大学一、二年生が理解できるような表現と読みやすい外観を心がけた。そしてそれが知的レベルの低下を招かないように、各章の内容に関連し、読者の知的好奇心を刺激するようなテーマをコラムにして、各章に配置した。

以上の試みが成功しているかは、読者に判断してもらうしかない。ドイツ通史が複数存在しているなかで、本書が一人でも多くの読者の目にとまり、ドイツ史ひいてはヨーロッパ史や世界史への興味と理解を呼び起こすことができれば、執筆者一同の喜びとするところである。完成が予定より一年遅れたが、最初の改訂の話から新著完成まで多数の執筆者をとりまとめ、編者の苦況時を救ってくれたミネルヴァ書房の冨永雅史氏に心より感謝する。

二〇〇五年三月一五日

若尾祐司
井上茂子

近代ドイツの歴史

——一八世紀から現代まで——

目次

まえがき

第Ⅰ部　ヨーロッパ旧体制下の農村と都市

——一八世紀のドイツ——

第一章　領邦国家体制

神寶秀夫

「全世界の中心で君臨するヴュルツブルク司教」
（ヴュルツブルク司教領宮廷・階段の間）

1618	三十年戦争開始（～48年：ヴェストファーレン条約締結）
1640	イギリス清教徒革命開始（～60年）
1643	ルイ14世即位（親政：1661～1715年）
1656	ゼッケンドルフ『ドイツ諸侯国家』刊
1666	オーストリア,「商務合議制官庁」設置
1667	プーフェンドルフ『ドイツ帝国の状態に関して』刊
1701	プロイセン公国，王国となる
	スペイン継承戦争開始（～14年）
1713	フリードリヒ・ヴィルヘルム１世，プロイセン王即位（～40年）
	皇帝カール６世,「国事勅書」発布
1714	スチュアート朝の断絶によりハノーファー朝成立
1723	プロイセンで軍事・御料地財務総管理府設置
	バッハ，ライプツィヒの聖トーマス教会合唱長就任（～50年）
1727	プロイセンのハレ，フランクフルト・アン・デア・オーデル両大学において官房学講座設置
1733	ポーランド継承戦争開始（～35年）
	プロイセンでカントーン制（徴兵区制）成立
1740	フリードリヒ２世（大王），プロイセン王即位（～86年）
	マリア・テレージア，ハプスブルク家領・オーストリア大公位相続（～80年）
	オーストリア継承戦争開始（～48年：アーヘン和約締結）
1742	バイエルン選帝侯カール・アルブレヒト，皇帝即位（～45年）
1744	オーストリア，シェーンブルン宮殿完成
1745	プロイセン，皇帝フランツ１世即位（～65年）を承認し，シュレージエンを領有
	プロイセン，サンスーシ宮殿造営開始
1749	マリア・テレージアの軍事改革，財政改革
1756	七年戦争開始（～63年）
1763	プロイセン，一般ラント学事通則制定（義務教育）
	ザクセン，就学義務令発布
1765	ヨーゼフ２世，皇帝即位（親政：1780～90年）
1770	オーストリアの各領邦首都に師範学校設立
1771	飢饉，ジャガイモ栽培の奨励へ
1775	アメリカ独立革命開始（～83年）
1778	バイエルン継承戦争開始（～79年）
1781	オーストリア，領主裁判権の制限，寛容令，修道院領没収
	カント『純粋理性批判』刊
1788	ヨーゼフ２世，最後のトルコ戦争開始（～91年）
1789	フランス革命開始
1792	マインツにてドイツ最初の共和国成立（～93年）
1806	ライン連盟成立
	神聖ローマ帝国消滅

1　旧帝国、世界システムおよびヨーロッパ諸国家体系

一六世紀の宗教改革期から一七世紀の三十年戦争を経て一八／九世紀まで、近世のドイツは絶対主義の時代であった。この時代は、君主の意思が法律の根拠であった神授王権的な前期と、君主の命令がますます「公共の福祉」理念に拘束され、君主個人から国家がいっそう分離していった啓蒙主義的な後期に分かれる。後期は近代への移行期でもあるが、他のヨーロッパ大陸諸国と同じく「旧体制」の下にあった。君主制がとられ、身分制的秩序が維持され、領主制の下に農民が人口の八割程度を占めた。都市では自由な経済体制を阻む、ツンフト（＝同職組合）強制の下に手工業が営まれていた。そのうえ、ドイツでは国民国家形成が遅れ、国制の基本的な枠組みが領邦国家（近世日本の藩に相当）にあった。本章では、この領邦国家の体制をみていく。

「ドイツ国民の神聖ローマ帝国」

一八世紀のドイツは「ドイツ国民《ナチオーン》の神聖ローマ帝国《ライヒ》」（一八〇六年まで存続）と呼ばれ、九六二年に創建された「神聖ローマ帝国」の名称を引き継いでいた。この帝国は、中世には理念の上で西ヨーロッパ全域を指していた。一五一二年に「ドイツ国民の」という語がつけられ、それ以降、しだいに今日のドイツに近い国になった。ただし、この「国民」は「民族」を意味してはいなかった。一八世紀になっても帝国はオーストリア、チェコ、またポーランドの一部などを含んでいた。いまだ固定した一つの首都はなく、全「国民」にかかわる共通の政治もなく、共通の歴史もわずかであった。あるのは地方ごと、領邦国家ごと、地域ごとの独自性であり（「地域主義」）、多数の宗派であり、文化であった。

たしかに帝国の統治機関はあった。その代表が「帝国改造」の一環として創設された帝国管区《クライス》（一五一二年に一〇個）と帝室裁判所《ライヒスカマーゲリヒト》であり、一五四九年に確立した帝国宮廷法院《ライヒスホーフラート》である。だが管区内の平和維持や軍事防衛のために創設された帝国管区制も、三十年戦争後になると、管区会議の開催数が年平均一回を超えるのはフランケン管区とシュヴァーベ

ン管区のわずか二つとなる。対して、二つの帝国裁判所は、領邦君主と領邦等族（九頁参照）との紛争、とりわけ領邦国家間の紛争を調停・仲裁する機能を維持することができた。帝国は主権的な権力国家ではなく、「怪物に似た団体」、より適切には、皇帝をいわば盟主とする諸侯の平和・法同盟であった（ザムエル・プーフェンドルフ『ドイツ帝国の状態に関して』）。一八世紀の日常語で帝国とは西南ドイツの別称でしかなかった。

こうした帝国の人口や階層構成はどうであったのか。近年の研究によると、一五〇〇年には約九〇〇万人、一六二〇年には約一六〇〇万人、一六五〇年には約一〇〇〇万人、一七〇〇年には約一四〇〇万人、一七二〇年には約一五〇〇万人、一七五〇年には約一七〇〇万人、一八〇〇年には約二二〇〇万人と推定されている。三十年戦争で約三分の一が失われた人口（三十年戦争による人口減については議論のあるところであるが、依然として三分の一減という推定が有力である）は、約一世紀をかけて元の状態にもどり、一八世紀の後半はさらなる増加率を示している（「人口革命」）。これは、領邦政府によるジャガイモ栽培など、食糧事情の改善や疫病の抑制により、度重なる飢饉にもかかわらず、死亡率、特に乳幼児死亡率が低下したためである。

身分制――等族制

さて、近世ドイツの社会は、依然として身分制により秩序づけられていた。中世盛期の三身分制（「祈る者」、「戦う者」、「働く者」）に対し、近世は、以下に述べる貴族、聖職者、市民、農民からなる四身分制社会であった。人々はどの出生身分に属するかによって社会的な地位や声望がほぼ決定されていたのである。だが、次第に身分の格差と経済の格差が一致しなくなり、一八世紀後半には社会的な不満が増大していった。

①貴族。頂点に位置していたのが皇帝である。彼は原則として選帝侯により選出されたが、現実にはアルブレヒト二世（在位一四三八～三九年）以来、一七四二～四五年を除き、ハプスブルク家のオーストリア大公により世襲されていた。彼に続く貴族は、帝国直属貴族と領邦貴族とに二大別される。前者はさらに、帝国議会に議席を有し投票することのできる帝国諸侯＝領邦君主と、個人としてはそうした権利を持たない帝国騎士とに分かれる。一七九二年の「帝国登録

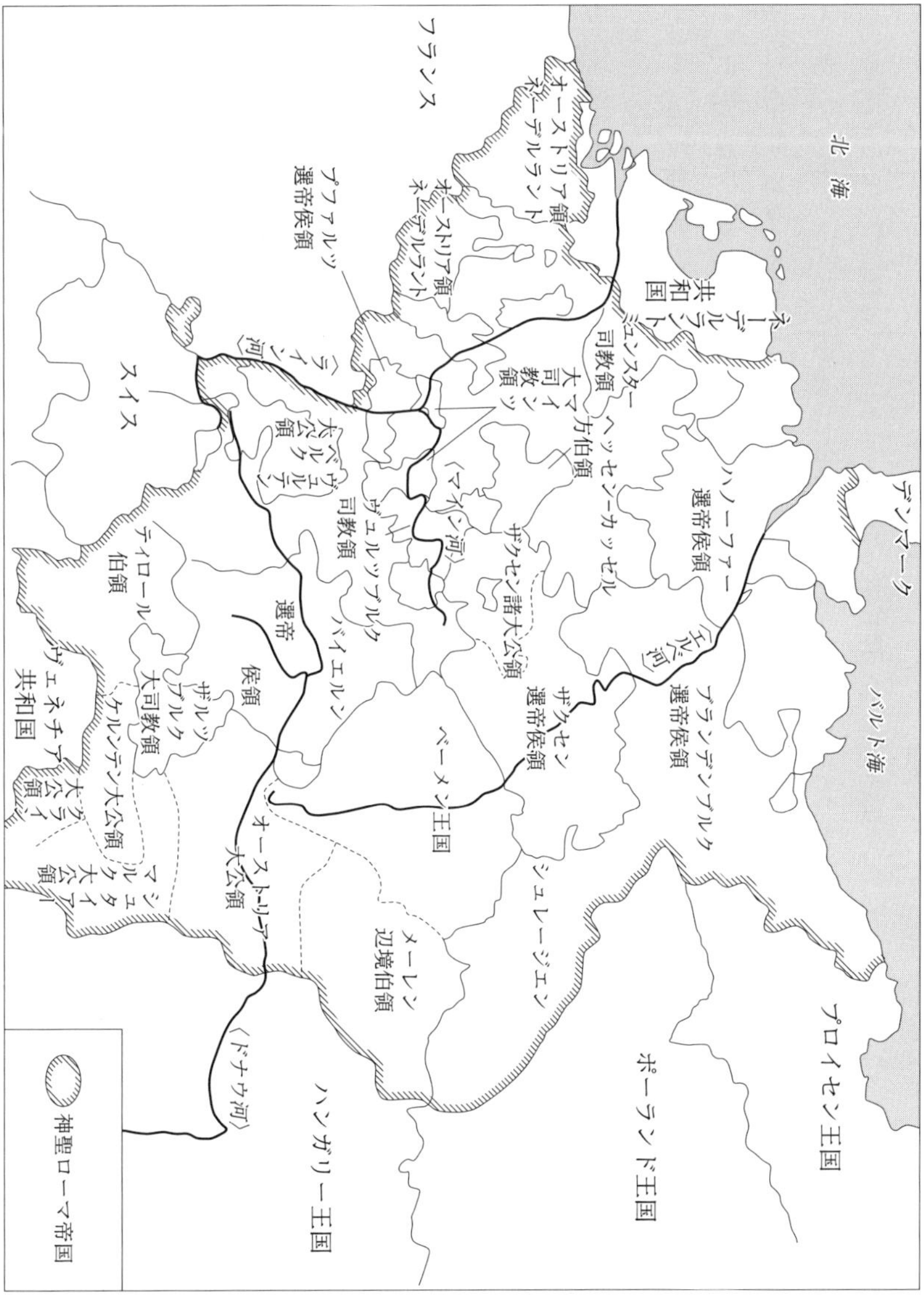

図1-1　18世紀末の中欧

簿」によると、帝国に直属する「帝国構成員」は二九四名――皇帝＝ドイツ王を選定する八名の選帝侯、七七名の聖界諸侯、一五八名の世俗諸侯、五一の帝国都市――おり、世俗の帝国諸侯は五名の選帝侯と一五八名の一般の世俗諸侯を合わせて一六三名いた。他方、領邦貴族は、諸侯宮廷の組織化に伴って宮廷への寄生の度合いを強めていく宮廷貴族と、地方貴族とに階層分化し、この地方貴族は、さらに地方官職に就く者と単なる農村貴族とに分化した（宮廷を核とする貴族の近世的序列化）。

これらの貴族は一八〇〇年頃で約二五万人（五万家系。プロイセン王国だけで約二万家系）おり、ドイツの全人口のなかで占める割合は約一・一％でしかない。そのうち領邦貴族は、諸侯以上に「流動化」の波にさらされており、例えばプロイセンの中核であるクールマルクでは、一五四〇年頃には二五九の貴族家系があったが、一八〇〇年頃までに一七六家系が断絶、移住、零落し、一四二家系が新貴族に叙せられていたのである。

②聖職者。公式的には彼らが第一身分である。宗教改革以降、おおよそ南部はカトリックに留まり、北部はプロテスタント（ルター派が圧倒的に多い）となり、アウクスブルクの宗教和議以降、領邦および帝国都市の住民の宗派は領邦君主および都市参事会だけが決定できた。プロテスタント領邦では、修道院領は没収され、聖職者はその土地所有権や政治的支配権を原則的に否定されて、領邦君主のいわば官僚となった。聖職者の間には大きな相違はなく、聖職者の出自はほとんど上層市民であった。

それに対してカトリック領邦においては、教会は依然として土地所有権や領主権を有していた（バイエルンでは領土の三分の二）。また聖職者の間の相違も大きく、高位聖職者は帝国直属貴族や領邦貴族出身であり、司教総代理や主任司祭以下は主に市民や農民出身であった。カトリック聖職者の頂点には聖界選帝侯（マインツ、ケルン、トリーアの各大司教）および諸侯（大司教、司教、大修道院長、女子大修道院長）がおり、一七九二年には八〇名を数える。聖職者が依然として領邦君主であったことがドイツの大きな特徴であり、しかも領邦君主の筆頭はマインツ大司教である。彼らに続くのが領邦等族の地位にある高位聖職者であり、その下に主任司祭、助祭が位置していた。カトリック教会はプロテスタント教会以上に人々の日常生活のなかに入り（洗礼、婚姻、ミサ、赦免、葬儀など）、修道院――特にイエズス会――は学校を経営し、貧民や病人の面倒を見ていた。

③第三身分の市民。ドイツの第三身分は全人口の一二～一五％しか占めていない。都市は帝国都市と領邦君主都市に区別され、前者の代表者は帝国議会に、後者の代表者は領邦議会に出席した。帝国都市は一七九二年には五一を数え、帝国への租税・軍事負担が大きかったが、二票の集合票を有したにすぎない。対して領邦君主都市の代表は居城都市である。中世都市と異なり、ここには諸侯の宮廷官僚として貴族が居住するようになっていた。

帝国都市、領邦君主都市の別なく、大都市の人口は二～五万人であったが、大半の都市の住民数はいまだ五〇〇〇人以下である。住民の大半を占めた市民は、市民権を持つ都市貴族、有力商人、公証人や中小商人、手工業親方と、市民権を持たない「下層市民」――職人や奉公人、日雇い労働者など――からなっており、しかも、市民権を持つ者のなかのごく一部が寡頭支配を行なっていたのであった。さらに居城都市では、この都市共同体（市民権を持つ者は半数）の外に領邦君主の直接支配の下に置かれた宮廷、官僚、軍隊が発展し（住民の約三割）、その結果、自治的な都市共同体の体制は崩れていったのである。

④第四身分の農民。人口の大半を占める農民はいまだ領主支配の下にあったが――エルベ以東では中世末以上に領主に従属させられた――、特にエルベ以西では、領邦君主が農民に対する領主支配を統制するようになっていた。そして、農民は自活でき村会に出席できる完全農民と、そうでない多数の中下層農民とに分化していた。

これらの身分は、貴族の場合には個人として領主権を、平民の場合には共同体として自治権を行使しつつも、君主によりその地位を法的に認可されるという性格を強められていた。こうした二面性を持つ身分を等族《シュテンデ》ないし社団《ケルパーシャフト》と呼んでいる。そして、貴族であろうと平民であろうと、基礎をなしていたのが、家父長の下にある家＝「全き家」であった。領邦君主は中世後期以来、貴族に対しては一身専属封主権（封主が一人である時の強力な封主権）を強め、聖職者に対しては教会―修道院守護権を強め、平民に対しては高級―下級裁判権を強めて、彼らを領邦臣民として自己の統治権下に組み込んでいった。だが、一八世紀の後半には、等族としての一体性は弱まり、「全き家」も解体に向かう。

ヨーロッパ諸国家体系

次に、近世の神聖ローマ帝国をヨーロッパ国際政治のなかで位置づけてみることにしたい。ヨーロッパ近世は、神聖ローマ皇帝権とローマ教皇権という普遍的な権威を二つの中心とする楕円的な「キリスト教共和国」が、対外的―対内的主権を行使する諸領域国家に解体していく時代である。その過程で王位継承戦争が遂行され、「諸国家体系」が生み出されていくが、ヴェストファーレン（ウェストファリア）条約（一六四八年）、ピレネー条約（一六五九年）、オリヴァ条約（一六六〇年）が画期となった。これらにより、「危機の一七世紀」――三十年戦争、清教徒革命と名誉革命、フロンドの乱、英蘭戦争と蘭仏戦争など――に対し、一八世紀は比較的平和で安定した世紀となった。なかでもヴェストファーレン条約は、近代国際法と勢力均衡体制を確立させたものとしてきわめて重要であるが、ドイツ史にとっても中世後期以来の発展の終結点を意味した。その規定の内容は三つに大別される。

①領土問題で、北部ドイツ（西ポンメルン、ブレーメン大司教領、フェールデンなど）が帝国等族の地位とともにスウェーデン王に割譲され、エルザス（アルザス）の大部分がフランスに併合されて、神聖ローマ帝国に大打撃を与えた。

②宗教和平問題に決着をつけ、一六二四年（基準年）時点におけるカトリックの領域とプロテスタントの領域が一六四八年以降、それぞれの領域として認められ（両宗派の同格性）、またカルヴァン派も公式の宗派として承認された。

③帝国等族の地位が皇帝の封臣として再確認され、個々の帝国等族に対し領邦ごとの同盟締結権と軍事権（対外的主権）が認められた。さらに彼らに対内的にも聖俗事項についての領邦権力が承認されたが、上には皇帝が、下には中間権力としての領邦等族などがいたため、その領邦権力は「主権類似の権力」（領邦優位権）にとどまった。

こうして、他の諸国が次第に「国民国家」へと統合されていくのに対し、帝国は聖俗の諸領邦と諸帝国都市とから構成される諸邦同盟としての性格を決定的に強めたのである。

世界システム

中世末以降、ヨーロッパ内部の個々の経済活動が、ヨーロッパの世界進出により内部に支配―服従関係を成立させる資本主義的な世界経済のなかに包摂され、この世界経済が自らを核とする世界システムを生み出した。「封建的危機」のなかから生まれたこの資本主義を、資本―賃労働関係に基づく生産様式と定義することは重要であり、これが近代的資本主義の基軸である。だが、より広く、あくなき資本蓄積を求めて市場向け生産を行なう分業体制と解釈することも可能である。イマニュエル・ウォーラーステインは後者の解釈をとり、当時のヨーロッパは大航海時代を通じて分業体制を「世界規模」で広げることにより、「封建的危機」を克服せざるを得なかったと説き、以下の主張をしている。

一、資本主義的世界経済の重要性は、①それ以前の中国、ペルシア、ローマと異なり、統一的な政治機構を持つ帝国に転化することはなく、その内部に多数の政治的な地方、国家を含んだままであり、②それが地球全体に及び、③拡大と収縮の繰り返しがパターン化し、④内部に生じた覇権《ヘゲモニー》、中核―半周縁―周縁といった支配関係が流動化し、⑤今日もなお進行している工業化、プロレタリア化、政治的抵抗などが生まれたこと、にある。

二、この世界システムは四段階に区分される。第一段階は一四五〇年から一六四〇年までの「長期の一六世紀」であって、ヨーロッパを中心とする世界システムの段階である。第二段階は一六〇〇／四〇年から一七五〇／一八〇〇年にまで及び、世界システムが凝集された時代である。第三段階は一八一五年から一九一七年までの時期で、世界経済が急激に全地球的な規模で発展し、再編された。第四段階はロシア革命から現代にまで及び、革命にかかわるような緊張関係が生じる時代である。したがって一八世紀は第二段階の低成長期にあたり、重商主義的な政策がとられた時期である。中核諸国のなかでは、覇権国家であったオランダが衰退し、イギリスがフランスに対し優位を確立していく時期である。

それでは一八世紀ドイツはどこに位置づけられるのか。ウォーラーステインによれば、オーストリアは半周縁国家の地位を維持したが、ハンガリーおよびベーメン（＝ボヘミア。現チェコ西部）をも支配下においていたため、堅固に統合された統一国家を構築することができず、またオスマン・トルコの絶えざる脅威にさらされていた。それに対しプロイセンでは、第一段階では、農場領主《グーツヘル》が農民への賦役を強化して領主直営地で穀物を生産させ、その穀物を西欧に輸出しており（西欧の穀倉地帯）、当領邦はいまだ周縁であった。だが一八世紀になると、プロイセン政府は農場領主を常備軍と国家官僚制のなかに組み込むことに成功し、高度の工業生産力を示していたシュレージエンをオーストリアから獲得することにより半周縁の地位に上昇した。その後、工業化を推し進め、一九世紀中葉には中核へと接近したのである。

2　領邦国家体制（1）——領邦君主

旧帝国の基本的枠組みである領邦国家体制をまず君主の視点から述べることにしたい。中世の君主は「最高の裁判官」として理解されていたが、近世の君主は、「安全と秩序の保障者、社会的希望の的、国民的あるいは愛国的な威信願望を代表する者、国民の自己理解の具現者」である「国父」として理解されるようになり、国家統一の課題をいっそう強く負わされることになる。特にドイツの各領邦では、国家意識は「上から」の家父長的な国家強化、等族権力の取込と克服、住民に対する規律化—規律の内面化の結果であった。

プロイセン—オーストリア二元主義体制と中小領邦

一七九二年の「帝国登録簿」によると帝国等族は二九四名（二四三名の諸侯と五一の帝国都市）おり、諸侯が治める領邦は二四三あった。一般的に領土の規模によって、大領邦（オーストリア、プロイセン）、中領邦（バイエルン、ザクセン、マインツなど）、小領邦という類型化がなされる。そして、大領邦は、外部の帝国直属者が領邦内にその権力を及ぼさず、領邦の国境が確定されている「閉鎖領邦」に、中領邦の一部と小領邦は、国境が流動的である「非閉鎖領邦」にほぼ合致している。この閉鎖領邦では領邦君主は、地方勢力＝中間権力である貴族・聖職者・都市などの領邦等族と妥協しつつ政治を行なっており（領邦等族制）、領土は君主直轄領と等族領から二元主義的に構成されていた。それに対し、多くは旧帝国領（帝国西南部・中央部）のなかから成立した非閉鎖領邦では、貴族が帝国騎士となって領邦君主権から半ば独立したため領邦等族制は展開しなかったが、領邦君主は外部の帝国直属者（帝国騎士も含む）との紛争を強いられた。そのため、一八世紀においてもなお、閉鎖領邦では領邦等族が、非閉鎖領邦では外部の帝国直属者が、帝国裁判所において、自らの領主権（＝農民支配権など）などを領邦権力行使のための権原（＝権利の根拠）として挙示し、自らの領邦君主権力の行使を要求することがあったのである（権原闘争）。

これらの領邦のなかで覇権を競ったのが、ともに帝国の辺境ないしその外部に位置するオーストリアとプロイセンである。オーストリアは皇帝位を世襲し、一七世紀後半には中欧からオスマン帝国勢力を駆逐することにより国際的威信を高めたものの、スペイン継承戦争によりスペイン王位をフランスに奪われた。しかもオーストリア世襲領以外に、ドイツ・ベーメンに多くの所領を持ち、ハンガリー王国をも併合した「多民族帝国」であったため、また、貴族の勢力も強かったため、その統一的な統治の確立には多大の困難が伴っていた。さらに、皇帝カール六世（在位一七一一～四〇年）は王位継承問題に苦慮していた。彼は自国の等族のみならず、諸列強の同意を得て、一七一三年に「国事勅書」を発布してハプスブルク家の諸領土の不可分性とともに、男系の長子単独相続制、補充的に女子相続人による王位継承を確定したのであるが、彼の死後、長女のマリア・テレージアが所領を相続すると、バイエルン選帝侯、ザクセン選帝侯、プロイセン、フランスがそれに反対し、オーストリア継承戦争（一七四〇～四八年）が起きた。最終的にアーヘン和約により彼女の相続権と、夫君のトスカーナ大公フランツの神聖ローマ皇帝即位が承認されたものの、プロイセンによるシュレージエン領有の国際的な承認は、プロイセンに豊富な鉱山資源を確保させると同時に、プロイセンの台頭を明示することとなったのである。

図1－2　オーストリア大公妃・ハンガリー女王・ベーメン女王にして事実上の女帝であったマリア・テレージア

出典：Gustav Berthold Volz (Hrsg.), *Die Werke Friedrichs des Großen*, 2. Bd., *Geschichte meiner Zeit*, Berlin 1912.

このプロイセンは、中世の東方植民によって成立したドイツ修道騎士団領であったプロイセン公国と、ホーエンツォレルン家のブランデンブルク選帝侯国とが一六一八年に同君連合のかたちで統一されて成立した国であり、この公国は一七〇一年フリードリヒ一世の下

図1－3　プロイセン王フリードリヒ２世（大王）

出典：Gustav Berthold Volz (Hrsg.), *Die Werke Friedrichs des Großen*, 3. Bd., *Geschichte des Siebenjährigen Krieges*, 1. Teil, Berlin 1913.

に王国となった。フリードリヒ・ヴィルヘルム一世（在位一七一三～四〇年）は、農場領主の農奴支配権および地方行政権を認めつつ、カントーン制軍に彼らを将校として、農奴を兵士として組み入れて、王国を強力な軍事国家に仕立て上げた（「軍隊王」）。さらに行政改革を進め、中央の総管理府の下に各州の行政庁を直属させ、州の租税行政から農場領主権を排除することに努めたのである。その子息であるフリードリヒ二世（大王）（在位一七四〇～八六年）は、父王の遺産である強力な軍隊と豊かな国庫を受け継ぎ、プロイセンを列強の地位につけることにまい進した。彼はオーストリア継承戦争を起こし、シュレージエンの領有の承認を国際的に取りつける。その後、墺－仏－露の防衛同盟との苦戦を強いられながらも、彼は最終段階でのロシアの中立策に助けられ、一七六三年のフベルトゥスブルクの和約で、マリア・テレージアの長男ヨーゼフの皇帝選挙を支持することと引き替えにシュレージエンの領有を改めて確保した（七年戦争）。両戦争を通じて、プロイセン王国は諸列強に並ぶ地位を達成し、ドイツにおけるプロイセン－オーストリアの二元主義が確認され、今後帝国の政治はこの二元主義によって規定されていくのである。

絶対主義的領邦君主

近世領邦国家は「軍事－行政国家」である。そして、領邦君主のなかで、軍事権ならびに内政権を常備軍と官僚を通して強力かつ広範に展開し、臣民を強く服属し得た者を、絶対主義的領邦君主と呼ぶ。この「絶対主義《アブゾルーティスムス》」という用語は、「君主は法律の拘束から解放されている《ソルートゥス》」というローマ法の一定式に由来し、主権概念の創始者であるジャン・ボーダンの国家論を経て、一八世紀末にまずフランスで作られた造語である。それは、当初は市民革命によって打破されるべき専制的な統治体制という負の価値を与えられていたが、次第に一六〜一八世紀の時代概念となった。
その研究史をたどると、まず国民国家の発展が国是であった一九世紀中葉以降、君主権力の絶対性、中央政府の官僚制および常備軍の近代的な整備が強調されていた（近代性の強調）。だが第二次世界大戦後の「社会史研究」により、領邦等族や外部の帝国直属者による制約、官僚制や常備軍における前近代性など、君主権力の「非絶対性」が明らかにされてきた。そして今日は、その近代性と前近代性との整合化のなかから、固有の時代としての「近世」の諸特徴の解明が進んでいる段階である。

領邦軍制

中世において戦争の担い手は封建騎士軍であり、共同体的防衛義務を負った市民と農民であった。だが中世後期には封臣の軍役が代納金に代えられたりしたため、君主は次第に傭兵軍を雇うようになった。しかし傭兵軍は傭兵隊長に率いられた「私企業」であり、傭兵隊長は君主と一時的に「雇用契約」は結ぶものの、君主の軍事命令権に従うことなく、自主的に戦争を行ない、時には敵、味方を問わずその財産を略奪し、戦争が終わると君主の下を去った。そこで君主は一六世紀末以降、二度の軍制改革を遂行して、自らの軍事権の下に近世に特有の常備軍を形成していった。この常備軍は通常考えられている、傭兵軍を常時雇うことによって確立した職業的常備軍だけではない。軍役に基づいて戦争任務につけられるようになった選抜民兵軍も、常備軍の重要な一翼を担っていたのである。

〔選抜民兵軍〕　領邦君主は、フランスやトルコなどからの防衛につとめ領邦体制を強化するために、一五八〇年代以降まずオーストリアやカルヴァン派の西部諸領邦において、「第一次軍制改革」を進めていった。この過程で多数の兵書が書かれたが、その代表がナッサウ伯ヨハン七世が著した『ナッサウ伯領防衛の書』（一五九四／九五年）である。召集軍によりスペイン帝国から独立したネーデルラント連邦の初代総督オラニエ公ウィレム一世（在位一五七九〜八四年）を叔父にもつ彼は、中世以来の騎士軍役と共同体的軍役を領邦軍役に再編した。ここに軍制改革の核心があった。

その際に彼が重視したのは、①君主が各村落、各都市を単位に臣民の一部を兵士に選抜すること（臣民の直接掌握）、②この選抜過程で排除された領主層を将校に任命すること（君主軍への領主層の取り込み）、③平時において民兵軍を君主ないしその家臣が定期的かつ組織的に軍事教練を行なうこと（君主による定期的な訓練）、④地方行政管区《アムト》を軍管区としても機能させること（民兵以外の平民への「銃後」の義務づけなど）、⑤カルヴァン派的な「相互義務」の理念を君主と臣民との間にも適用すること、以上である。

こうして諸領邦で創出された民兵軍は、その後三十年戦争を経て一八世紀に至るまで組織されつづけた。君主は臣民の軍役に基づくこの軍隊に対し基本的に軍事予算を割く必要がなかった（例えば、バイエルンでは三十年戦争の軍事支出中わずか一・二%）が、各郷土の臣民全体に、郷土的利害を超えた君主―領邦国家的利害を最優先させるべきであるとする規律的エートスが浸透していった。平等な一般公民権に基づく近代の国民皆兵制とは異なり、この民兵軍は、臣民の一部（人口比では、大半は三%以下）しか徴兵されず、領主層と農民層との身分制的な秩序原理が根底にあることなど、近世的な軍隊であった。

〔**職業的常備軍**〕　一六六〇年代以降、次第に有力な領邦国家において、領邦議会の開催なしに定期税が徴収されていく。そこで領邦君主は、民兵軍よりも軍事力の点で勝っている「私企業」的な傭兵を常時雇うことによって職業的常備軍を創出した。これを「第二次軍制改革」と呼ぶことにする。今後、領邦宮廷軍事評議会が軍法会議を構成して職業兵の違法行為を「軍法典」により裁き、また君主任命の将校や下士官が軍事教練を行なうことにより、指揮系統が君主の下に一元化されていった。この職業的常備軍の形成により、君主の軍事力は等族のそれを圧倒したのである。また、例えば領邦バイエルンにおいて見られるように、将校のなかで自邦出身者は三〇・五%にしかすぎず（一七〇五年）、この軍隊は君主直属的な性格が強かった。ただし、核をなす各中隊においては、中隊長に徴兵や軍事費の使用について相当の自由裁量権が認められていたことも事実である。

こうした選抜民兵軍と職業的常備軍との二元兵制は、多くの領邦国家では一八世紀に至っても継続した。兵員数は、例えばバイエルンにおいては、一六八〇年代では民兵軍が一万二三〇〇人に対し職業軍は一万八〇〇人、一七〇〇／〇二年では前者が一万三三二七人（改革案）に対し後者は二万人、一七七七年では前者が九〇〇〇人に対し二万人であった。これに対しプロイセンでは二元兵制が一元化され、全国を徴兵区《カントーン》に分けて農奴を兵士に、農場領主層を将校に組み込んだカントーン制軍が一七三三年に確立された。強制的、暴力的に徴募されることもあったこの軍律の厳しい軍隊が、プロイセンの勢力拡大の重要な手段であったのである。

領邦内政と官僚制

近世ドイツの絶対主義的な領邦国家は、――中世国家が「司法国家」と規定されるのに対し――「ポリツァイ国家」と規定される。このポリツァイ（英語・フランス語ではポリス）は今日では警察を意味するが、元来はギリシア語のポリテイア――「全住民の公共の利益を統治目的とする真の国制」（アリストテレス）を意味する――に由来する用語である。そしてそれは、一五世期末のブルグンドにおいて行政官庁用語（従来の平和概念ではとらえにくい公的福祉の必要性という新たな統治目的―行為）として使用されることを経て、近世ドイツでは「広範な行政（特に内政）行為やそれが行なわれる公共体」を表現する言葉として広く使用されていった。領邦君主は中世以来の神法的な「良き旧き法」では対処できない新たな諸々の事態に対し、「新たな法」（＝君主制定法）としてのポリツァイ条令を多数発布して対処し、公法学者・政治学者たちはポリツァイ学を展開させて現実の政治に助言を与え、官房学の核を作り出していったのである。

宗教改革に端を発して混乱状態に見まわれた一六世紀が出発点である。ザクセン選帝侯国の書記局長を務めたメルヒオール・フォン・オッセは、一五五五年に選帝侯に献呈した『政治遺訓』のなかでポリツァイを身分制的秩序の意味で用いつつも、富裕な商人の騎士領獲得や貴族の商業参加、市民の女性の貴族式衣服の着用などによる身分制的秩序の混乱を、君主が介入・監督することにより原状に回復すべきことを勧めている。さらに、シュトラースブルク大学教授にして同市の法律顧問であったゲオルク・オーブレヒトは、一七世紀初頭に、ポリツァイを「整序づけられた公共体」の意味で用い始め、君主監察官をして臣民――特に成人男性――の出生・生活態度・就業態度・家政・振る舞いなどを定期的に調査させ、秩序と公共の福祉を基盤とする君主の自己目的（＝君主財政の安定）を達成することを勧めるに至っている。君主の統治が秩序維持から次第に、個々の臣民への恒常的な監察・統制へと強化されていることは明らかである。

これらの議論を踏まえて、「統治行為論」の立場から諸潮流を統合したのが、ファイト・ルートヴィヒ・フォン・ゼッケンドルフである。彼は小領邦ザクセン＝ゴータ大公国の司法官および官房官として仕えた官僚である。当領邦を三十年戦争の荒廃から復興させるため君主は大規模な領邦条令を発布すべく、その予備作業として領邦の歴史・政治―経済状態に関する大規模な調査を命じたのであるが、この調査に基づいてゼッケンドルフは『ドイツ諸侯国家＝統治状態』（一六五六年）を著した。この著作は一八世紀後半まで大学での政治学の権威的テキスト、また領邦統治の経典として広く読まれ、行政学ならびに福祉国家論の出発点をなすものであった。このなかで彼は、王権神授説の立場を取り、領邦君主は神の栄誉のために「公共の福祉」を維持し擁護するための統治権が与えられていると説く。彼は君主統治を聖・俗に分けて、次のように論じていくが、その際、ポリツァイ概念は特に統治全体ないしその中核として使用され、きわめて重視されている。

〔**世俗事項**〕　特に重要なのが君主立法と、それに基づく生産過程にまで及ぶ重商主義的な殖産政策である。ポリツァイ条令の目的は正義、内部平和と安寧、そして福祉（＝人民とその財産の維持と増大）にあるが、とりわけ第三の「福祉目的」が重要であり、この配慮こそが「狭義のポリツァイ」である。その配慮とは、勤労の重視、君主条令による身分の固定化、ツンフト体制や特権体制の維持と新たな生産手段・新たな生産体制の導入、一定の自由貿易主義を枠組みとする産業統制・振興政策（各地の特産物生産の振興）の決定である。原材料は国内で加工してから輸出すべきであり、輸入商品には高率関税が賦課されるものの、有益な商品を輸入する外国商人には自由交易権が認められ、流通促進のために街道補修、通行安全、新関税付加の抑制が勧められるべきである。そして経済全般の秩序ある発展のために、物価・労賃の公定、貨幣の統一、度量衡の整序が枢要である。在地では領邦等族は裁判を行なっているが、彼に認められているのは裁判権の用益権でしかなく、彼の恣意的な判決行為は君主の上訴審裁判権と視察権とで制約されるべきである。

〔**宗教事項**〕　さらに君主は宗教と教育の両面にわたって臣民の精神生活に介入し、それを方向づける職務を持つ。その手段は条令制定、判決宣告と処罰、聖職者および教師の任命であり、全体を統括するのが宗務局である。こうして、日常的には聖職者に任せることがあるものの、君主は、旧来は教会が行なっていた「内面的生活」（信仰告白、教会儀式など）および教育・生活様式（婚姻、救貧院管理など）の規律化を行なうべきである、と。

ここには、福祉目的を核として行政（特に内政）の一大パノラマが繰り広げられており、君主の意図がよく読み取れる。臨機的な支配権である裁判権と違い、立法権、行政権は「公共の福祉」という国家目的を掲げる限りで、比較的容易に恒常的に臣民に命令できる権力である（バロック的な国家文化）。しかも君主は、従来の裁判事項（例えば、手工業や度量衡の監督など）をポリツァイ事項であるとして、自らの監督下におくことに努め（行政の司法からの独立）、プロテスタント領邦では牧師を君主官僚化して領邦教会制を展開していく。臣民の経済生活、精神生活に恒常的に介入し規律化しようとした点に、近世統治の特徴がある。たしかに三十年戦争による荒廃のなかから復興するという共通の目的はありながらも、君主側の性急な企てに対しては等族の反対があり、初期には等族自身がポリツァイ条令の実施の任に当たっていた。だが、領邦君主は多数のポリツァイ条令を発布し、一六六〇年代以降に特別な行政機関（「商務庁」など）を創出しているのである。

さて、君主統治の拡大に呼応して官僚制が展開していったが、一八世紀末に至るまで官僚は貨幣・現物で雇われた「君主の僕」であって、「公僕」としての意識はいまだ弱かった。彼らの近世的特質は、官職に対する等族の影響、「官僚身分」形成、官職売買制、君主の私的な宮廷行政と公的な領邦統治との未分離、徳目の要求などにある。だが、ドイツでは官職売買制はフランスほどには展開しておらず、売買の対象は官職そのものではなく、その用益権でしかない。しかも、一八世紀を通じて、君主の解約告知権や任期の短さ、官僚に対する専門的知識（法学、官房学）・大学での修学・国家試験合格の要求、行政の規範化（書面手続、合理化、客観化）の進展、直轄委任官僚の増加により、官職の家産的な性格は制約を受けていった。したがって一八世紀の官僚は、もはや純粋な（＝官職を保有する官僚）保有官僚ではなく、君主の家父長権の下で規範化され、資格を要求された「家産官僚」であった。

啓蒙絶対主義的君主

一八世紀には多数の定期刊行物が創刊されて政治（体制）に注釈・批判がなされ、次第に世論が形成されたにもかかわらず、君主や開明官僚（教養市民層や貴族の特定部分からなる「進歩的」階層）が中心となって啓蒙を進めた点にドイツ啓蒙主義の特質があった。イマヌエル・カントは「自己自身の悟性を使用する勇気をもて」という啓蒙思想の標語を発したが、彼ですら啓蒙君主と政府が「最初に人類を未成年状態から解放する」ことを期待し、革命では「考え方の真の革新（啓蒙）は決して達成されない」と断言したのである。

英仏の先進的な啓蒙思想とその成果に直面し、官僚とともに「開明的な」政策を打ち出し実行した中欧・東欧の君主を、啓蒙絶対主義的君主という。彼らや官僚は、啓蒙思想——自然法・理性法を重視すること、伝来の諸権威（教会、神学、身分制、法構造など）から解放されて人間の合理的な悟性の力を信頼すること、国家を人間の集合体・君主を超えた永遠の法人格ととらえること、国家目的として倫理（＝人間の完成義務）と結びついた公共の福祉を重視すること、重農主義を尊重すること、包括的で体系的な法典を重視し（「法律による支配」）、裁判を行政＝君主から独立させること、人権——市民権および憲法、個人の意思の自由を尊重すること——から影響を受けて、それを政治的に実践しようとした。

その代表例が、ドイツ最初の啓蒙君主であったフリードリヒ大王である。彼はフランスの啓蒙思想家ヴォルテールとも親交を結び、自分の職務を王権神授説よりも、自然法的な社会契約論の立場から解釈し、それに古くから知られていた「国家第一の僕」観念と結びつけた。彼は王領地での農奴保護、拷問の廃止、裁判手続の迅速化、貴族の裁判権を抑制するための審級の統一化、そして理性法原理に基づく法典編纂の準備——一七九四年に「プロイセン一般ラント法」として成立——などの政策を進めた。だが、平民に不利な判決を下した裁判官をシュパンダウの要塞に閉じ込めた「粉屋アルノルト訴訟」に見られるように、君主からの裁判官の独立は容易ではなかった（官房裁判）。大王の望む国家は「時計仕掛け」のような国家であって、その統治は君主の頭から生まれてくるシステムでしかなく、伝統的な身分制的秩序や貴族の特権は、抑制されつつも、維持されるものであった。広範な民衆の自己啓蒙という感覚はきわめて弱く、彼らは保護の対象でしかなかったのである。

彼よりも急進的な改革を遂行したのが、皇帝ヨーゼフ二世（在位一七六五〜九〇年）である（「ヨーゼフ主義」）。しかし、彼の場合でも、国家が原理的に他のすべての制度に優先していた。彼は一七八一年に寛容令を発布し、臣民に宗教的寛容を認める。だが、それは一面で、宗派が多様であった種々の領土からなるオーストリアを統合するための政策であり、他面で、自らを国家宗教（＝カトリック）から解放して、教会を監督する地位を獲得するための政策であった。事実、彼は、教会―教皇の影響力を制限しようとして、教会組織や聖職者の教育をも国家の監督下におき、司教区や司祭区を再編成し、一〇〇〇以上の「役立たずの」修道院を廃止し、教皇庁と司教との交渉を国家の監督下においた。さらに同年、彼はベーメン、メーレンなどの体僕制を廃止し、そこの農民にオーストリア世襲領の農民と同じ緩和された隷属民の地位を保証した。この政策も、一面で貴族領主の権力を削減するための国家的措置であったのである。だが、領邦等族の自治を国家官僚による統治に置き換えようとする彼の急激な平準化政策は、等族の抵抗を生み出すことになる。

両名以外に、死刑を廃止し、君主支配の最終根拠は人民の意思にあると確信した皇帝レーオポルト二世、重農主義の理論により国の発展に努めたバーデン辺境伯カール・フリードリヒ、教育・救貧・衛生制度の改革に熱心であったザルツブルク大司教・ケルン大司教・バンベルク司教・ヴュルツブルク司教なども、啓蒙君主であった。だが、こうした中・小領邦国家の政策は、臣民の福祉がより前面に出た家父長的な後見政策でしかなかった。

こうした啓蒙絶対主義的君主の政策や実践を、近代的な自由主義的・民主主義的な国家を生み出した考えや行為であったと、単純にとらえることはできない。特に大国の場合には、むしろ、彼らとともに国家の無制約の専制が始まった。事実、絶対主義的な政策に守旧的な態度から抵抗し自らの権利（＝「旧き良き法」）を維持しようとした領邦等族は、フランス革命直前には、逆説的にもモダンな存在と見なされていたのである。

宮廷文化

さて、こうした啓蒙君主に限らず、領邦君主の統治の拠点は居城都市に建設された宮廷であった。フランスのヴェルサイユ宮殿に範をとりつつ、独自の様式を加味してそれは建設された。ヴェルサイユ宮殿には王族以外に貴族のために多数の部屋が設けられていたのに対し、ドイツの宮廷には貴族のための部屋こそないに等しかったが、宮廷への伺候が貴族の地位を決定していた点では同じである。そして、君主は宮廷において君主権の象徴化、正当化を画像・彫像などで表現させた。例えば、ヴュルツブルク司教領邦の宮廷では、皇帝の間に、中世の代表的皇帝であったフリードリヒ二世を婚礼の儀式のために司教の前に跪かせた絵が描かれ、全世界の人々が地域ごとに描かれた二階の天井画では、その頂点にヴュルツブルク司教があたかも全世界の支配者として置かれているのである（扉図参照）。

そしてこの宮廷でバロック芸術、ロココ芸術が花開いた。前者を代表する大バッハは深い宗教精神に根ざした受難曲、フリードリヒ大王から提示されたテーマをもとにした「音楽の捧げもの」などを中世以来のポリフォニック様式で書き、後者を代表するモーツァルト――後期は宮廷を出たが――はより世俗的な曲をホモフォニック様式で書いた。様式は異なるものの、ともにドイツが誇る人類の遺産を残したのである。

3　領邦国家体制（2）――貴族と農民

等族――貴族の世界

絶対主義化が進んでいったが、領邦等族制が死滅したわけではない。一七世紀後半には領邦議会は時代遅れとなっていたが、領邦等族委員会が租税同意権を君主に対し主張する領邦があった。領邦等族が圧倒的に都市貴族であるという特異なヴュルテンベルク太公領、君主がカトリックに改宗したザクセン選帝侯領、君主が一七一四年にイングランド王位につくと、寡頭制的な貴族統治の国となったヴェルフェン家諸領邦などが代表例である。

しかし、真の領邦利益である公共の福祉と進歩は君主とその助言者の下で考慮され、実現されていった。中世以来の貴族世界は地方貴族のなかに残ることになり、オットー・ブルンナーなどはこの地方貴族のなかに「旧ヨーロッパ的貴族世界＝精神的社会構造」の開花すら見ている。当時の（地方）貴族の生活全体や思考様式を知る格好の史料が、農学と結びついた『家父の書』である。「家政」を原理とする、この「家父、家母、子、僕婢などのための教訓」は、当時

図1－4　村落で領主が司宰する裁判
W. H. v. ホーベルク著『ゲオルギカ・クーリオーサ』1701年版，より。
出典：Rudolf Vierhaus, *Staaten und Stände* (*Propyläen, Geschichte Deutschlands,* 5. Bd.), Berlin 1984.

の「経済学《エコノーミク》」の一つの代表的な著作でもあった。古代以来の伝統を持つこの「経済学」は、本来は家政《オイコス》に関する学問であって、政治的にも自律し完結した「全き家」に関する学問であったのである。その『家父の書』の代表作に、オーストリアの貴族、ヴォルフ・ヘルムハルト・フォン・ホーベルク著『篤農訓――貴族の農村生活』（一六八二年）がある。その第一巻は、貴族の所領の構成を述べ、水車、石切り場、鉱山、冶金場における非農業的な原料生産を叙述している。第二巻は、家父の活動、家父の神や妻子との関係を扱っており、貴族的教養、ならびに僕婢や従属農民との経済的な関係のみならず、政治的なさまざまな関係も詳論している。第三巻は家母の主婦としての務め（教育、料理、医術）を論じている。第四巻は、葡萄栽培と酒蔵の管理、第五・六巻は園芸、第七巻は農耕とその副業（麦酒醸造など）、第八巻は馬の飼育、第九巻は家禽の飼育、第一〇巻は養蜂と養蚕、第一一巻は給水、養魚など、さらに第一二巻は林業と狩猟について述べている。

　このように領主は、家族や僕婢、従属農民の生活のほとんどすべてにかかわっていたのであり、その活動は宗教による正当化を伴った「支配」なしには考えられないものであった（第二巻）。裁判権を中心とする領主の支配権はたしかに君主により弱体化されたが、日常の農林業・非農業経営や社会生活においては、彼の荘園は家父長的な支配により経営される「全き家」――自己完結したミクロコスモス――であり、「自由圏」であった。そして、こうした自律した「家」のあり方は、各市民、各農民の家にも妥当したのである。

領主制と農民

　貴族支配圏を「全き家」ととらえることができるが、領主―農民関係は地域により異なっていた。中世後期以降、領主が徴収する地代（賦役、現物、貨幣）が減少することにより領主財政が悪化したが、それに諸身分が対応するなかで二種類の領主制が展開し、一九世紀前半まで存続した。つまり、エルベ以西では貴族支配権がいっそう弱体化した地代荘園領主制《グルントヘルシャフト》が発展し、エルベ以東ではそれが強化された農場領主制《グーツヘルシャフト》が成立した（二元主義的地帯構造）。

〔エルベ以西〕　古典荘園の解体後、領主裁判権は次第に領邦君主に集中されていき、領主―農奴関係はますます物的な契約関係に移っていった。地代は生産物・貨幣が基本で、しかも比率が、その後は額が固定化されていく。近世にはこの傾向が強まり、一村多領主制という領主権を制約する構造が残っているところも多かった。農奴制はしばしば保有地移転料ないし婚姻承認料の納入義務に転化し、農民の土地の世襲化の傾向がいっそう進んだ。一八世紀には村長は下は村落共同体に、上は――領主よりは――領邦君主に義務を負っていたのである。ただし、これらの全般的な特質には、以下の二点を加える必要がある。

一、領主への地代の量は減少したが、農民は領邦君主に納税義務を負っていた。一八世紀において、農民の粗所得に両者が占める割合はヴュルテンベルクで二八～三四％、西ドイツ全般で約二五～四〇％と評価され、農民の負担はなおも相当重たかったのである。

二、エルベ以西の内部も多様であった。つまり、①領主直接経営が多数見られた中部ドイツ型、②賦役は農民負担の中心ではないが農場領主制への端緒が認められる南東部ドイツ型、③大農層が形成された北西部ドイツ型――金属加工にかかわる農村工業が展開し、産業革命後の工場制機械工業を準備した（「プロト工業化」コラム参照）――、④荘園領主制が「化石化」し、農民負担が貨幣形態となった南西部ドイツ型、⑤農民が大農と多数の小作農とに階層分解し、フランス的な地主―小作制度が展開した西部ドイツ型、の五類型を指摘することができる。

〔エルベ以東〕　これに対し、プロイセンなどでは封建的危機は領主反動のかたちで克服された。その契機は、①農業生産性の低さ、②君主財政の悪化により得た上級裁判権・警察権を核として、領主が一円的支配領域を形成したこと、③領主が、農民が生産した市場生産物を仲介商人として販売したこと、④所領の全住民の子弟への僕婢《ゲジンデ》奉公強制および、債務関係に起因する隷役小作制の拡大による週賦役の拡大、⑤農民保有地を恣意的に没収し領主直営地にしたこと（農民追放）、に求められる。こうして形成された農場領主制（「再版農奴制」）が近世にさらに強固なものとなり、農民の富農化、つまり農民層分解の進展は押しとどめられた。特にメクレンブルクやフォア・ポンメルンでは一八世紀初頭に至っても組織的で暴力的な農民追放が行なわれている。強制労働システムに支えられたこの農場領主制が廃棄されるには、イギリス産業革命、フランス市民革命、とりわけ一九世紀中葉のドイツ産業革命の進展を待たなければならなかった。

村落共同体

近世の農民は、市民と同じく共同体のなかで日々の暮らしを送っていた。共同体とは、①構成員（家長）は平等であるという原理と、②構成員が制定した規定＝法に則って秩序を維持するという自律原理をもつ団体であって、村落共同体は、中世盛期における古典荘園制の解体、耕地強制を伴う三圃制の村落全域への導入、農業経営にかかわる下級裁判権の形成ないし取得などにより形成された。中世後期以降の領邦国家の形成過程のなかで、村落共同体は旧来の「仲間団体」としての性格のほかに、国家の最下級の統治単位としての性格をも与えられていく。その頂点には村役人――村長、森林役人、出納役など――が位置している。

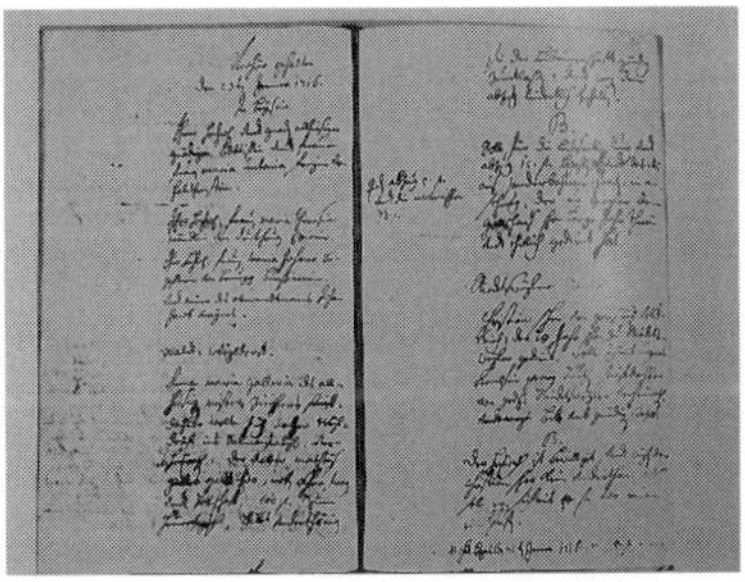

図1－5　ヴァルト女子大修道院長による農奴解放の記録（1716年1月23日）

出典：Rudolf Vierhaus, *Staaten und Stände* (*Propyläen, Geschichte Deutschlands*, 5. Bd.), Berlin 1984.

村役人は仲間団体の代表者＝受託者であると同時に領邦君主の代理人でもあり、屋敷持ち農民（完全農民）に属していた。最高の議決機関は全家長が出席すべき村落集会であり、それは村落内の矛盾・対立が時には暴力を伴って現れる場でもあった。

近世になると、エルベ以東での過酷な農場領主制、エルベ以西での領邦君主体制の進展により村落共同体の自律性は次第に失われていき、農民層分解の進展により共同体の平等原理も徐々に維持しがたくなる。村役人に対する国家統制（任免権、領邦条令の遵守命令など）が強まって彼らの役人化が進み、また村落全域に対する宗派化、社会的規律化が進むことにより、共同体の統治単位としての性格がいっそう強まったことは事実である。しかし、西エルベにおいては荘園領主権の弱体化もあって、村長裁判所が軽微な刑事事件や非訟事件、農業にかかわる事件（耕地・森林経営、家畜飼養、売買、奉公人雇用など）を依然として裁いている地域もあった。伝統を重んじる農民は旧来の共同体の法である村法を少しずつ修正し、それに則って日々の営為を続けていたのである。

参考文献

ウォルター・ホラス・ブリュフォード著、上西川原章訳『一八世紀のドイツ――ゲーテ時代の社会的背景』三修社、一九七四年。

オットー・ブルンナー著、石井紫郎ほか訳『ヨーロッパ――その歴史と精神』岩波書店、一九七四年。

村上淳一『近代法の形成』岩波書店、一九七九年。

イマニュエル・ウォーラーステイン著、川北稔訳『近代世界システム』Ⅰ・Ⅱ、岩波書店、一九八一年。

坂井洲二『年貢を納めていた人々』法政大学出版局、一九八六年。

阪口修平『プロイセン絶対王政の研究』中央大学出版部、一九八八年。

成瀬治『絶対主義国家と身分制社会』山川出版社、一九八八年。

神寶秀夫『近世ドイツ絶対主義の構造』創文社、一九九四年。

神寶秀夫『中・近世ドイツ都市の統治構造と変質』創文社、二〇一〇年。

神寶秀夫『中・近世ドイツ統治構造史論』創文社、二〇一三年。

ヴェルナー・レーゼナー著、藤田幸一郎訳『農民のヨーロッパ』平凡社、一九九五年。

坂井榮八郎『ゲーテとその時代』朝日新聞社、一九九六年。

成瀬治ほか編『世界歴史体系ドイツ史Ⅱ　一六四八年～一八九〇年』山川出版社、一九九六年。

Rudolf Vierhaus, *Deutschland im Zeitalter des Absolutismus*（*1648-1763*）, 2. Aufl., Göttingen 1984.

Hans-Ulrich Wehler, *Deutsche Gesellschaftgeschichte*, 1. Bd., *Vom Feudalismus des Alten Reiches bis zur Defensiven Modernisierung der Reformära 1700-1818*, München 1987.

Dietmar Willoweit, *Deutsche Verfassungsgeschichte*, 5. Aufl., München 2005.

扉図出典：W. Sauer, U. Strauch, *Würzburg-eine lebendige Stadt*, Heidelberg 1988.

コラムI

プロト工業化

田北廣道

近世西洋経済史の分野で「プロト工業化」ほど長期にわたり活発な論議を呼んでいるテーマは、他にあるまい。この理論は、産業革命ないし産業資本主義の起源をめぐる経済史の古典的議論の文脈で一九七〇年代初頭に登場したが、折しも南北問題が先鋭化するなか、途上国の工業化にとって有効な処方箋を西欧諸国の歴史的経験に求めようとする現代的要請とも重なって、国際的に幅広い関心を集めた。それと同時に、この理論は、歴史人口学や社会史をはじめ広範な分野の最新の成果を組み込んだ「地域的な全体史」の模範例として、七〇年代初頭の社会経済史研究の一つの到達点を示していた。

ところで、プロト工業化とは、概念の提唱者であるフランクリン・メンデルスに従えば、機械制・工場制に基づく本格的な工業化に先行して農村部に展開した輸出市場向け手工業のことであり、地域内の農業・工業・人口動態の相互作用が工業化の前提条件（資本蓄積、工場労働者の予備軍、企業家精神、内部市場）形成を促進するとの意味合いから、工業化の第一ステップである。この理論の受け止め方は国によって多様だったが、ドイツ学界は、いち早く積極的に対応した。ペーター・クリーテらマックス・プランク研究所の三人のネオマルキストたちは、その理論を「工業化前の工業化」として批判的に継承し、封建制から資本主義への移行の最終局面に位置づける所説を提示した。そして、これら「第一世代」にとってのハイライトが、八二年第八回国際経済史会議での主要テーマへの選定であった。ここでアジア・アフリカを含む世界各国から寄せられた論考をもとに仮説の検証が行なわれ、ここに国際的に認知された理論が完成した。

その後、この理論に沿った地域研究が活性化したが、成果の大半は理論を確認するどころか、疑問を投げかけることになった。しかも、批判の矛先は個々の理論の構成要素にとどまらず、工業化のための前提条件形成という理論の根幹にも向けられ、「工業化の挫折」や「農業への回帰」の例が多数報告されるに及んで、「第一世代」は単純な直線的発展思考を批判され、限界を露呈しつつ表舞台から退いていった。しかし、それによって論争が終結したわけではない。九〇年代初頭には「第二世代」と自称する歴史家たちが登場して、プロト工業化の進展そのものが旧来の共同体・領主制的な諸制度を解体に導くとする「第一世代」の暗黙の前提をするどく批判し、さらに一歩進んで、プロト工業の発展を左右する要因として社会制度に照準を合わせた研究の必要性を強調した。

　この「第二世代」は、その出発点からして一つの理論体系に収斂《しゅうれん》するというよりは、むしろ多様な社会制度に彩られた多数の地域的工業化論に拡散する傾向をもっており、「第一世代」と違って明快な定式化は不可能である。そこで、「第二世代」の旗振り人の一人、セリガ・オギルビーの所説を紹介しよう。彼女は、ヴュルテンベルクの黒森《シュヴァルツヴァルト》地方の毛織物工業に例をとり、領邦国家とギルド・カンパニーとの間の相互依存関係を検出し、それをプロト工業の順調な発展にとっての足かせと理解した。オギルビーは、ギルドなどの社会制度を市場を通じた自由な資源配分にとっての障害物に他ならないと考えた。しかし、このような古典的な制度解釈は、新制度派経済学の流れをくむ歴史家たちから、きびしい批判にさらされた。その点は、新版ギルド論争から容易に読みとれる。この論争においてプロト工業化に関連する限りで見ても、技術革新への柔軟な対応、農村ギルドの遍在、低コストの単純作業を補完する熟練労働の供給、手工業親方から企業家への上昇の事実が確認された。ギルドは、少なくともプロト工業化の時期までは、経済局面の変化や地域間競争に敏速に対応できる柔軟な制度だったと指摘されたのである。

　既述のように「第二世代」は、無限の広がりをもつ地域的工業化の比較史に堕する危険性をもっている。この限界を乗り越え、「第二世代」の光彩を増すためには、プロト工業化をより広い歴史的文脈内に位置づけることが必要であろう。環境史家のギュンター・バイエールに従えば、一八世紀〜一九世紀前半のドイツ経済社会は、「成長概念がしだいに浸透し」「自然が資源化されていく」という深部からの再編過程にあったというが、個性豊かな「地域的な全体史」であるプロト工業化をその一齣《こま》に加えることで、一九世紀後半以降の大躍進に向けた変化の諸相が、これまで以上に立体的に把握できるようになろう。

参考文献

フランクリン・メンデルス／ルドルフ・ブラウンほか著、篠塚信義・石坂昭雄・安元稔編訳『西欧近代と農村工業』北海道大学図書刊行会、一九九一年。

馬場哲『ドイツ農村工業史——プロト工業化・地域・世界市場』東京大学出版会、一九九三年。

田北廣道「西欧工業化期の経済と制度——第二世代の『プロト工業化』研究に寄せて」細江守紀編『現代経済システムの展望』九州大学出版会、一九九七年。

篠崎信義・石坂昭雄・高橋秀行編『地域工業化の比較史研究』北海道大学図書刊行会、二〇〇三年。

第二章　啓蒙の世紀

姫岡とし子

ライプツィヒの書籍見本市

ドイツの啓蒙時代を彩った人びと（本章の登場人物）

1650
1700
1750
1800
1850
ブランデンブルク選帝侯のフリードリヒ3世のちプロイセン王フリードリヒ1世
1657
1713
在位
フリードリヒ2世（大王）
1712
1786
在位
クリスティアン・トマージウス（自然法学者）
1655
1728
イマヌエル・カント（哲学者）
1724
1804
モーゼス・メンデルスゾーン（哲学者）
1729
1786
クリストフ・マルティン・ヴィーラント（自然法学者，文筆家）
1733
1813
テオドール・ゴットリープ・フォン・ヒッペル（思想家）
1741
1796
ヨアヒム・ハインリヒ・カンペ（教育学者）
1746
1818
ヨハン・ゴットリープ・フィヒテ（哲学者）
1762
1814
アウグスト・ヴィルヘルム・フォン・シュレーゲル（哲学者）
1767
1845
カール・ヴィルヘルム・フォン・フンボルト（政治家，教育改革者）
1767
1835
ゴットホルト・エプライム・レッシング（文筆家）
1729
1781

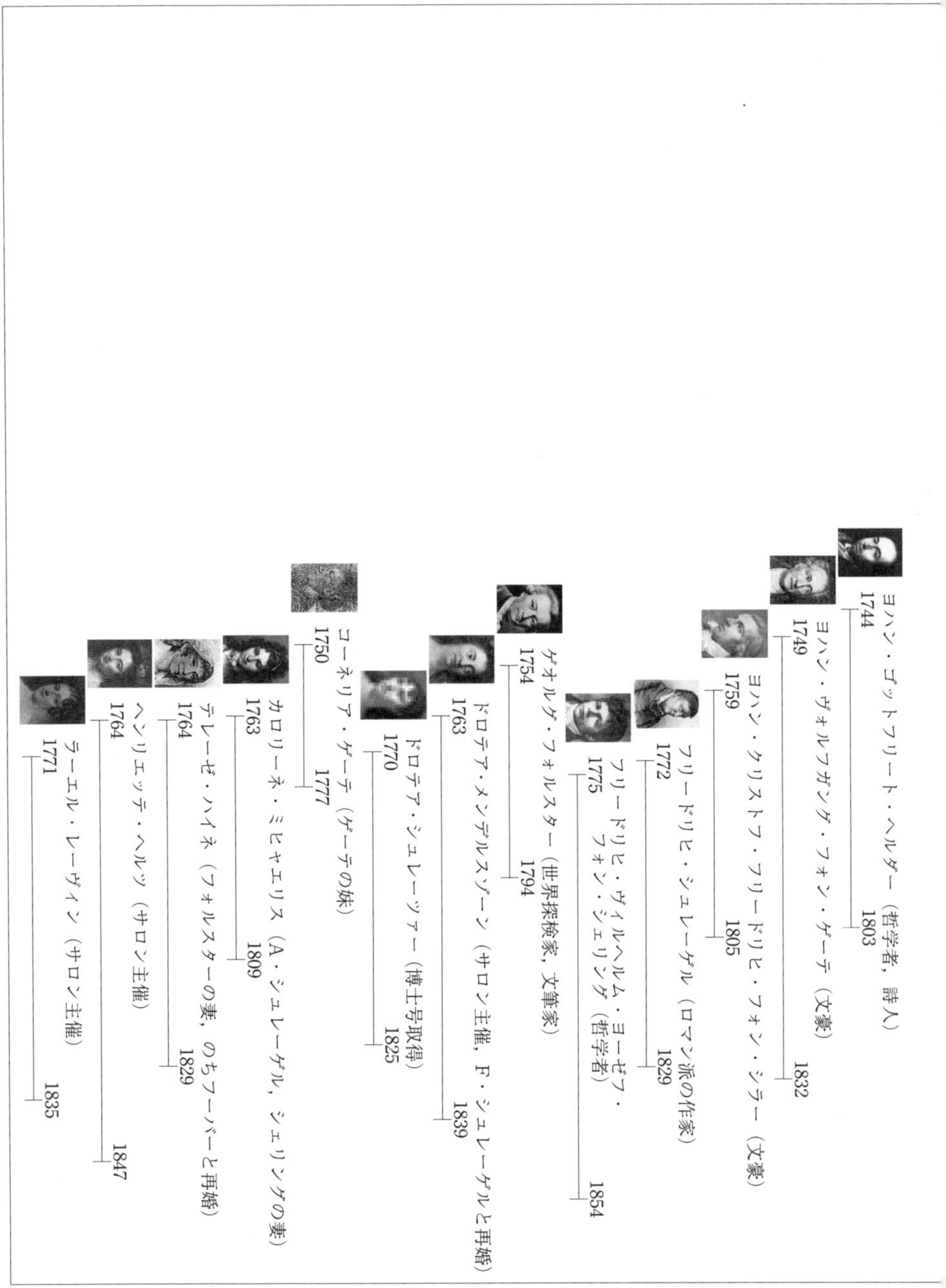
ヨハン・ゴットフリート・ヘルダー（哲学者，詩人） 1744 1803
ヨハン・ヴォルフガング・フォン・ゲーテ（文豪） 1749 1832
ヨハン・クリストフ・フリードリヒ・フォン・シラー（文豪） 1759 1805
フリードリヒ・シュレーゲル（ロマン派の作家） 1772 1829
フリードリヒ・ヴィルヘルム・ヨーゼフ・フォン・シェリング（哲学者） 1775 1854
ゲオルグ・フォルスター（世界探検家，文筆家） 1754 1794
ドロテア・メンデルスゾーン（サロン主催，F・シュレーゲルと再婚） 1763 1839
ドロテア・シュレーツァー（博士号取得） 1770 1825
コーネリア・ゲーテ（ゲーテの妹） 1750 1777
カロリーネ・ミヒャエリス（A・シュレーゲル，シェリングの妻） 1763 1809
テレーゼ・ハイネ（フォルスターの妻，のちフーバーと再婚） 1764 1829
ヘンリエッテ・ヘルツ（サロン主催） 1764 1847
ラーエル・レーヴィン（サロン主催） 1771 1835

1　啓蒙思想の誕生と公共性の形成

啓蒙の精神と「古い世界」の批判

一八世紀は、政治・社会構造において、世界観において、そしてまた人々の日常生活においても「古い世界」を色濃く残していたけれども、他方で従来の物の見方や考え方とは根本的に異なる「新しい世界」が誕生し、これら二つが並存し、交錯しながら近代へのうねりを作り出していった時代であった。

「古い世界」とは、中世的な世界観と生活様式である。ドイツ、そしてヨーロッパの中世において、世界像を定め、世界の解釈の仕方を提示してきたのは、キリスト教であった。ところが、一七世紀におけるニュートン力学の誕生以来、従来の「神の原理」に対立する自然科学的あるいは合理的な知の枠組みが育まれることになる。そして、人間の生活領域を「神の掟」から解き放ち、「神話の世界」に代わって人間中心の新しい世界の樹立、すなわち世俗化が提唱される。この動きを推進したヨーロッパの精神運動が、啓蒙主義である。

啓蒙思想の基盤は、人間の理性である。理性に基づき、すべての制度や慣習のなかにある非合理的なもの、蒙昧なものを徹底的に批判し、理性の光によって人類の進むべき路を照らし出そうとする。ドイツの啓蒙思想家である哲学者のカントは、一七八三年に、「啓蒙とは何か」という問いに次のような答えを出している。

> 啓蒙とは、人間が自ら招いた未成年状態から脱することである。未成年状態とは、他人の指導なしに自らの理性を使用する能力のないことである。……自分の理性を自分で用いる勇気を持て！　これこそ啓蒙の標語である。自然はとっくに人間を他人の導きから解き放ったのに、どうしてこれほどたくさんの人間が、一生涯未成年状態のままでいるのか、その原因は怠惰と臆病である。

カントはここで、未成年状態、すなわち一人前ではないのは、自らに責任があり、人間は自らの意志の力によって一人前になれるはずだし、またそうしなければならない、と主張している。彼は、理性に従って自立的に思考する人間に信頼を寄せており、社会は、この人間の思考と行動によって、よりよく変革できるはずであった。それゆえ、この人間の理性による自由な決定という理念とは正反対の、生まれながらにして自らの運命が決定される「身分制」や、この制度に基づく貴族の特権も批判の対象となった。身分制は、キリスト教的世界観とともに、「古い世界」の社会生活秩序の構成原理であった。この啓蒙の精神は、やがてフランスにおいて、「自由・平等・博愛」を掲げるフランス革命の導きの糸となる。ドイツにおける啓蒙思想は、フランスのような社会の根本的変革を導くには至らなかったが、それでも旧制度を批判し、これに挑戦してあらたな社会を作り出す道標となったのである。

啓蒙と公共性の形成

ドイツにおける啓蒙主義のはじまりは、一六八七年、ライプツィヒ大学の掲示板に貼られた一枚の紙切れだった。すなわち法律家のトマージウスが、一六八七年から八八年にかけての冬学期にドイツ語で講義を行なうと予告したのである。講義用語としてラテン語が使われていた「古い世界」への彼の挑戦は、大騒動を巻き起こし、彼は教授としての活動と執筆を禁止され、その後、免職処分を受けてライプツィヒから追放されることになった。

その彼に、活動の舞台を与えたのが、ライプツィヒから、わずか四〇キロしか離れていないプロイセン帰属の地方都市であったハレである。中間権力の支配を排除して国家の権限を強めようとしたブランデンブルク選帝侯のフリードリヒ三世（在位一六八八～一七一三年）、のちのプロイセン王フリードリヒ一世（一七〇一年以降）の委嘱を受けて、トマージウスは大学を設立するためにハレに来た。彼は、伝統的な都市の勢力や身分階層たちの抵抗を受けながらもプロイセン国家の庇護を得て、一六九四年創立のハレ大学を、「新しい世界」、つまり啓蒙主義の拠点として確立した。ハレは、古いライプツィヒを追放されたり、その環境になじめない学者を迎え入れ、そのなかにドイツ啓蒙主義の思想的支柱となったヴォルフがいた。彼は数学的方法を自然法学に応用し、壮大な合理的法体系を築きあげた。自然法的義務と権利から出発した彼は、社会契約説に基づく国家論を打ちたて、「公共の福祉」を増進する責務を担う領邦国家への臣民の服従の義務を説いて、絶対君主の権力を正当化したのである。

一七三七年には、このハレ大学を模範としてハノーファー国家の手によってゲッティンゲン大学が創立された。派閥人事排除のため政府が教授任命権を掌握し、有名教授を招聘して、研究と教育の自由を与えた。ドイツ国内ばかりではなく、イギリスなどの外国からも学生を集めるため、最新の設備を整え、洗練された社交の場も提供した。やがてゲッティンゲン大学は、ハレ大学を凌ぐ名声を博し、ドイツの近代的大学の原型を作り上げることになる。

かつてドイツの大学は、教授の地位を世襲制にしたり、ラテン語の使用強制や批判的な講義内容を拒絶したりしていた。その結果、新しい精神を退けたライプツィヒの例に見られるように、「古い世界」に固執して権威を失墜するに至っていたが、新しい世界を作った新興大学の刺激を受けて、大学はふたたび活気のあるものになった。一八世紀の学生数は六〇〇〇人から八〇〇〇人と、当時の人口の二四〇〇万人と比較して非常に少なかったけれども、絶対主義国家が伝統的勢力を排除した支配体制を作り上げるために官吏を増強したため、大学は新しいエリートの養成機関として社会的重要性を獲得した。わずか一握りにすぎなかったとはいえ、奨学制度を利用して下層出身者にも大学進学の道が開け、知識人層の裾野が広がった。こうした大学教育終了の教養市民層は、新しい社会的および文化的価値の担い手として、一八世紀末から一九世紀初頭にかけての社会的近代化にさいして決定的な影響力を発揮することになる。

当初は狭い学者の世界の出来事にすぎなかった啓蒙運動が、より広範な人々に波及していくのは一八世紀後半のことで、これを支えたのが、当時、急速に発達した出版メディアである。この当時、新聞や雑誌はすでに一般化していて、これらを通じて啓蒙の批判精神が読者公衆の問題として受けとめられるようになった。世紀末には、ドイツ全体で二〇〇から二五〇紙、実に三〇万部もの新聞が発行されていたのである。この時代は、一つの新聞を何人かで回し読みするのが常だったので、読者の数は非常に多かった。雑誌も、多くは短命であったが、つぎつぎに発行され、その種類も学術的なものや文学的なもの、服飾雑誌や文化雑誌と多様であった。一八世紀全体で実にドイツ語の雑誌が約四〇〇〇種類、後半には特に、その数が増加して、一八八〇年代には一二二五誌も発刊されることになった。

著作の刊行もさかんで、一八世紀には、前世紀の約二・五倍にあたる五〇万点もの書物が印刷され、やはり、とりわけ後半期の伸びが著しかった。当時は、まだ交通がそれほど発展していなかったにもかかわらず、書籍市場の独特な展開によって、読者は遠隔地で出版された書物を入手することができた。すなわち書籍商は、フランクフルトやライプツィヒの書籍市で、自分たちが印刷した書籍を分量や紙数に応じて他の書籍商のものと交換し、自分の都市で販売した。それほど大きな資本がなくても書籍商を営める、この制度のもとでは、出版業者が販売業者を兼ねていたため、彼らは読者の要求をすばやく把握し、積極的にイニシアチブを取って、遠隔地の書籍を広めるとともに、自分の町に住んでいる無名の著者も発掘した。彼らは、しばしば自宅に著者を住まわせて援助し、無名の場合には新聞、雑誌などの、その地域を対象とするメディアに登場させて、読者の反応を見た。カントやヴィーラントといった著名な書き手も、一時期、出版業者の援助を受けており、このような形で業者は自分のところに作品を確保することができた。出版業者はまさに、啓蒙運動の広がりをつぶさに観察するとともに、これに寄与することにもなったのである。

ところで、一七〇〇年頃には書籍市場に出た書物の四割近くはラテン語で書かれていたが、大学におけるドイツ語教育の展開や、「啓蒙の世紀」における神学関係図書の衰退を反映してドイツ語比率が急速に高まり、ラテン語の書物は一七四〇年には見本市に出版された新刊書の約三〇%あまり、七〇年には約一五%に落ち込んで、ついに一八〇〇年には数%にすぎなくなった。これには、一七七四年に『若きヴェルテルの悩み』を発表したゲーテなど、文芸書物への需要の高まりの果たした影響が大きかった。この時期には、図書館や読書クラブが設立され、読書人口は急激に増加している。読者層のなかには、都市の官吏や、その妻と娘など、新しく台頭した市民層が非常に多かったのである。

2　啓蒙の担い手とその性格

ドイツにおける市民

今日、市民という用語には、さまざまな意味合いが込められ、その定義は一様ではない。最もポピュラーに使われているのは、ある特定の都市の居住者という意味での市民、あるいは国民と同レベルで、参政権などの政治的権利や最低生活を営める福祉的権利をもつ市民である。さらに「市民運動」に見られる「市民」のように、公的社会の担い手ではあるが、特定の組織への帰属性より自律的な個人の主体性にウエートを置くという意味でも用いられている。

歴史的にも市民概念は非常に多義的であり、国によっても、時代によっても異なっている。中世以来ドイツでは、市民《ビュルガー》といえば「都市市民《シュタットビュルガー》」のことを意味し、それは貴族や農民とともに一つの身分であった。この身分には、自営の手工業親方や一握りの職人、豊かで影響力の強い商人などが属し、城壁で囲まれた都市の内側に居住して土地と家を所有し、身分制的な特権としての「市民権」、すなわち「営業権」を与えられていた。彼らは手工業や商業などの営業活動に従事するとともに、都市の自治的な政治を担っていた。都市には他に、職人の大多数、奉公人、賃労働者なども居住していたが、彼らは「市民権」をもたない「保護民」であって、特権的な市民とは厳格に区別されていた。

一八世紀になると、都市の自治権が絶対主義権力によっていちじるしく制限されていた諸侯直属の領邦都市において、都市には居住しているけれども、都市の法には服従せず、したがって従来の意味での「市民身分」はもたずに直接に国家の法に服するという新しいタイプの市民が登場してきた。その中心は、国家の司法や行政機構の整備によって台頭した官吏であり、彼らは都市法の適用から除外されている「免除者」と呼ばれていた。

こうした新しいカテゴリーの市民には、司法官や行政官といった国家官吏の他に、国家教会に所属するプロテスタントの聖職者、大学教授、弁護士、医師、文士や芸術家などが含まれ、大学を出て、新しい職業についていた。それゆえ彼らは、教養市民層と呼ばれており、次第に貴族に対抗するエリートとして成長していった。

新しいカテゴリーの市民としては、一八世紀後半以降、もう一つ、織物業を中心とする農村家内工業の発展とともに、問屋、マニュファクチャー、輸出入業者、銀行家などの経済ブルジョアジーが誕生している。しかし、ドイツにおいて本格的な工業化が開始されるのは一九世紀半ばのことで、イギリスに較べてはるかに遅れ、オランダやベルギーのように活発に海外貿易を主導することもなかったために、工場主や企業家の数はまだ少なく、経済ブルジョアジーが決定的な社会的影響力をもつには至らなかった。対照的に教養市民層の方は、一八世紀末の絶対主義国家が行政機構を拡大して官吏を増加させ、知識人層への依存度を強めたために、その数と社会的発言力を増大させ、きわめて重要な社会的地位を獲得したのである。教養市民層の勢力の強さは、他のヨーロッパ諸国と比較した場合のドイツ的特徴といえ、またドイツにおける啓蒙の担い手も受け皿も彼らであった。

世襲の身分制的な特権をもつ貴族や旧市民とは異なり、教養市民層や経済ブルジョアジーは自分自身の能力と、それに基づく個人の業績に高い評価を与え、これに経済的報酬や社会的評価、そして政治的影響力の根拠を見いだした。それゆえ彼らは日常の規則的な労働に積極的になるとともに、合理的で目的志向的な生活様式を尊重し、人格の陶冶《とうや》に熱心だった。とりわけ教養市民層は宗教より教育を重視し、これを基盤として他とは異なる自己を確立しようとしたのである。大学教育を受けることは、教養市民層にふさわしい職業につくうえで必要であったし、また学識をつけるためにも読書に励んだ。また音楽や美術、演劇など、高級文化への素養も、市民層を特色づけるものとなった。

教養市民層と啓蒙の性格

一八世紀の後半に啓蒙が広範囲に浸透し、「古い世界」が崩壊していく過程で非常に重要な役割を演じたのが、この時代に作られた、さまざまな啓蒙主義団体である。知的な交流を目的とする、学術的ないし文学的な団体、実用的な目標を掲げる愛国的で公益を重んじる団体、秘密結社のフリーメーソン、読書協会などである。なかでも後者の二つは、啓蒙の進展にとって決定的な意味合いをもった。

自由に移動する石工の職人組合の儀礼に準じて一七一七年にまずロンドンで作られたフリーメイソンは、二〇年後の三七年に北ドイツのハンブルクでも結成され、たちまち北ドイツ各地に、その後ドイツ全土に広がっていった。秘密結社の形をとったのは、絶対主義体制化では「開かれた空間」のなかでの身分を超えた人間としての交流と社会批判は不可能だったからである。ここには、後のプロイセン国王で、啓蒙絶対主義の治世を行なったフリードリヒ二世（一七四〇年即位）が皇太子時代の三八年にハンブルクの結社の会員となったのをはじめ、レッシング、ヘルダー、ゲーテ、フィヒテなど、当時のドイツを代表する文豪や哲学者が名前を連ねていた。

フリーメーソンが啓蒙のエリート作りを心掛けたのに対して、読書協会の方は啓蒙の普及を目的とし、ここで啓蒙主義者たちが読書会を開いたり、お互いの文学作品を供給しあったりしていた。また書籍、雑誌、新聞を共同で購入して購読し、その内容について討論した。こうした啓蒙団体の目標は、学識的あるいは道徳的な意味での自己形成であり、自身を啓蒙された理性という意味で道徳的に完成させ、これを通じて社会全体を改革することにあった。そのさい公共の福祉の前進が大きな目的となり、世間や国家に対して、学校の設立、農業改革、社会福祉措置の実施、技術的発明の実用化など、広範囲にわたって改革の必要性を訴え、また実際に提案を行なったのである。

啓蒙団体で論議されたテーマは、真の愛国主義、真の世界市民、友情と人間性、科学振興、国家改革、道徳の改善、啓蒙の推進、美学や文芸など多岐にわたっているが、宗教と教会および国家と政治は対象外になっていた。さらに職業固有あるいは個別の利害に関することや、日常茶飯事についての会話も禁止されていた。

こうしたテーマ選択は、団体の性格と密接にかかわっている。すなわち会員たちは、官吏、教授、医師などの職業人として参加したのではなく、あくまで人間、啓蒙主義者、文学愛好家という個人として組織化され、全会員の平等が保証されていたし、また権力とは無縁なコミュニケーションを実現した。こうした活動形態は規則として定められており、それによって異なる身分と職業の代表者たちが自由に自らの見解を表明し、それを批判しあうことができたし、何よりも貴族と市民が対等に対話できる可能性が開けたのである。こうした形のコミュニケーションは従来の宮廷文化や教会世界のそれとはまったく異なるもので、参加者の自己理解と自意識の基盤は、出自や社会的地位ではなく、身分や宗派の違いを超えて、理性と道徳に基づき、共通の関心のために奉仕するという共同体への帰属意識にあった。その意味で、啓蒙団体は、まさに市民社会の原理を育み、実現したものであったといえる。こうして市民は、一八世紀末には、大きな社会勢力として登場することができたのである。

だが、啓蒙団体には二面性があった。啓蒙を支持するすべての人に開かれていると主張しながら、他方で女性は一般的に排除されたし、また同じ男性でも参加者は教養ある人々に限られ、職人や農民は受け入れてはもらえなかった。啓蒙主義団体の社会構成を見ると、官吏が非常に多く、また聖職者や神学者、大学教授や教師も上位を占め、さらに軍人、

図2－1　啓蒙の時代を生きたドイツの哲学者，作家

ゲーテを中心に，ヘーゲル，フンボルト，ヴィーラント，ヘルダー，シュレーゲル，フィヒテなど。

出典：Gustav Freytag, *Bilder aus der deutschen Vergangenheit*, Bd. III. *Absolutismus und Aufklärung*, Hamburg 1978, S. 314.

医師、法律家、音楽家、商人などもいた。官吏職に就任するようになっていた貴族もかなりの割合を占めている。これに対して、田舎の住民、都市下層民、職人などの名前は見当たらないことから、啓蒙の担い手は、都市の教養市民層の男性が中心だったことが裏づけられる。啓蒙団体の標榜した平等とは、貴族と市民の男性間のものだけであり、ジェンダーに関しても、また下の階層に関しても、明確に境界線が引かれていた。このことは、ドイツの啓蒙の内実を如実に示している。

もう一つ、啓蒙の担い手のなかで官吏の比率が高かったことは、ドイツの啓蒙の性格に決定的な影響を及ぼした。啓蒙主義者たちは、国家の改革政策に近い立場を取り、彼らの多くが啓蒙絶対主義が掲げる諸目標に同意していたし、また国家も改革を遂行するにあたって彼らの力を必要とした。したがって、ドイツの啓蒙主義者たちは、国家に異議申し立てをするような議論は展開しなかった。市民と下層大衆とが区別されたことからもわかるように、ドイツの啓蒙は民主主義的な思考とは無縁なものであった。

この点は、啓蒙主義者の市民層より下の階層に対する接し方によく表れている。下の階層には農民や職人が含まれ、しかも自分の土地を所有するものから、その日暮らしの被用者まで多様であるが、この場合、社会のエリートとしての啓蒙市民に対する一般大衆というとらえ方のほうが適切である。啓蒙主義者は一般大衆も啓蒙され、迷信や不要な慣習的しがらみから解放されるべきだと考え、農業改革など、啓蒙の実践的な課題に参加すべきだと考えていた。しかし、それはあくまで彼らが考えたプログラムに一般大衆を取り込んでいくという意味であって、大衆自らが主導権を握ることはあってはならなかった。啓蒙市民にとって重要だったのは、大衆の解放ではなく、彼らの社会的有用性を強化することで、その限りにおいて、彼らの日常世界に関心を示し、その改善にも取り組んだのである。したがって彼らの学習意欲は歓迎され、国民学校運動など、教育プログラムも取り組みの対象とはなったけれども、一定の限界を超える学習は「本来の課題をおろそかにする」として否定されることになった。

例えば、一般大衆の読書の問題である。大衆啓蒙主義が社会的議論の対象となった一八八〇年以降には、読書は下層民にまで浸透していた。啓蒙の時代におおいに奨励された読書は、それが幅広く普及するにつれて、逆に過剰な読書に対する警告が発せられるようになった。読書中毒の結果、人々の頭は幻想で満たされ、自分の境遇を嫌悪させ、不機嫌や不平不満を生み、各人の階級内での活動と秩序に基づくものである人間や国家の幸福繁栄のさまたげとなっている、と。読書の蔓延は、哲学的農民、思索的農夫、放蕩な召使い、性欲に対する防波堤のない娘、熱狂的な民主主義の女を生んだ、といった表現で批判されているが、ここで使われている形容詞と人物は、本来結びつくはずがない、また結びついてはならない、と考えられていたものである。この結びつきは秩序の混乱を示し、読書への熱狂は、まさに「健全な社会秩序」を崩壊させるととらえられた。こうした政治的な脅威以外にも、読書は、例えば農民なら耕作、女性なら家事などの本来の義務をおろそかにさせるばかりか、愉悦を追い求めさせ、人々を堕落させると考えられたのである。

教養市民層は、下層民と自らを厳格に区別し、貴族とは平等を求めながら、他方で貴族の生活様式に対抗し、これとは異なる彼ら自身の価値規範を形成し、その優位性を主張することによって自らの存在基盤を確立しようとした。市民層の形成した近代的な家族は、まさに従来の価値観に対抗し、これを実践する舞台となったのである。

3　近代市民家族の成立

経営体としての家族

啓蒙の時代は、家族においても、「古い家族」から「新しい家族」への過渡期にあたっている。家族といえば、私たちは夫婦と子どもを中心とする血縁関係を思い浮かべるが、この概念は決してすべての時代に当てはまる歴史貫通的なものではなく、一八世紀末から一九世紀初頭にかけて誕生した比較的新しいとらえ方である。そもそもドイツ語で「家族（Familie）」という用語が日常的に用いられるようになったのは、一七世紀末から一八世紀初頭にかけてのことで、その意味も、現在の用法とは異なり、夫婦、子ども、奉公人からなり、家父長によって統括される「家共同体」をあらわしていた。家という用語は、一方では建造物としての家屋、他方で家父長を中心とする労働および生活共同体を意味しており、家族という用語も後者とほとんど同義的に用いられたのである。

すなわち当時の家＝家族は、夫婦や親子の愛情に象徴されるような情緒的な共同体ではなく、生存していくための労働共同体であって、消費と同時に生産の単位でもあった。したがって、血縁関係は二次的な意味しかもたず、個々の成員は、家長、家母、子ども、下男、下女として家族内での役割と地位に応じて把握されたのである。家長である夫は、家政の統轄責任者であり、妻は生産面への関与を含めて家政を運営した。子どもにも、他人の世話を必要としない年齢に達すると家のなかでの労働義務が定められていて、彼らは奉公人と同列に称されることもあった。

もちろん奉公人がいる家＝家族は、少数の特定階層に限られ、人口の多数を占めた下層民の大部分は、両親と子どもだけからなる核家族世帯であった。しかし、ここでも家族が労働共同体であることに変わりはなく、乳幼児を除く家族の成員が何らかの形で家政に貢献していた。このように、生産と消費の領域が未分離の当時の家族には、血縁だけの閉鎖的・情緒的空間という概念は存在せず、私的空間としての自律性ももっていなかったのである。

情緒共同体としての家族

啓蒙の時代には、従来の「経営体としての家族」とは異なる、情緒面に力点をおいた新しい家族理念が登場する。その背景には、台頭してきた都市の新しい市民層においては家庭外での就業が日常となって職住分離し、家族が私的で親密な情緒的空間となれる余地が出てきたこと、また彼らが貴族の価値観に対抗しながら、自分たちの理念と生活様式に適合的な新しい家族モデルを追求したことが指摘できる。

伝統社会の婚姻について記した文献によると、結婚相手の選択のさいに重視されたのは職業、資産、持参金、家事および労働能力といった経済的かつ実用的な観点であり、相手個人に対する愛情や関心は、それほど大きな動機とはならなかったという。すなわち当時は、「結婚の基盤は愛でなければならない」という恋愛結婚イデオロギーが存在しなかったのである。

ところが一八世紀後半になると、イギリスのピューリタン家族の影響を受けて、感情的結合こそ夫婦関係の基本とみなす言説が「道徳週刊誌」などに、しきりに登場するようになる。「道徳週刊誌」とは、啓蒙の時代の一七二〇年代から八〇年頃まで、さかんに発行された一群の雑誌の総称であり、「徳」を主題とし、道徳を奨励して読者を「良き市民」、すなわち社会の有用な構成員に教育することを目的としていた。この誌面で、「婚姻の中心的な動機は愛情でなければならない」という教えが、身近な話題を用いて繰り返し説かれるようになったのである。

市民層の道徳における「愛」とは、貴族の宮廷文化を象徴すると見なされた「堕落的な官能の愛」ではなく、「自制的な徳のある愛」でなければならなかった。これは「感情の満足を求める情熱的な愛」ではなく、相手の長所をよく理解し、欠点を許せるという理性的な愛の形だった。それゆえ娘に対しては、絶対的な規範として純潔の遵守が要求された。夫婦関係のあり方を説く言説も変化し、夫婦が協力して生産と消費の統一体である家政を司るといった経済的な観点は後景に退き、夫婦間での文学談義が称揚されるなど、精神的な関係が重視された。家柄や経済的観点といった外面性に左右される貴族の婚姻とは異なり、市民層の婚姻はまさに市民的価値観を象徴する「内面性」を強調するものであった。

感情的かつ精神的な家族関係という新しい形態は、夫婦間のみならず、親子間においても要求された。数多くの啓蒙書が、乳母、子守り女や家庭教師に子どもの世話と教育を任せきって、自らは舞踏会などで遊惰な生活を送る貴族の母親を厳しく非難し、子どもの養育には両親自ら携わるべきと説くようになったのである。これは、育児の価値の引き上げであると同時に、子どもに対する親の道徳的な義務と責任感の喚起を意図するものであった。そのあらわれの一つが、母乳の推奨である。高い乳幼児死亡率の原因の一つが両親の無関心に求められ、これを引き下げるための啓蒙的なキャンペーンとして母乳が注目の的となって、教条的なまでに母乳が推奨されたのである。

ただし、女性だけが育児の責任を担わされていたのではない。医者たちが子どもの乳幼児の健康や衛生への規範を定めるために数多く出版された「育児書」の類において、母親とともに父親も乳幼児期の育児の責任者として想定されていたのである。これは、育児書のタイトルが『子どもの身体の発達のために両親が注意すべきこと』（一七八二年）、『乳児の食事の世話に関する両親への手引き』（一七七一／九九年）というふうに両親向けに書かれていたことから明らかになる。

子どもの教育にさいして母親の影は薄く、「道徳週刊誌」上で一八世紀後半にさかんに展開された啓蒙主義的な教育の勧めは、父親を対象にして書かれていた。志操堅固で理性的な性格のもち主である男性こそ人格面や知的な教育を担うにふさわしい存在と見なされたのである。父親が教育担当者に選ばれた理由の一つは、父親の権威を実現するためだった。当時の教育理念では、教育者と生徒の間に一定の距離が必要だと考えられたので、愛されるとともに畏れられる存在だった父親が教育者に適していたのである。しかし、父親はもはや以前のような子どもに命令を下し、自分の意に従わせる存在ではなくなっていた。むしろ子どもの助言者であり、友人であることを求められたのである。日常の家庭生活においても、大人の生活尺度で子どもを裁断するのではなく、子どもらしい振る舞いが尊重されるようになった。ここに子どもを「小さな大人」と見なすのではなく、子どもという独自な存在、独自な発展段階として受けとめていこうとする新しい子ども観が見られる。理性的な男性に対し、感情的と見なされた女性に割り当てられた課題は、乳幼児期の養育と娘の情緒教育だった。一八世紀後半の啓蒙理論家たちは女性の担う養育にも男性による指示が不可欠だと考えていたが、これは徐々に女性独自の課

図2－2　貴族の語らい・市民の語らい

出典：*Literarische Kultur und gesellschaftliches Leben in Deutschland 1789-1806*, Berlin 1988, S. 193.

題と見なされるようになる。

一九世紀に入ると育児書のタイトルは、『生後数年の子どもの栄養について――母親への手引き』（一八〇二年）というふうに、以前の両親向けから母親向けに変わっている。こうした課題には女性の特性とされた「献身的な愛情」や「やさしさ」だけではなく、知識や判断力といった男性的とされる資質も必要である。にもかかわらず女性がもっぱら育児の担当者となったのは、「公的な職業世界」と「私的な家庭空間」との境界線が以前より鮮明になり、「家庭は女性」という見解が浸透していったからである。女性は近代的なジェンダー理念を根拠に公的世界から排除され、家庭に封じ込められたが、この領域に関することではもはや男性の指示を仰ぐのではなく、責任者として自律的な判断やそれ相応の知識も求められるようになったのである。

4　啓蒙とジェンダー

啓蒙主義の女性観

人間の平等を説きながら男女間の平等は認めないという啓蒙主義の立場は、啓蒙の光は男性だけではなく女性も照らし出すべきと考えられた初期の時代より、むしろ一九世紀に近づくにつれて強まっている。情緒的共同体という、あらたな市民家族理念の登場によって、妻と母には、家庭外の競争社会で疲れた夫を慰め、夫の良き理解者となり、また子どもに愛情を注ぐとともに、適度な教育をなしうるという理想像が求められるようになった。そのためには、女性にも読書が必要であると見なされ、家庭生活を円満に営めるように理性を磨き、道徳的に振舞うことが要請された。「道徳週刊誌」は、女性の包括的な教養基準を示し、歴史、文学、言語、自然科学などで基礎知識を得ることを推奨した。

実際、この時代には、高い教養を身につけた「学識ある女性」も登場した。こうした女性に男性が脅威を抱いたせいか、同時に、女性の学識をめぐる言説もしきりにたたかわされるようになり、彼女たちの「乱れた家庭生活」を風刺する戯画も好んで描かれるようになった。女性が読書に没頭したり、また学問に関心を向けたりすると、女性としての義務がおろそかになるというのである。妻・母・主婦、この枠内ならば、学識は教養として許されたけれども、一定の範囲を超えて専門知識を得ることは否定的にとらえられた。

「学識ある女性」を不幸と見なす傾向は、フランスの啓蒙主義者であるルソーが一七六二年に『エミール』を出版して、「文学かぶれの女性は夫、子ども、友人、召使、そして全世界にとっての災厄」であると書いた頃には共通認識となっていた。ルソーは、自由・平等・独立という人間の理想像を説いたが、これが当てはまるのは男性のみであって、女性は「従属すべき性」であり、男性とは正反対の人間と見なしている。すなわち彼は、男女の生物学的な違いを根拠に、男性は強靱で自立的、女性は脆弱で依存的といった心理的特質とも融合させ、女性の従属的な地位は不平等な社会が作りだしたものではなく、「自然なもの」だと主張したのである。この見解に基づき、ルソーは女性を自己完結した男性を補完する存在と捉え、男性に喜ばれ、男性の役にたち、男性を慰める人物になることを女子教育の目的としたのである。

こうしたルソー的ジェンダー観、すなわち男女は生まれながらにして本質的に対極的な存在であると見なし、一方で人間の平等を説きながら、他方で女性の従属を正当化する言説は、啓蒙の時代に発達した科学によって根拠づけられている。すなわち、従来のキリスト教的な人間認識に代わって、新しい時代にふさわしい合理的な人間像を科学的に提示しようとする試みは、医学、とりわけ解剖学において男女の異質性を明確にするモデルの形成につながった。解剖学者の描く骨格図においては、女性の頭蓋骨は男性に比べてはるかに小さく、骨盤の広さが強調され、逆に肩や肋骨は非常に狭かった。頭蓋骨の大きさは、その人の知的能力を示すと考えられたために、男性の頭蓋骨がことさら大きく描かれ、女性の骨盤の広さは出産こそ「女性の天職」という見解を反映していたのである。

身体が大きく、強くて逞しい男性と対比して、女性は小さく、弱くてきゃしゃだとする身体的差異から、男女間の精神的差異も導きだされた。すなわち「男性の性格」は、強靱、理性的、合理的、正義感の強さ、道徳心、勇気、自立的、能動的、攻撃的、競争心、決断力、指導力によって特徴づけられ、「女性の性格」は、これとは正反対に、柔和、感情的、本能的、抽象的思考力の欠如、嫉妬深さ、臆病、依存的、受動的、防衛的、協調的、従順と見なされたのである。

一七八五年の『ドイツ百科辞典』には、「本性的により強い男性には激しい労働や軍務が、女性には穏やかな任務、とりわけ子どもの養育が適している」と記され、まさに本質的だと考えられた男女の性格が両性の果たす役割の違いの根拠となっている。経営体家族の時代には、男女のはたす役割の違いは社会的要請によるものと考えられていたが、公領域と私領域の分離、情緒的共同体としての近代市民家族の生成にともなって、「自然の性差」が、その決定要因となったのである。

一八世紀末には、啓蒙知識人たちが、結婚生活や家庭生活における男女の役割や定めを明確にし、そのための行動規定や他人とのかかわり方を詳細に述べた著作が数多く刊行された。その一人、教育学者のカンペは、一七八三年に『テオフロンあるいは未経験の若者への助言者』という男性向けの書物と、その女性版である『娘に寄せる父の忠告』を一七八九年に著した。このなかでカンペは、女性の「自然による規定」について、男性は女性の保護者であり首長で、女性は男性に縋《すが》り、忠実で感謝心あふれる従順な伴侶として男性の生活の助手となることが、自然と人間社会の一致した意志である、と書いている。この著作は、牧師、官吏、商人、医者、弁護士、薬剤師など、新しい市民層によって購入され、また読書クラブで幅広く読まれ、非常に大きな影響力を発揮したのである。

ドイツを代表する啓蒙哲学者であるカントも、「自然の性差」を力説し、悟性は男性的特質だが感性は女性的特質だとし、主観／客観の二元論を突破できる能動的な自我をもつ主体を男性に限定して、女性を日常的世界に封じ込めた。カントの友人で啓蒙主義者のヒッペルは、一七八九年のフランス革命が人間の平等を唱えたにもかかわらず、人類の半分を占める女性の権利をまったく無視したことについて、これを激しく批判した書物『女性の市民的権利の改善について』を九二年に匿名で出版した。しかし、この著書は、激しく批判されるとともに嘲笑され、真剣に受けとめられることはなかったのである。

カントの「自然の性差」論はまだ、日常世界における男女の相補性を主張し、女性の支配領域である家庭においては男性が女性に従う可能性すら述べていたが、一九世紀への転換期にフィヒテの主張した近代市民社会論は、妻は女性にのみ備わる本能的で自発的な愛によって自らの性格を捨て、夫に服従し、財産の所有権も市民権もすべて夫に委ねると説き、「自然の性差」によって夫の支配と妻の服従および女性の無権利状態を正当化した。ここに人間の自由と平等を唱えながら、公的領域での活動を男性の占有とし、女性を家庭内に封じ込めて無権利状態にとどめた、市民的家父長制の論理がうちたてられたのである。

学識ある女性への烙印《スティグマ》

啓蒙時代の市民層において、男性の場合は個人の業績に高い価値が置かれたのに対して、女性はよき妻・母になることが期待されたため、ジェンダー間で進学できる学校の種類や授けられる教育内容に関して大きな格差が生まれていた。にもかかわらず、個別に見ると、男性知識人に匹敵する傑出した学識と教養を身につけたり、文芸や哲学に関する知的社交の場であるサロンを主催したりする女性が登場した。もちろん彼女たちは生まれつき豊かな才能の持ち主には違いないが、それでも、学校教育において専門的な知識を身につける可能性のなかった時代に、なぜこのような女性たちが存在したのだろうか。彼女たちの生涯をたどりながら、その文化的背景と、時代の特性を明らかにしてみよう。

ドイツで女性の大学進学が正式に許可される一〇〇年以上前に、すでに二人の女性が学位を取得している。一人は、「学問に性別なし」とされた初期啓蒙の時代にハレ大学に入学を許可され、一七五四年に三九歳で医学の学位を得たドロテア・エルクスレーベン。もう一人は、一七八七年に一七歳の若さでゲッティンゲン大学から博士号を授与されたドロテア・シュレーツァー。ただし大学は、女性が男性と並んで学問の聖堂に姿を見せることを望まなかったため、彼女は学位授与の式典には参加できず、隣接する図書館の二階の窓からひそかに式の様子を見守っていた。彼女が学位を取得できるほどの博識を身につけられたのは、父親のシュレーツァー教授が女性にも学問の才能があることを実証しようとして、自らの手で娘に英才教育を施したからである。彼女はギリシャ語やラテン語をはじめとする数多くの言語、数学、歴史などの学習に加えて、ハルツ山中で鉱物学の研修を受け、また当時のドイツ教養人にとって不可欠だったが、厳しい道中の待ち受けるイタリア研修旅行も父親とともに行なっている。

この時代、子どもの知的教育には一般的に父親が携わっていた。もちろん彼女の場合のように娘に本格的な学識を授けるのは例外で、多くの場合、フランス語や初歩の読み書き程度の教養であったが。父親が関与できたのは、社会的組織がまだ十分には発達しておらず、執務の一部を家庭で行なったり、長時間の昼食休憩を家庭で取ったりすることが一般的であり、多くの時間を家族と共有していたことによる。

ドイツ最大の文豪ゲーテの妹、コーネリアも、教育を生きがいとする父親から兄と同じ教育を受け、非常に知的な女性として成長した。ただし女性の場合、学識を生かして職業につくことは想定されず、コーネリアの教養は父の満足感のための装飾品にすぎなかった。兄ゲーテも、彼女の社会進出を支援するどころか、彼女の作家になる夢を打ち砕いたのである。上記のドロテアも博士号を生かす道は見いだせず、結局、父の勧める豊かな商人と結婚したが、その後の人生はあまり幸福なものではなかった。

ドロテアより少し前の一七六〇年代前半には、同じゲッティンゲン大学の教授の娘としてカロリーネ・ミヒャエリスとテレーゼ・ハイネが誕生している。ミヒャエリス教授は、赴任したばかりの若い時に、フリードリヒ二世に宛てて女性のための大学を創設すべきという意見書を提出した進歩的な見解の持ち主だったが、娘は一五歳でゴータの寄宿学校に送り、一般的なお嬢様教育しか授けていない。テレーゼも、一四歳からフランス系寄宿学校でよき妻・母になるための教育を受けている。ただし、彼女たちはヨーロッパ的名声を博したゲッティンゲン大学の教授の家に育ったため、父の書斎に山積みにされた書物を読むことができたし、また自宅で行なわれる講義やゼミの議論、あるいはヨーロッパ各地から訪ねてくる著名な学者や政治家の話を小耳に挟む機会に恵まれた。こうした類まれなるアカデミックな環境のおかげで、彼女たちは深い教養を身につけることができたのである。

それでも彼女たちは、「女学者などと思われたくない」という気持ちをもって結婚し、子どもも産んで夫に尽くしたが、他方でカロリーネは書物への渇望に、テレーゼは夫への満たされない思いに悩まされていた。医師であった夫の死後、カロリーネは旧友のテレーゼ夫妻を頼ってマインツに移り住んだ。ちょうど、その時、フランス革命の余波がライン河畔におよび、フランスに占領されたマインツの町では「ジャコバン・クラブ（自由と平等友の会）」が作られ、九三年三月に「マインツ共和国」が誕生した。その指導者となったのが、テレーゼの夫で、ゲーテの友人でもあったゲオルグ・フォルスターである。

だがテレーゼは、そのさなかに夫を見捨ててシュトラースブルクに亡命し、かねてより恋仲であった別の男性との生活を始めた。この「共和国」は短命で、フォルスターを助けていたカロリーネは、身の危険を覚えてプロイセン軍の包囲するマインツを脱出しようとするが、つかまって獄中に幽閉された。「売国奴」の汚名をきせられ隠遁生活をしていた彼女はやがて、父の学生で、かねてより彼女に求婚していた哲学者のアウグスト・ヴィルヘルム・シュレーゲルと結婚し、イェーナで新しい生活をスタートさせる。

ここでは文豪シラーやゲーテとも親交を結び、やがてヴィルヘルムの弟でロマン主義者のフリードリヒ・シュレーゲルもベルリンからやってきて、彼らの家はノヴァーリスなど、作家や詩人の集うサロンとなった。カロリーネは、常に客であふれる大所帯をてきぱきと切り盛りし、自らもサロンの議論に加わるとともに、夫と義弟の主催する新時代の文化雑誌『アテネーウム』の編集を助けた。カロリーネはその文体をフリードリヒに絶賛されるほどの文才の持ち主だったが、自らの名前で作品を公表することはせず、夫が手がけていたシェークスピアのドイツ語訳の手伝いをし、また夫の名か、あるいは文末に小さくCのイニシャルを付して『アテネーウム』に絵画や文学に関する小論を掲載した。

図2－3　「学のある女性」

三六歳でカロリーネは一三歳年下のロマン派の哲学者シェリングに出会い、彼を心から愛した。身内からの激しい非難で彼女は神経性の熱病に倒れて死線をさまよい、その後、ゲーテの仲介もあって彼女の離婚が成立した。愛する人と結婚したカロリーネは、四六歳でこの世を去るまで、ようやく平穏な結婚生活を全うしたのである。

カロリーネと同様に文才が豊かだったテレーゼも、自分の名前で書くことはなかった。最初の結婚では夫の翻訳を手伝って家計を補い、再婚後もイギリスやフランスの小説を翻訳しては夫の名前で発表し、その後、自分で小説を書いて雑誌に掲載したけれども、これらも夫の名前で行なわれた。両者ともに一方ではよき妻・母であろうとしながら、自分の心を裏切れないために劇的な人生を送ることになったが、それでもそれぞれの夫に対しては内助の功に終始し、恵まれた才能を自分の名誉のために使うことはなかった。学識は彼女たちの人生を助けたにもかかわらず、世間の学識ある女への批判を彼女たち自身が内面化し、「女学者などと思われたくない」という気持ちを消し去ることはなかったのである。

ベルリン・サロンの女性たち

「学識ある女性」が唯一自由かつ主体的に活動できた場所、それがサロンであった。サロンでは女性が社交の中心となり、彼女たちの住居にゲストが集って、文学、哲学、音楽、芸術、そして時には政治についての会話を楽しんだ。その原型は一七世紀フランスのランブイエ夫人が自宅で催した集いにあると言われており、ドイツのベルリンで、こうしたサロン文化の花が開くのは、それより一世紀もあとの一八世紀末のことである。

主催したのは、ユダヤ人の女性たちだった。当時のベルリンには金融業を営む裕福なユダヤ人が存在し、しかもレッシングの戯曲『賢者ナータン』のモデルとなり、カントと並ぶほどの名声を博した啓蒙主義哲学者のモーゼス・メンデルスゾーンという偉大な精神的導き手をもっていた。客好きの彼は、さまざまな生活領域の人たちを自宅に招き、その読書会に出席していた彼の娘のドロテア、「精神的な娘」であるヘンリエッテ・ヘルツとラーエル・レーヴィン、のちのファルンハーゲンが、フランスの遺産を継承かつ改変させた独自なサロン文化を作りだしたのである。ユダヤ人である彼女たちは社会的なアウトサイダーだったため、かえって自由に活動でき、頽廃した貴族文化とも、解放より抑圧を旨とする市民文化とも異なる、あらたな精神世界の担い手となることができた。

一七六四年生まれの美しく聡明な女性、ヘンリエッテは、ユダヤ人家族の伝統にならい一五歳という若さで、医師であり、かつカントの愛弟子でもあったマルクス・ヘルツと結婚する。彼女は夫と一緒に読書協会に参加するとともに、夫が自宅で行なったカントに関する講義を聴講し、外国からの客人も含むさまざまな知識人との会話によって教養を積み重ねた。ヘルツ宅では、やがてヘンリエッテを中心に第二のグループが形成され、ここでは文学好きの若者たちが熱心に作品評をたたかわせ、とりわけゲーテが崇拝された。のちのベルリン大学創設者となるヴィルヘルム・フォン・フンボルトは、ヘンリエッテと精神的修養を義務とする友愛の契りを結び、さらに神学者のシュライエルマッハーやロマン派の作家フリードリヒ・シュレーゲルが、このサロンの常連客となった。ヘンリエッテのサロンの評判は、はるかかなたまで鳴り響き、文学者や高位の貴族、外交官など、国際的に著名な人々が集まる場となったのである。

フランス革命の熱狂的支持者だったラーエル（一七七一年生）のサロンは、未婚女性がひらいた最初のもので、九〇年代初頭に両親の家の屋根裏部屋ではじまった。この質素なサロンは「自由な精神の共和国」と見なされ、時代批判的討論が行なわれ、女性の権利さえ話題にのぼった。当時は、一晩でいくつものサロンをかけもちするのが常だったので、ヘンリエッテのサロンの常連たちがここに姿を見せ、他にフリードリヒ大王の甥のルイ・フェルディナント王子や、その愛人のパオリーネ・ヴィーゼルも足を運び、身分の垣根をこえて因習を打ち破る社交が展開された。しかし、一八〇六年にナポレオンがプロイセンに勝利すると、愛国的なドイツ人意識が喚起され、ユダヤ人のサロンには誰も近づかなくなって、ラーエルのサロンも終わりを告げる。ただし、四三歳で彼女を崇敬する一四歳年下の作家で外交官の男性と結婚したラーエルは、一八一九年からベルリンでふたたびサロンを開くことになる。

図2－4　サロン

ドロテア（一七六三年生）は、二〇歳で父親の選んだ銀行家のファイトと結婚し、サロンを営んでいたが、一七九七年にヘンリエッテのサロンで出会った八歳年下の作家フリードリヒ・シュレーゲルと恋に落ち、世間の非難にもひるまず自分の感情に忠実に生きた。彼女はファイトの家を出て自分の小さな住居を構え、九九年、ついに彼が離婚を承諾する。その後、イェーナに移った彼女たちの家には、フリードリヒの兄のアウグスト・ヴィルヘルムと、その当時の妻であった先述のカロリーネ、また作家のノヴァーリスたちが集い、ロマン主義者の活動の拠点となった。

サロンは、深い教養をもち、文芸に秀でた女性たちが、唯一その才能を発揮し、時代に新しい息吹を吹き込める場であった。彼女たちは、夫を含めたサロンの男性たちとのかかわりのなかで、その影響力を発揮したが、彼女たちが個人として、何らかの社会的地位を手に入れることはなかった。ここで紹介した「学識ある女性たち」は、離婚という形で個人的に当時のジェンダー規範の枠外に出ることはあったけれども、この規範そのものを批判することはなく、規範と個人の生との間の内面的葛藤に苦しんでいた。そんな彼女たちには、フランスのオランプ・ド・グージュのように、女性の権利を公然と要求することなど及びもつかなかった。ドイツで、この要求が掲げられるのは、半世紀あまり先の、一八四八年革命の最中のことである。

参考文献

荻野美穂ほか『制度としての女――性・産・家族の比較社会史』平凡社、一九九〇年。

ロンダ・シービンガー著、小川真理子・藤岡伸子・家田貴子訳『科学史から消された女性たち』工作舎、一九九二年。

成瀬治・山田欣吾・木村靖二編『ドイツ史　2』山川出版社、一九九六年。

エンゲルハルト・ヴァイグル著、三島憲一・宮田敦子訳『啓蒙の都市周遊』岩波書店、一九九七年。

姫岡とし子「近代家族モデルの成立」『岩波講座・世界歴史17――環太平洋革命』岩波書店、一九九七年。

リヒャルト・ファン・デュメルン著、佐藤正樹訳『近世の文化と日常生活3――宗教、魔術、啓蒙主義』鳥影社、一九九八年。

ヴェレーナ・フォン・デア・ハイデン＝リンシュ著、石丸昭二訳『ヨーロッパのサロン』法政大学出版局、一九九八年。

ユルゲン・コッカ編著、望田幸男監訳『国際比較・近代ドイツの市民――心性・文化・政治』ミネルヴァ書房、二〇〇〇年。

河合節子・野口薫・山下公子編『ドイツ女性の歩み』三修社、二〇〇一年。

弓削尚子『啓蒙の世紀と世界観』（世界史リブレット88）山川出版社、二〇〇四年。

扉図出典：H. Richter（Hg.）, *Literarische Kultur und gesellschaftliches Leben in Deutschland 1789-1806*, Berlin 1988, S. 285.

コラムⅡ

教育システムの胎動

望田幸男

教育制度といえば、高等・中等・初等という三段階制が当初から存在したと思われがちである。しかし、それは日本のような後発国が、全教育制度をいっきに確立した場合には、そうであっても、ヨーロッパでは中世以来、大学は存在しても、中等・初等レベルの学校は近代の扉がたたかれ始めた頃に、やっと歴史の舞台に顔をだしてきたのである。

ドイツ――ここでは主としてプロイセン――でも一八世紀初頭には、中世以来の大学があっただけで、小学校も中等学校もなかったが、小学校は同世紀の初頭から、中等学校は世紀末から登場し、ようやく出揃ってくる。しかし当初は、それらはまだ横並びの関係で、大学へ入るのに、中等学校・小学校修了が前提となっていたわけではなかった。そういうシステム化は一九世紀になってだんだんに形成されていったのである。

それでは、まず小学校の登場から述べよう。プロイセンで小学校が「民衆学校《フォルクスシューレ》」という名称で教育令をもって導入されたのは、一八世紀初頭に始まる。領邦絶対主義国家プロイセンが、このような政策に着手したのは、主として農民の子弟を念頭におき、彼らが将来、「良き納税者」「良き兵士」になるために、最低限の読み書き・計算の素養を与えようとしたのである。したがって、それは、「国家のための、国家による啓蒙」でありえても、農民の要求に基づいたものではなかった。一八世紀には、くり返しプロイセン当局から教育令が発せられ、学校を増設したり、子どもを学校にやるように督励したりしている。そのための補助金支出も試みられている。だが、それにもかかわらず一八世紀末で就学率は六〇％を超えなかったという。しかも、この数字は就学希望にもとづいたもので、実際の就学率はもっと下回っていたであろう。こういった結果は、「国家による啓蒙」とは農民にとってはなにであったかが明らかになっている。それどころか、農民にとっては、子どもは欠かせない農業労働力――とりわけ農繁期には――だったという現実を忘れてはならない。民衆学校就学率が一〇〇％に達するのは一九世紀七〇年代のことである。

プロイセンで中等学校、それも大学進学のためのギムナジウムが登場してくるのは、一八世紀末である。おもしろいことに、それは大学進学抑制のためであった。当時の大学は、入学のための資格は必要なく、入学試験に合格さえすればよかった。そして主として官吏・聖職者・医師の養成に限定されていた。それで入学過剰になりがちになり、大学を修了しても官職に恵まれない者が増大し、社会不安の種にもなった。また兵役逃れの口実にもなっていた。そこで政府は、大学入学の前提として、古典語中心の教養教育を行なう九年制ギムナジウムなるものの修了を条件づけた。これがアビトゥーア＝ギムナジウム卒業試験合格＝大学入学資格のおこりである。ところが当初には、まだ大学独自の入学試験も実施されていた。そこで政府は、ギムナジウムを通過して大学に入学した場合には奨学金をあたえるという誘導政策を試みた。それでも裕福な者の子弟は、わざわざギムナジウムに進学するのを忌避した。大学独自入試が廃止され、大学入学への道をギムナジウムが独占するようになるのは、一八三四年のことである。

ところで、このようなギムナジウム形成史は、重要な副産物をもたらした。政府はギムナジウム設立にあたり、当時、主として教会が聖職者養成の機関としていたラテン語学校と総称されていたもののなかから、スタッフ・設備が行き届いているものをギムナジウムに編成替えした。ここでギムナジウムに編成替えされなかったラテン語学校の生き残り問題が発生した。その生き残りの方向は、ギムナジウムが大学進学のための教養教育を目指したのに対し、いわば住み分けとして実学的中等教育を目指したのである。当時、工業化が進展し始めており、一九世紀にはいると、実学的中等教育の社会的需要も大きくなっていった。こうして実学的中等学校が新たに「実科系学校」として定着し、これらの中等学校では、古典語を軽減もしくは廃止する代わりに、現代外国語、歴史・地理、数学・自然科学などを重視した。しかし、このことは後年「教育紛争」の原因となっていく。それというのも時代が下るにしたがって、実科系中等学校の社会的効用は増大していくが、これらの中等学校の修了者には、大学入学の門戸は閉ざされ、逆に非実学的な教養教育に重点をおくギムナジウムがこれを独占していたからである。これの打開策は二〇世紀初頭まで待たねばならなかった。

ともあれ、こうした経過をたどり、重大な問題点をはらみつつも、一八世紀末／一九世紀初頭までには、大学、大学進学の予備教養教育のギムナジウム、大学進学権をもたない実科系中等学校、初等教育機関としての民衆学校という複線型の学校制度が形成されるに至った。そして、それらが横並びのバラバラの存在ではなく、高等・中等・初等の三段階制にシステム化されていく第一歩がここに踏み出されたのである。このような意味で、一八世紀はまさに「教育システムの胎動」の時代であった。

参考文献

ペーター・ルントグレーン著、望田幸男監訳『ドイツ学校社会史概観』晃洋書房、一九九五年。

望田幸男『ドイツ・エリート養成の社会史』ミネルヴァ書房、一九九八年。

第Ⅱ部

国民化と工業化の時代

――一九世紀のドイツ――

第三章　国民国家の黎明

丸畠宏太

1832年のハンバハ祭，ハンバハ城に向かう参加者の群れ

1789	7.バスティーユ監獄襲撃，フランス大革命はじまる
1792	4.フランス，オーストリアに宣戦布告。マインツ共和国（～93年）
1793	2.第1回対仏大同盟結成。5.第2回ポーランド分割
1794	10.フランス軍，ライン川左岸を占領
1795	4.バーゼルの和約。10.第3回ポーランド分割
1797	10.カンポ・フォルミオの和約
1801	2.リュネヴィルの和約
1803	2.帝国代表者会議主要決議
1804	12.ナポレオンの戴冠
1806	7.ライン連盟成立。8.神聖ローマ帝国消滅。10.イエナ・アウエルシュテットの戦い。11.ナポレオン，ベルリンより大陸封鎖令を発令
1807	7.ティルジット条約。7.シュタイン国務大臣となり，プロイセンで改革開始。10.プロイセンの「十月勅令」
1808	11.プロイセンの「都市条例」
1812	6.ナポレオンのモスクワ遠征はじまる。12.タウロッゲン協定
1813	3.対ナポレオン解放戦争はじまる。10.ライプツィヒの諸国民戦争
1814	9.プロイセンで「国防法」成立。9.ウィーン会議（～1815年6月）
1815	3.～6.ナポレオンの百日天下。6.ドイツ連邦成立。11.四国同盟成立
1817	10.ヴァルトブルク祭
1819	3.コツェブー暗殺事件。9.カールスバード決議
1821	3.ギリシア独立戦争勃発
1830	7.パリで七月革命勃発。10.ベルギー独立宣言
1832	5.ハンバハ祭
1834	1.ドイツ関税同盟発足
1840	フランス・ドイツ間のライン危機
1844	6.シュレージエンで織工一揆
1845	翌年にかけて凶作，それに伴う暴動頻発
1846	2.ポーランドのクラクフで蜂起
1847	11.スイスでの分離同盟戦争
1848	1.イタリアのパレルモで反乱。2.パリの二月革命。2.マンハイム民衆集会で三月要求可決。3.ウィーンでの蜂起，メッテルニヒ亡命。3.ベルリンでの市街戦。3.デンマーク，シュレースヴィヒの併合宣言。4.デンマーク軍とプロイセン軍の戦闘はじまる。4.ヘッカー，コンスタンツで共和政を宣言。5.フランクフルト国民議会開催。6.パリでの六月暴動。6.ヨハン大公の帝国摂政就任。8.マルメー休戦協定。9.フランクフルトでの九月蜂起。10.ウィーンで十月革命勃発。10.ベルリンで労働者と市民軍衝突。11.ベルリンに戒厳令
1849	3.国民議会，ドイツ帝国憲法を採択。4.プロイセン王ドイツ帝冠を拒否。5～7.ドイツ各地で憲法闘争。6.「残余議会」の活動停止。7.ラシュタット要塞のバーデン反乱軍，プロイセン軍に降伏

1　ナポレオン支配と近代国家の形成

フランス革命の衝撃とドイツ

一七八九年七月一四日、フランスの首都パリの民衆が旧体制の象徴バスティーユ監獄を襲撃したとのニュースは、ライン川を越えた遠く神聖ローマ帝国各地にもたちどころに広まったが、この報に感銘を受けたのはとりわけ知識人層であった。彼らにとって、それは専制と暴虐に対する理性の勝利であった。当時神学部学生であった若き日の哲学者ヘーゲルもその一人で、彼は同年代の詩人ヘルダーリン、五歳年下の哲学者シェリングらとともに大学町テュービンゲンで「自由の樹」を植え、革命を讃えたといわれる（図3-1）。

図3-1　自由の樹の周りで踊る人々

出典：Horst Möller, *Fürstenstaat oder Bürgernation: Deutschland 1763-1815*, Berlin 1989.

だが、こうした革命への歓喜が大きな民衆運動のうねりへと至ることは、ほとんどなかった。最初は革命に歓喜した知識人のうちでも、一七九三年から国王ルイ一六世の処刑、共和制宣言、ジャコバン派独裁下での恐怖政治へと事態がすすんでいくに及び、革命に幻滅を感じるものが少なくなかった。また、一七九三年にフランス軍に占領されたライン左岸地方を中心に広まったドイツ・ジャコバン運動も、しょせんは知識人の枠をはみ出すことができず、一般住民の支持を十分得るには至らなかった。

では、当時のドイツに革命の炎が広まらなかったのはなぜであろうか。まず、当時のドイツは政治的には群雄割拠の分裂状態にあり、経済的にも後進地域であった。大小三〇〇あまりの独立小国家群から成り立っていた神聖ローマ帝国は、とても政治的統一体と呼べるようなものではなく、経済活動の拠点となるべき都市は地域によって発展の程度に大きな格差があった。このため商工業者が広域的ネットワークを形成するのは困難で、彼らの多くは各邦君主の庇護に頼らざるをえず、独立自主の気概をもった市民層が育ちにくかった。

次に、フランス革命の影響と考えられる職人や農民の反乱は、ザクセンやシュレージエンなどに見られたが、それらは散発的・局地的なものにとどまり、全国的な反乱のうねりに展開しなかった。これらの反乱はもっぱら具体的な生活の糧が脅かされることに対する住民の抗議行動で、決して既存の政治体制や君侯に向けられたわけではなかった。だから、抗議行動と当局の間に妥協が成立する余地はいくらでもあったし、そもそもこうした運動を体制変革的な運動に結集させるようなリーダーが存在しなかったのである。

以上に加えて、プロイセンのフリードリヒ大王、オーストリアのヨーゼフ二世など、一八世紀後半期に見られた啓蒙絶対君主のもとでの改革が多くの地域で成功をおさめていたことも、忘れてはならないであろう。すなわち、フランスにおいて君主が市民社会の阻害要因としてはたらいたのに対し、これらの領邦では君主は商工業促進策や法整備などを通じて、むしろ市民社会を活性化したのである。こうしたなかで、市民層の中核をなしていた教養市民層には君主に忠実なる官吏として仕えるものが多く、市民層が君主に対する強力な対抗軸として共通の利害のもとに結集することはほとんどなかった。

神聖ローマ帝国の終焉とドイツの再編

神聖ローマ帝国滅亡の数年前に著した『ドイツ国制論』のなかで、ヘーゲルは帝国の現状を「ドイツはもはや国家ではない」と断じた。三十年戦争の戦後処理が取り決められた一六四八年のヴェストファーレン（ウェストファリア）条約以降、各邦君主は領邦高権と同盟締結権を獲得し、領邦は主権国家へと着実な発展をとげた。他方、皇帝は求心力としての政治権力をほとんど奪われたため、帝国は政治的・国家的機構としては無力な存在になり下がってしまったのである。その意味ではヘーゲルの指摘どおり、帝国は確かに「もはや国家ではな」かった。とはいえ、帝国内の紛争処理機能、ヨーロッパ・レベルでの平和維持機能という面から見れば、神聖ローマ帝国は一八世紀末まで意味のある存在であった。文豪ゲーテはこのような帝国を、各人が平和時には安らかに過ごしうる「状態」であるとして、その存在価値を

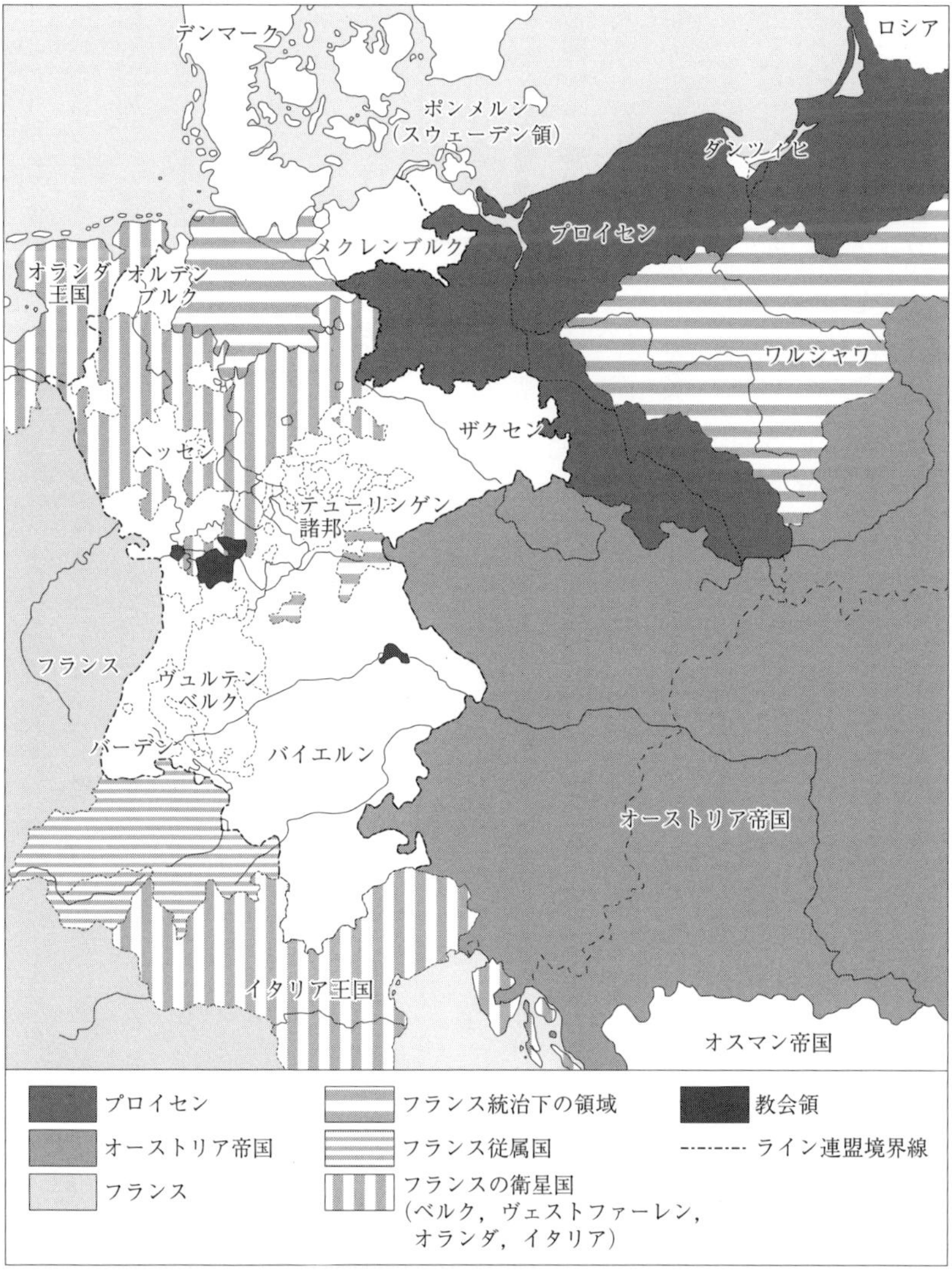

図3-2　ライン連盟時代の中欧（1807年）

出典：Horst Möller, *Fürstenstaat oder Bürgernation: Deutschland 1763-1815*, Berlin 1989.

十分認識していたほどである。

この中欧の均衡状態をゆるがす激震は、ドイツの外からやってきた。一七九二年、オーストリアに対するフランスの宣戦布告ではじまった戦争には、革命の伝播とヨーロッパの勢力均衡崩壊への恐れからプロイセン、イギリスなどの大国も参加し、革命フランスは窮地に追い込まれた。だが、国民意識の高揚に加え、戦時総動員が実施されたことで革命の防衛に成功したフランスは、今度は「革命の伝道師」として侵略戦争に乗り出した。

進撃をはじめたフランス軍はライン川左岸地域を占領したが（一七九四年）、これに一致団結して立ち向かうはずの対仏大同盟内では、列強間の足並みに乱れが生じはじめていた。ここではプロイセンとオーストリアの動向に目を向けよう。まず、プロイセンは東部地域での領土問題に専心するため、単独でフランスとバーゼルの和約を結び（一七九五年）同盟から離脱、ライン右岸での領土補償と引きかえにフランスによるライン左岸地域の領有を認めた。ついで、オーストリアはカンポ・フォルミオ（一七九七年）、リュネヴィル（一八〇一年）の両和約で、フランスの主張する「ライン川自然国境」を承認した。

こうした動きのなかで、神聖ローマ帝国の平和保全機能の恩恵を最も受け、帝国を実質的に支えていた聖俗の諸侯、帝国騎士、帝国都市などは、領土再編の嵐にみまわれた。新たな領土獲得で国力を増したプロイセンをはじめ、領土を大きく広げた領邦があった反面、小規模の領邦の多くはその独立を奪われ、領土を増して生き残ったこれら「勝ち組」にのみこまれた。世俗化（教会領が世俗君主領に併呑されること）、陪臣化（世俗の小邦が独立を奪われて他邦の支配下にはいること）と呼ばれる措置がそれである。一八〇三年には帝国代表者会議が開かれ、その主要決議ではマインツ選帝侯領など一部を除くほとんどの教会領を含め、一一二の小邦が「勝ち組」への分配の対象とされた。以上の過程を経て、プロイセンが喪失した領土の四・九倍の領土を獲得したほか、西南ドイツの領邦バーデンは約四倍、ヴュルテンベルクは約二倍にそれぞれ領土を拡大し、プロイセン、オーストリアにつぐ「第三のドイツ」の一翼を担うこととなった。

領土再編を生きのびた領邦は、新しい庇護者をナポレオンのフランスに求めた。一八〇六年七月、ナポレオンを保護者として西南ドイツを中心とする一六の領邦がライン連盟を結成した（図3-2）。八月一日に連盟は帝国から離脱、六日には神聖ローマ皇帝フランツ二世が退位を宣言した。ちょうどそのころワイマルへの帰途にあったゲーテは帝国臨終の報を聞いたときの心情を、「御者台での御者と召使いの口論のほうが、我々をローマ帝国の分裂より興奮させた」と書いている。九六二年以来つづいた神聖ローマ帝国は哀惜の念をいだく人々に看取られることもなく、ひっそり終焉の時を迎えたのである。

改革による近代国家建設

ナポレオンはかつての神聖ローマ帝国を約四〇の領邦に再編するとともに、その大部分を直接・間接に支配下におさめ、ライン連盟諸国に対しては革命フランスに範をとった国家の改革を推進させた。ここで、自由・平等の精神を体現した諸制度を与えることにより、同盟各国を内側から「道徳的に侵略」しようとの意図がはたらいていたことはたしかである。だが、ナポレオンにおいてはむしろ、中欧にオーストリア、ロシアなどの大国に対峙しうる強力な権力基盤を築くことのほうが重要であった。つまり、フランスにとってライン連盟は東の大国（ロシア、オーストリア）に対する緩衝地帯であり、今後の軍事行動を支援するための軍事的物資・人材の供給源という側面が強かったわけである。

従来この改革期に関する研究では、ナポレオン支配からの脱却に主導的役割を果したプロイセンに関心が集中し、他方、ライン連盟諸国の改革はナポレオンの影響が強く「非ドイツ的・非歴史的」性格をぬぐえないとして、ネガティヴな評価に甘んじていた。だが今日では、中央集権的近代国家建設という枠組みを視野に入れながら、プロイセンでもライン連盟諸国でも、改革においては革命フランスの影響だけでなく、ナポレオンの意図とは無関係に、開明派官僚のもとで啓蒙絶対主義の時代に計画され一部は実行に移されていた改革の伝統というもう一つの側面があったことが強調され、ライン連盟内でも国によって改革のあり方は異なっていたという見方が主流である。そこで以下ではほとんど改革が行なわれなかったオーストリアを除き、ドイツ諸国での改革をナポレオンとの結びつきの程度に応じて、いくつかのグループに分けながら考察していこう。

まず、フランス領となったライン左岸地域と、ナポレオンの後ろ盾で創建された衛星国家。ここでは近代的民法典であるナポレオン法典や陪審裁判制度の導入、合理的行政区画の設定など、フランスに範をとった改革が実施された。また、衛星国家であるヴェストファーレン王国ではドイツで最初の憲法典が発布される（一八〇七年）など、ナポレオンがライン連盟を「道徳的に侵略」するための範型、すなわち「モデル国家」として機能することが期待された。これに属する国には、ほかにベルク、フランクフルトの両大公国などがあった。ただし営業の自由の承認、農村における封建的諸関係の廃止などは、ライン左岸地域では徹底して行なわれたのに対し、「モデル国家」ではナポレオンが新体制の安定をはかるために地元の伝統的支配層の助力を必要としたため、不徹底なままに終わった。

次に、バーデン、ヴュルテンベルク、バイエルンなどの西南ドイツ諸国。すでに述べたように、大幅に領土を拡大したこれらの国でのいちばん大きな課題は、伝統も文化も異なるさまざまな地域をいかに統一体としてまとめあげるかという点にあった。そこでバイエルンのモンジュラのような開明派官僚は、行政・官僚機構を整備して中央集権体制を強化するとともに、新国家に対する住民の自発的服従をうながすために、憲法の制定、議会の開設を目指したのである。これらが本格的に実現するのは、ナポレオンの没落以降のことである。ただし、この地域でも農民解放や営業の自由化はあまり進展しなかった。

最後に、プロイセン。一八〇六年一〇月のイエナとアウエルシュテットにおける戦闘でナポレオン軍に壊滅的敗北を喫したプロイセンは、翌年のティルジット条約で多額の賠償金支払い、領土の大幅な割譲など、屈辱的な講和条件をのむことを強いられた。こうした状況下で、シュタインとその後継者ハルデンベルクの指導のもとに国家の再建事業ははじまったが、その主要目的は逼迫《ひっぱく》した財政状況の打破と、ナポレオン支配から脱するための物心両面にわたる国力の結集であった。

まず、行政改革は国王専制を排して統治の合理化をはかろうとするもので、具体的には権限の明確な大臣による内閣制度が導入された。ただし、シュタインにおいては大臣どうしの合議が重視されたのに対し、ハルデンベルクの時代になるとリーダー格である宰相の優越した権限が重視された。

次に、一八〇七年の十月勅令による世襲隷農制廃止にはじまる農民解放、一八〇八年の都市条例でうちだされた近代的自治制度は、ともに自立した公民である自営農民や都市市民を育てるという性格を有していた。ただし前者については、封建的束縛の撤廃が有償であったため、零細農民に不利で領主に有利という結果になり、後者についても、下層民や知識人層には参政権が付与されなかった。これらの改革では、納税力のある住民を増加させようとの意図もあったことは重要である。都市におけるギルドの廃止と営業の自由の実施も、おなじ文脈でとらえることができよう。

プロイセンならではの改革は、特に軍制の分野に見られた。軍制改革はシャルンホルストらの改革派軍人によって担われ、体罰刑をはじめとする非人道的規律を廃止するとともに、従来貴族層に独占されていた将校団の門戸を有能な市民層にも開放し、教養市民層には民兵的組織のなかで兵役につく道をひらくなど、あらゆる階層の成年男子が国防義務を果たす環境がととのえられた。この民兵的組織の一つが後に郷土防衛軍《ラントヴェーア》として確立し、市民社会の価値観を反映した軍隊組織として自由主義者のあいだでもてはやされることとなるのである。懸案であった一般兵役義務の導入には反対も根強かったが、解放戦争がほぼ終わった一八一四年に制度として確立した。

図３－３　戦場におもむく郷土防衛軍兵士とそれを見送る人々

出典：Roland G. Foerster (Hrsg.), *Die Wehrpflicht*: Entstehung, Erscheinungsformen und politisch-militärische Wirkung, München 1994.

ナショナリズムの高揚と解放戦争

ドイツ各地で封建制など伝統の桎梏を打破し、新時代の理念をもたらしたナポレオンを「解放者」として歓迎したドイツの知識人は、決して少なくなかった。だがそのナポレオンも、一八〇四年にフランス皇帝として戴冠したころから、被征服地を大陸制覇のための物的・人的資源調達の場として圧迫するなど、「征服者」としての側面をにわかに強めた。楽聖ベートーヴェンが自由の戦士ナポレオンを讃える交響曲「英雄」を作曲しながら、皇帝の地位についた彼を目のあたりにするや「ナポレオンも俗物にすぎなかった」と嘆いて献辞を破り捨てたエピソードは、こうしたナポレオン支配の二面性をよくものがたっている。

「征服者」ナポレオンに対する反発は、ドイツ全体にナショナリズムの高揚をもたらした。哲学者フィヒテはプロイセンがフランスに屈した直後のベルリンで、「ドイツ国民に告ぐ」と題する連続講演を行なってドイツ人に団結を呼びかけ（一八〇七年）、アウクスブルクの書店主ヨハン・パルムは「奈落《ならく》の底にあるドイツ」と題するビラで、ドイツ人が武器を取ってナポレオン支配に立ち向かうことを公然と呼びかけた（一八〇六年）。パルムはフランス占領軍によって処刑され、国民運動最初の殉教者となったが、こうした敵意むきだしの言動は、例えば、あらゆる国民・民族がみな同等の価値を有するとされた一八世紀後半のドイツ運動などには見られないものであった。

反ナポレオン闘争が本格化したのは、一八一二年にナポレオンのロシア遠征が失敗に終わった直後のことである。この年一二月、遠征に参加しながらもほぼ無傷であったプロイセン軍団のヨルク将軍は、独断でロシア軍とタウロッゲンで協定を結び中立を宣言、翌一八一三年にプロイセンはロシアと正式に同盟を締結し、フランスに宣戦布告した。その後同盟軍にはスウェーデン、イギリス、オーストリアが参加し、開戦当初はフランス側についたライン連盟諸国もその多くが同盟側に合流、最後は一八一三年一〇月のライプツィヒにおける戦いでナポレオンの敗北が決定的となった。

ところで、愛国的熱狂は民衆の間にどのくらいの広まりをみせたのだろうか。一八一二年三月の法令で不完全ながらも市民権を獲得したプロイセンのユダヤ人が志願兵として多く戦争に参加した話は、有名である。また、各地に愛国的な女性協会が設立され、傷病兵の看病や寡婦・孤児の世話にあたった。一八一三年のプロイセン軍では、志願兵のうち手工業者が四一％、農民が一六％、日雇い労働者と従僕が一五％を占めており、プロイセン以外の領邦から駆けつけた兵士もあった（図3-3）。だが彼らの忠誠の対象は多様で、実体のないドイツよりもむしろ出身領邦や郷土の場合が多く、地元領主に対する単純な忠誠に基づくものも少なくなかった。知識人層の場合も同様で、当時のナショナリズムが特定の政治プログラムと結びつくことはなかったし、彼らのあいだでも領邦ナショナリズムのほうがなお優勢だったのである。ナポレオン支配からの脱却という意味で解放戦争と呼ばれた一連の戦いは、後世にドイツ・ナショナリズム勝利のシンボルとしてなかば神話化されることとなるが、こうした見方にはやはり留保が必要であろう。

2　ウィーン体制とドイツ連邦

勢力均衡と欧州協調

二〇年以上にわたった動乱ののち、ヨーロッパの新たな秩序を築くべく開催された国際会議がウィーン会議である。会議をリードしたのはオーストリア外相メッテルニヒであったが、彼が新秩序の支柱としたのは勢力均衡原則と正統主義、そして欧州協調であった。この会議で確立した国際体系はウィーン体制と呼ばれる。

現状維持勢力であったオーストリアとイギリスが、ヨーロッパの勢力均衡を揺るがしかねない勢力として警戒したのは、革命の震源地であったフランスに加え、東方の大国ロシアであった。ロシアはナポレオンを撃退したのに勢いづき、ポーランドへの勢力拡大をねらうまでになっていた。ここでロシアの対抗軸と考えられたのがドイツであり、特に期待されたのがプロイセンである。プロイセン自身もザクセン併合という野心を抱いていたが、メッテルニヒらの外交努力でその一部獲得で満足し、そのかわりライン左岸地方を中心に西側に領土を拡大し、西側の脅威フランスにも対抗しうる中欧の大国に成長した。

戦争の危機さえはらんでいたポーランド問題、ザクセン問題が解決した背景に、フランスで恐怖政治にまでエスカレートした革命の急進化の記憶、すなわちジャコバン主義の悪夢が列強間で共有されていたことを忘れてはならない。ナポレオンのエルバ島脱出（一〇〇日天下のはじまり）はウィーン会議における懸案事項の決着をはやめたが、これはナポレオンの帰還でフランス人の愛国心にふたたび火がつくことが恐れられたためで、革命への恐怖心が列強間の利害対立を妥協させるほど強いものであったことがうかがわれる。正統なる王朝支配の諸国からなるヨーロッパが原則とされたのも、ナショナリズムと革命に対する防波堤を築くためであった。ただし、ウィーン体制を革命以前の状態への復帰という、文字どおりの復古ととらえるわけにはいかない。例えば、ドイツ再編のなかで消滅した諸侯領が復活することはなかったし、フランスでは君主制が復活したといっても、立憲政体が失われることはなかったのである。

ところで、勢力均衡は一八世紀のヨーロッパで発展してきた考えで、それ自体決して目新しいものではない。むしろウィーン体制で重要なのは、勢力均衡を積極的に築くために列強が協力する点であった。その核となったのがオーストリア、プロイセン、イギリス、ロシア間で一八一五年に成立した四国同盟（一八一八年からはフランスも加えて五国同盟）であり、列強は定期的に会議をもつことにより国内外のナショナリズムと結びついた不穏な動きに対処しようとした。実際には、スペインやナポリなどで国民運動が盛りあがると、介入の是非をめぐって列強の足並みに乱れが生じた。とはいえ、列強間の直接対決は一八五四年のクリミア戦争までなく、欧州協調を機軸とするウィーン体制は少なくとも四〇年近くにわたってよく機能したというべきであろう。

ドイツ連邦と復古政策

中欧は欧州新秩序の要として、東西強国の狭間にあって勢力均衡のバランサーとなることが期待されたが、他方、この地に強力な権力中枢が築かれることに列強は危惧の念を抱いていた。ドイツ内に目を向けると、バイエルン、ヴュルテンベルクなどナポレオン期に勢力を拡大した「第三のドイツ」と呼ばれる中規模諸邦は、自国の主権が損なわれるような連邦国家を望んでいなかった。また、オーストリアは多民族国家という自国の複雑な状況から、ヨーロッパの現状維持にことのほか執着するとともに、勢力拡大の野心をもつプロイセンへの対抗上「第三のドイツ」、特に西南ドイツ諸邦に肩入れした。

こうした各国の意向を背景に、ドイツは独立国家の緩やかな連合体という形でまとまった。これが一八一五年に成立したドイツ連邦である。ドイツ連邦ははじめ三五君主国と四自由都市から成り、各国公使による合議機関としてフランクフルトに連邦議会が置かれた。ここでの各邦の持ち票は国の規模に応じて四票から一票まであったが、連邦の国制にかかわる重大案件は全会一致とされたことで、小邦も形式上は大きな権限を有していた。とはいえ、事実上はプロイセン、オーストリア二大国が連邦を支える支柱であり、この両国が他の列強とともに反革命、反ナショナリズムで協調したことが連邦の存続を可能にした最大の要因であった。連邦規約は邦国相互の戦闘行為を禁止したので、邦国レベルで一九世紀初頭に開始された諸改革は、紆余《うよ》曲折はあったものの連邦という安定した傘のもとで持続された。こうした発展のなかには、例えばドイツ関税同盟のように、結果として近代ドイツ国民国家の基盤形成につながるものもあった。

だが、ドイツ連邦そのものは本質的に国民的統一と相容れない組織体であったから、解放戦争でドイツ・ナショナリズムの熱狂に駆られた人々は連邦に失望感を抱いた。彼らのなかでも血気さかんな学生たちは、一八一五年に愛国的学生団体ブルシェンシャフトを結成した。その中心地イエナ大学は解放戦争時にリュッツォー義勇兵団へと志願学生を派遣したところでもあり、軍団の制服の色であった黒・赤・金は、統一と自由を求める団体のシンボル・カラーとなった。ちなみに、これが今日のドイツ国旗の源流である。

ブルシェンシャフトはドイツ各地に広まったが、この動きを苦々しく見つめていた人々の不安をさらに助長する出来事が起こった。一八一七年一〇月、宗教改革三〇〇周年とライプツィヒの戦い四周年を記念する学生がテューリンゲンのヴァルトブルク城で祭典を催したが（図3-4）、一部の学生が「反ドイツ的」と目される書物を火中に投じるという挙に出たのである。加えて一九年、ギーセン大学の学生カール・ザントが反動の牙城ロシアのスパイと噂されていた劇作家アウグスト・フォン・コツェブーを暗殺するという事件が起きた。そこでメッテルニヒはドイツの主要国君主を保養地カールスバートに集め、言論、集会、結社などの厳しい取り締まりを決議させた（一八一九年九月）。これを契機にドイツ諸国政府は一気に反動化し、国民運動やそれと結びついた自由主義運動は冬の時代を迎えることとなった。

図3-4　ヴァルトブルク祭

徒党を組んで古城に向かう学生たち。

出典：*Illustrierte Geschichte der deutschen Revolution 1848/49*, Berlin 1988.

とはいえ、反動化にもおのずと限界があった。すでに憲法と議会を有していた邦国は一八二一年の時点で二一あったが、これらの国で議会活動が根絶やしにされることはなかった。また、一八二一年にギリシア独立戦争がはじまると、ドイツでの活動を厳しく制限されていた自由主義者はこの運動を支持する団体を結成した。なかには義勇兵として戦争に参加するものもあり、「ギリシア独立支援運動」は「平穏な二〇年代」の水面下で自由主義運動・国民運動を維持・発展させるうえで、無視できない役割を果たしたのである。

「政治の季節」の到来とナショナリズムの新展開

一八三〇年七月にパリで革命が勃発したとの報は、またたく間にヨーロッパ中へ広がり、その影響を受けてベルギー、イタリア、ポーランドに独立運動の火が燃え上がった。ドイツでもまた「平穏な二〇年代」に終わりを告げるように各地で騒擾事件が起こり、これに押されてザクセン、ハノーファー、ブラウンシュヴァイク、ヘッセン＝カッセルなどでは新たに憲法が制定された。騒擾の担い手はもっぱら下層市民層で、社会・経済の転換期における危機意識を背景とした手工業の徒弟や雇い職人が多くを占めていたが、こうした動きに動揺した政府が言論・結社弾圧の手をゆるめたことで、市民的自由派は憲法制定へ向けての組織的・計画的行動を展開できた。また、すでに二〇年代までに憲法と議会を有していた邦国では、自由主義的議員を中心とする議会活動が活発化した。なかでも注目に値するのはバーデンで、当時の自由主義運動を代表するフライブルク大学教授カール・フォン・ロテックとカール・テオドール・ヴェルカーが活躍した議会では、検閲を廃止して出版の自由を認める法令が可決された。

こうした改革では従来の官僚主導のものとは異なり、市民社会からの働きかけが大きな意味をもった。特に教養市民層のなかに、新聞・雑誌などのメディアを駆使して市民社会のネットワークを築こうとの動きがあらわれたことは、注目に値する。これが邦国の枠を越えて拡大しだしたとき、自由主義運動と結びついていた国民運動は新たな展開を示すこととなった。一八三二年五月にバイエルン領ファルツにあるハンバハ城で開かれた国民的祭典は、急進左派ナショナリスト団体「出版・祖国協会」を主催するジャーナリスト、ヨハン・ヴィルトとフィリップ・ジーベンプファイファーが仕組んだものであったが、この祭典には西南ドイツを中心にドイツ各地から二万人以上の参加者が集まり、彼らの社会的出自も手工業者や下層市民層にまで及び、女性の参加者も見られた。丘の上の古城に向かう人々の姿を見るだけでも（本章扉絵）、参加者は学生だけのおよそ八〇〇人で牧歌的雰囲気さえ漂っていた一八一七年のヴァルトブルク祭（図

3-4）との質的・量的相違が理解できよう。

このような動きにメッテルニヒらは狼狽した。そこで連邦議会は圧力をかけてバーデン議会で可決された法令を撤回させると、次は監視機関としてフランクフルトに中央調査庁を、マインツに秘密警察組織である情報局をそれぞれ設置し、連邦全体の言論の取り締まりにあたらせたのである。だがこうした予防措置も、政治的に活性化しつつある市民社会を根本的に鎮めることはできなかった。四〇年代にはいると国民運動は新たな局面を迎えた。そのきっかけの一つとなったのが、フランスとドイツの間で発生したいわゆるライン危機である。ことの発端は、フランスが威信回復をはかろうと、ウィーン会議で一度は断念したライン川左岸地域の領有をふたたび主張したことであったが、これに対してドイツでは、愛国的歌曲「ラインの守り」に象徴されるように、ふたたび全国的にナショナリズムが高まりをみせた。この時期のナショナリズムについては、次の二つの特徴をあげることができる。一つは、それがフランスへの敵対感情を結集イデオロギーとしていたことである。これは対ナポレオン解放戦争以来のことで、ギリシア独立支援運動やハンバハ祭には見られなかったものである。もう一つの特徴は、協会団体などを通じて運動が組織化されたことである。協会団体は身分に関係なく個人の自由意思で入会するのが原則であったから、その構成員はさまざまな身分の出身者にまたがっていた。特に有名な協会は男声合唱協会と体操協会であり、例えば前者はオーストリアやベーメンにも及び、四八年革命前夜には全国に一〇〇の支部、一〇万人の会員を擁するまでに成長した。両協会は政治運動に対する官憲の厳しい目が光るなかで、ナショナリズムを広域的に発展させただけでなく、それが社会の下層へと深化するのにも大いに貢献したのである。

図3-5　ビーダーマイヤー時代の典型的な市民家族の居間

出典：Hans Ebeling, Wolfgang Birkenfeld, *Die Reise in die Vergangenheit: Ein geschichtliches Arbeitsbuch.* Ausgabe für Nordrhein-Westfalen Band 2, Braunschweig 1988.

ウィーン体制下の抑圧にもかかわらず政治・社会が活性化した一八三〇・四〇年代は、一八四八年三月革命の伏線になったという意味で「三月前期」ともいわれる。

社会変動の痛み

解放戦争の終了から一八四八年革命勃発までの時代は、文化史上ビーダーマイヤー時代と呼ばれる。メッテルニヒ体制の反動政策の下で、市民層の多くは政治活動から退き、「平穏で慎ましやか、争いごとはさけ妥協を求める」というプライベートな領域での小市民的生活様式に甘んじていた。熱心に刺繍をする妻と小ぎれいな服装をした子供たち、それを見まもる紳士――これがビーダーマイヤー期の典型的な市民家族像であった（図3-5）。だが、一八三〇年以降の市民社会の政治的活性化を一瞥《いちべつ》すれば、こうした姿が事実の一面にすぎないことは明白である。それどころか当時のドイツでは、農村でも都市でも社会・経済の構造変化に伴うさまざまな矛盾が噴出しつつあった。

この変化を特徴づける現象の一つは人口の急激な増加である。ドイツ連邦にあたる領域に目を向けるならば、一七五〇年から一八〇〇年にかけての人口増加率は三五％であったが、一八一六年から一八六四年にかけては、流感が蔓延《まんえん》した一八三一・三二年と飢饉の年である一八四七・四八年を除いて、ほぼ右肩上がりに三〇〇〇万人から四五〇〇万人へと五〇％も増加した。その原因としては乳幼児死亡率の低下がしばしば指摘されるが、統計からはこれが決定的要因とはいいがたく、むしろ食糧事情の改善、結婚制限の廃止、戦争・飢饉・疫病の影響の減少といった諸事情が複雑に絡みあった結果ととらえるべきである。

人口増加との関連で重要な現象は大衆貧困である。人口の増大は農村、都市のいずれにおいても大量の下層民を生み出した。当時のドイツの住民のおよそ三分の二が生きるための最低水準ぎりぎりか、あるいはそれにも満たない生活を強いられていた。こうした貧困化の主な原因は、人口の増加が生産力の限界を追い越してしまった点にあった。この問題の解決には、一九世紀後半の本格的工業化による生産力の向上をまたねばならなかった。古いものと新しいものとの交錯から生じたさまざまな矛盾は、民衆の騒乱というかたちで各地にあらわれた。なかでも有名なのは、一八四四年にシュレージエンで起こった大規模な織工蜂起である。この地のリンネル産業は職人、徒弟、日雇い労働者の人員過剰に加え、産業革命を経たイギリスの安価な機械生産品との競争のため窮地に立たされていた。こうした状況に問屋は織工の賃下げで対応しようとしたが、生存の基盤が脅かされると感じた織工はこれに対して一揆を企てた。一揆そのものは軍隊の投入によって鎮圧されたが、この事件をきっかけにようやく社会問題が公論のあいだに浮上してきた。

一八四〇年代に入るとこのような社会・経済的要因に由来する民衆蜂起は急増し、四五年から四七年にかけての大凶作と経済危機がこの傾向に拍車をかけた。当時ここに革命の予兆を見て取るものも少なくなかったが、この時点ではまだ革命は起こらなかった。革命が勃発する一八四八年には、さらにいくつかの要因が絡んでくるのである。

3　一八四八年の革命

ヨーロッパの革命

一八四〇年代も後半に入ると、革命の伏線ともいうべき事件がヨーロッパ各地で起こった。ポーランドの民族的独立を目指した一八四六年のクラクフ蜂起、シュレースヴィヒ＝ホルシュタインにおけるドイツ系住民とデンマーク系住民の対立激化、自由主義的諸州が保守的諸州に勝利した一八四七年のスイスにおける分離同盟《ゾンダーブント》戦争、イタリアでは一八四八年一月のパレルモにおける民衆反乱とそれに続くナポリでの憲法発布、さらにサルディニア、トスカナ、フィレンツェでの憲法制定など、続発する争乱は三〇年あまりも続くウィーン体制がほころびはじめたことを人々に印象づけた。

革命の狼煙はまたしてもパリから立ちのぼった。一八四八年二月二四日、あらゆる改革要求を拒否する政府に抗議する民衆デモはバリケード戦にエスカレートし、国王ルイ＝フィリップは退位、ここに臨時政府は共和制樹立を宣言した。この報はまたたく間に広まり、西はフランスから東はロシア帝国・オスマン帝国国境まで、南はイタリア南端から北はバルト海沿岸まで、革命の嵐はヨーロッパのほとんどすべての国・地域を席巻した。もちろん、政治・経済・社会構造においても歴史的背景においても多様なヨーロッパで、革命の経過・目標設定・重要課題に国・地域ごとの相違が大きかったことは、いうまでもない。とはいえ、革命の洗礼を受けたほとんどの国が直面せざるをえなかった課題として、国民原理に沿った国家形成、政治体制の自由化・民主化、社会問題の解決の三点をあげることができよう。今度は、それまで革命とはほとんど無縁であったドイツ連邦各国もまた、このうねりに巻き込まれることとなった。

市民革命と基底の革命

ドイツにおける革命の序曲は、バーデンの都市マンハイムで一八四八年二月二七日に開催された民衆集会からはじまった。集会には立憲君主制を奉じる自由派も共和制を主張する民主派も参加し、出版・結社・集会の自由、民衆武装、陪審裁判制の導入、ドイツ議会の召集の四点を核とする三月要求が採択された。バーデン議会下院はこの要求を受諾し、これに応じて政府は自由主義的な内閣を組閣した。こうした事態はヴュルテンベルク、ヘッセン、ナッサウなど他の邦国にも波及し、各地で君主の承認のもとに自由主義的な三月内閣が合法的に成立した。以上のような変革には、下層市民、労働者、農民、学生などからなる民衆の示威行動もまた大きな意味をもったが、事態はおおむね平和裡に進行した。もっとも、「王冠の前で立ち止まった革命」に不満を抱くものも少なくなかった。その一人でバーデンの急進民主派の指導者フリードリヒ・ヘッカーは、四月にコンスタンツで共和制の樹立を宣言し行軍を開始した。これに対してドイツ連邦は軍隊を派遣、反乱も月末には鎮圧された。

こうしたなかで、革命が血の抗争にまでエスカレートしたのはドイツ連邦の両輪をなす二大国の首都であった。ウィーンでは三月要求を審議する議場に群衆が乱入、これを制止するために投入された軍隊と衝突し、市内でのバリケード戦へと発展した。その間にメッテルニヒ（二一年より首相）はイギリスに亡命、皇帝は憲法制定を約束し軍隊を撤退させたが、ウィーンでは三月内閣や議会の成立はなく、市政を担うはずの市民層にも事態収集の能力はないという、一種の権力の空白状況が生じた。しかも、オーストリアは北イタリア、ハンガリー、ベーメンなど帝国内の各地に民族紛争を抱えており、きわめて不安定な状況にあった。

ベルリンでもまた三月一八日には軍隊の発砲を契機に民衆と軍隊が衝突、またたく間に市内各所にバリケードが築かれた（図3-6）。騒乱は国王フリードリヒ・ヴィルヘルム四世が軍隊を市内から撤収させたことでようやく収まった。

国王はさらに憲法制定を約束し自由主義的内閣の組閣を承認したため、市民の間には革命に勝利したとの認識が広まったが、軍隊が国王への忠誠を崩さぬまま温存されているなど、新体制の基盤は脆弱であった。

こうして、三月末にはほとんどの邦国で君主が革命勢力の要求に譲歩を示したため、自由派にとっても穏健民主派にとっても「市民革命」は成功裡に終結したものと思われた。もちろん、例えばプロイセンにおける憲法制定などはまだ国王の口約束にとどまっていたが、あとの課題は合法的改革路線に沿って実現するべきものと考えられたのである。次は、国民国家ドイツ建設に向けて国民議会を召集する番であった。

ところで、革命初期の成功を基底の部分で支えたのは、農村部では領主の居城前で、都市部では集会所や市庁舎前で気勢をあげた民衆であった。まず農村地域では、なお封建領主的権利を有していた世襲領主《シュタンデスヘル》に対し、残存する封建的賦課の撤廃を求めて農民の一揆が発生した。ことに頻発したのはバーデンのオーデンヴァルト、シュヴァルツヴァルトのほか、ヘッセンやテューリンゲンなどで、これは一六世紀に農民戦争が発生した地域とほぼ一致していたが、こうした蜂起は要求が満たされるやほとんど終息してしまった。

図3－6　ベルリン市内に築かれたバリケード

出典：*Fragen an die deutsche Geschichte: Ideen, Kräfte, Entscheidungen. Von 1800 bis zur Gegenwart*, Bonn 1994.

次に都市部での騒乱の担い手は、もっぱら労働者をはじめとする下層民であった。ベルリンにおける三月の市街戦の犠牲者を例にとるならば、そのうちの約三分の二が労働者層で占められていた。ただし、ここでいう労働者層のうちかなりの部分は小職人、雇われ職人、徒弟など、権利を剥奪された中産層との自覚をもった人々であった。彼らはまさに、伝統社会と初期工業化社会のはざまで危機にあえぐ社会層を代表していたのである。

以上のように、路上での民衆運動に代表される「基底の革命」に目を向けるならば、四八年革命が市民革命の枠に収まりきれないことは明白であった。検閲の廃止に伴うジャーナリズムの活動やパンフレット・ビラ類の普及、さまざまな協会団体の活動を通じて、下層民衆もまた急激に政治化していった。

だが、ベルリンでは「基底の革命」を実質的に支えた下層民が警察組織である市民軍から締め出され、多くの邦国では下層民にまで投票権が及ばないなど、市民革命は必ずしも「基底の革命」の要求に応えていなかった。こうしたズレは、のちに革命の帰趨《きすう》にかかわる深刻な問題の火種となるのである。

国民議会とシュレースヴィヒ＝ホルシュタイン問題

国民国家ドイツの憲法制定を最大の使命とした国民議会は、各邦での選挙で選ばれた議員により、一八四八年五月一八日にフランクフルトのパウロ教会に召集された（図3-7）。

国民議会の試金石の一つとなったのは、シュレースヴィヒ＝ホルシュタイン問題であった。この地をめぐるドイツとデンマークの対立は四八年三月、デンマーク王がシュレースヴィヒのデンマーク併合を宣言したことで決定的となり、ドイツ人住民の援助を名目にプロイセンを軸とするドイツ連邦軍が出兵、ここにドイツとデンマークは戦争状態に入った。ドイツ・ナショナリズムを高揚させたこの戦争に、国民議会もまたなんらかの対応を迫られた。その一つが執行機関である中央権力の設置である。これについて議会では、憲法もないうちからそのような機関が存在するのは論理矛盾であるとの批判もあったが、外交問題に迅速に対処するには中央権力が必要であるとの意見が主流を占め、六月九日には自由主義的な考えの持ち主であるオーストリアのヨハン大公が帝国摂政に迎えられた。これに伴い、ドイツ連邦議会はその機能を中央権力に委譲することで活動を停止した。一八一五年に成立したドイツ連邦は、とりあえずここで発展的に解消した。

ところでシュレースヴィヒ＝ホルシュタイン問題は、ドイツ・デンマーク二国間の問題にとどまらなかった。それぞれの思惑からドイツの勢力拡大を懸念するロシア、イギリスなどの圧力により、プロイセンは八月一六日、ドイツ連邦の名のもとにスウェーデンの港湾都市マルメーでデンマークと休戦条約を結んだ。これにより、この地に樹立されたドイツ人の仮政府は解散させられ、ドイツ系住民による運動の成果はほぼ無に帰したのである。この結果は、当時のヨーロッパ列強の力関係からすればやむを得なかったといってよい。だが、国民議会が激論の末、九月一六日にマルメー休戦条約を事後承認するや、急進派に率いられた民衆は、これをドイツ国民に対する「裏切り行為」と非難し、反国民議会蜂起へと発展した。バリケードの築かれたフランクフルト市には戒厳令が布告され、中央権力の要請で派遣された連邦軍により暴動は鎮圧された。この蜂起への参加者はもっぱら「基底の革命」の担い手である下層民であったという。

すでに六月ごろから、ヨーロッパの革命は転換点にさしかかっていた。プラハや北イタリアでは勢力を盛り返したオーストリア軍が民族運動を制圧していた。だが、革命の帰趨にもっと大きな影響を与えたのは、革命の震源地であったパリでの事件であった。パリではこの時期に下層民の失業対策であった国立作業所閉鎖をめぐり暴動が発生、革命で成立した共和国政府はその革命を基底から支えた民衆に銃を向けたのである。一〇月にはベルリンで公共土木事業労働者と市民軍が衝突、パリの場合と同様に市民軍は労働者に発砲した。社会革命への恐怖から革命政府がその基底部分に刃を向けたという意味で、九月のフランクフルト暴動もまた革命の後退を象徴的に示していた。

図３－７　国民議会会場のパウロ教会に入場する議員

出典：Manfred Görtemaker, *Deutschland im 19. Jahrhundert*: Entwicklungslinien, Bonn 1989.

憲法問題と革命の終局

フランクフルト国民議会は召集後ただちに憲法委員会を発足させ（五月二四日）、国民国家ドイツのための憲法作成作業にあたらせた。委員会はまず基本権の問題に取り組んだが、これは、ウィーン体制下で市民的自由が弾圧された苦い経験に基づくものであった。だがそのために、肝心の政体や領土に関する議論がはじまったのは、すでに革命が退潮期に入った一〇月のことであった。同時代人のなかには、議員に大学教育を受けたものが多かったことに加え（議員全体の約四分の三)、議論が原理・原則論に傾きがちだったとして、国民議会を「教授議会」と揶揄《やゆ》するものもいたが、実際の議会は当面の課題もよく処理し、決して空位空論にふけっていたわけではなかった。とはいえ、憲法に関する本格的審議がこのように遅きに失したことを考えるならば、こうした批判にもやむを得ないところがあろう。

さて、ベルリンでは一〇月の事件を受けて一一月に反動派のブランデンブルクがプロイセン首相となり、軍隊を後ろ盾にベルリンに戒厳令を敷き、議会を解散するなど次々と反動政策を打ち出していた。ウィーンでは一〇月の民衆蜂起がいったんは成功したものの、ヴィンディッシュグレーツ将軍指揮下の軍隊により鎮圧されてしまった。こうした状況の変化に、国民議会でのドイツ領土をめぐる議論は大きく左右された。当初、プロイセンの位置づけについては意見の相違があったものの、領土についてはほぼドイツ連邦の範囲と一致させることで合意ができつつあった。だがその前提は、オーストリアをドイツ人地域と非ドイツ人地域にわけ、前者だけをドイツの領土に編入することであった。この両地域は同君連合という緩やかなかたちで結びつくものとされたが、これはオーストリアにとって帝国の解体と受けとめられたのである。そこで反革命勢力がほぼ勝利を固めたオーストリアでは、首相シュヴァルツェンベルクがオーストリア帝国の一体性を強調し、国民議会に拒否的態度を示した。これを受けて国民議会のなかでは、オーストリアをドイツの版図に入れるかどうかを争点として、大ドイツ主義と小ドイツ主義の対立関係ができあがった。だがオーストリアの態度はかたくなで、一八四九年三月にオーストリア帝国全土をドイツ帝国に編入させることを要求するに及び、国民議会は最終的にプロイセン国王を世襲皇帝とする小ドイツ主義的国民国家建設を選択した。

ドイツ帝国憲法は三月二七日に成立した。この憲法は、統治機構については世襲皇帝制のほか、連邦制、議員内閣制、二院制（下院は男子普通選挙）を主な内容としたが、特に注目されるのは個人の自由権・財産権を軸とした基本権の充実度であった。このことは、のちのワイマル憲法やボン基本法の制定にあたり、この憲法の基本権規定がモデルの一つとされたことからも理解できよう。ところが帝位の申し出に対し、プロイセン国王フリードリヒ・ヴィルヘルム四世は、革命勢力からの帝冠は受けられないとこれを拒否したのである（図3-8）。たしかにドイツ連邦構成国のなかで、帝国憲法を承認した国は二八に及んだ（のちにヴュルテンベルクが加わる）。だが、プロイセンにつづいてオーストリア、バイエルン、ザクセン、ハノーファーといった有力邦国もこれを拒否するに及び、フランクフルトの国民議会は顔色を失った。多くの議員が国民議会を去るなかで、残った少数の議員は議会をシュトゥットガルトに移したが、この「残余議会」も六月にはその活動を停止した。

こうしたなかで五月から七月にかけて、ドイツ全土には帝国憲法承認を求める革命最後の炎が燃え広がった。これが帝国憲法闘争である。闘争の組織化に大きな役割を果たしたのは、民主派の主導で全国に九五〇の拠点をもつ中央三月協会という団体であった。争乱はバーデン、ファルツ、ザクセンなどで特に激しく、バーデンでは正規軍が革命側に寝返り、一時共和制が宣言されるに至ったが、平和裡の合法的改革路線をとる国民議会が社会革命的色彩の強い運動を支持しなかったこともあり、蜂起は個々の地域の狭い枠を越えることができなかった。革命勢力も最後は各邦の要請で派遣されたプロイセン軍の力で鎮圧され、七月にバーデンの革命軍が降伏してドイツでの革命の火は消え去った。

図3－8　プロイセン王フリードリヒ＝ヴィルヘルム４世に謁見する国民議会代表

出典：*Fragen an die deutsche Geschichte: Ideen, Kräfte, Entscheidungen. Von 800 bis zur Gegenwart*, Bonn 1994.

一八四八年の革命は、ウィーン体制の政治的いきづまりに加え、前節で述べたような社会・経済構造の転換に伴う前近代社会の危機も重なるという、複雑かつ多面的な危機状況の産物であった。だが、この危機はまさに多面的であったがゆえに、革命を担う諸勢力に共通の基盤が形成されにくく、それどころか革命勢力内部に深刻な対立関係も生じたため、反革命勢力の牙城を根底から崩すことができなかった。とはいえ、農民解放がこの時期にほぼ完成したこと、オーストリアを除くほとんどの邦国が（内容は不十分ながらも）立憲国家としての体裁をととのえたこと、ドイツ統一問題への関心が社会の下層にまで浸透したこと、議会における政党、社会における各種協会団体の活動が定着し、それまでの暴力的手段とは異なった意思表示・利益誘導の手段が定着したことなどは、二度と失われることのない革命の成果であった。ドイツは着実に近代市民社会へと転換をとげていたのである。

参考文献

石川澄雄『シュタインと市民社会――プロイセン改革小史』御茶の水書房、一九七二年。

高坂正堯『古典外交の成熟と崩壊』中央公論社、一九七八年。

ルドルフ・シュターデルマン著、大内宏一訳『一八四八年ドイツ革命史』創文社、一九七八年。

良知力『青きドナウの乱痴気――ウィーン一八四八年』平凡社、一九八五年。

川名孝史・篠原敏昭・野村真理『路上の人びと――近代ヨーロッパ民衆生活史』日本エディタースクール出版部、一九八七年。

川越修『ベルリン　王都の近代――初期工業化・一八四八年革命』ミネルヴァ書房、一九八八年。

林健太郎『ドイツ革命史――一八四八・四九年』山川出版社、一九九〇年。

アルノ・ヘルツィヒ著、矢野久・矢野裕美訳『パンなき民と「血の法廷」――ドイツの社会的抗議一七九〇～一八七〇年』同文舘、一九九三年。

マックス・フォン・ベーン著、飯塚信雄ほか訳『ビーダーマイヤー時代――ドイツ十九世紀前半の文化と社会』三修社、一九九三年。

坂井榮八郎『ゲーテとその時代』朝日新聞社、一九九六年。

末川清『近代ドイツの形成――「特有の道」の起源』晃洋書房、一九九六年。

谷口健治『バイエルン王国の誕生――ドイツにおける近代国家の形成』山川出版社、二〇〇三年。

Dieter Langewiesche, *Europa zwischen Restauration und Revolution 1815-1849*, 3. überarb. und erw. Aufl., München 1993.

Wolfram Siemann, *Vom Staatenbund zum Nationalstaat. Deutschland 1806-1871*, München 1995.

Elisabeth Fehrenbach, *Vom Ancien Regime zum Wiener Kongress*, 4. überarb. Aufl., München 2001.

扉図出典：Hans Ebeling, Wolfgang Birkenfeld, *Die Reise in die Vergangenheit : Ein geschichtliches Arbeitsbuch*, Ausgabe für Nordrhein-Westfalen Band 2, Braunschweig 1988.

コラムⅢ

解放戦争記念碑とナショナリズム

——記憶の景観——

木谷　勤

大学と古城で知られるハイデルベルクで、市街を見下ろす丘の中腹に、身の丈ほどの自然石の石碑がひっそり建っている。それは一八一四年一〇月一八日、当時バーデン大公国に属したこの町の有志市民がちょうど一年前ライプツィヒ——ザクセン王国領——で戦われたナポレオンからの解放戦争（「諸国民戦争」ともいう）の勝利を祝い、ひらいた集会を記念し建てたものだった。この山上の集会で市民たちは聖火を焚き、ドイツ人民の異国支配からの解放を祝うとともに、バラバラに分裂したドイツの政治的統一を祈願した。

それから一〇〇年後の一九一三年一〇月一八日、ライプツィヒ郊外で諸国民戦争記念碑の除幕式が盛大に挙行された。一五年の歳月をかけて建設されたこの戦勝記念碑は高さ九一メートル、総重量三〇万トンという巨大なもので（図Ⅲ-1）、戦勝一〇〇周年記念式典をかねた除幕式には皇帝《カイザー》のほかドイツ諸邦君主、政府高官・軍人が列席し、主催民間諸団体員はじめ参加者は数万人にのぼった。一八一四年にハイデルベルクで据えられた素朴な石碑と一九一三年の壮大な巨石建造物は、同じ目的をもちながら、その差はとてつもなく大きい。この一〇〇年間に記念碑をめぐりいったいどんな変化が起こったのだろうか。

まず一八一三年フランスの支配からの解放戦争は一九世紀を通じてドイツ人のナショナリズムの原点になった。この間、市民のイニシアチブで各地につくられた大規模な「国民的記念碑」のほとんどは解放戦争およびそれへの記憶を出発点にしている。しかしドイツ市民のこの戦争の記憶をめぐる政治環境もその間に大きく変わった。解放戦争直後、各地の戦勝祝賀行事に参加した愛国市民は、戦争中君主たちのしたドイツ統一の口約束をなお信じていた。しかしウィーン会議に期待を裏切られ、ドイツ連邦諸政府が反動政治にもどるにつれ、市民の政治意識は次第に変わった。その最初の例が一八一七年一〇月一八日、宗教改革三〇〇周年と解放戦争を記念してイエナの学生団体が全国によびかけ開催したワルトブルク式典だった。以後、特に四〇年代から六〇年代はじめまで、男声合唱団、体操あるいは射撃協会なども加わり、市民の祝賀行事はますます盛んになったが、そこでは政府批判が強まり、時には政治集会のような空気が支配した。

この時期につくられた解放戦争記念碑を代表するのは、プロイセンの首都ベルリンに一八二一年に建てられた建築家シンケルの作品で、高さ二一メートル、ゴシックの

図Ⅲ－1　ライプツィヒの諸国民戦争記念碑

尖塔を思わせる古典的スタイルの記念碑だった。いっぽうバイエルン王もプロイセンに対抗するため、ドナウの川岸ケールハイムの丘に高さ六一メートルもの円筒型の解放（戦争）記念堂を建て、六三年ドイツの全君主を招いて盛大な祝典を催した。しかしこれには市民の参加はいっさいなかった。いっぽう解放戦争五〇周年のこの年、自由主義市民がライプツィヒで催した戦勝記念式典には二一四の都市から五〇〇人を超す代表が集まった。ここで大記念碑の建設が決議され定礎式まで行なわれながら、その後資金難のため事業は中断された。一八四八年三月「自由と統一」を目指す革命の挫折以来、自由主義市民はナショナリズムの運動でも主導権を失いつつあった。

もちろん、この間に市民の経済力はめざましく成長し、それにつれ彼らの文化的自信も強まった。当時、市民文化の創造に貢献した偉人の記念像がそれぞれゆかりの土地にあいついで建てられたのもこの変化の現れである。印刷術の父グーテンベルク像（一八三二年、マインツ）、ワイマルのゲーテ・シラー立像（一八五二〜五七年）、ウオルムスのルターはじめ宗教改革者群像（一八五六〜六八年）などがその代表である。

こうして記念碑をめぐる記憶の景観は、その対象を君主や軍人から市民へと社会的広がりを増したが、それはまた神話・伝説の世界をとりいれることで、過去にも広がった。その代表例が一民間人バンデルが三四年もの間（一八四一〜七五年）執念を燃やしつづけ完成させたヘルマン記念碑である。ゲルマン族のヘルマンが紀元九年「トイトブルクの森」でローマ軍団を殲滅した故事に基づき、彫刻家で石材商バンデルは高さ三〇メートルの台座の上にゲルマン戦士（二七メートル）が長い剣を振りかざす壮大な記念碑を計画した（図Ⅲ-2）。それは実在した具体的人物像というよりはシンボルで、その姿は古典的均整美ではなく力強さを誇示し、見る人の感情に訴えるロマン主義を基調にしていた。次に建設費の調達でも、彼は王侯や名望家市民より、全国のギムナジウム生徒はじめ手工業者や農民など庶民大衆に呼びかけた点で、その後の「国民的記念碑」建設で資金集めの手本になった。

一八七一年、ビスマルクがフランスを破ってドイツ統一を実現したとき、それまで鉄血宰相の強権政治に反対していた自由主義者の多くもこれを受け入れ、新国家の建設に協力した。しかし「ドイツ帝国」は歴史を異にす

図Ⅲ-2　デトモルトのヘルマン記念碑
「国民的記念碑」中でもっとも人気が高い（もっとも「トイトブルクの森」の古戦場跡は最近ここから北西に80kmほど離れた所で発見された）。

る多くの邦国からなり、さらにポーランド人はじめ諸少数民族、新旧キリスト教の宗派対立をかかえる寄せ木細工の国だった。そのうえビスマルクはナショナリズムを政治の武器にし、国の外に「宿敵」フランス、内では少数派カトリック教徒ついで社会主義者や急進労働者を「帝国の敵」と見なし、それに多数派の怒りと関心を集中させる国民の「負の統合」を演出した。当時つくられた記念碑もそのような政治的風潮に沿うものが多かったが、一八七三年ベルリンの国王広場に建てられた戦勝記念塔（六一メートル）――金色の女神像が立つ塔を統一戦争の功労者ビスマルク、モルトケらが囲む――がその代表であり、また全国在郷軍人会が主に出資してライン川畔ニーダヴァルトに建てた愛国記念碑（三六メートル、一八七七～八三年）では武装した女神ゲルマニアが西のフランスをにらんでいた。

当時ヨーロッパではどの国の政府も市民・大衆にナショナリズムを吹き込み、人々を国家につなぎ止める手段として記念碑を大いに利用した。神話とシンボルはナショナリズムを視覚化し、大衆が理解できるものにし、人々の歴史意識や記憶の景観をコントロールするのに役立った。イギリスの歴史家ホブズボウムは、どの国も神話やシンボルを利用する点では共通でも、その仕方と内容に違いがあるといっている。例えばフランスの国民国家は大革命を起点にしていたから、国民に訴える神話とシンボルはこの革命に始まる三色旗、共和国の標語（自由・平等・博愛）、「マルセイエーズ」、自由の象徴マリアンヌなどでこと足りた。これに対し国民形成が「上から」なし崩しに行なわれ、明確な政治的画期も民族分布と一致した国境もないうえ、内に複雑な要素を抱えたドイツでは、民族をめぐる記憶も多様かつ重層的だった。これは初代皇帝ヴィルヘルム一世の没後、九〇年代各地で建設されたいくつもの皇帝記念碑の立地やデザインに現れていた。その代表が、これまた在郷軍人会がザクセン山中のキフホイザーに築いた記念塔（六四メートル）で、そこでは一二世紀のドイツ皇帝にまつわる伝説と、現皇帝の栄光とが結びついた（図Ⅲ-3）。さらに、帝国主義時代の空気を吸い、ますます高まった大衆の国威発揚の熱意――現状への不満の現れでもある――は、九八年ビスマルクの没後、学生と市民を担い手に、晩年に

図Ⅲ-3　キフホイザー皇帝記念碑

上段はヴィルヘルム１世の騎馬像。下段は神聖ローマ皇帝フリードリヒ１世（バルバロッサ伝説で彼はこの地に眠るとされる）。

皇帝《カイザー》ヴィルヘルム二世と対立した大政治家をたたえる「ビスマルク塔」建設ラッシュをひきおこした。

一九一三年完工のライプツィヒ解放戦争記念碑は一九世紀ドイツの「国民的記念碑」建設運動のまさにクライマックスだった。当時ヨーロッパ最大の記念碑建設を推進したのは一民間団体「愛国者同盟」で、体操・合唱・射撃協会などと提携して資金を集めた。しかし九万人に及ぶ「同盟」会員や提携諸団体の拠金だけでは建設費をまかなえず、記念碑富くじが売られ、これで資金の大半をカバーした。また「愛国者同盟」はじめ記念碑建設運動をになった市民団体の政治姿勢も一九世紀半ばまでとはすっかり異なり、保守化や急進化が目立ち、帝国および邦国諸政府もこの運動の随所に現れた反ユダヤ主義や急進的言動を警戒して公的支援をためらった（除幕式に皇帝はじめ君主全員が参加したとはいえ）。戦勝記念碑完成を祝う大群衆の興奮に、我々はこの一〇〇年間解放戦争をめぐりドイツ人がつむいできた記憶の重みを知るとともに、そこに芽生えた急進ナショナリズムがすでに三〇年後のナチズムの到来を暗示していたことを思わざるをえない。

参考文献

エリック・ホブズボウム／テレンス・レンジャー編著、前川敬治ほか訳『創られた伝統』紀伊國屋書店、一九九二年。

ジョージ・L・モッセ著、佐藤卓己・佐藤八寿子訳『大衆の国民化』柏書房、一九九四年。

図版出典

Rudy Koshar, *From Monuments to Traces, Artifacts of German Memory, 1870-1990*, Berkeley 2000.

第四章　ドイツ統一への道

松本　彰

「ドイツ人の歌」初版譜（1841年）

1850	プロイセンとオーストリア，オルミュッツ協約締結
1851	ドイツ連邦復活。フランス，ナポレオン３世のクーデター オーストリア，欽定憲法廃止，新絶対主義体制
1852	フランス，第二帝政
1853	クリミア戦争はじまる
1854	プロイセン・オーストリア通商条約発効（1865年末まで）
1856	クリミア戦争終結，パリ会議
1858	ヴィルヘルム摂政就任，「新時代」開始。ドイツ国民経済会議設立 プロンビエールの密約（ナポレオン３世とカヴール）成立
1859	イタリア統一戦争。ドイツ国民協会設立
1860	オーストリア，10月証書憲法発布
1861	プロイセン王ヴィルヘルム１世即位。ドイツ進歩党設立
1862	ビスマルク，プロイセン首相就任，予算委員会で「鉄血演説」 憲法紛争開始。ドイツ関税同盟，フランスと通商条約締結 ドイツ合唱同盟設立
1863	ポーランド１月蜂起 デンマーク国王，シュレースヴィヒ公国のデンマークへの併合を主張 全ドイツ労働者協会（ADAV），ドイツ労働者協会連盟（VDAV）設立 ドイツ諸侯会議
1864	プロイセン，オーストリア軍，対デンマーク戦争
1865	第１回女性会議，全ドイツ女性協会設立 ガシュタイン条約により，シュレースヴィヒ＝ホルシュタイン両公国の分割統治
1866	普墺戦争。プラハ，平和条約 事後承諾法成立，進歩党は分裂，国民自由党の成立，憲法紛争の終結
1867	オーストリア＝ハンガリー二重帝国成立。北ドイツ連邦成立
1868	ドイツ関税議会選挙
1869	社会民主労働者党成立
1870	エムス電報事件により普仏戦争勃発。南ドイツ諸邦も参加，独仏戦争へ
1871	ドイツ帝国成立，プロイセン王ヴィルヘルム１世，ドイツ皇帝へ アルザス・ロレーヌ，ドイツ領エルザス＝ロートリンゲンに。会社設立ブーム パリ・コミューン成立
1873	三帝同盟（ドイツ，オーストリア，ロシア）成立。ウィーン万国博覧会
1878	文化闘争に関するプロイセン五月法実施。社会主義者鎮圧法成立 ベルリン会議開催
1879	ドイツ，オーストリア同盟調印
1882	三国同盟（ドイツ，オーストリア，イタリア）締結

1　ドイツ統一問題の構造

「ドイツ」の領域

一八四八年革命の課題は「統一と自由」だった。革命は最終的には失敗し、「統一と自由」は実現されないまま、課題は次の時代に引き継がれることになった。「自由」については後で問題にすることにして、まずは、「ドイツ統一」について考えてみよう。

「ドイツ統一」といえば、いまでは多くの人が、一九九〇年の東西ドイツの統合のことを思うかもしれない（第十一、十二章参照）。その「二〇世紀のドイツ統一」と、ここで問題にする「一九世紀のドイツ統一」とでは「ドイツ」の範囲が大きく異なっている。そもそも「ドイツ」とはどこまでなのだろうか。ドイツ人は中世末から「東方植民」ということばで知られるように、東に積極的に植民を行ない、東欧各地やバルト海沿岸地域などに広く住んでいた。ドイツ人と他民族が混住している地域も多く、他民族の地域に「飛び地」でドイツ人の住んでいるところも広大な範囲にひろがっていた。だから、ドイツ人の住むところすべてを含むような統一は到底不可能だったし、「主にドイツ人の住むところ」の統一も内部での対立があってむずかしかった。そして日本のような島国と異なり、大陸の中央部にあり、四方を多くの国で囲まれることになる「ドイツ」と他国の境界をどう決定するかは難問で、民族紛争の火種が多数あった。

現在のドイツ国歌のもとになった「ドイツ人の歌」は、ハイドン作曲の当時のオーストリア国歌の替え歌であり、一八四一年に詩人ホフマン・フォン・ファラスレーベンによって作られ、「一九世紀のドイツ統一」運動のなかで広く歌われた。その一番は、次のようにはじまる。

　ドイツ、すべてに冠たるドイツ
　世界に冠たるドイツ

護るためならいつでも
兄弟のように一つになろう、
マース川からメーメル川まで
エッチュ川からベルト海峡まで
ドイツ、すべてに冠たるドイツ
世界に冠たるドイツ

ここに歌われている「ドイツ」、その東西南北は、東はメーメル川（現在、ロシア領）、西はマース川（現在、オランダ、ベルギー領）、南はエッチュ川（現在、イタリア領）、北はベルト海峡（現在、デンマーク領）である。これらの地名は、現在ではすべてドイツ内ではなく、その外、外国の領土にある（図4-1）。「一九世紀のドイツ統一」問題を考える場合、現在の「ドイツ」領域よりはるかに広い、このような領域についての考え方が「一九世紀のドイツ統一」の前提とされていたことをまず確認すべきであろう。ドイツ帝国の成立後も広く歌われ、第一次世界大戦後、正式に国歌になり、一九四五年まで歌い継がれたこの「ドイツ人の歌」の一番は、現在では歌われることはない。外国の地名を国歌として歌うことは現在の国際感覚では許されないし、なによりも、ナチ時代、この広大な領域を現実の「ドイツ」とし、さらにそれ以上に支配を広めるべく、凄惨な戦争と暴力支配が行なわれ、莫大な被害をヨーロッパ中に及ぼしたからである。現在では、「ドイツの女たち、ドイツの誠、ドイツのワイン、そしてドイツの歌が」ではじまる「ドイツ人の歌」の二番も「国歌らしくない」ということで歌われず、「統一と正義、そして自由を、祖国ドイツのために」ではじまる三番のみをドイツ国歌として歌うことになっている。

ドイツ諸国家と「ドイツ」

「一九世紀のドイツ統一」が課題とされたとき、「ドイツ」という国家は存在しなかった。ウィーン会議によって成立したドイツ連邦という組織は一般に「連邦」と訳されているが、連邦国家、つまり一つの国家ではなく、主権を持った三九の「ドイツを構成する諸国家」からなる国際的組織だった。オーストリア帝国、プロイセン王国、バイエルン王国などの諸国、そしてフランクフルト、ハンブルクなどの諸都市が「ドイツを構成する諸国家」であり、それらの統一、ドイツ帝国再興としてドイツ統一問題は考えられた。大事なことはドイツ連邦はその権限の及ぶ領域を定めており、オーストリアとプロイセンというドイツの二大国、どちらもドイツ連邦領域に含まれない地域があったことである（図4-2、付図1）。両国ともドイツの「辺境」に位置し、東部には多くの非ドイツ系民族が住んでいた。ドイツ連邦領域を現在のドイツ（「二〇世紀のドイツ統一」後のドイツ連邦共和国）およびヨーロッパ諸国の領土と比べてみると、そこには現在のオーストリア、チェコ、ルクセンブルク、リヒテンシユタインの全土、イタリア、ポーランドの一部が含まれる（図4-1）。ドイツ連邦領域内にもかなりの非ドイツ人の地域を含んでいたのだが、当時は、「主にドイツ人の住むところ」、ドイツ国民国家のための領域、と考えられていた。

図4-1　「ドイツの歌」の東西南北とドイツ連邦領域
注：国名と国境は，現在のもの。
出典：筆者作成。

オーストリアとプロイセンは国際的にもヨーロッパの五大国のうちの二国（後述）だったが、その性格は対照的だった。オーストリアが中世の神聖ローマ帝国時代以来の伝統を誇るのに対し、プロイセンは一七〇一年に王国になったばかりの新興の国家だった。宗教的には、オーストリアはカトリックで、イタリア、スペインと深い関係を持っていたのに対し、プロイセンはプロテスタントで、オランダ、イギリスと関係が深かった。

プロイセンとオーストリアは、一八世紀のフリードリヒ大王とマリア・テレージアのオーストリア継承戦争、七年戦争などで知られるように、戦争を続けてきたライバルだった。この時代、ドイツ統一が具体的な政治課題となるなかで、両国のドイツ統一への方向の違いも明確になり、統一政策をめぐって激しく対立することになった。プロイセンは、もともとは東部の「ユンカー」と呼ばれる土地貴族が支配し、中央集権的な官僚制機構と強力な軍隊を持っていたが、一九世紀初頭に西部のライン地方を獲得したのちは、経済的に成長をつづける産業資本家層が大きな影響力を持つようになっていた。一方、オーストリアは、大土地貴族が支配する多くの民族を抱えた多民族国家、巨大な旧き帝国の体制を維持しており、「ドイツ統一」についての考え方がプロイセンとは大きく異なっていた。

プロイセンは、西部と東部とが分離していたこともあって、産業革命が進展するなか、資本主義の発展にとって重要な市場的な統一のために一八三四年、ドイツ関税同盟を成立させ、その主導権を握っていた。国家統一のまえに市場統合が成立していたわけで、ドイツ連邦と並んでこれもまたドイツ統一の前提となる重要な組織だった。このドイツ関税同盟の領域にはプロイセン東部の非ドイツ連邦領域を含んでいたが、オーストリアは含まれていなかった（図4-2A）。

さらに、政治領域としてのドイツ連邦、経済領域としての関税同盟とともに、文化領域として、「ドイツ語文化圏としての中欧」という意識があったことも重要である。「西欧」と「東欧」のあいだの「中欧」とはかなり漠然とした地域概念で、どこを意味するか自明だったわけではないが、ドイツ人にとってはそこはドイツ語によるドイツ文化、ゲルマン文化の影響力の及ぶ地域として意識された。一九世紀前半には、ドイツ統一は、まだまだ「夢」であり、「夢」は現実を越えて大きく広がっていた。最初に紹介した「ドイツ人の歌」のドイツ連邦領域よりかなり広い「ドイツ」も、当時のそのような意識の反映だった。ハプスブルク帝国としてのオーストリアにとって、ドイツ統一とは、そのような文化圏としての「中欧」の秩序の再編の問題として考えられた。オーストリア全土、プロイセン全土を含む巨大な「七〇〇〇万人の帝国」を中欧に建設するという構想は、「ドイツ国民国家」の形成よりは、「ドイツ人の支配する多民族国家」の拡大を意味した（図4-2C）。

三つの統一構想

以上述べてきたように、当時、どこまでの領域を統一するか、さまざまな考え方がありえた。基本的にはドイツ関税同盟領域（A）、ドイツ連邦領域（B）、中欧領域（C）、それぞれを基礎とする三つの統一構想が存在していたことになる（図4-2A、B、C）。

「一九世紀のドイツ統一問題」は、「小ドイツ主義対大ドイツ主義」の対抗として語られることが多い。その場合、ドイツ関税同盟領域（A）構想が「小ドイツ主義」、ドイツ連邦領域（B）構想、中欧領域（C）構想が「大ドイツ主義」とされ、「プロイセン主導の小ドイツ主義」対「オーストリア主導の大ドイツ主義」の二極対立として、統一をめぐる抗争が分析される。しかし、当時の対抗は、「プロイセン対オーストリア」という外交上の対立だけだったわけではない。「統一」は内政における「自由」、つまり統一後のドイツ国制をめぐる憲法問題と深くかかわっていた。ドイツ連邦領域（B）構想と中欧領域（C）構想の違いは重要である。その点を確認するため、三つの統一構想の意味するものについて、もう一度考えておこう。

ドイツ関税同盟領域（A）構想は、オーストリアを含めての統一がむずかしい以上、オーストリアを排除してでもドイツを統一すべき、という主張であり、プロイセン主導でのドイツ統一をめざす立場、「小ドイツ主義」の構想だったが、「大プロイセン主義」になる危険があった。関税同盟には東部の非ドイツ連邦地域も含まれていたが、この地域はもともと神聖ローマ帝国の外にドイツ騎士団領から出発したプロイセン発祥の地であり、プロイセンにとって重要なところだった。この地域の農村には多くスラブ系の人々が住んでいたが、大都市にはドイツ人も多く住んでいた。東プロイセンの中心都市ケーニヒスベルク（現在は、ロシア領カリーニングラード）でプロイセン国王の戴冠式は行なわれ、ドイツを代表する哲学者カントがいたのもこの地の大学だった。

ドイツ連邦領域（B）構想は、現実に存在したドイツ連邦の領域をもとにし、「主にドイツ人の住んでいる地域」を統一し、「国民国家としてのドイツ」を建設する、という点では、最も理想的な構想のように思える。しかし、現実問題として考えれば、それはたいへんな難問だった。

プロイセン、オーストリア、そしてその他のドイツ諸国は、当時、帝国、王国、公国など、都市以外はすべて君主が支配する君主国だった。「統一と自由」を徹底して追求するなら、それらドイツ諸国のすべての君主を退位させ、皇帝も、国王も、公爵など諸侯もいない共和政のドイツにしなければならない。そして、オーストリアもプロイセンも分割して、ドイツ人の地域だけ統一に加わることとし、ポーランド人の地域など他民族の地域は、それぞれの民族の国家として独立させる、ということになる。それこそ本来の意味での「統一と自由」をめざすプランだった。たとえば一八四八年はじめに『共産党宣言』を出したカール・マルクスが、三月にパリで書いたドイツ革命の綱領は第一条に、「単一不可分のドイツ共和国」の理念を掲げ、プロイセン主導でもオーストリア主導でもないドイツ統一をめざすことを明確にしていた。

もっともマルクスやエンゲルスもこの時代、ドイツ人とともに、ポーランド人、ハンガリー人の独立、国家形成は重要と考えたが、それ以外の東欧、中欧の多くの民族のすべてが自立できると考えていたわけではなかった。まして、当時の多くの人々はドイツ諸国の君主権の存続を認め、それらのドイツ諸国からなる連邦国家としてドイツを考えており、民族問題の深刻さをあまり意識していなかった。しかし一八四八年革命期には、ドイツ連邦内にあったチェコはドイツ統一への参加を望まず、逆にドイツ連邦外とされていたプロイセンの東部地域はドイツ連邦に参加することを望み、しかしそこでもポーランド人の地域をどうするか問題になるなど、ドイツ連邦領域の範囲についてはげしい議論になった。

中欧領域（C）構想は、プロイセンもオーストリアも分割することがむずかしい以上、中欧全体の秩序の再編のなかでドイツ統一問題を解決しよう、という構想であり、オーストリアの立場から推進された。「大オーストリア主義」の危険に対し、「第三のドイツ」と呼ばれるバイエルン、ザクセン、バーデンなど中規模諸国は、オーストリア、プロイセン、「第三のドイツ」が鼎立する構造を作ろうとする「三分立」政策をすすめようとした。

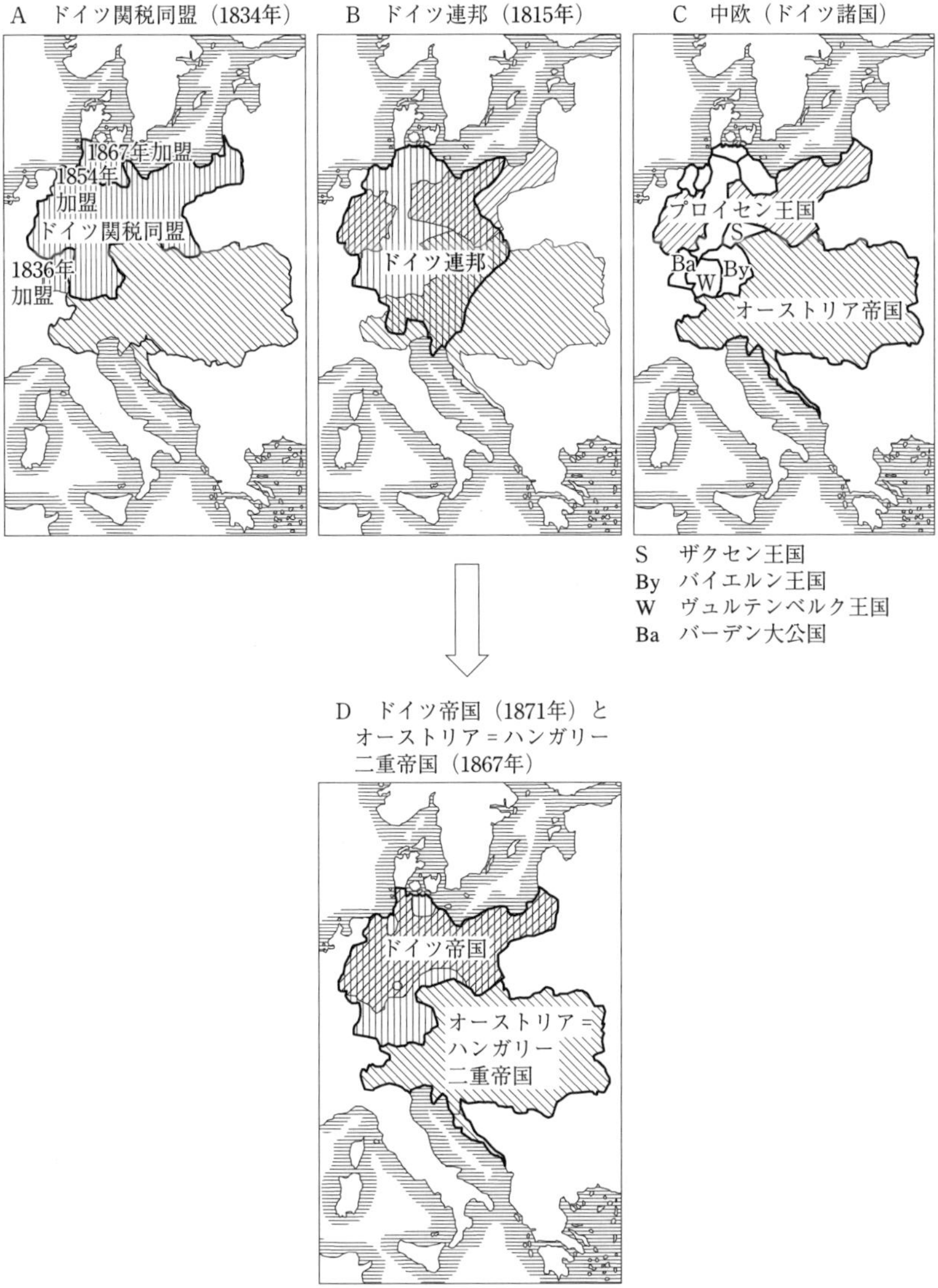
A　ドイツ関税同盟（1834年）
1867年加盟
1854年加盟
ドイツ関税同盟
1836年加盟
B　ドイツ連邦（1815年）
ドイツ連邦
C　中欧（ドイツ諸国）
プロイセン王国
S
Ba
By
W
オーストリア帝国
S　ザクセン王国
By　バイエルン王国
W　ヴュルテンベルク王国
Ba　バーデン大公国
D　ドイツ帝国（1871年）と
オーストリア＝ハンガリー
二重帝国（1867年）
ドイツ帝国
オーストリア＝
ハンガリー
二重帝国

図 4 - 2　三つのドイツ統一構想

出典：筆者作成。

2　一八四八年革命後のドイツとヨーロッパ

一八四八年革命後のドイツ

一八四八年革命のとき、フランクフルト国民議会ではドイツ連邦領域構想（B）を基礎に統一が議論された。中央権力の帝国摂政に選ばれたのはオーストリア大公ヨハンだった。しかし、現実には、オーストリアを含む統一がきわめてむずかしいことがあきらかになっていく。一八四九年三月には、第一条に、「ドイツ帝国は従来のドイツ連邦領域から成る」とした憲法が制定され、プロイセン国王はドイツの帝冠を受けることを要請されたが、彼はこれを拒否、ドイツ革命は流産した（第三章参照）。革命後、ドイツ連邦は復活した。オーストリアでは、革命中に若き皇帝フランツ・ヨーゼフ一世が位についていたが、もはやメッテルニヒ時代のような指導力を発揮できそうになかった。

時代は、政治から経済へと大きく転換した。革命家のうちかなりの人数がアメリカなどに亡命し、一方、革命期には政治に期待したブルジョアジーは、本格化した産業革命のなかで企業活動に精を出し、その力を背景に、プロイセンは軍事力を強化し、ドイツ統一への指導力を強めていく。

一八五〇年時代から六〇年代にかけて、オーストリアは関税同盟への参加、関税同盟の中欧領域（C）への拡大を画したが失敗した。オーストリアを断固、拒否したのは、プロイセンのドイツ連邦議会大使ビスマルクだった。ビスマルクは、プロイセンの経済力を背景に、関税率を低くおさえることによって、関税問題でオーストリアを排除することに成功した。それは、その後の小ドイツ主義による統一への重要な足がかりとなった。

一八四八年革命後のヨーロッパ

一八四八年革命は「諸民族の春」と呼ばれた。革命後、もとの体制に復帰したところも多かったが、もはや革命で呼び覚まされた民族の運動を力でおさえこむことだけではすまないことも、明白になった。一方、民族の運動も、実際に存在するヨーロッパ諸強国の権力関係を利用しなければ民族の統一や独立を達成しえないことを自覚するようになった。

革命とともにメッテルニヒのウィーン体制はすでに崩壊していたが、一九世紀のヨーロッパを動かしていたイギリス、フランス、プロイセン、オーストリア、ロシアという五大国の力は全体としては大きく揺るがなかった。これら五大国は、政治的な性格はさまざまだったが、「勢力均衡」によってヨーロッパの秩序を作っていた。ドイツ統一はその諸強国の「勢力均衡」をおびやかしかねない問題として、この時代のヨーロッパ外交の重要問題だった。

民族の運動とヨーロッパの国際関係の複雑な関係を象徴するのが、この時代のイタリア統一とフランスのナポレオン三世の関係である。サルディーニャ王国の首相カヴールはナポレオン三世と密約を結び、サヴォイとニースをフランスに譲ることを条件にフランスの支援をえてオーストリアとの戦争に持ちこみ、戦争によってロンバルディアを獲得、イタリア統一を達成していく。イタリア統一に刺激され、ドイツ統一に向けての運動も、次第に熱気をはらんだものになってきた。

3　一八六〇年代の抗争

プロイセン憲法紛争とビスマルクの登場

プロイセンでは、一八六〇年代初頭、選挙の結果、議会で自由派が優勢になり、政府が出した軍備増強策を含んだ予算案を否決し、紛糾していた。プロイセン憲法では予算の議会承認を規定していたが、否決された場合の規定がなく、議会と政府、両者は憲法解釈をめぐってはげしく対立し、いわゆるプロイセン憲法紛争になった。そこに登場、首相としてプロイセン政府を主導することになったのが、ビスマルクだった。ビスマルクはすでに一八四八年革命のときに、超保守派の政治家として登場したが、先に述べたように一八五〇年代にはドイツ連邦会議で、プロイセン大使としてオーストリアとの角逐を乗り切り、名前を知られるようになっていた。ビスマルクは、早速、プロイセン下院予算委員会で行なった演説で、「重要なことは、一八四八年革命でのような、議会でのおしゃべりや多数決ではなく、鉄と血によって（軍事力を意味する）決せられなければならない」と述べた。有名な「鉄血演説」である。

協会の時代

この一八六〇年代は、一八四八年革命以来のはげしい政治的対立抗争の時代になろうとしていた。とはいっても、一八四八年革命のバリケード戦のような武力衝突、熱い革命が起こったわけではなかった。

この時期、プロイセンを中心に産業革命がすすみつつあり、資本家、労働者を中心に諸階級、諸階層の組織化がすすんだ。政党、圧力団体、労働組合などの諸組織は、急速に発達する新聞などのジャーナリズムを用いて自らの主張を公表し、社会的発言力をつよめていく。

一八六一年、地方組織と綱領を持ったドイツではじめての近代的政党として、ドイツ進歩党が成立した。ドイツ進歩党は進歩、自由を旗印にしたが、この時代、特に経済的自由が重要な政策課題になっていた。進歩党の結成に先立って、一八五九年には、企業家、政治家、学者、ジャーナリストが集まり、「営業の自由」と「自由貿易」のための組織、ドイツ国民経済会議が作られていた。より現場の各都市の商人、企業家層のための組織としては、各地の商業会議所を統括するドイツ商業会議も一八六一年に成立した。それらの直接の経済利害と結びつく諸組織によって支えられ、資本家、ブルジョアジーの利害を代表する組織としてドイツ進歩党は作られた。

一方、この時代、労働者階級の組織化もすすんだ。各地の労働者協会、労働者教育協会を束ねる労働者の組織として一八六三年には、ライプツィヒで全ドイツ労働者協会（ADAV）が、フランクフルトでドイツ労働者協会連盟（VDAV）が成立した。これらは、ドイツ労働者運動の二つの潮流、ラサール派とアイゼナッハ派を形成し、やがてドイツの労働者政党、ドイツ社会民主党の成立へと発展していく。

ドイツでは、協会と訳される自由なクラブ組織がいまでも盛んだが、一九世紀には、体操協会、射撃協会、合唱協会という三つの協会の活動が特に活発だった。各地に協会の組織がつくられ日常的な活動が行なわれるとともに、次第に地方ごと、さらには全ドイツ規模での体操祭、射撃祭、合唱祭が開催されようになる。それらはドイツ統一の気運とあいまって、ドイツ民族の再興、統一をひろく呼びかける重要な機会になった。これらの協会には、政党に参加した名望家と呼ばれる上層市民層だけでなく、より下層の市民層も多く参加した。解放戦争、ヴァルトブルク祭に象徴される一九世紀初頭のドイツ民族の解放のための闘いが、運動の原点とされた。協会運動に参加した多くは男性だった。合唱協会もほとんどは男声合唱団だった。協会は身分に関係なく参加できる組織、自主的な運営による組織、市民社会の核となる「民主主義の学校」として発展していく。しかし、一方、社会全体が戦争のため、という方向に向かうなかで、協会は「軍国主義の学校」の側面も強めていく。戦争の続くこの時代、「戦うドイツの男」、その「男らしさ」が理想として高く掲げられた。

このような諸組織の活発な運動を背景に、「ドイツ統一」のための二つの組織、ドイツ国民協会（一八五九年設立）、ドイツ改革協会（一八六二年設立）が成立し、対抗していく。ドイツ国民協会はイタリアで創設された国民協会をモデルに、広くドイツ中の自由主義者を結集しようとし、実際、名望家市民層を中心にかなり広い層が参加した。多様な運動の指導者が入会し、協会内には関税同盟領域（A）構想を支持する小ドイツ主義者も、ドイツ連邦領域（B）構想を支持するものも、中欧領域（C）構想を支持するものもいた。一方、ドイツ国民協会に対抗すべくオーストリアが作った組織、ドイツ改革協会は中欧領域（C）構想のための組織であり、そこには小ドイツ主義者はいなかった。

ドイツ統一運動の中心、コーブルク

一八四八年革命の時の中心はフランクフルトだった。フランクフルトは、古くから書籍の見本市などで知られ、現在でもドイツ交通の要、金融、ジャーナリズムの中心である。ドイツ統一について、自由に議論するためのドイツ国民議会の場として、プロイセン王国の首都ベルリンでも、オーストリア帝国の首都ウィーンでもなく、帝国自由都市フランクフルトが選ばれ、さまざまな運動の中心になった。

一八六〇年代の運動の中心は、中部ドイツの都市コーブルクだった。なぜコーブルクなのか、説明が必要であろう。コーブルクは、当時、公爵エルンスト二世を領主とするザクセン・コーブルク公国という独立国の宮廷都市だった。エルンスト二世は、ドイツ連邦を構成する諸侯のひとりとして、例えばヴァグナーの保護者でノイシュヴァンシュタイン城を建てたことで有名な、バイエルン国王ルートヴィヒ二世と同じような立場だった。

ザクセン＝コーブルク家は、ドイツでは小国を支配しているだけだったが、ヨーロッパの有力な諸王家と姻戚関係を持っていた。当主エルンスト二世にとって、イギリスのヴィクトリア女王の夫君カール・アルバート（チャールズ・アルバート）が弟、ベルギー国王が叔父だった。ヴィクトリア女王夫妻の娘、つまりエルンスト二世の姪はプロイセン皇太子妃だったから、プロイセンの王家とも近い関係ということになる。この皇太子はドイツ帝国の成立後、ヴィルヘルム一世の後を継いで一八八八年、プロイセン国王、ドイツ皇帝の位につきフリードリヒ三世となる。しかし、九九日間で死去、息子ヴィルヘルム二世がその後を継ぐ。実は、ロシア帝国最後の皇帝ニコライ二世妃もヴィクトリア女王夫妻の孫である。一九世紀、そして二〇世紀になっても、ヨーロッパの諸王家は緊密なネットワークを形成しており、国際関係、外交で重要な意味を持っていた。

そのような関係を背景に、エルンスト二世は一八六〇年代のドイツ統一をめぐる運動に積極的にかかわろうとした。ドイツ国民協会の事務局は、当初フランクフルトに置かれる予定だったが、市当局の拒否によって宙に浮いてしまい、エルンスト二世は、それをコーブルクに招いた。

その後、コーブルクでは、国民協会という名望家市民層の運動のみならず、諸侯の運動、市民層の運動、労働者の運動、それぞれの集会、祭典が行なわれ、同地はドイツ統一運動の中心になる。

〈諸侯の運動〉　シュレースヴィヒ＝ホルシュタイン問題が再燃すると（後述）、コーブルクに住んでいたアウグステンブルク公爵を後継者として押すアウグステンブルク運動が起こる。コーブルクはその運動の中心になり、一八六三年にはプロイセン以外のドイツの諸侯が参加して、ドレスデンで諸侯会議が開かれる。

〈市民層の運動〉　一八六〇年には、第一回ドイツ体操祭（図4-3）、一八六二年には、全ドイツ合唱同盟の設立大会が行なわれるなど、運動の中心になった。

〈労働者の運動〉　ドイツ国民協会と関係の深いドイツ労働者協会連盟の機関紙『ドイツ一般労働者新聞』の発行地が

コーブルクになったため、コーブルクは労働者の運動にも大きな影響を与えた。

シュレースヴィヒ＝ホルシュタイン問題と対デンマーク戦争

一八六二年からプロイセンでは、ビスマルクと議会内自由派が激しく対立していたが、一八六三年一一月、即位したデンマーク国王クリスティアン九世がシュレースヴィヒ公国のデンマークへの併合を強行したため、シュレースヴィヒ＝ホルシュタイン問題が再燃、外政においても重大な局面を迎える。

現在のドイツ・デンマーク国境は、第一次世界大戦後の住民投票によって決められたもので、シュレースヴィヒのほぼ中央を横断している。この国境が画定するまで、ドイツ・デンマーク国境は複雑だった。ウィーン体制では、ホルシュタイン公国がドイツ連邦に加盟するということになったが、シュレースヴィヒ、ホルシュタイン両公国は古くから不可分とされ、どちらもデンマーク国王が領主だったため、デンマークはドイツ連邦に参加していた。一八四八年革命のとき、ドイツ側がシュレースヴィヒ公国を獲得しようとして戦争になり、ドイツ中から多くの義勇軍が集まりこの地の戦闘に参加した。戦局ではドイツが優勢だったが、最終的にはイギリス、ロシアの国際的圧力により現状維持のままになった。一八六〇年代、問題が再燃し、即座に義勇軍が結成され、ドイツ連邦議会もプロイセン議会も援助の決議を行なった。両公国を、アウグステンブルク公爵を領主とする独立国としようとする運動が、かなりの盛り上がりをみせた。独立した両公国の来るべきドイツへの編入こそ、ドイツの「統一と自由」へ向けての不可欠な第一歩と考えられた。

ビスマルクは、このシュレースヴィヒ＝ホルシュタイン問題という懸案を、彼なりの方法で解決し、それを足がかりに一気にドイツ統一の方向を決してしまう。ビスマルクは一八六四年、オーストリアを誘ってデ

図4－3　第1回ドイツ体操祭
（コーブルク，1860年）

出典：W. Schneider, *Coburg im Spiegel der Geschichte*, Coburg 1985, S. 236.

ンマークに戦争を挑み、勝利し、戦争後の両公国の管理について定めた一八六五年のガシュタイン条約では、プロイセンがシュレースヴィヒを、オーストリアがホルシュタインを統治することになった。

普墺戦争と憲法紛争の終結

その後、ビスマルクは、オーストリアのホルシュタイン統治の不備を口実に、普墺戦争にまで持ち込んだ。普墺戦争は、ドイツ統一をめぐり対立していたドイツの二つの大国の直接対決、ドイツを二分する「兄弟戦争」だった。すでに一八六六年四月、ビスマルクはドイツ連邦会議に対し、普通・直接・平等選挙によるドイツ国民議会の創設という衝撃的な提案を行なっていた。これを到底受け入れることのできないオーストリアは、六月、プロイセン軍のホルシュタイン侵入に対抗し、プロイセンに対する連邦軍の動員を決議させた。ドイツ連邦の諸国軍は、オーストリア側にたってプロイセンと戦うことになった。

その開戦までのあいだ、ビスマルクは、外交的に周到な準備を行なっていた。フランスのナポレオン三世と交渉、戦時に中立を保つことを約束させるとともに、イタリアと交渉し、対オーストリア戦に加われば戦勝後ヴェネツィアを与えると約束した。

戦争が始まると、プロイセン軍は、参謀総長モルトケのもと、電信や鉄道など最新の技術を用いて軍隊を急速に移動させ、オーストリア側についたハノーファー、ヘッセン＝カッセル、バイエルン軍を次々に撃破し、フランクフルトも占領した。七月三日にはベーメン（現在チェコ領内）のケーニヒグレーツで勝利、オーストリア軍はウィーンに退却した。その後、国王や軍部はウィーンへの進軍を主張したが、ビスマルク、モルトケはこれに反対、早期に休戦を結ぶ。この条約によって、ドイツ連邦の解体、ドイツ統一に対するオーストリアの不干渉、シュレースヴィヒ、ホルシュタイン両公国、ハノーファー王国のプロイセンへの併合、ヴェネツィアのイタリアへの割譲などが決まった。小ドイツ主義の方向でのドイツ統一が決められたのだった。

強引な方法と大プロイセン化に対する不満、不安も強かったが、困難な外政問題を解決していくビスマルクに対し、ドイツ内での期待は次第に高まっていく。内政でするどく対立していたプロイセンの自由主義者たちからもビスマルク支持の声がきこえるようになる。ビスマルクは、憲法紛争中の「予算立法無しの統治」の事後承認を求める法案を提出、これを受けるかどうかで、ビスマルクと鋭く対立していたドイツ進歩党は分裂、ビスマルク支持の国民自由党が生まれた。保守党からもビスマルク支持の自由保守党が生まれ、以後、ビスマルクはこの新しい「自由主義と保守主義の同盟」によって支えられ、自らの政策をおしすすめていく。

4　中欧における二つの帝国

オーストリアの再編

普墺戦争で敗北し、ドイツから追い出されたオーストリアは、多民族国家ハプスブルク帝国として、内部の再編によって、自らを維持していかなければならなくなった。「アウスグライヒ（妥協、または均衡と訳される）」と言われるハンガリーとの協定によって「オーストリア＝ハンガリー二重帝国」となった。オーストリア帝国とハンガリー王国は内政上、別個に議会と内閣を持ち、対外的には軍事・外交・財政について共通省を設置した。君主はオーストリアでは皇帝、ハンガリーでは国王として同君連合の形をとることになった（コラムⅣ参照）。

図４－４　ヨハン・シュトラウス２世（ウィーン市公園の記念碑）

出典：筆者撮影。

この時代のオーストリアの首都ウィーンの雰囲気の一端を伝えるのが、ワルツ王、ヨハン・シュトラウス二世（図４-４）のオペレッタ「こうもり」とワルツ「美しき青きドナウ」である。前者は、友人のアイゼンシュタイン（鉄石、プロイセンを意味する）に「こうもり」の格好を笑われたファルケ男爵（鷹、つまり鳥類の王で、オーストリアを意味する）が舞踏会の場を借りて仕返しをする、という喜歌劇。「ドイツ」から追い出されたオーストリアの悲劇を、シャンパンとともに笑いとばし、いまでも大晦日に演奏される人気演目である。後者も第二国歌と言われるほど有名でよく知られた名曲である。この曲は一八六二年にコーブルクで成立したドイツ合唱同盟にも加わったウィーン男声合唱協会にたのまれ、普墺戦争での敗北後、意気消沈していたウィーンの人々を励ますためにつくられたのだった。

ドイツ帝国の成立

普墺戦争後、ビスマルクによって導かれたプロイセンは、ドイツ連邦を再編、北ドイツ連邦を成立させ、さらにフランスとの普仏戦争に南ドイツ諸国をまきこみ、オーストリア以外のドイツ諸国をまとめて、ここにドイツ帝国が成立する。帝国成立祝典は戦争中に敵国のヴェルサイユ宮殿、鏡の間で行なわれた。しかしそこには国民代表の姿はなかった。それは諸侯の同盟、君主連合としての帝国だった。

その領域を確認しておこう（図4-2D、付図2）。ドイツ関税同盟領域（A）構想に近いかたちでの一〇〇〇万人のオーストリア・ドイツ人を排除した「小ドイツ主義による統一」は、領土でも、人口でも三分の二をプロイセンが領有するという、かなりの「大プロイセン」主義、「プロイセンによるドイツの征服」だった（図4-5）。一方、東の東プロイセン、ポーゼンなどにはポーランド人、北のシュレースヴィヒにはデンマーク人、さらに西に普仏戦争後獲得したエルザス＝ロートリンゲン（アルザス・ロレーヌ）にはフランス人、と非ドイツ人が多く住む地域をかなり含むことになった。

「統一と自由」の決算

ともかくもドイツは統一した。ドイツ帝国の成立によって、伝統ある帝国が再興し、ドイツ民族は統一して「国民国家」となった、とされる。しかし、神聖ローマ帝国の外にあったプロイセンが作り上げた帝国の正統性を歴史から説明するのはかなりの無理があったし、オーストリアのドイツ人を排除し、非ドイツ人地域の民族問題を抱え込むことになったドイツ帝国はかなりいびつな「国民国家」だった。宗教的にも、プロテスタントのプロイセンと南、特にバイエルンのカトリックとの対抗は深刻で、「文化闘争」として展開する。

なぜ、このような統一になっただろうか。ドイツ統一は、三つのドイツ統一戦争だけの結果ではなかった。一八六〇年代の対立は、統一のみならず自由をめぐる対立でもあり、そこでは内政、外政の諸課題をめぐる諸階級、諸階層の利害がするどく対立していた。すでに労働者階級も組織を持って政治の舞台に登場しており、その対立の結果が、「自由よりも統一を」、「政治よりも経済を」ということになった。ビスマルクは、たしかに軍隊によってドイツを統一したが、産業革命が進行するなか、軍隊の設備も、大砲や電信設備、鉄道など最新の技術によって支えられなければならなくなっていた。プロイセン軍の背後にはクルップ社、ジーメンス社などの軍需産業が成長していた。その意味では、ドイツは「鉄と血」によって、というよりは経済学者ケインズが述べたように、「鉄と石炭」によって統一されたのだった。

図４－５　「ドイツの未来」（プロイセンによるドイツ支配）

出典：Deutscher Bundestag (Hrsg.), *Fragen an die deutsche Geschihcte: Ideen, Kräfte Entscheidungen von 1800 bis zur Gegenwart*, Berlin 1994, S. 173.

ドイツ・ナショナリズムのゆくえ

一九世紀のドイツ統一への歩みを象徴するのは、いまも各地に残る国民的記念碑である（コラムⅢ参照）。記念碑にもドイツ統一の歩みの複雑さは刻印されている。ドイツ帝国が成立するまでは、オーストリアもドイツ統一のための記念碑の建設に熱心に参加し、「オーストリアを含めたドイツ統一」が前提とされていた。しかし、ドイツ帝国が成立してからの記念碑は、オーストリアを排除した現実のドイツ帝国こそがドイツ、ということを強く主張するものになっていく。プロイセンによるドイツ統一戦争とその勝利の記念碑、建国の立役者ヴィルヘルム一世やビスマルクを讃える記念碑がドイツ中に建てられた。

ドイツ帝国は、普仏戦争の勝利によって獲得された巨額の賠償金を基礎にした未曾有の投機、企業設立ブーム、いわゆる「建設時代」のなかで船出した。その好況は、間もなく、一八七三年にはじまる恐慌によって水をさされる。この恐慌は、経済の世界的な構造変化と関係した農業不況もを含めた「大不況」となり、その対応のなかで、ドイツは軍国主義化、帝国主義化に向かい、世界強国への道を進むことになる。

ドイツ統一問題は、ドイツ帝国の成立によって決着がついたわけではなかった。大ドイツ、中欧への夢は底流に不気味に存在しつづけた。一八七九年、二つの帝国は同盟を締結し、一八八九年には、オーストリア皇帝フランツ・ヨーゼフ一世がベルリンを訪問した。そのとき、ヨハン・シュトラウス二世はドイツ皇帝ヴィルヘルム二世にワルツ「手に手をとって」を捧げたが、その曲は後にフランツ・ヨーゼフ一世に「皇帝円舞曲」として捧げられる。

やがて、二つの帝国内で燃え上がるドイツ・ナショナリズム、凡ゲルマン主義、反ユダヤ主義の嵐はすさまじい。両国は「手に手をとって」第一次世界大戦に突入、共に戦う。その結果、多民族国家ハプスブルク帝国が崩壊し、オーストリアがドイツ人だけの国になったとき、オーストリアとドイツの統合、大ドイツ成立の可能性が生じたが、現実にはならなかった。しかし、オーストリア生まれのヒトラーはドイツで政権を奪取すると、一九三八年にはオーストリアを併合、ついに大ドイツを完成させた。翌、一九三九年には、第二次世界大戦が勃発し、大ドイツは中欧へ、ドイツのための「生存圏」へと、暴力的に発展しつづける。

参考文献

望田幸男『近代ドイツの政治構造——プロイセン憲法紛争史の研究』ミネルヴァ書房、一九七二年。
ヴェルナー・コンツェ著、木谷勤訳『ドイツ国民の歴史』創文社、一九七七年。

木谷勤『ドイツ第二帝制史研究』青木書店、一九七七年。

望田幸男『ドイツ統一戦争――ビスマルクとモルトケ』教育社、一九七九年。

ロタール・ガル著、大内宏一訳『ビスマルク――白色革命家』創文社、一九八八年。

ジョージ・L・モッセ著、佐藤卓己・佐藤八寿子訳『大衆の国民化』柏書房、一九九四年。

大津留厚『ハプスブルク帝国』山川出版社、一九九六年。

エーリッヒ・アイク著、救仁郷繁ほか訳『ビスマルク伝　第一～八巻』ぺりかん社、一九九三～九九年。

セバスチャン・ハフナー著、魚住昌良監訳『プロイセンの歴史――伝説からの解放』東洋書林、二〇〇〇年。

スティーヴン・ベラー著、坂井榮八郎監訳『フランツ・ヨーゼフとハプスブルク帝国』刀水書房、二〇〇一年。

伊藤定良『ドイツの長い一九世紀――ドイツ人、ポーランド人、ユダヤ人』青木書店、二〇〇二年。

大原まゆみ『ドイツの国民記念碑――一八一三年―一九一三年』東信堂、二〇〇三年。

Theodore S. Hamerow, *The Social Foundation of German Unification 1858-1871. Ideas and Institutions*, Princeton/New Jersey 1969.

Theodore S. Hamerow, *The Social Foundation of German Unification 1858-1871. Struggles and Accomplishments*, Princeton/New Jersey 1972.

Harm-Hinrich Brandt, *Deutsche Geschichte 1850-1870. Entscheidung über die Nation*, Stuttgart/Wien/München 1999.

扉図出典：Guido Knopp/Ekkehard Kuhn, *Das Lied der Deutschen. Schicksal einer Hymne*, Berlin/Frankfurt am Main 1998.

コラムⅣ

ハイマートレヒト（本籍＝Heimatrecht）考
――ドイツの統一は「オーストリア国民」を生んだか？――

大津留　厚

ドイツ帝国の成立は、ハプスブルク家を君主とする地域が国家としての一体性を確立していくプロセスでもあった。そのプロセスは、すでに神聖ローマ帝国の存在と平行しながら進んでいた。その後、神聖ローマ帝国の解体とともに、「オーストリア皇帝」が統治する地域と、国際法的な共同体としてのドイツ連邦とが併存することになった。そして一八六六年のドイツ連邦の解体により、「オーストリア皇帝」が統治する地域は国家として初めて完結する。

しかし、それとほぼ時を同じくして成立したオーストリアとハンガリーのアウスグライヒにより、「オーストリア皇帝」が統治する地域には、「ハンガリー王国」と「それ以外の地域」が含まれることになった。この両者の統合体が改めて「オーストリア＝ハンガリー」を称したとき、「オーストリア」は「オーストリア皇帝にしてハンガリー国王」が統治する国家の内の、ハンガリー王国を除いた部分を指す以外にはなかった。そこで初めて明確に、「オーストリア国家」とその国民としての「オーストリア人」が成立するはずであった。

たしかに、ハンガリー王国はオーストリア＝ハンガリーを二つの国家の同君連合としてとらえようとした。だが、オーストリア側はオーストリア＝ハンガリーをあくまでも一つの国家と見なした。ハンガリー王国を除いた部分に国家の体裁を与えることを、慎重に回避したのである。

そのため、オーストリア＝ハンガリーのハンガリー王国を除いた部分には国家としての名称はなかった。だから、その部分を構成する人間の集団を総称する表現としての「オーストリア国民」も成立しにくかった。アウスグライヒの成立を受けて成立した「国会に関する改正法」は、「国会はボヘミア、ダルマチア、ガリツィア・ロドメリア（クラクフ大公領を含む）の諸王国、下オーストリア、上オーストリアの諸大公領、ザルツブルク、シュタイアーマルク、ケルンテン、クライン、ブコヴィナの諸公領、モラヴィア辺境伯領、上シュレージエン、下シュレージエン両公領、ティロール侯領、フォアアールベルク、イストリア辺境伯領、ゲルツ・グラディスカ侯領、トリエステ市域からその代表が招集される」と規定した。そして行政権力は「『国会に代表を送る諸王国、諸邦』の基本法と法律に基づいて執行する」とされ、司法権についても最高裁判所の権限の及ぶ範囲を「国会に代表を送る諸王国、諸邦」と定めた。立法、行政、司法

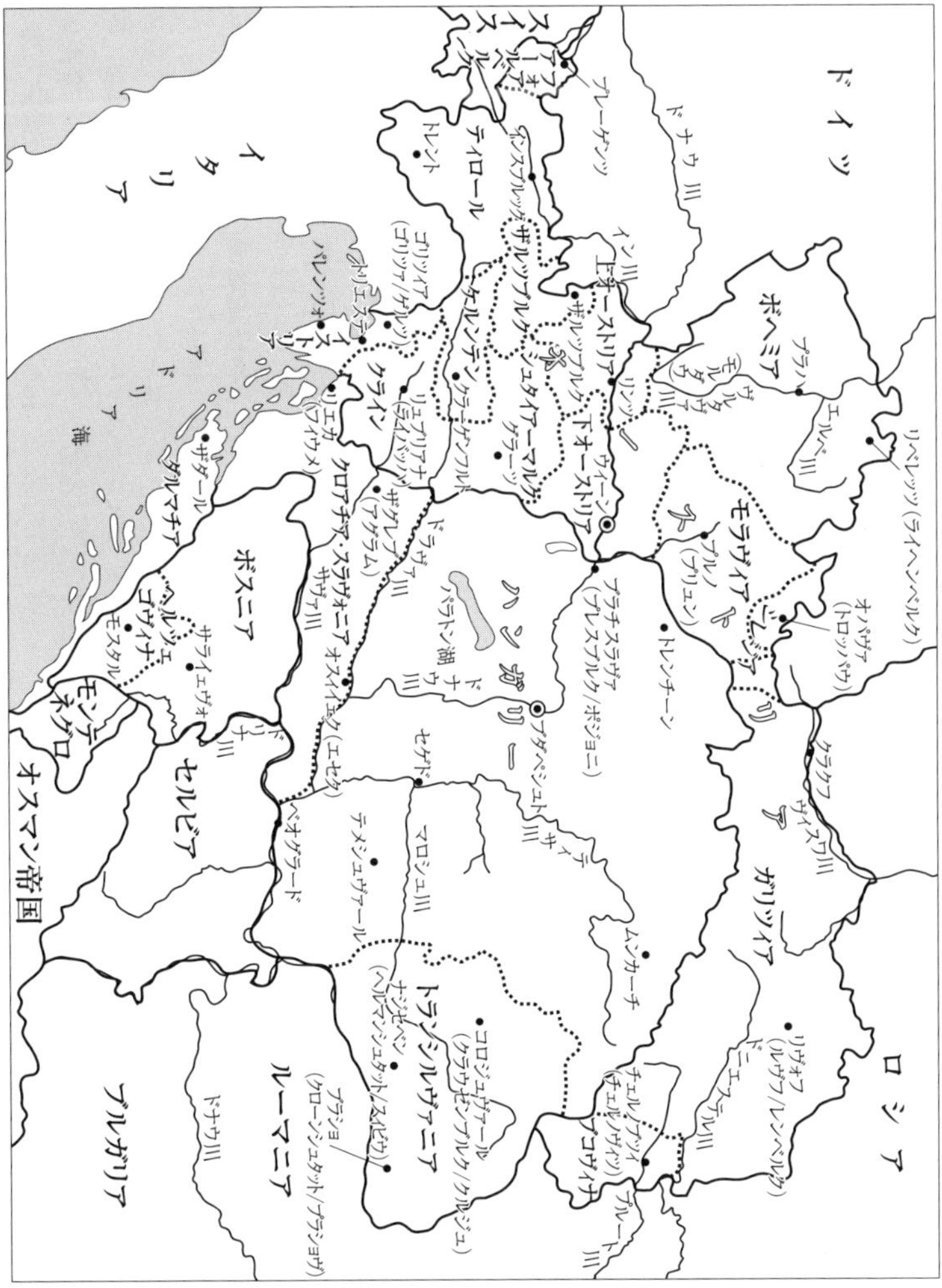

図Ⅳ-1　オーストリア＝ハンガリーの行政区分

出典：大津留厚「ハプスブルク帝国――アウスグライヒ体制の論理・構造・展開」『岩波講座　世界歴史第5巻　帝国と支配』岩波書店，1998年，300頁。

の権力の及ぶ範囲を「国家」としたとき、オーストリア＝ハンガリーのハンガリー王国を除いた部分の正式な名称は、「国会に代表を送る諸王国、諸邦」であった。

同時に制定された人権に関する基本法は、その及ぶ範囲を「『国会に代表を送る諸王国、諸邦』の国民に遍《あまね》く認められる権利」とし、その第一条は、「国会に代表を送る諸王国、諸邦」の成員に、遍くオーストリアの国民としての権利が認められる、とした。形容詞としてではあるが、ここで初めて「オーストリア」が登場した。しかしそれは権利に付された形容詞であって、その権利が享受される「国民」は、あくまでも「国会に代表を送る諸王国、諸邦」の成員とされている。あるいは、その諸王国や諸邦を構成する自治体（ゲマインデ）の一員であるかないか、が決定的な意味をもった。一八六三年のハイマートレヒト（本籍）法は、「国民だけがある一つの自治体で本籍を得ることができる」と同時に、「すべての国民はどこかの自治体で本籍を持たなければならない」と規定していた。

では、どうすれば本籍が得られるのか。出生地の自治体に本籍を有するのは衆目の一致する所だったが、出生地以外の自治体で本籍を得るためには、①自治体から本籍を付与される、②本籍を伴う官職に就く、③女性の場合は結婚した相手の男性が本籍を有する自治体の本籍を得る、④一〇年間継続して居住する、ことが必要だった。

本籍を前提とする「オーストリア＝国会に代表を送る諸王国、諸邦」の国籍は、オーストリアの歴史の産物として属人主義の部分も属地主義の部分も有し、言語や宗教や文化の違いは意味を持たない仕組みを可能にした。「オーストリア」の「国籍」を有する者を「オーストリア人」とすれば、その限りですでに「オーストリア人」は存在していたと言える。

第一次世界大戦が終わって、新生オーストリア共和国は改めて、誰がオーストリア人であるかを決めなければならなかった。戦勝国とオーストリアとの間で結ばれたサンジェルマン条約の第六四条は、「新生共和国の領域に本籍を持つ者」にオーストリア国籍を認めた。それは、オーストリア＝ハンガリーの「国会に代表を送る諸王国、諸邦」に本籍を持っていても、それが新生オーストリアの領域外であればオーストリア国籍を得られないことを意味していた。しかし現実には、新生オーストリアの地には職を求めて、多くの人が帝国各地から集まってきていた。特に第一次世界大戦中に戦場になったガリツィア地方から、多くの難民（その多くがユダヤ人）が移り住んでいた。そこでサンジェルマン条約第八〇条は、新生オーストリアの領域外であっても旧オーストリア＝ハンガリーに本籍があって、かつドイツ語を話せる人に、オーストリア国籍を取得する余地を残した。「オーストリア国民と同じ言語を話し、同じ人種に属する者」が、その対象だった。そこに、ガリツィア出身のユダヤ人が新生オーストリアで国籍を取得できるかどうか、微妙な問題が生じる根拠があった。ともあれ、「オーストリア人」には本籍に加えて、「言語」と「人種」の同一性が要求されることになった。そこに、「オーストリア人」概念の転換があった。

第五章　工業化の進行と社会主義

若尾祐司

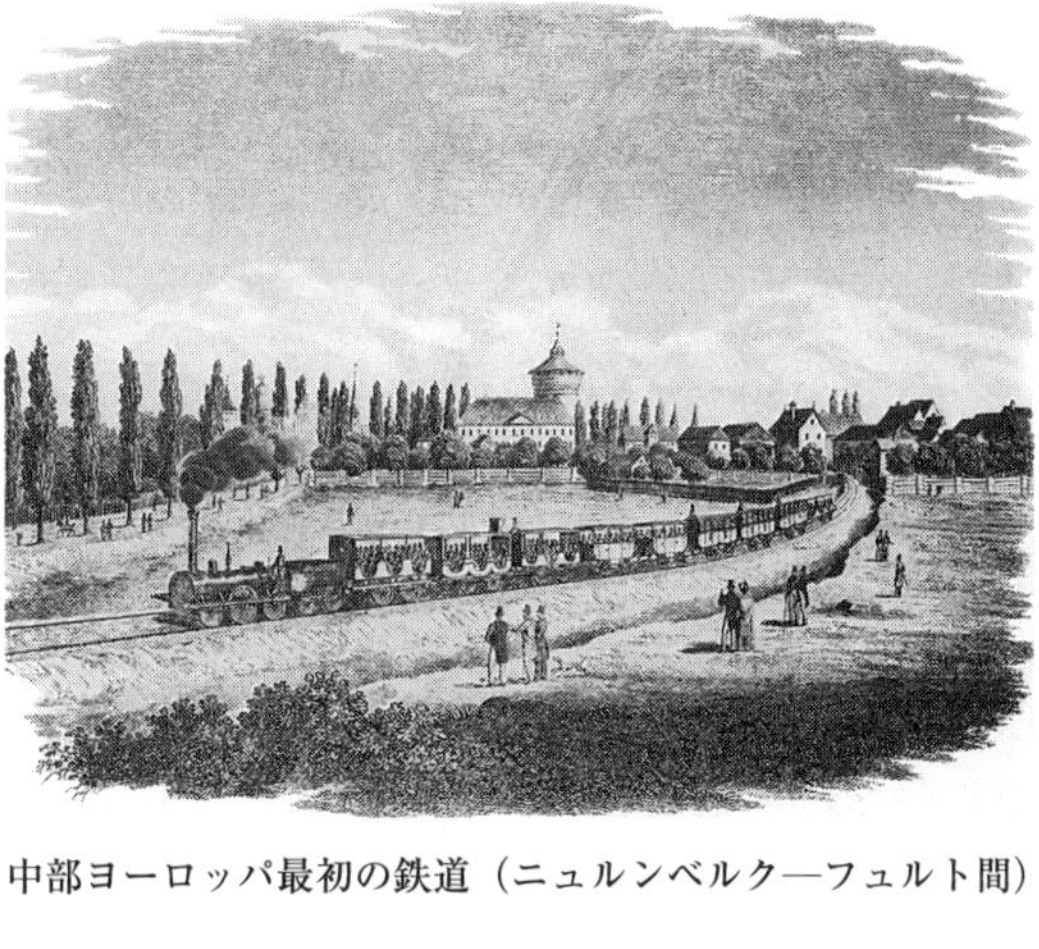

中部ヨーロッパ最初の鉄道（ニュルンベルク―フュルト間）

1828	バイエルン・ヴュルテンベルク関税条約発効，中部ドイツ通商同盟
1834	ドイツ関税同盟の発効
1835	ニュルンベルク—フュルト間の鉄道開通
1836	第１号国産蒸気機関車「サクソニア」
1839	プロイセン少年労働８時間半規制
1842	フォン・シュタイン著『現代フランスの社会主義と共産主義』
1844	シュレージエン織工蜂起，労働者諸階級福祉中央協会の設立
1847	経済恐慌，大衆貧困の先鋭化，民衆蜂起の頻発（春）
1848	マルクスらロンドンで『共産党宣言』の発刊，三月革命，全ドイツ労働者友愛会の設立
1849	司祭コルピングのカトリック職人協会設立
1850	プロイセンで職人・女性の結社禁止，経済自由主義の台頭
1853	プロイセン営業法による少年労働規制の強化，ベルリン市建築条例
1854	連邦議会の政治的労働者協会を禁止する決議，プロイセン共済会の義務化，アメリカ移民ピーク
1855	プロイセン修正都市法
1858	「新時代」，第１回国民経済会議
1859	シュルツェ＝デーリチの第１回協同組合大会
1861	ライプツィヒで職業教育協会の設立，ザクセンで団結禁止が破棄
1862	ザクセン，ヴュルテンベルク，バーデンで営業の自由法
1863	全ドイツ労働者協会（ラサール派）の設立
1864	司教ケッテラー「覚書」，ロンドンでマルクスら国際労働者協会
1865	ライプツィヒで全ドイツ女性協会の設立
1866	ベルリンで女性職業能力助成協会，通称レッテ協会
1869	北ドイツ営業法，社会民主労働者党（アイゼナッハ派）の設立，ヒルシュ・ドゥンカー労働組合
1870	ヴァルトブルク鉱山労働者の８時間労働ストライキ
1871	ドイツ帝国の金マルク制と度量衡の統一，株式会社の創業景気
1872	社会政策協会の設立
1873	創業恐慌
1875	ドイツ帝国銀行法，社会主義労働者党のゴータ綱領
1877	帝国パテント法
1878	14歳以下の少年の工場労働禁止，社会主義者鎮圧法の成立
1879	保護関税政策への転換，ジーメンスの電気機関車
1883	疾病保険法，ダイムラーらガソリン・モーターの特許
1884	災害保険法
1889	ルール鉱山労働者ストライキ，廃疾・老齢保険法
1890	社会主義者鎮圧法の失効

1　鉄道から産業革命へ

ヨーロッパ産業革命の波

一七六〇年から一八五〇年までに、ヨーロッパは農業社会から工業社会へと離陸する。この時代、工業化のパイオニア役割はもっぱらイギリスが担っていた。ミュール紡績機と力織機、ワットの蒸気機関と製鉄技術パッドル法など、新しい工業技術により機械と蒸気エネルギーの新時代が始まった。新しい機械労働の原理は、大経営による大量生産である。大量生産は大量の原料確保と大量販売のための交通手段を必要とする。イギリスでは、まず国道の改善や大量輸送に適した運河網整備が行なわれ、ついで公共輸送機関として最初の鉄道が、一八三〇年マンチェスター―リヴァプール間に開通したのである。

イギリスを教師とし、イギリスの技術者を受け入れてヨーロッパ大陸では、まずベルギー、スイス、フランスが続いた。石炭と鉄鉱石、輸送網、伝統的繊維産業、そして商工業市民層といった諸点で、ベルギーはイギリスと似かよった条件を有していた。ベルギー経済はイギリス・モデルに従い、まもなくベルギーの技術者が他のヨーロッパ諸国の工業設備の建設を担った。他方、スイスは早くから都市市民層が貴族の支配を押しのけ、南北ヨーロッパの通商路に位置して、市場志向の繊維産業を育てていた。しかし、石炭・鉄鉱石を欠き、海岸線からも遠く、そのため高価な繊維や機械製作へと特化していった。

以上の二つの諸国とは異なり、フランスの経済成長はきわめて緩やかだった。一人当たり国民所得は、一八世紀の半ばイギリスを上回っていたが、一世紀後にはその四分の三へと低下した。イギリスと比べ石炭・鉄鉱石が少なく、海外植民地で後手を取り、革命と戦争によって人的かつ物的な損失をこうむり、ナポレオンの大陸封鎖によって技術革新との切れ目を作ったこと、などが原因とされる。フランス経済は大量生産方式よりも、高技能・高品質の完成品生産を重視する傾向にあった。

ともあれ、これら三国は一八二〇年代から工業化過程に突入した。その時期、ドイツ連邦下の中欧では三九の国家が分立し、官僚とツンフトが支配していた。一部には封建的諸特権を残し、ヨーロッパの先進地帯とは程遠い状態にあった。ようやく一八四〇年代、イギリスが産業革命を終えた時点から工業化の段階に入った。まさしく中欧諸国は、最初の「後発者」であった。しかしドイツ諸邦の工業化は、フランスとは異なってイギリス・モデルに近く、古典的スタイルの産業革命を語ることができると、経済史家シドニー・ポラードは指摘する。もちろんドイツの産業革命は、イギリスの繰り返しではない。イギリス産業革命の終点に位置した鉄道建設を起点とし、かつ主導部門として進んだ。

一方、一八四〇年頃の出発状況を同じくしながら、オーストリア・ハンガリーはドイツとは異なる経済発展の道をたどった。その原因として挙げられるのは、天然資源特に石炭を欠き、重工業よりも消費財生産に比重があったこと。大規模な遠隔地商業が未発達で、経済市民層が弱かったこと。民族問題に伴う統一的な経済政策の困難性と地域間の経済落差。さらに国家行政と政治の不安定性など、総じて新しい経済システムへの構えの弱さである。この差は景気循環にも反映し、一八五八〜六七年のドイツ経済の好況期、オーストリア経済は停滞し、鉄道建設が一部でストップした。プロイセンとオーストリア間の関税同盟やドイツ統一問題の帰趨《きすう》も、この両国の経済発展の格差と絡み合っていた。

ドイツ関税同盟

中欧にはライン、ヴェーザー、エルベ、オーデル、ヴィスワ、ドナウをはじめ、大・中規模の河川が多数ある（付図3）。しかし英仏とは異なり、一九世紀初頭ドイツの河川交通は未発達なままだった。諸国が乱立し、邦政府や都市の関心は河川交通の開発よりも、関税収入にあったためである。例えば、エルベ川には三五カ所の関所があり、交通を妨げ輸送費を引き上げていた。「父なるライン」では、ビンゲン—コブレンツ間だけでも九つの関税徴収所があり、しかも左右の対岸に置かれ、船舶は流れを横切って国境を越えねばならなかった（図5-1）。そのうえ、ケルンやマインツなど開市権をもつ都市では荷物を陸揚げし、その都市で独占権をもつ船舶ギルドの船に積み替えることが求められた。

こうした時代錯誤の特権に対し、一八一五年ウィーン会議はライン川について国際法上の航行の自由を宣言した。だが、その規制は関係邦国に委ねられた。エルベ、ヴェーザー、ラインに関する個別条約も、その後ドイツ連邦諸国によって結ばれるが、積み替えギルド特権は一部残存したままだった。その完全除去は一九世紀後半であり、河川交通の本格的な整備は、カイザー・ヴィルヘルム運河の開通など一八八〇年代のことであった。

これに対して陸上交通の障害は、一八一八年プロイセン関税法によりいち早く全面的な排除の第一歩が踏み出された。この関税法は、①国内の関税を廃止して陸上交通の自由を確保し、②輸出入の品目制限をなくし、③外国産品に適度の重量関税（五〇キログラム当たり半ターラー）と消費税（一〇％以下）を課した。この時期、四人家族の最低生活費が一年で一〇〇ターラーほどの時代、プロイセン国家は二億ターラーを超える戦時負債を抱えていた。そのため、関税・消費税の国庫収入による負債の償還も重要な目的となった。

図5-1　マインツ対岸ビーブリヒのライン蒸気船陸揚げ場（1840年頃）
右はナッサウ公爵の宮殿。
出典：*Herzogtum Nassau 1806-1866*, Wiesbaden 1981, S. 164.

この関税法の刺激を受け、西南ドイツの商工業市民層は、翌年フランクフルトの大市で「ドイツ商工業同盟」を結成した。その指導者フリードリヒ・リストは、全ドイツの国内関税を廃止し、商工業を育成する保護関税政策を主張し、各邦の説得に回った。しかし、西南ドイツ諸邦は北のプロイセンと南東のオーストリアに対抗し、独自の関税同盟を求めた。リストはデマゴーグとして訴追を受け、一八二五年アメリカへ渡った。西南ドイツ諸邦では利害が対立し、結局一八二八年バイエルンとヴュルテンベルク二国間の関税同盟に終わった。同年、ザクセン王国を中心とする一八カ国も「中部ドイツ通商同盟」を結成した。

とはいえ、南北ドイツを結ぶプロイセンの国道整備ともあいまって、戦時負債にあえいでいた中小諸国は、国庫収入のためプロイセンとの協定へと向かった。一八三四年ドイツ関税同盟が、プロイセンを中心に南部と中部二つの同盟の主要国を含め、まず八年期限で発効した。同時に、各国でバラバラの通貨について、北ドイツのターラーと南ドイツのグルデンの交換比率を四対七に固定した。一八三六年までに関税同盟は二五カ国二五〇〇万の人口を有し、イギリス人口二二〇〇万人を上回った。最初の更新期一八四二年頃、関税同盟の収益の三分の二は香辛料・コーヒーなど植民地産品だった。しかし、工業産物の輸入も二八％を占めた。イギリスから半製品を輸入して西側の手工業地帯で完成品に仕上げ、この工業製品は東側の農業地帯を含めて関税同盟の域内で消費し、東側の農業地帯からはイギリスに穀物を輸出する。こうした農工の経済循環が関税同盟内に形成され、大規模な統一市場圏とともに工業化への基盤が整えられたのである。

この関税同盟問題で、オーストリアは完全に遅れを取る。メッテルニヒはリストを危険人物として退けたし、商工業市民層の動きも欠けていた。ようやく反動期の五〇年代、オーストリアをドイツ関税同盟に含める中欧圏の関税連合を、オーストリア政府は提案した。それは、西南ドイツ諸国をドイツ関税同盟から引き抜くことは不可能という現実認識に基づいていた。この提案をバイエルン、ザクセンはじめ多数の中小諸国は支持したが、プロイセンは拒否した。同じ提案は六〇年代初めにも再度出され、同様に多くの中小諸国が支持した。さらに一八六六年、これら中小諸国はプロイセンと敵対し、オーストリア側で戦った。だが、どの邦国もプロイセン市場を放棄することはできなかったのである。

鉄道建設

一八三五年末、西南ドイツのニュルンベルク—フュルト鉄道六キロメートルが、イギリス製の機関車「アドラー（鷲）」とイギリス人運転手によって開通した（図5-2）。建設には一七万グルデンを要した。この時点で、ドイツ経済に与える鉄道の影響を見通した者は少なかった。

その少数者の一人がリストであった。亡命地アメリカで熱狂的な鉄道ファンとなったリストは、一八三〇年末ドイツに戻り、一八三三年には全ドイツの鉄道計画を作成して各邦へ働きかけた。しかし諸邦政府は、政府管理下にあった郵便事業（旅客・貨物輸送）の減収を恐れてしり込みした。ベルリン—ポツダム鉄道の提案に直面してプロイセン国王フリードリヒ・ヴィルヘルム三世は、「我々の時代は蒸気を愛する。すべてが前進する一方である。その下で、平穏と心地よさが失われていく。一、二時間早くベルリンやポツダムに着いたとして、何の喜びがあろう」と評したという。リストが関与して一八三九年に開通した長距離路線ライプツィヒ―ドレスデン鉄道も、私的な株式会社のものであった。

プロイセン国家官僚の拒絶的態度とは逆に、フリードリヒ・ハルコルトらライン地方の商工業市民層は精力的に鉄道建設に向かった。そして程なく、鉄道は郵便馬車よりもいっそう速く快適で、かつ採算性も高いことが明らかになった。プロイセン政府は一八四七年、民間の引き受け手がなかったこともあり、初めて国費による東部鉄道計画（ベルリン―ケーニヒスベルク）を決定した。同様にザクセン王国政府も四〇年代半ば、民間の鉄道会社が経営難に陥ったとき、その路線を引き取り、国内鉄道網の構築に乗り出した。

西南ドイツ諸国をはじめ中小諸国では、邦国間の利害対立から鉄道建設の共同歩調は実現しなかった。しかし、路線をめぐる相互の競合関係や調整の必要から、いち早く国家が鉄道建設の中心となった。そのため河川交通とは逆に、ドイツの分立主義は鉄道建設の競り合いを導き、陸上交通の飛躍的発展に貢献した。もちろん、問題もあった。バーデンは一般の一・四三五メートル幅ではない軌条を使用したため、五〇年代半ばに西南ドイツ三国が鉄道網の接続について一致したとき、既存路線すべての変更を強いられた。

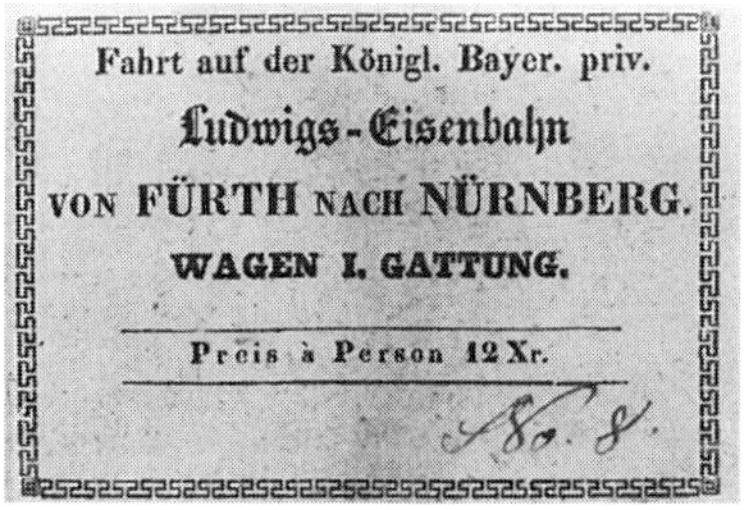

図5-2　ニュルンベルク―フュルト間の鉄道一等切符12クロイツァー

出典：Glaser, *op. cit.*, S. 10.

ドイツ諸邦の鉄道は、一八四三年のベルギーに始まり、四八年オーストリア、五二年フランス、五六年オランダ、五八年スイス、六一年ロシアとの接続により、大陸鉄道網の中心に位置した。この一八六一年までに一万キロメートルを超える鉄道網の骨組みは完成し、イングランドとベルギーにつぐ高い密度を有した（図5-3）。これによって穀物搬入が容易となり、世界的な不作でもない限り、不作による飢餓という古典的危機は消え失せた。だが、そのことは大農業主にとっては農業好景気の終わりを意味し、次第に価額競争が問題となった。また、鉄道の軍事的な利用価値はすでにリストの路線計画に織り込まれ、六〇年代のドイツ統一戦争で遺憾なく証明されたのであった。

複合主導部門

鉄道建設は巨大な需要を生む、複合的な効果をもっていた。まず労働力需要であり、建設資本の四分の三は、建設作業に従事する労働者の賃金に当てられた。平均して一八五〇年代で二二万人、六〇年代には三二万人、七〇年代には五七万人が鉄道建設に従事した。

もう一つは機械と鉄・石炭の需要である。鉄道は一キロメートルにつき一六〇トンの鉄を必要とする。一八八八年には四万キロメートルを超えたドイツの鉄道網は、機関車・車両・鉄鋼・石炭など、重工業産品の巨大な市場を生み出す。

まず、機械産業である。初期の機械産業を担っていたのは、鍵屋・鍛冶屋・時計工など専門的な手工業者だった。一八四二年までイギリスが機械輸出を禁止していたため、彼ら小製造業者はイギリスに渡って経験を積んだ。こうして習得した技術により、イギリスから持ち込んだ繊維機械を模倣し、補充部品を作ることからドイツの機械産業が始まった。ハルコルト、アウグスト・ボルジヒ、アルフレート・クルップなども先進技術の視察旅行を行なった。

この初期の機械産業に、機関車・車両など鉄道関連機械の需要は、飛躍的成長への刺激を与えた。第一号機関車「サクソニア」が一八三六年、ドレスデン近郊でつくられ、ベルリンのボルジヒは一八四一年に同社の第一号機関車を世に送り出した。ボルジヒは一八五八年までに一〇〇〇台を製作し、一八八三年には四〇〇〇台に達して「世界最大の機関車工場」といわれた。一八七一年ドイツの機関車六〇〇〇台のうち、外国製は四％以下となっていた。

こうした急成長の背景には、邦国レベルの国産化志向があった。鉄道建設の国家事業化と平行して、ベルリンのボルジヒのみならず、ケッセラー社（カールスルーエ）、ヘンシェル社（カッセル）、ハルトマン社（ケムニッツ）、クラウス社（ミュンヘン）など、各邦国に大企業が分散立地し競争効果をもたらした。同時に、その裾野には蒸気機関、繊維・工作・農業機械など、地域の需要に対応する層の厚い機械産業が形成された。帝国設立時には約一四〇〇の機械製作工場が存在し、機械の輸出量が輸入量を上回ったのである。

これに対して、機械産業への原料供給部門としての鉄工業は、コークス利用と関連し、石炭産出地帯に集中して発展した。ルール地方、ザール地方、オーバーシュレージエン、そしてザクセンの一部における大量の石炭の埋蔵は、フラ

図5－3　1875年頃のヨーロッパ鉄道網

出典：Glaser, *op. cit.*, S. 12.

ンスやオーストリアと比べプロイセンで、急激な工業化が実現される前提となった。プロイセンの石炭生産量は、一八一七年の約一〇〇万トンから一八五〇年の四〇〇万トンへと上昇し、ドイツ連邦の生産量の八割を占めた。そして、一八五一年共同所有者法により採掘の自由化が進み、一八七〇年の二四〇〇万トンから一九〇九年の一・四億トンへと、生産量はうなぎのぼりの上昇をみた。ルール地方が圧倒し、その比重は増すばかりであった。コークス生産も平行関係にあったが、帝政期にはもっと急激に上昇し、西ドイツ鉄工業の原料需要を満たした。

石炭・コークスの量産化と平行して、コークス炉への移行が進み鉄工業の生産規模も拡大した。一八七一年にプロイセンのコークス炉は一五三〇を数え、帝国の八割を占めた。この時代の工業生産力の基準となる、帝国の粗鉄生産は一四〇万トンに達し、一人当たりの生産量でもフランスを凌駕した。鉄鋼生産も一〇〇万トンを超えた。まさしくルール重工業地帯の形成は、ドイツ産業革命の象徴であった。

2　移民・移住・都市化

アメリカ移民

鉄道と蒸気船は貨物のみならず人の大量移動を可能にし、一九世紀は移民の世紀となった。とりわけイギリスの海外移民数は、一九一四年までに二一〇〇万人に達した。だがドイツも、この期間に五五〇〇万人近い移民数を記録した。もちろん移民は、この時代に始まるわけではない。古い時代の東方植民以来、東欧や南東欧への入植が繰り返されてきた。一八世紀には南ロシア移民と並び、新たに海外移民が西南ドイツのファルツやヴュルテンベルクで本格化した。この一八世紀の海外移民数は約二〇万人だった。さらにナポレオン後の一八一六〜四四年、移民は三〇万人を数え、出身地もバイエルンからナッサウ、ライン地方までライン川流域全体に広がっていった。

一八四〇年代から移民の数は上昇し、最初の大きな波が一八四五〜五八年に記録された（図5-4）。この期間に一三六万人がドイツ諸邦を去り、ピーク時の一八五四年には二四万人に達した。重要な要因の一つに政治反動があり、革命の敗北後に四八年世代の多くがアメリカへと向かった。渡航は帆船で四四日を要したが、移民協会が設立され、移民のための定期パック航路も開設されて大人六八グルデンといった価額で売り出され、移民情報は身近なものとなっていた。

第二の波は一八六四〜七三年であり、蒸気船による渡航日程は一四日に短縮された。東ドイツ大農業地帯からの流出も加わって、約一〇〇万人がハンブルクやブレーメンの港を後にした。第三の波は一八八〇〜九三年で一七八万人、ピーク時の一八八一年には二二万人を数えた。その後は、一年に一、二万人程度へと減少し、移民の時代の幕が閉じられた。第三の波の時期、移民の出身地は東ドイツの四割弱についで、西南ドイツが二五％を占めた。西南ドイツは海外移

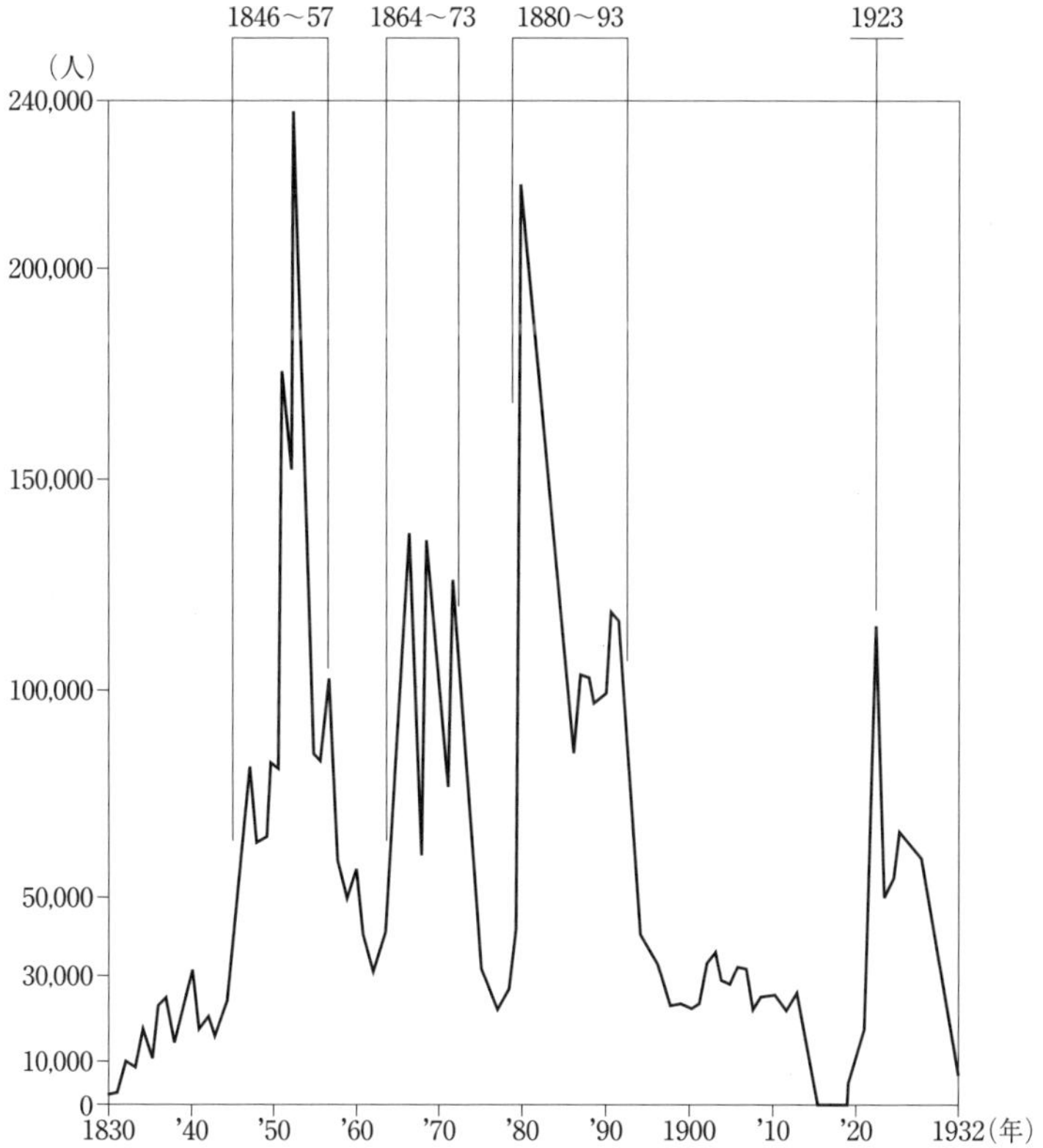

図5－4　ドイツ海外移民の経過（1830～1932年）

出典：Klaus J. Bade, *Deutsche im Ausland. Fremde in Deutschland*, München 1992, S. 149. 桜井健吾『近代ドイツの人口と経済』ミネルヴァ書房，2001年，142頁。

民の中心地であり続けたのである。

移民の原因として，よく指摘されるのは農村「過剰人口」・窮乏化論である。しかし全体としてみれば，移民の波は景気循環と対応し，しかも不況ではなく好況期と重なる。特に最初の二つの波では，農民・手工業者の家族移民が多く，移民の最大多数は景気の上昇期に負債を完済し，値上がりした土地を売却した一家であった。貧民の送り出しという政府側の意図とは異なり，より広い土地と豊かな生活への期待が決定的であった。実際，一九世紀ドイツ移民の八，九割はアメリカ合衆国へと向かい，アメリカにおける劇的な西部膨張と平行関係にある。本国での土地枯渇に代わって，テキサスやウィスコンシンで農場を手に入れた者も多く，一八八〇年にはドイツ系移民の三分の一が農業に従事していた。この「アメリカのおじさん」は身近な存在で、移民への重要なプル要因となった。

もちろん現実には、移民のなかでも工業就業者が次第に増加していた。ニューヨークからペンシルヴァニア、オハイオの工業都市を経てミルウォーキー周辺の中西部に至る地帯で、ドイツ出身者はアメリカの都市化の担い手であった。これらの都市や町では、ドイツ人の隣人組織が結成され、自分たちの新聞が発行され、体操クラブや射撃クラブ、ビアガーデンなどドイツ文化が保持された。これによって、アメリカの定住地と本国の出身地が結ばれ、「連鎖移民」の効果が強められたのであった。

国内移動と都市化

海外移民がアメリカの都市に落ち着く一方で、国内移動も上昇し、アメリカと同様に都市化の新段階が画された。ただし、人口移動は一方通行ではない。そこには、多様な形が含まれていた。移民の場合も、リストのようにドイツに戻るケースは、決して個別の例外ではなかった。アメリカに渡った者の三分の一以上が出戻ったという推測も出されている。都市化についても、静態的な農村から躍動する都市へ、という見方は当てはまらない。奉公人雇用を特徴とする農村社会は、都市の職人と同様、年季雇用で移動する若者労働力を抱え込んでいた。一八世紀の後半以降、この若者たちによる農家資産抜きの結婚により、農村下層が大きく広がっていった。彼らの多くは、農業労働者として季節雇用の出稼ぎに向かった。一八世紀のオランダ出稼ぎ（チューリップ栽培）、一九世紀後半のザクセン出稼ぎ（さとう大根栽培）など、農業季節労働という古いタイプの移動労働である。

都市での雇用も農村下層を引き付けた。この場合も、農村に家族を残しての移動である。ヴェストファーレン工業地帯に働きに出たアイフェル地方の労働者は、一年に一、二回は自分の村に戻った。ザール地方でも、一八七五年ザール鉱夫の三分の一は週通勤者であり、月曜日の早朝に鉱山道路沿いにやってきて土曜日の夕方に村に帰った。こうした農民鉱夫や労働者農夫など、少なくとも一八七〇年代までは徒歩通勤の近距離移動が、国内移動の中心であった。これと

表5-1　19世紀都市の人口発展（1910年の住民20万人以上の都市23）

（単位：千人）

	1816／19年	1850年	1870／71年	1910年
ベルリン	198	412	826	2,071
ハンブルク	128	175	290	931
ミュンヘン	54	107	169	596
ライプツィヒ	35	63	107	679
ドレスデン	65	97	177	548
ケルン	50	97	129	517
ブレスラウ	75	111	208	512
フランクフルトM	42	65	91	415
デュッセルドルフ	23	27	69	359
ニュルンベルク	26	54	83	333
シャルロッテンブルク	4	9	20	306
ハノーファー	15	28	88	302
エッセン	5	9	52	295
ケムニッツ	15	34	68	288
シュトゥットガルト	23	47	92	286
マクデブルク	35	52	84	280
ブレーメン	38	53	83	247
ケーニヒスベルク	61	73	112	246
リックスドルフ	1	3	8	237
シュテッティン	25	47	76	236
デュースブルク	5	9	31	229
ドルトムント	4	11	44	214
キール	7	16	32	212

注：シャルロッテンブルクおよびリックスドルフは現在はベルリン。

出典：Jürgen Reulecke, *Geschichte der Urbanisierung in Deutschland*, Frankfurt a. M. 1985, S. 203 より作成。

並んで、鉄道建設をはじめ建設・運輸業など都市での大規模な雇用機会は季節的な性格が強く、工業化の新しい世界に伝統的な季節移動が結びつけられた。

この現象との関連で、都市人口の成長テンポの理解が問題となる。つまり、都市に大量の人口が流入しているが、その多くが農村とつながっており、農村に住居を残している。そのため、公式の統計には、都市人口として現れないという問題である。

一八七一年統一ドイツの都市住民一四八〇万人は、その三分の二が人口二万人以下の小規模な都市の住民であった。その多くは、中世以来の比較的安定した市場都市・商工業都市であり、また急速に発展する近代都市も含まれていた。

これに対して大規模都市は、まずベルリン、ドレスデン、ミュンヘンをはじめメトロポリスとして発展する行政・商工業の中心地である（表5-1）。これと並んで、フランクフルト、ハンブルク、ブレーメンは商業・銀行業・保険業のセンターとして、あるいは行政・軍事（コブレンツ、キール）、教育（ケーニヒスベルク、ボン）など特定のサービス機能に特化して成長する都市があった。さらに、北のジュルト島からヴィースバーデンを越えて南のコンスタンツまで、ツーリズムや休暇に依拠する保養都市が現れていた。

もっと端的に経済新時代の特徴を示すのは、単一の主力産業をもつ都市群である。繊維工業都市クレーフェルト、バルメン、ケムニッツ、鉄工業都市ドルトムント、機械工業都市ニュルンベルク、マクデブルク、刃物都市ゾーリンゲンなどである。そして、最も急速に成長を遂げる石炭・鉄工業都市群が、ルール地方をはじめ石炭埋蔵地帯に出現した。これら新興都市は、相互に絡み合いながら農村部を横切って成長し、一つの町から次の町へ、境界線の見分けもつかない工業地帯を形成していった。古い都市の発展は、これとは異なる形を取った。物理的な膨張が市壁と市門によって妨げられており、その撤去が一九世紀後半における都市の成長シンボルとなった。法的にはプロイセンの場合、一七九四年一般ラント法で市壁内の旧市に限られていた都市規定は、一八〇八年シュタイン都市法で市壁の外にある門前市《フォアシュタット》へ、さらに一八三一年修正都市法で農業用地《フェルトマルク》へと広げられた。

そうした法的措置を前提とし、たいてい市壁の撤去と平行して農業用地に鉄道が引かれて駅舎が置かれ、この駅地区から新市が成長した。新市と旧市を結ぶ地区が都市生活の新しい顔となり、鉄道駅を中心に新市の街路は四方へと発した。それに沿って公共建築物が建てられ、公園が整備された。ハンブルクのアルスター湖周辺の再建築やウィーンのリングシュトラーセなど、一八四〇年代から七〇年代の建築ブームでドイツの都市は、完全に新しい姿を得たのである。

都市への定住

都市の成長期は、移動の自由の制約が最終的に破棄される時期と重なっていた。この点で、プロイセンとザクセンを除く諸国では一八五〇年代に入っても、実質的に移動・定住の規制措置が存在していた。すなわち、財産なき者の結婚を制限する「古来の法」が復活され、少なくとも一六〇〜二〇〇グルデン（四人家族の一年間の最低生活費程度）を超える財産の証明が、結婚のために必要とされた。

こうした措置が取られたのも、移動・定住は貧民扶助《ふじょ》の問題と結びついていたからである。つまり、移動と結婚の自由は過剰人口と貧民増加をもたらし、貧民の扶助負担は市町村（ゲマインデ）に課される。この負担を背負う以上、受け入れ市町村による貧しい者の結婚制限はやむをえないと、西南ドイツの自由主義者たちは六〇年代に入っても主張していた。とはいえ、彼らの目にも移動・結婚・定住の自由へと向かう国外の大勢は明確だった。六〇年代後半には、これら諸国も結婚制限を破棄し、移動・結婚の自由とともに統一ドイツの自由な労働力市場圏が成立していった。

すでに移動・結婚・定住の自由を認めていたプロイセンでは、名誉職による貧民救済システムがエルバーフェルト市で導入された（コラムX参照）。一八五五年修正都市法は、移動先の市町村で一年以内に公的扶助の対象となった者は「もとの市町村」に送り返し、一年間定住した者は、その市町村で扶助を受けるという原則を再確認した。この原則にそって、エルバーフェルト方式が普及していくが、都市財政に左右され、実効性にはとぼしかった。一八八〇年代の実質賃金の上昇を待って、ようやく貧民救済システムが整備されていく。

都市の自治行政は、三級選挙制の枠内で市民少数派に支配されていた。例えばケルン市では、一八四六年の住民九万人のうち有権者は四〇〇〇人で、一等級は五五三人にすぎなかった。各級の配分比は、どの都市でも一九世紀の後半、一等級二～六%、二等級四～二〇%、三等級七〇～九四%の枠内にあった。株式会社が選挙権をもつ場合は、企業の収入状況が大きく影響した。代表例はエッセン市の「鉄鋼王」クルップであり、景気が悪ければ第一等級の二五%を、良ければすべてを占めて市議会議員の三分の一を独占した。

こうした名望家市民層や企業の貧民救済への関心が低い限り、都市人口の流動性は避けられなかった。下層階級の流入者がまた流出していく、プロレタリア「遊牧民」現象である。この現象は、新興工業都市や「大都市」で、特に顕著であった。例えばルール工業都市デュースブルクでは、一八五〇年の住民一・三万人の二割以上、一九〇〇年の住民一〇・七万人の五割が流入者であり、この間に市の住民登録課は七一万件の流出入を記録した。加えて市内でも、毎年一五～三〇%の住民の住所変更があったのである。

都市の生活環境

都市定住の不安定性の背後には、就業の不確実性と並んで、住宅の貧困や生活環境の無秩序があった。たしかに、都市計画に向かう動きはあった。ベルリンでは一八五三年に建物の高さや内庭規模（火災対策）を規定した建築条例が出され、建築監督官ジェイムズ・ホープレヒトが一八五八年から建築計画を推進した。この計画により、市壁の外にある農業用地が居住区として市の計画に組み込まれた。しかし、細則を欠いたために土地投機を招き、労働者用バラック住宅の無秩序な建設ラッシュとなった（図5-5）。どこの都市でも、こうした新造の労働者居住区に対し、郊外に大邸宅の市民居住区が形成された。かくて都市住民の生活圏は、社会層によって完全に空間的に分離されたのである。

労働者層の住宅事情は、流出入の激しい新興工業都市で最悪だった。鉱山所有者や企業家のなかには労働者用の住宅を建て、労働者リクルートや規律維持に利用する企業も現れた。一八四四年オーバーハウゼンのグーテホフヌンク精錬所が設置した、アイゼンハイム住宅が最初の例であった。一八五六年ボッフム会社や一八五八年からクルップの一連の住宅がこれに続いた。私生活への束縛も加わるため企業住宅は、労働者にはあまり好まれなかった。しかし、企業の福利政策の柱として長期的に見れば重要な意味をもった。

いずれにせよ、大半の労働者は投機的な建築家の手の中にあった。バラック住宅での密住に加えて、寝泊り人制度が一般化していった。労働者の若者が、労働者家族の借家部屋のベッドのみを借りて寝場所とする制度である。一八七五年のベルリンでは、住民の半分が暖房部屋一つのみの暮らしであり、また二割は一部屋五人以上の生活で、一割は地下貯蔵室（ケラー）住まいであった。寝泊り人を抱える家族も、総世帯の八％を超えた。この状況はドレスデン、ブレスラウ、ケムニッツではもっと悪くなる。劣悪な密住住居は湿気が高く自然光を欠き、ストーブの設備も悪く、冬には炭酸ガス中毒で多数の死者が出た。衛生環境が悪く伝染病が蔓延し、コレラとチフスが都市生活の危険性のシンボルとなった。肺結核やインフルエンザも、特に抵抗力の弱い乳児の死亡率を高めた。

都市の乳児死亡率は、実際、一八八〇年代以降の下降を見るまで、この時期には上昇した。少なくとも工業化の進むプロイセンやザクセンでは、農村よりも都市の方が、乳児にとって生存が困難だった。特に大都市ベルリンでは、一八七〇年代を通じて生まれた子どもの三人に一人が、一歳まで生き延びられなかった。都市の膨張スピードに都市計画が追いつかず、都市移住者の第一世代にとって、移動は生活条件の劣悪化を意味した。良くなる前には、悪くなったのである。

たしかに、一部で都市インフラ整備が始まっていた。ガスランプはイギリス・モデルに従って一八二〇年代から導入され、五〇年代に本格的に普及した。一八六〇年までに五六の大規模都市が、市営のガス工場をもつに至った。それ以上に、深刻なのは排水の問題であり、大きな都市では一キロメートル手前から悪臭が漂っていた。排水施設もイギリスの例にならい、一八五〇年代から大都市で下水道工事が始まった。しかし、下水道の設置は市民居住区に限られ、一八七〇年代でも労働者居住区では未整備のままであった。水道水の供給も、最初は民間会社の手で始まり、一八七〇年には一二都市が公共の水道事業体をもつに至った。もちろん、都市の全住民を潤す状況にはなかった。水のろ過技術の開発は、その後フレッシュな水の供給を容易にするが、一九世紀末でもプロイセン人口の六割は、井戸水など自然水源に依存していた。

一八九二年ハンブルクのコレラは、都市の不衛生に支払われる代価を端的に示した。コレラの犠牲者は、貧しい社会層に集中したからである。分離した居住区、住居の型と居住密度、給・排水の型と衛生状態、死亡率・疾病率の差は、どこで、どのように、いかなる階級に属して生活しているか、一目瞭然の指標だった。

図5－5　1870年頃ベルリン市ホームレスのバラック作り

出典：Sigrid und Wolfgang Jacobeit, *Illustrierte Alltagsgeschichte des deutschen Volkes 1810-1900*, Leipzig 1987, S. 248.

3　進歩の時代の社会対立

「社会問題」の登場

第一世代の労働者にとり、都市への移動は生活環境のみならず、労働環境の苛酷化を意味した。たしかに農村の家内工業で長時間労働に馴染んでいたとしても、都市での労働は異なっていた。工場には時計が掲げられ、遅刻には罰金が課され、都市の労働は集団的かつ一律に時間によって支配されたのである。

工場制に伴う労働強化の進行は、賃金労働者の平均的な労働時間に端的に示される。一九世紀の半ばに週労働時間は九〇時間と最も長時間となり、その後、ゆるやかに後退していった（図5-6）。ピーク時は、日曜日を除く一日一五時間労働であり、しかも賃金の安い女性・児童雇用により、男性労働者は以前にもまして失業の危機にさらされた。失業とともに、疾病・災害・廃疾・老齢による失職が労働者生活の古典的リスクとなった。

特に一八三〇年代から繊維工業地帯で、イギリス製品との競争で価額が暴落し、そのうえ不作による食糧の価額高騰が重なり、労働者と手工業者は飢餓線上に投げ出された。一八四四年六月初旬には、賃金の引き上げを求めてシュレージエンの織工が蜂起し、工場主の住宅や倉庫に押し入り、さらに工場に向かって機械を破壊した。軍隊の介入によって流血のなかで制圧されたこの蜂起は、後にゲアハルト・ハウプトマンによって戯曲化され、大衆貧困に対する民衆暴動の象徴となった。

こうした民衆蜂起は、三、四〇年代に頻発した。悪徳業者を懲らしめ秩序を正す下層民衆の直接行動であり、民衆モラル（モラル・エコノミー）に基づく社会的な制裁行動である。この点では、資本主義的市場経済を目指す自由主義の市民層も攻撃目標となり、下層民衆との間の溝は深まった。一方、民衆暴動の矛先は君主と国家には向けられなかった。台頭する市民層の経済活動により、自らの生活・労働環境が悪化するなか、むしろ君主と国家の公平性に、下層民衆の期待が掛けられたのである。

新しい「社会問題」への対応も、まずは旧い警察行政《ポリツァイ》国家の福祉理念を継承していた。例えばヘーゲル『法哲学』（一八二一年）は、官吏を普遍的な身分とし、その福祉行政と並んで職能団体《コルポラチオン》の集団的自助に、「欲望の体系」としての市民社会を克服して国家へとつなぐ役割を期待した。その影響を受けながらロレンツ・フォン・シュタインにより一八四二年、社会問題の根源的な理解が示された。すなわち、旧身分制秩序から自由な営業社会へ、新しい工業社会は競争による経済的な不平等をもたらし、「機械賃金」に依存するプロレタリアートと資本家の対立を特徴とする。プロレタリアートは私的所有と家族を否定し、国家権力の奪取を目指す、と。この理解からシュタインは、しかしプロレタリア革命の正当化やその弾圧を導くのではなく、フランス革命から得た社会民主政の概念を国家に当てはめ、「社会を改革する王政」ないし社会改良を主張した。

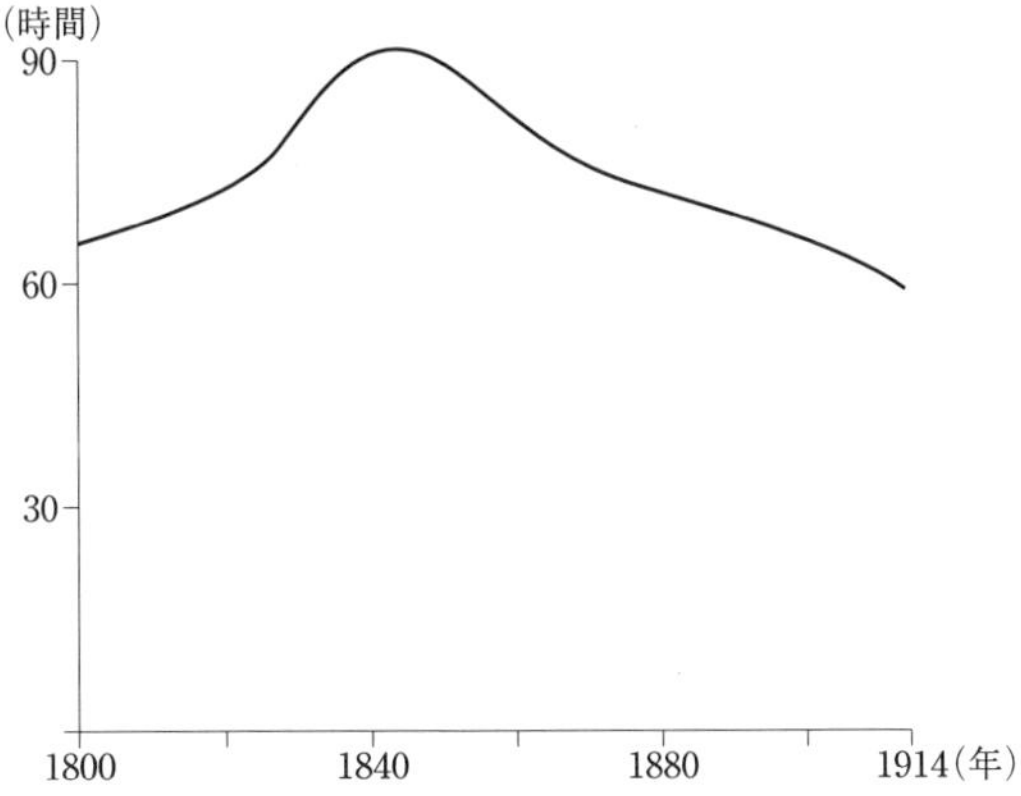

図5－6　週当たり労働時間の長期的動向

出典：Henning, 後掲参考文献，751頁。

この社会改良イデーにそって、シュレージエン織工蜂起の衝撃からプロイセンを舞台に、「労働諸階級福祉中央協会」が設立された。その担い手は企業家、官吏、学者、プロテスタント聖職者であり、三月前期の窮乏化に対して、各地の支部で炊き出しによる食事提供や石炭の配分など、貧民への直接援助が行なわれた。カトリックの側でも司祭アドルフ・コルピングが、一八四九年にケルンで最初の「カトリック職人協会」を設立した。一八五三年には職人ホスピスを設置し、一八五五年には一〇四協会、一・二万人へと広がっていた。

一方、一八二〇年代から一般の労働者教育協会が、たいてい市民層により啓蒙期読書協会の伝統の上に形成されていた。教育と並んで社交や、ときに共済保険が目的であった。政治的には多様であり、三月前期にはハンブルクやベルリンの協会のように、「革命の学校」（シュテファン・ボルン）となるものも現れた。そして三月革命期、市民層と労働者層、親方層と職人層の政治的分離が進み、一八四八年八月「全ドイツ労働者友愛会」が設立された。植字工ボルンの指導下、労働者の自助と教育、民主的憲法と生産共同組合を目標とする連合組織であり、一八四九年には一五〇の地区組織、一・五万人の会員を有した。

しかし、反動の勝利により、五〇年代、マルクスやエンゲルスら共産主義者の追放はいうまでもなく、友愛会も解散に追い込まれた。労働者組織は解散か、当局が認める非政治的組織への後戻りを迫られ、警察の監視下で協会の存続が図られた。特に共済会（相互扶助組合）は、連邦議会が社会主義の協会を禁止した一八五四年、プロイセンで地区単位での設置が義務づけられた。そのため、職業別の職人金庫に代わって工場金庫の数が急速に増加していった。遅刻の罰金も、たいていこの金庫に収められた。工場主側の強い影響力にもかかわらず、共済会は多様な労働者が結びついて、集団的な自助・自治の経験を積む場となったのである。

反動期には市民層の目も、政治・社会問題から経済へと転じた。経済学者ジョン・プリンス＝スミスを指導者とする「ドイツ・マンチェスター派」の自由主義経済論が世論をリードし、市場・営業・移動の自由が主張された。同時に、労働者問題は個人的な賃金問題に解消され、もっぱら「労働と貯蓄」による自助が強調された。こうした風潮のなか福祉中央協会の活動も停滞し、一八五八年初頭の会員数は一一五と最低を記録した。

労働者運動の形成

一八五八年「新時代」とともに流れは変わり、あらゆる種類の協会が新しい発展チャンスを得た。福祉中央協会も同年九月の第一回国民経済会議で、新規加入五八を得た。協同組合運動の推進者で会員のヘルマン・シュルツェ＝デーリチが国民経済会議の指導的メンバーとなり、両者の間に緊密な結びつきが作られたからであった。進歩党議員で会長のアドルフ・レッテは、協会の機関誌「労働者の友」で、ストライキは不幸としつつも、団結権の完全な承認を求めた。さらに、ストライキの不幸を避けるため、組合を労働協約のパートナーと位置づけ、労使の紛争に対して仲裁裁判所の構想を示した。この方向は、会員のフランツ・ドゥンカーがマックス・ヒルシュとともに一八六八年労働組合を設立し、左派自由主義の組合活動の目標となった。

またレッテは、イギリスのシャフツベリ卿にならって未婚市民女性の職業教育のため、一八六六年ベルリンで「女性職業能力助成協会」を設立した。その前年には、市民女性活動家ルイーゼ・オットーがライプツィヒで「全ドイツ女性協会」を設立していた。レッテは女性の同権要求を完全に否定していたが、一八六八年彼の死後、この二つの協会は女性の職業活動と教育向上のため協力関係を強め、市民女性運動の基盤となった。

カトリックの側でも、コルピングを継承してマインツ司教フォン・ケッテラーが一八六四年覚書で、社会的カトリシズムの新しい像を打ち出した。一八六九年には労働組合とストライキに賛成の立場を示し、社会立法の一覧リストを配布した。このリストの内容は社会主義者の主張と大きく重なっていたが、運動上の協力は拒否された。

この間、一八六一年ザクセン王国やバーデンから一八六九年北ドイツ連邦へ、労働者の団結権が一歩ずつ認められていった。一八六〇年代は、市民層にとり憲法紛争の時代だったとすれば、労働者層にとっては団結権の獲得と労働組合の形成期であった。地区レベルの労働者教育協会・労働者協会や共済会にとって、失業問題やストライキをきっかけとして労働組合を結成し、賃金や労働条件をめぐり組合交渉を行なうことが、経済的進歩への期待と結びついて現実的な課題となっていたのである。

こうして、地域のレベルから出発した組合活動は、遅くとも一八六八年以降には二つの労働者政党や左派自由主義者からの支援を得た。政党の支援を受けつつ、一八七〇年には六～八万人の労働者が組合に参加していた。党派別の構成は、自由主義系四割、社会主義系四割、カトリック系二割であった。ただし、労使協調主義をとる自由主義の組合は、企業側の厳しい対応のなかで信用を失い、社会主義の組合に主導権を奪われていった。

社会主義政党

社会主義の労働者政党としては、まず一八六三年五月ライプツィヒでフリードリヒ・ラサールを中心に全ドイツ労働者協会（ラサール派）が結成された。その支持基盤は民衆暴動の多発地帯、プロイセンの北ドイツとシュレージエンにあった。ラサールは翌年八月末、恋愛事件のもつれからジュネーヴで決闘を仕掛け、死亡した。そのため同年五月のライン地方宣伝旅行が最後の活動となったが、この旅行中の演説で彼は、労働者問題の解決への国王の覚悟を強調しつつ、それを金持ちの進歩党が妨げるだろう、と訴えた。

ラサール死後もラサール派にとって、国王は「労働者の友」であり、国家援助による生産共同組合の設立に、労働者の貧困からの救済を期待した。そこには、なお民衆モラルの古い観念が漂っていた。とはいえ、民衆暴動から全国規模の労働者組織へ、市場経済と交通の発展に伴い、もはや「モラル・エコノミー」の時代は終わっていた。協会の目的も「全ドイツ労働身分」の利益を代表し、選挙を中心に置く「合法的で平和的な」政党活動にあった（図5-7）。

ラサール派の会員は、設立の一年後でも四六〇〇名にとどまり、その影響力は限られていた。労働者協会の多数は、自由主義や進歩党に対して極端に拒絶的なラサール派に対抗し、ゆるやかに連合して年次大会をもった。この連合に、一八六四年ロンドンで設立されたマルクスらの国際労働者協会（第一インター）が、重要な影響を及ぼした。第一インターのドイツ人メンバーは三八五人にすぎなかったが、その反響は大きく、ストライキの背後に企業家は第一インターの影を見ていた。一八六五年には一五〇件以上のストライキが生じるなか、一〇〇協会の代表が集まり、その傘下には二万人の会員を数えた。主な基盤は西南ドイツとザクセン王国にあった。ザクセン労働者協会の指導者で旋盤工のアウグスト・ベーベルらは、一八六七年ザクセン人民党を結成して北ドイツ連邦議会選挙に出馬し、二つの議席を確保した。翌年のニュルンベルク大会でベーベルは、第一インターへの参加を表明して左派自由主義者と袂を分かち、一八六九年アイゼナッハ大会で社会民主労働者党を設立した。新党（アイゼナッハ派）は民主主義と社会主義の綱領を掲げ、労働組合との協力をうたった。同時に、ラサール派とは異なり、プロイセン主導の国民問題解決策を明確に否定した。

二つの労働者政党は、相互に激しく競合し対立した。しかし、ビスマルクの統一国家により、両者の主要な対立点は消えうせた。両者ともに、セダン戦後のフランス領アルザス・ロレーヌ（エルザス・ロートリンゲン）割譲のための戦争継続を批判し、パリ・コミューンに同情し、戦勝に沸き立つナショナリズムの熱狂に対して冷淡だった。彼らの指導者の幾人かは、反戦のため獄中にあった。

両党の選挙での成功は、まだ限られていた。しかし、一八七〇年代初頭のストライキの波とともに、市民的世論の警戒心を強めた。国家の弾圧政策が強化されるなか、両党は一八七五年、ドイツ社会主義労働者党へと合流した。宣伝活動が強められ、一八七七年の党員数三・二万人、帝国議会の議席数一二、得票率九％を占めた。両党の統合により、それぞれの労働組合も職業別に融合し、一八七七年、社会主義の組合は約五万人のメンバーを数えた。タバコ労働者、印刷・植字工、家具工、大工、金属労働者、製靴労働者、レンガ積み工の組合が数千人規模で、その他は小規模であった。いずれにせよ、ドイツ諸邦の急速な工業化と軍国主義的国家統一、これに伴う自由主義者の政治的方向転換により、自由主義から社会主義は先鋭に分岐した。そのため、他の諸国に先だってドイツ帝国において、資本主義体制の批判勢力として、組合と政党を両輪とする社会主義労働者運動の地歩が築かれたのであった。

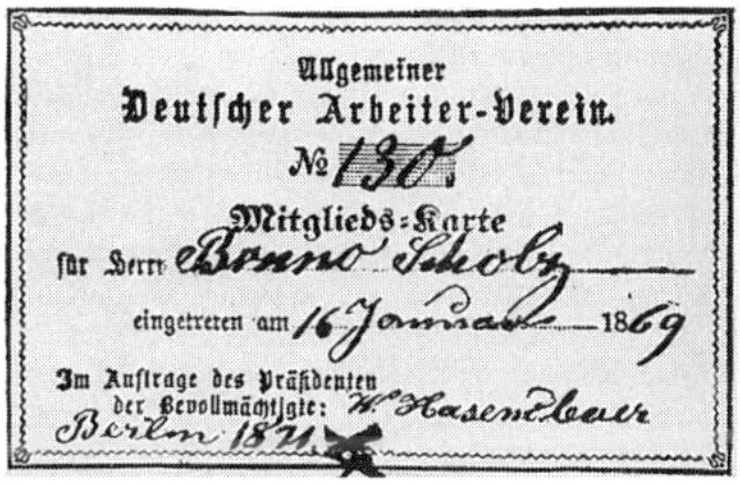

図5-7　ブルノー・ショルツの全ドイツ労働者協会会員証

出典：Jacobeit, *op. cit.*, S. 295.

工業社会への移行と社会対立

ビスマルクの帝国建設を歴史家フリードリヒ・マイネッケは、第二次世界大戦後の廃墟の中で回想して語っている。それは、「どこまでも歴史的な偉業であり、それとともに成長した我々が感激して夢中になったこと」であるが、この業績の未来に、この業績を台無しにする暗いルーツが潜んでいることに注意を払わなさすぎた、と。

プロイセン軍国主義と警察行政国家のルーツを引きずりつつも、統一ドイツはドイツ史の新時代を画した。新しい時代の到来は、新しい通貨や度量衡によって誰もが実感した。通貨は金マルク（一ターラー＝三マルク）制に統一され、プロイセン銀行は帝国銀行へと移行した。度量衡も、例えば織物の長さの単位エレは五〇〜八〇センチメートルの間で地方により異なったが、一八七二年までにメートル法に統一された。

経済的一体化と平行して、帝国の設立は予想外のバブル景気をもたらした。独仏講和条約によってフランスから、五〇億フラン（四〇億マルク）の戦争賠償金と工業地帯ロレーヌが得られたからである。賠償金は当時の帝国予算の二倍という高額であった。この多額の資金による、経済的な即効効果は絶大であった。帝国政府は借入れ負債のすべて（約二〇億マルク）を返却し、残りを再軍備や帝国議会建設などの費用に当てた。これにより、重工業、建設業への大規模な発注が生じ、流通貨幣が大きく膨らんだ。株式会社設立の自由化ともあいまって、突然の富の感覚から新帝国は創業熱に沸き立った。それまで、一九世紀の七〇年間にプロイセンで設立された株式会社数は四一〇にすぎなかったが、わずか二年半の間に銀行九一、鉄道会社二〇以上など、七六六の新会社が設立された。株式投機が花開き、大都市の成長によって建設投機にも火がつけられた。帝国の船出は戦勝と創業の熱狂のなかにあったのである。

自由な市場経済は、しかし国際的な景気循環と結びついて浮き沈みを繰り返す。急激な成長局面の後には恐慌が待っていた。ドイツ諸邦もすでに一八四七年、一八五七年恐慌を経験していた。銀行と商業の国際的絡み合いは、一八七三年恐慌にいっそう顕著に国際的広がりを与えた。同年五月にウィーン取引所が閉鎖し、九月にはニューヨークへと飛び火して世界経済恐慌となった。ベルリン取引所の株価も大暴落し、一八七六年までに六一銀行、四株式会社、一一五工業企業家が倒産し、失業が広がった。

一八七三〜七六年創業恐慌により、一八五〇年代以来の経済自由主義に対する信頼が失われた。国家による経済の規制に目が向けられ、西部の大工業家と東部の大農業主は、国外商品との競争に対して、鉄と穀物の関税保護を要求した。穀物と家畜への輸入関税は、住民の大部分にとり生活費の上昇を意味した。創業恐慌以来の住民の反発と労働者運動が高まるなか、ビスマルクは一挙に抑圧的な対応を強化した。一八七八年皇帝ヴィルヘルム一世狙撃事件をきっかけに、「社会民主主義者の危険な活動に対する法律」、いわゆる社会主義者鎮圧法が帝国議会に上程され、同年一〇月二一一対一四九で可決された。これにより、社会主義労働者党は議会活動のみを許され、集会その他の政治活動は禁止された。

ビスマルク政府は翌年、保守党および中央党と並び国民自由党のなかからも賛成議員を得て、自由貿易から保護関税への政策転換に成功した。また、他のヨーロッパ諸国もドイツにならった保護関税政策をとったから、重工業を除く輸

表５－２　ビスマルクの社会保険制度

	疾病保険（1883年）	災害保険（1884年）	廃疾・老齢保険（1889年）
該当者	労働者（1900年から家族も）農林業の労働者は除く	労働者	労働者 年収2000マルクまでの職員（家族は除く）
給付	医師の無料診療 労働不能時の賃金半額補償	治療費 労働不能中の年金 完全労働不能には収入の３分の２の年金	労働不能中の継続的ないし１年以上の年金 70歳以上での老齢年金 賃金に応じ年106～191マルク
期間	13週間まで病気休業補償金	14週以上の治療費と年金	廃疾年金は５年加入後 老齢年金は30年加入後
出資金	被保険者３分の２ 使用者３分の１	労働者	被用者２分の１ 使用者２分の１ 受給者１人当たり年50マルクの国庫補助
所轄機関	地区疾病金庫	職業分野別共済会	邦・州保険機関

出産業全般が打撃を受けた。しかし総じて、保護関税政策のもとでドイツの国民経済は持続的な成長を遂げていく。

この「保守的転換」の年、ベルリンの工業展示会でジーメンス製作所は、世界最初の実用電気機関車を展示した。六〇年代半ばから急速に成長していた化学産業、四サイクル・モーターの開発、そして電気産業と、技術主導型の新興産業への胎動が始まっていた。帝国パテント法も一八七七年に発効し、八〇年代後半には申請件数が一万件を超えた。ドイツ社会は一八七〇年代の激しい景気変動を経て高度技術化を志向し、八〇年代には農業社会から工業社会への移行を遂げた。農業生産を工業・手工業生産が上回り、就業人口比でも農業の地位を工業が逆転していく。もはや農家ではなく工場が、農村ではなく都市が労働と生活の中心的な場となり、労働者層が住民の最重要グループとなったのである。

一八八〇年代は五〇年代と似通って、社会主義勢力に対する政治的抑圧の時代であった。しかもビスマルクは、社会主義者鎮圧法による政治活動の規制のみならず、社会立法（表５－２）の推進によって労働者層を懐柔し、社会主義の息の根を断とうとした。同時に、その背景には「上からの改革」の伝統や社会改良運動があった。その結果、労働者保護立法の遅れたドイツが、社会保険では最も先進的なモデルを提供するという皮肉な結果となった。

いずれにせよ、五〇年代と類似して共済金庫が、労働者層の自助と自治の活動舞台となった。また社会立法に対する議会活動により、社会主義者は効果的な政治宣伝を行なうことができた。そのためビスマルクの目論見は失敗した。

一八八九年ルール鉱山労働者九万人のストライキから翌年のビスマルク退陣へ、新皇帝ヴィルヘルム二世のもとで社会主義者鎮圧法は失効した。ここに、ベーベルなど一五〇〇人が逮捕され、合計一〇〇〇年以上の収監を出した弾圧の時代は終わった。一八九〇年帝国議会選挙で社会主義者は一九・七％の得票率を獲得し、最強政党の実力を示した。かくて労働者層は、社会主義に未来への希望をかけることができたのである。

参考文献

安世舟『ドイツ社会民主党史序説』未来社、一九七三年。

若尾祐司『ドイツ奉公人の社会史――近代家族の成立』ミネルヴァ書房、一九八六年。

川越修『ベルリン　王都の近代――初期工業化・一八四八年革命』ミネルヴァ書房、一九八八年。

藤田幸一郎『都市と市民社会――近代ドイツ都市史』青木書店、一九八八年。

アルノ・ヘルツィヒ著、矢野久・矢野裕美訳『パンなき民と「血の法廷」――ドイツの社会的抗議一七九〇～一八七〇年』同文舘、一九九三年。

太田和宏『家父長制の歴史構造――近代ドイツの労務管理と社会政策』ミネルヴァ書房、一九九六年。

若尾祐司『近代ドイツの結婚と家族』名古屋大学出版会、一九九六年。

桜井健吾『近代ドイツの人口と経済――一八〇〇～一九一四年』ミネルヴァ書房、二〇〇一年。

田中洋子『ドイツ企業社会の形成と変容――クルップ社における労働・生活・統治』ミネルヴァ書房、二〇〇一年。

Hubert Kiesewetter, *Industrielle Revolution in Deutschland 1815-1914*, Frankfurt M. 1989.

Friedrich-Wilhelm Henning, *Handbuch der Wirtschafts-und Sozialgeschichte* Deutschlands, Bd.2, Paderborn u. a. 1996.

David Blackbourn, *The Long Nineteenth Century. A History of Germany*, 1780-1918, New York/Oxford 1998.

扉図出典：Hermann Glaser, *Maschinenwelt und Alltagsleben*, Frankfurt am Main 1981, S.11.

コラムV

司祭様は社会上昇の「夢の案内人」

望田幸男

ドイツでは一九世紀に入ると、大学、中等学校（ギムナジウムや実科系学校）、初等学校（民衆学校）のいずれの段階を修了したかによって、それに相当する職業資格試験を受験できるシステムがほぼ形成されるようになった。特にエリート的な職業、例えば行政・司法の高級官吏、聖職者、医師、大学教員や中等教員の職は、ギムナジウムを経て、大学のしかるべき学部・コースを修了し、それぞれの職業資格試験に合格する以外に、その道は開かれなかった。したがって、労働者層の子弟はいうまでもなく、手工業者や農民など中下層の子弟にとって、父親よりも高い社会的地位をうるためには、まずなによりもギムナジウムに進学することが先決であった。ところが彼らの前には、乗り越えるべきいくつかの大きな障害があった。

第一は、手工業者や農民の子弟がギムナジウムに進学するなんてとんでもない、という地域住民の声であった。こうした声が聞かれたのも、ギムナジウム進学率が同一世代の数％に満たず、大学進学率に至っては一％程度であった当時では、当然すぎることであった。第二は、古典語（ラテン語やギリシア語）の準備勉強であった。ギムナジウムでは総授業時間数の約四〇％が古典語であった。加えて、学費の負担を軽減するために、なるべく上級に編入したかった中・下層の子弟にとっては、その準備勉強は、いっそう必要であった。だが、そもそも古典語は死語であり、父親が大学修了者でない中・下層の子弟にとっては、家庭のなかで接する機会はまったく得られなかった。

こうした障害を乗り越えることは、中・下層の子どもがどんなに勉強好きで、利発であっても自分ひとりでできることではなかった。ここに地方の聖職者、とりわけカトリック地域の聖職者の出番があった。彼らは原則として妻帯しなかったので、自分たちの子どもを聖職者にする、という自己供給はできなかった（この点、福音派聖職者は違っており、その自己供給率は高かった）。そこで彼らは、地域で社会的に恵まれない家庭に育ったが、勉強好きで利発な子どもがいると、そうした子どものなかに後継者を求めたのである。彼らは、進学に理解のない親やその周辺を説得した。そして、それに成功した次には、子どもに古典語をはじめとする準備教育をほどこしたのである。一年間も、個人教授を務めた例も珍しくはないようである。

地方のカトリック聖職者たちの面倒見は、彼ら個人の

表Ⅴ-1　ハイデルベルク・コンスタンツ・ラシュタットのアビトゥーア取得者で聖職者になった者の社会的出自（1850～69年）

（単位：%）

父親の職業	福音派聖職者	カトリック聖職者
アカデミカー	6（11.5）	4（1.5）
福音派聖職者	18（34.0）	—
将　校	—	1（0.4）
中級・技術官吏	3（5.7）	8（2.9）
下級官吏・雇員	4（7.5）	19（7.0）
民衆学校教師	8（15.1）	34（12.5）
商　人	—	13（4.8）
工場経営者	1（1.9）	—
手工業者・小自営業者	6（11.3）	87（31.9）
農場経営者	—	1（0.4）
農業従事者	5（9.4）	88（32.2）
日雇い・労働者	—	5（1.8）
不　明	2（3.8）	13（4.8）
総　数	53（100.0）	273（100.0）

力だけではなかった。故郷を離れた都市のギムナジウムに通学するうえで、カトリック系の寄宿舎を世話することもあった。また奨学金を授与することもあった。その場合の条件は、大学神学部に進学し、聖職者の道を歩むことであった。ただし進路変更の場合は奨学金は返済せねばならなかったが。ともあれ、このように個人的にも組織的にも、カトリック聖職者の支援が行なわれたのである。

このように地方の中下層の子弟が社会上昇を達成しようとした場合、その地のカトリック聖職者は、まさに、そのための「夢の案内人」であった。と同時に、こうした努力は、彼らカトリック聖職者にとっては自分たちの後継者づくり、つまりは自己存続法でもあった。

最後に、以上の指摘のポイントを統計的事例で確認しておこう。上の表は、二対一の割合でカトリック人口の多いバーデンにおける三つの主要ギムナジウムのアビトゥーア取得者（大学入学資格取得者）のうち、聖職者コースに進んだ者の父親の職業分布をまとめたものである。これによれば、第一に注目されるのは、福音派聖職者の自己自給率が三四%と高率を示しており、このことは、自己供給しえないカトリック聖職者における中・下層子弟の進学奨励への衝動を裏側から立証している。第二にカトリック聖職者コースに進んだ者のうち、下級官吏・雇員、民衆学校教師、手工業者・小自営業者、農民の出身者で八〇%を超えている。とりわけ手工業者・小自営業者と農民の出身者で六四%に達している。このことは、これらの中・下層の子弟にとって、カトリック聖職者が社会上昇の案内人であるとともに、相対的に近づきやすい目標であったことを物語っている。

参考文献

望田幸男「資格社会におけるある苦闘物語――製パン業者の子から司祭へ」望田幸男編『近代ドイツ＝資格社会の展開』名古屋大学出版会、二〇〇三年。

コラムⅥ

東欧ユダヤ人

野村真理

「東方のユダヤ人（die östlichsten Juden）」あるいは「オリエントのユダヤ人（die orientalischen Juden）」という語があったのに対して、ドイツで「東欧ユダヤ人（die Ostjuden）」が発見され、この語が普及するのは第一次世界大戦中のことだ。東欧のユダヤ人を総称して最初にこの語を用いたのは、一八六四年にウィーンで生まれたユダヤ人思想家ナータン・ビルンバウムであったといわれる。

「発見」といっても、それ以前のドイツで、東欧のユダヤ人社会の実態がまったく紹介されていなかったわけではない。東欧ユダヤ人より以前に、ほぼ同義的に使用されたのはポーランド・ユダヤ人という呼び名であったが、一八二二年にプロイセン領ポーランドを訪問したハイネの旅行記「ポーランドについて」は、ユダヤ人にもそれなりの字数を当てている。しかしそのユダヤ人とは、西欧的啓蒙のかなたにあって、汚い革帽子をかぶり、シラミのわいた髭をはやし、ニンニクの臭いをただよわせる人々でしかない。もとをただせばドイツからの移住者でありながら、中世以降、ドイツ・ユダヤ人とは異なる歴史を歩んだポーランド・ユダヤ人は、ドイツにとって、東洋人と同じぐらい異質にして無関係な存在であった。

これに対して第一次世界大戦中に言われた東欧ユダヤ人の発見とは、東欧のドイツ軍占領地のユダヤ人が引き起こす「東欧ユダヤ人問題」の発見にほかならない。この貧しく、かつてのハイネの言葉を借りれば「悪寒が背筋を走るほど不潔」な人々は、東方に領土を求めるドイツにとって有益なのか、それとも有害なのか。反ユダヤ主義者は、東欧ユダヤ人のドイツ流入の危険を言いたて、かたやドイツ・ユダヤ人は、ドイツ協力者としての東欧ユダヤ人像を作りあげた。なんといっても彼らは、崩れたドイツ語――イディッシュ語――を話す人々なのだ。

東欧ユダヤ人の流入についていえば、すでに一八七九年末のドイツの歴史家ハインリヒ・トライチュケは、『プロイセン年誌』に掲載した論文「われわれの展望」で、そのおぞましいイメージを次のように述べていた。

「つきることを知らぬポーランドの揺りかごから東部国境を越えて、年々功名心にとむズボン売りの若者たちの群れが流れこみ、その子や孫が、いつの日かドイツの金融界と新聞を支配することになるだろう。彼らの流入は目に見えて増加しており、したがってこの異質な民族をいかにしてわが民族と融合させるべきかという問題が、いよいよ重大になってきている。」

図Ⅵ-1　第一次世界大戦中，ドイツ進駐軍の軍楽隊のため，楽譜を掲げるポーランド・ユダヤ人の子供たち。子供たちはみな裸足である。

出典：Lucjan Dobroszycki and Barbara Kirshenblatt-Gimblett, *Image before My Eyes. A Photographic History of Jewish Life in Poland before the Holocaust*, New York, 1977, p. 117.

この「問題」に対するトライチュケの解答は、一見したところ意外にも単純である。それは、ドイツ人になってほしい、みずからをドイツ人だと自覚してもらいたい、ということだった。しかし、よく考えてみれば、「ドイツ人になる」とは、どういうことか。それは、ユダヤ教徒がキリスト教徒になることで解決されるようにも思われるが、そうではない。なぜならトライチュケは、ユダヤ人を「純粋な血とはっきりした特徴をもつ民族」「セム人」「ドイツ語を話すオリエント人」と規定しているからである。

ユダヤ人差別の論理が、宗教から民族や人種の差異へと変化し、反セム主義という語が登場したのは、まさしく一八七〇年代のことだった。人種的反ユダヤ主義によれば、血においてドイツ・ユダヤ人はポーランド・ユダヤ人と同質であり、ユダヤ人とドイツ人とは永久に異質なのだ。

トライチュケの論文は、一八八〇年代初頭のベルリンで、いわゆる「ベルリン反ユダヤ主義論争」を引き起こす。そのさいトライチュケのいうポーランド・ユダヤ人の大量流入は、当時は事実問題としては存在せず、この点ではトライチュケは批判者たちによって論駁された。しかしトライチュケの警告は、第一次世界大戦中、ドイツの支配地域でおびただしい数の東欧ユダヤ人が発見されたとき現実のものとなる。

この戦争ではいったん東方支配の夢を絶たれたドイツが、再び第二次世界大戦で東方へと向かったとき、もはやナチス・ドイツにとって「ドイツ人になれ」という要求は無意味であった。ナチスは、血の論理によって、ドイツ・ユダヤ人も東欧ユダヤ人も区別なくこの世から抹殺した。

参考文献

野村真理『西欧とユダヤのはざま——近代ドイツ・ユダヤ人問題』南窓社、一九九二年。
Nathan Birnbaum, *Den Ostjuden ihr Recht!*, Wien 1915.
Nathan Birnbaum, *Was sind Ostjuden? Zur ersten Information*, Wien 1916.
Walter Boehlich (Hg.), *Der Berliner Antisemitismusstreit*, Frankfurt a. M. 1965.

第六章　「世界強国」への道

服部　伸

ベルリン・アレクサンダー広場に開店した百貨店
「ヘルマン・ティーツ」の内部

1888	ヴィルヘルム1世死去，フリードリヒ3世即位
	フリードリヒ3世死去，ヴィルヘルム2世即位
	ドイツ民衆健康維持・無医薬品治療協会同盟成立（自然療法の全国組織）
1890	帝国議会，社会主義者鎮圧法延長を否決
	ドイツ・カトリック国民協会結成
	「自然療法士」試験開始
	帝国議会選挙，社会主義労働者党の躍進，保守党・帝国党・国民自由党の大敗
	ビスマルク帝国宰相を辞職，カプリーヴィ帝国宰相に就任
1891	新工場法制定
	オーストリア，ベルギー，イタリアと通商協定締結
	社会民主党，エアフルト綱領採択
1892	プロイセン，上級女子教員養成機関認可
1893	農業者同盟結成
	帝国議会選挙，反セム主義人民党の躍進
	ルーマニア，スペイン，セルビアと通商協定締結
1894	ロシアと通商協定締結
	転覆法案帝国議会に提出（1895年否決）
	カプリーヴィ帝国首相解任，後任にホーエンローエ任命
1895	レントゲン，X線を発見（1901年ノーベル物理学賞受賞）
	ドイツ工業家同盟設立
1896	『ユーゲント』創刊
1897	ティルピッツ，帝国海軍長官に就任
	ビューロー，帝国外務長官に就任
1898	第一次艦隊法成立
	ドイツ艦隊協会結成
	帝国議会選挙，中央党第一党，社会民主党第二党
	ヴィルヘルム2世のオリエント旅行
1900	第二次艦隊法成立
	ホーエンローエ帝国宰相辞任，後任にビューロー就任
1901	ワンダーフォーゲル運動開始
	中等学校三系列，大学進学権に関して同格化
	医師試験規定改定
	ベーリング，ノーベル医学・生理学賞受賞
1903	バグダッド鉄道建設協定締結
1907	帝国議会選（ホッテントット選挙），社会民主党後退
1908	女子の大学入学公認
1909	ビューロー帝国宰相辞任，後任にベートマン＝ホルヴェーク就任
1912	帝国議会選挙，社会民主党が第一党に
	『青騎士』創刊
1913	ホーエ・マイスナーの集会

1　新しい時代

「新航路」政策

ビスマルクが辞任に追い込まれたことで、一つの時代が終わりを告げた。彼の後任宰相カプリーヴィは軍人出身の貴族であったが、工業発展にも理解を示す開明的官僚の伝統を引く人物であり、いわゆる「新航路」政策という一連の改革を推し進めた。例えば、ヴィルヘルム二世の意を受けて、彼は労働者保護政策を実行した。一八九一年には、日曜労働を禁止するとともに、女性・少年の労働時間を制限する新たな工場法を制定した。

通商政策では、急激に成長を始めた工業の発展に対応する輸出振興が必要になってきており、保護貿易の緩和がはかられた。工業製品の輸出振興のためには、貿易相手国に工業関税を引き下げさせる必要があり、その見返りとしてドイツは穀物関税を引き下げることになったのである。穀物関税引き下げは、ドイツ国内における食料価格上昇を抑制することになるため、消費者の利益に沿うものであり、労働者を懐柔する社会政策上も意味があった。こうして、一八九一年にオーストリア、スイス、ベルギー、イタリアと通商条約（大通商条約）を改定し、九三年にはルーマニア、セルビア、スペインとの条約（小通商条約）も成立した。また、九四年には、再保障条約失効後にフランスと接近していたロシアとの改善を図る意味もあって同国との間にも通商条約を結んだ。この結果、ドイツの貿易量は飛躍的に増加した。

しかし、工業社会に対応する新しい政策は、保守的な農場経営者たちの利益を損なった。彼らは一八九三年に農業者同盟を結成し、農業保護関税の維持を求めた。この組織は、東部大土地所有者を中心に結成されたが、やがては西・南ドイツの中小農民にも浸透していった。こうして、都市的・工業的な利害にかなう「新航路」政策に敵対する、保守的な大衆組織が生まれてきた。農業関税引き下げに不満をもっていた農業者同盟などは、社会民主党の進出を抑える弾圧法の制定を求めた。ここで、カプリーヴィらによる社会政策が、労働者を社会主義から引き離そうとする思惑通りの効果を生まなかったことに失望したヴィルヘルム二世は、社会主義者鎮圧法の復活版ともいえる転覆法案提出を政府に求めた。カプリーヴィは議会と政府の関係悪化を懸念して、皇帝の要求を拒否した。これがきっかけとなってカプリーヴィは皇帝によって罷免され、改革の時代は終わった。

しかし、社会主義や労働運動を取り締まることを議会は許さず、もはや、ビスマルク時代に復帰することは不可能であった。他方で、工業社会を受け入れようとしない勢力も非常に強く、工業社会に見合う改革を求める勢力と、伝統的システムへの復帰を求める勢力との対立はその後も続くのである。

工業と医学・科学技術

新興工業国ドイツの発展を支えたのは、当時の新技術であった。ドイツは科学技術や医学などの研究で世界をリードしていた。アインシュタインによる相対性理論のような独創的な研究の多くがドイツ人によって行なわれた。一九〇一年に創設されたノーベル賞の受賞者を見てみると、同年からナチスが政権を取る一九三三年に至るまでに、物理学、化学、生理学・医学各部門の受賞者のうち、三分の一がドイツ人であった。

質の高い研究を生み出すことができたのは、ドイツの大学制度が深くかかわっていた。まず、ドイツの大学が教育と並んで研究を重視するという理念をもっていた。一九世紀初頭のフンボルトによる改革以降、大学は教育とともに研究を重視するようになっていた。また、大学教授に研究者としての能力を要求することの結果として生まれてきた教授資格制度と私講師制度も、大学における研究を活性化した。ドイツの大学で教授に就任するには、博士論文に続いて教授資格申請論文を提出し、研究者および教師としての能力を確認された。

ただし、教授ポストには限りがあるため、教授資格獲得後に空きポストができて招聘《しょうへい》を受けるまで、研究者は私講師として大学にとどまった。彼らは受講する学生が支払う聴講料を受け取るだけで、大学から給与を支払われず、不安定な状況下で研究と教育を続けた。教授職への就任を望む者は、この厳しい状況下で自分の学問にいっそう磨きをかけ、同僚の私講師や正教授との競争に打ち勝つことが求められた。学術研究こそ究極の目的と考える研究者たちは、数少ない教授ポストをめぐって切磋琢磨《せっさたくま》した。

さらに、官僚が大学人事に関与したことも見逃せない。一八世紀までの大学では、教授人事権を学部教授会が握り、情実人事や派閥人事が横行したため、必ずしも優秀な研究者を登用することにはならなかった。そこで、広い視野をもち客観的に優秀な人材を採用するために、プロイセン文部官僚は管轄する大学の人事に直接関与する方針を打ち出した。官僚は研究者に関する情報網を作り上げ、全国から優秀な人材を探し出して抜擢《ばってき》した。とりわけ、一八八二年から一九〇七年までプロイセン文部省で大学行政にかかわったアルトホフは、コッホやベーリングなど後にノーベル賞を受賞するような業績を残す若い研究者をつぎつぎと抜擢していった。

これに加えて、文部官僚は、招聘する教授にふさわしい施設を整えようとした。一九世紀を通して研究所、実験室、付属病院などが整備されていった。特に、一九世紀後半の時期は、それぞれの学問分野が高度化し、それに伴って細分化が進んだ時代であったが、アルトホフは新分野の開拓者に十分な研究施設を準備した。このようにして、ドイツの大学は世界でもトップクラスの研究水準に成長したのである。

そして研究成果は、ドイツの工業力を高めるうえでも重要な意味をもった。一九世紀末頃のドイツで急成長を遂げた工業分野は化学、電機、自動車、精密機械、光学などの分野であったが、いずれも、高度な科学研究の成果と結びついていた。例えば、コッホ門下生として血清療法を開発し、一九〇一年に第一回ノーベル医学・生理学賞を受賞したベーリングの技術は、世界的な染料会社へキストによって実用化された。ドイツを代表する化学・製薬会社は、いずれも著名な研究者と密接な関係をもっており、製品化に貢献した。

また、大学で養成された科学者が企業の研究員として送り出され、企業に新しい技術をもたらした。そして、例えばツァイス社の良質なレンズを利用した顕微鏡によって、コッホの細菌研究が進展したように、高い技術力がさらなる研究の進展に貢献した。このような医学・科学技術での成功は、後進国意識をもっていたドイツ国民に自信を与えた。

海外へのまなざし

統一後の宰相ビスマルクは、当初は国内安定を図るとともに、仮想敵国であるフランスを国際社会で孤立させることに専心しており、領土的関心をもっていなかったといわれるが、東アフリカや太平洋に植民地を獲得に乗り出した。しかし、これらの植民地は国内の人口増加に対応するための余剰人口の送り出し先としても、本国への原料や食料供給地としても十分には機能しなかった。

ドイツにとってより重要だったのは、オリエントである。ビスマルクは露土戦争時にオスマン帝国への関心を強め、一八八〇年代には軍事協力を開始した。これは第一次世界大戦での軍事同盟につながっていった。さらに、アナトリア—バグダッド鉄道計画実施への道筋をつけ、ヴィルヘルム時代に全面展開するドイツのオリエント政策を準備していたのである。

ドイツがトルコで最初に着工した鉄道は、イスタンブールのアジア側対岸から小アジアの都市を結ぶアナトリア鉄道で、一八九六年までに完成した。ドイツはこの鉄道を運営する権利とともに、沿線の鉱山採掘権や森林伐採権を得たほか、最低年収をトルコ政府から保証されていた。もしも営業収入だけでこの額に達しなかった場合には、不足分をトルコ政府が支払うことになっており、ドイツによる鉄道経営は植民地収奪的性格を有していた。

それにもかかわらず、トルコ政府は、アナトリア鉄道をさらに延長する、いわゆるバグダッド鉄道の建設を望み、各国が受注を争った。そのさなかであった一八九八年一〇月、ヴィルヘルム二世は聖地エルサレムにおけるプロテスタント教会落成式に出席するためにトルコを訪問した。トルコ滞在中に彼はスルタン・アブデュル・ハミト二世と会談し、ドイツによるバグダッド鉄道建設実現に向けて動き出した。結局、ドイツはバグダッドを経てペルシア湾岸のバスラに至る鉄道敷設権を獲得した。ただし、トルコ国内の政情などにより、ドイツによる鉄道建設は未完に終わった。

バグダッド鉄道建設をめぐって、国内世論が完全に一致していたわけではないが、アナトリア鉄道建設によってオリエントに対するドイツ人の関心は高まった。そして、ヴィルヘルム二世のオリエント旅行をきっかけに、ドイツが進出できるのはトルコのみであるという露骨な主張が公然と語られ、鉄道建設を通して、人類文明史上かつては最先進地域であったオリエントにおいて、ドイツの工業技術による、「文化のためのアジアの開発および再開発」が実現されることの意義が説かれるようになった。

艦隊政策と結集政策

「新航路」政策では通商政策が優先されて、帝国主義者たちの積極的な植民地要求は押さえ込まれていた。しかし、ドイツ帝国設立二五周年記念日にヴィルヘルム二世はドイツ帝国が「世界帝国」となったと演説し、他の列強と競って世界に進出していくことを宣言したのである。さらに、帝国外務長官に就任したビューローは「我々もまた陽の当たる場所を要求する」と述べて、植民地獲得を全面的に肯定した。

従来、ドイツは基本的には陸軍国であり、海軍はその付属物にすぎなかったが、積極的な海外進出のためには強力な海軍が必要であった。こうした状況下で、ドイツ東洋艦隊司令長官から海軍省長官に抜擢されたティルピッツは、大艦隊を建造してイギリスに対抗しようとした。

図6－1　装甲巡洋艦「ビスマルク」の進水式

出典：Christian Zentner, *Illustrierte Geschichte des deutschen Kaiserreichs*, München 1986, S. 276.

大艦隊建造には膨大な資金が必要であり、その実現のためには議会での諸政党の支持が不可欠であった。そこで、一八九八年には、艦隊増強推進のためのプロパガンダを担う大衆団体「ドイツ艦隊協会」が、海軍省や軍需産業の肝いりで設立された。この団体は巨大な大衆組織として議会外から圧力をかけて、諸政党に艦隊増強を承認させようとした。こうして第二次艦隊法は一九〇〇年に成立した。

このように、一級の国家にふさわしい地位を国際的な場でドイツが得ることが一般の人々からも求められるようになった。それは、海外侵略と軍国主義化の強化を肯定することになり、世界大戦を準備することにもなったのである。

2　資格社会

アビトゥーアをめぐる争い

ドイツにおいて大学に進学するための条件は、九年制の中等学校ギムナジウムの卒業試験アビトゥーアに合格することであった。ギムナジウムではラテン語・ギリシア語という古典語がカリキュラムの主要部分を占め、数学・自然科学、近代外国語などは軽視されていた。古典語を重視した理由は、一七世紀までの大学では知識人の共通語としてラテン語が不可欠だったという伝統に加えて、その実用性が完全に失われた一九世紀以降も、ギリシア・ラテンの古典文化が知識人にとっては不可欠な教養であるという考え方が強かったこと、古典語の文法訓練が、論理的思考の鍛錬に有効であるとされたことがあげられる。大学教育を受けたエリートは、古典語教育を核とした人文的教養教育を受けており、ドイツ社会においては教養市民と称されていた。彼らは、経済活動にたずさわる商工業者などをさげすむ独特のメンタリティーをもち、ドイツ社会に君臨していたのである。

ただし、ギムナジウム進学者の社会的出自を見ると、必ずしも教養市民層子弟に独占されていたわけではない。むしろ、中間層子弟が過半数を占めている。しかし、帝政期におけるギムナジウム進学者は同一学年の三％前後であり、中間層子弟のギムナジウム進学率はきわめて低かったし、労働者層子弟の進学はほとんど不可能であった。

さらに、ギムナジウム入学者のうち最高学年までに約半数が中途退学していた。地方都市の場合は、実科系学校がないこともあり、義務修学期間を終了するまでギムナジウムに籍を置く者も少なくなかった。また、第六学年まで在学して、一年志願兵資格を得ることを目標にする者も多かった。もちろんこの資格は一年志願兵に応募するためのものであったが、当時のドイツ社会にあっては、この資格を保持することで就職などにも有利になったのである。つまり、中間層子弟はアビトゥーア取得までギムナジウムに在籍するとは限らなかったわけで、彼らのなかで大学に進学し、実際に教養市民の仲間入りをすることができたのは、その一部にすぎなかった。そして、中間層子弟がこの狭き門をくぐり抜

図6－2　19世紀末プロイセン都市部のギムナジウム第6学年生

出典：*Datenhandbuch zur deutschen Bildungsgeschichte* Bd. II, 1. Teil, Göttingen 1987, S. 161.

けて教養市民の仲間入りをした場合には、その教養市民的性格を身につけていった。

ところで、先にも述べたように、一九世紀後半以降のドイツでは、急激な科学技術の進歩が見られ、同時に工業化社会へと転換していった（第五章参照）。これにあわせてエリートへの資格にも変化の波が押し寄せてきた。

一九世紀初頭以来フンボルトの影響を受けて、知識人の間には「パンのための学問」は卑しいものであるという意識があった。ギムナジウムの教育は、徹底的に実用性を排していたため、都市の経済市民層にとっては必ずしも望ましい内容ではなかった。このため、ギムナジウムに認定されなかったラテン語学校などの中には、ギムナジウムを模倣してラテン語科目を導入しつつ、実用性を重視した学校へと発展していくものがあった。これが九年制として整備され実科ギムナジウムとなった。これとは別に、都市や国家が整備してきたラテン語を教授しない実業学校があり、こちらはのちに高等実科学校と呼ばれる九年制学校になった。

これら実科系学校は、ドイツの工業化の進展とともに整備が進み、帝政期にはギムナジウムと並ぶ重要な中等教育機関となった。しかし、大学進学の前提条件となるアビトゥーアはギムナジウムに独占されたままであった。このため商工業者などは、社会の変化に対応していないギムナジウムを批判するとともに、現代外国語や理数科目を重視する実科系学校をギムナジウムと同様に扱う要求が出された。これに対して、ギムナジウム側は既得権を守ろうとして抵抗した。

こうした状況下で、一八八二年と一八九〇年には、ギムナジウムにおいては古典語の授業時間を減らし、代わりに現代外国語と理数科目実科を増やす反面、実科ギムナジウムにおいては古典語を増やすというカリキュラム改変が行なわれた。しかし、このような中途半端な改革では産業界の要求を反映したことにはならず、その後も三種の学校の同権化を求める運動は激しさを増した。ヴィルヘルム二世も、ドイツのエリートたちが古典語ばかり学び、ドイツのことを知らなさすぎると、ナショナリスティックな立場からギムナジウム教育を批判して、ギムナジウム改革を後押しした。一九〇〇年の学校会議は、基本的には古典教育を中心としたギムナジウムの性格を保持したうえで、実科ギムナジウムと高等実科学校にも大学進学資格を与えるアビトゥーアを実施する権限が与えられ、三種の学校は同権化した。

高等教育

大学は研究機関であると同時に、教育機関としても重要な役割をもっていた。大学にはアビトゥーアを取得した者が独占的に入学してきたが、学生たちの主たる目的は、それぞれの学部で知的エリートとしての資格を得ることにあった。神学部では聖職者、法学部では高級官僚・法曹、医学部では医師、哲学部ではギムナジウムなどの教員の資格を得るための国家試験が、そのまま卒業試験として機能していた。つまり、教育資格がそのまま国家試験によって認定される職業資格と結びついていたのである。そして、大学のカリキュラムも、職業教育的性格を帯びていた。

しかし、一九世紀後半に研究が高度化すると同時に細分化も進んだ。例えば、医学においては一九世紀中頃までは内科、外科、産科の三診療科が中心であったが、一九世紀後半には眼科、精神科、耳鼻咽喉科、皮膚科、性病科などの専門診療科が分離したし、基礎医学分野でも衛生学、法医学など研究分野も現れた。

問題は、このような新分野をいかにして医師養成教育に取り込んでいくかである。卒業試験を兼ねる医師国家試験の科目をいたずらに増加させることは学生たちに加重負担を強いることになる。それでなくても、医師国家試験は、各科目が長期に渡り、全体としては半年にも及んだのである。例えば外科の場合、筆記試験以外に臨床試験も行なわれていた。病院で二日に渡って実際に患者の診察をして、治療計画を立てることが課せられた。また、入院患者を一週間に受け持ち、毎日回診して病状を報告し、カルテに記入することになっていた。担当患者が試験中に死亡した場合には、解剖所見に従って死因を特定することまで求められた。同様の試験が内科、産科など各科目で課されていた。

一九〇一年に定められた国家試験規定によると、試験科目は病理解剖学・一般病理学、内科学、外科学、産婦人科学、眼科学、精神医学、衛生学の七科目に及んだが、これだけで、専門分化した当時の医学の水準を満たすことは不可能であった。そこで、国家試験受験資格として、国家試験科目に含まれない診療科も含めて病院実習授業に合格するとともに、法医学、薬理学、局所解剖学などの授業の合格証をもらっていることが求められた。こうして、医師の卵が新分野も勉強することを強制した。国家試験科目や医学部での必修科目として認定された分野は、学部内に講座を開設することが必要になった。つまり、資格試験と関連させることによって、新興分野は社会的に認知され、設備を整えた独立講座に昇格することができたのである。

3 政治の大衆化と利益政治

社会民主党の躍進

ドイツ帝国憲法の規定では、皇帝が任命する宰相に強い権限が与えられた反面、帝国議会の権限は弱かったが、現実の政治では、その影響力は無視できないものとなった。とりわけ、ヴィルヘルム時代には帝国議会の権威が次第に高まってきた。帝国内各邦議会の選挙制度と比べて、普通、平等、直接、秘密選挙制が導入されており、あらゆる階層の人々に平等に政治参加の機会が保障されており、大衆が政治に影響力をもつ可能性があったのである。

さらに、工業化の進展に伴って社会構造が急激に変化するとともに、階層間の利害対立が激しくなった一八九〇年前後から、国民の間で政治に対する関心が高まっていった。政党はこのような時代にあって、普通選挙制度の下で自分たちの支持基盤を拡大するためには、日常的に支持者を組織する必要に迫られた。

大衆統合政党として最も成功したのは社会民主党であった。この党は一八八〇年代末にはマルクス主義政党へと転換していったが、資本主義の崩壊は必然であり、その時まで待機主義に徹することを唱えて、国家権力との直接対決を先送りした。そして、社会主義的宣伝を強化して党勢の拡大に努め、労働者階級の政治的結集をはかることが当面の課題と考えて、議会主義的活動を強化しようとした。同党の実態は、革命政党というよりは、日常的な実践活動において個別的改良を目指す議会主義政党となっていた。

一八九〇年以降、社会民主党の躍進はめざましかった。社会民主党は第一次大戦前夜には党員数百万人の巨大政党に成長し、一九一二年の帝国議会選挙では第一党の地位を得た。同党と協力関係にある自由労働組合も支持基盤を広げ、一九一三年には組合員数二五五万人に達した。これは全鉱工業労働者の四分の一を占めている。

このように大衆の心をとらえることができたのは、同党の宣伝政策にある。同党は理論誌ばかりではなく、大衆の心情に訴えるイラストなどを掲載した大衆雑誌を発行していた。風刺漫画雑誌『真相』は一九一二年には三八万人の予約購読者をもつ、当代でもまれなマスメディアに成長していた。

中央党

大衆的な基盤をもつ政党として社会民主党に次ぐ勢力を持ったのは中央党であった。同党の支持基盤は、帝国人口の三分の一を占めるカトリック教徒であった。カトリック国の中心オーストリアが帝国から排除されたため、彼らは帝国内で少数派の地位に甘んじていたのである。彼らが居住する地域は、ラインラントなど西部、バーデン、バイエルンなど西南部・南部、さらにポーランド人が居住する東部などで、プロイセンを中心に形成されたドイツ帝国の中では、周縁的な地域に集中していた。

カトリック教徒はビスマルク時代に「帝国の敵」として宗教的「弾圧」を受けてきた。この文化闘争は、一面ではプロテスタント的プロイセンによる、宗教的マイノリティー弾圧であったともいえるが、自由主義者もこの政策を積極的に支持しており、一八六〇年代からドイツの各邦で推し進められた政教分離政策の一環でもあった。文化闘争という言葉は、古い宗教文化を抑えるための闘争という意味をもっていた。

文化闘争期間中カトリック系住民の間には、自分たちの生活文化を守るための強い結束が生まれ、階層や地域を越えてカトリック政党である中央党を支持するようになった。文化闘争が終了すると、中央党への忠誠心は弱まってきた。

カトリック教徒が文化闘争時代のような露骨な差別を受けることはなくなっていたとはいえ、経済的・社会的な格差は、ヴィルヘルム時代になっても、依然として縮まっていなかった。経済面では、ドイツの近代産業はルター派が優勢な地域を中心に進展しており、カトリック教徒が優勢な地域は後進的農業地帯が多かった。カトリック教徒の典型は、貧しい農村や中小都市に住み、農民、手工業者・小売商人など旧中間層のような伝統的な経済部門従事者であった。また、ラインラントの工業地帯にはカトリック教徒が多数居住したが、ここでは企業経営者の多くがルター派で、カトリック教徒は労働者だった。このため、カトリック教徒は経済的に著しく不利な状況に置かれていた。一九〇八年のプロイセンでは、カトリック教徒が全人口の三分の一を占めていたにもかかわらず、所得税総額のわずか六分の一しか納めていなかった。こうした不均衡は、ドイツ各地で見られた。資格が職業を左右する社会にあって、カトリック教徒の大学進学率も低かった。さらに、大学教員、高級官僚、下級行政官に至るまで、カトリック教徒の比率は低かった。

一八九〇年頃は中央党における指導者層の世代交代の時期であり、党内での貴族層の影響力が急激に衰え、代わって弁護士を中心とする教養市民層の指導者が次々と誕生した。彼らは、カトリック教徒では数少ない大学卒業者であったが、宗派的な差別ゆえに、官僚などとしての出世を望めず、弁護士を職業として選んでいた。このような新しい指導者層は、カトリック教徒がおかれている社会的状況に目を向け、階層利害ゆえに分裂しかねない中央党支持者層を、カトリック教徒の経済的・社会的地位向上という目的のために再び結束させようとした。

図 6 - 3　風刺漫画雑誌『真相』181号の表紙

出典：Michael Kant (Hg.), *Der rote Ballon. Die deutsche Sozialdemokratie in der Karikatur*, Hannover 1988, S. 52.

しかし、当時、農民は農業者同盟へ、労働者は社会民主党へと引きつけられて、党としての一体性を保つことは非常に難しくなっていた。農民、旧中間層むけの政策と労働者向けの政策とは互いに矛盾するものであったが、それぞれの階層を満足させるために、中央党は一貫性のないばらまき政策を続ける必要があった。

このように分裂の危険性をはらんでいたカトリック教徒の結集を図る組織がドイツ・カトリック国民協会

とその年次総会に当たるカトリック教徒大会である。カトリック国民協会は一八九〇年に中央党支持者を統合するための大衆組織として結成され、会員数は一九一四年には八〇万人を超えていた。カトリック教徒大会には、中央党議員が必ず出席して、党の政策を説明して、支持を訴えた。ただし、国民協会やカトリック教徒大会の運営は、中央党指導部に握られており、ここに統合されたカトリック住民の意思が、直接に中央党の政策を拘束することはなかったのである。党指導者層は、さまざまな回路を使って支持者層の要求をくみ取り、利害関係を調整しながら、党の政策を決定していた。

利益誘導政治

この時代、社会民主党がマルクス主義を掲げ、自由主義諸政党は自由主義を理念とし、中央党はカトリック信仰を党の求心力にしていた。これらの政党は、それぞれ独立した、互いに対立する世界観に寄ってたっており、その理念において交わることはなかった。

このように、遠い理想を抱きつつも、各政党は支持者層に利益を誘導する政策に明け暮れた。それぞれの政党には大衆統合組織や圧力団体が存在した。すでに述べたように、社会民主党の背後には自由労働組合が、中央党にはドイツ・カトリック国民協会が控えていた。保守党の背後には農業者同盟があったし、保守的な重工業界の団体であるドイツ工業家中央連盟は自由保守党と国民自由党に対して大きな影響力をもっていた。これに対して、輸出志向の非独占経営の立場を代表するドイツ工業家同盟は国民自由党左派や左派自由主義政党を支持していた。

帝政末期には、政治体制の変革を求める声が強まりながらも、新旧勢力の均衡状態によって、根本的な改革を行なうことができない停滞した状況に陥っていた。このなかで、各政党は支持母体の利益に沿って行動する傾向を強めた。

4　社会的弱者の自己主張

反ユダヤ主義運動

ヴィルヘルム時代には、社会のさまざまな分野で近代化の速度が一段と加速されていった時代であるが、同時に、近代の病理が明らかになってきた時代でもあった。世紀末に現れる反ユダヤ主義運動も、工業化によって引き起こされた中小農民の困窮問題が影を落としていた。

例えば、一八九〇年代初頭には、零細農民の間で反セム主義人民党が支持を集めた。支持者が多かった北ヘッセンは厳しい自然状況のうえに、零細経営の占める割合が高い小農地帯で、農業経営だけで生計を立てることが困難な農民が多かった。しかも、伝統的な農閑期の織物家内工業は近代工業によって衰退していたうえに、大都市や鉱山が近隣にはなかったため、副業収入を得ることも困難であった。こうしたなかで東欧やアメリカからの安価な農産物が大量に流入したことにより、農産物価格は下落し、農業による収入を減少させたのである。

その反面、農村が市場経済に巻き込まれ、農民もまた市場志向を強めて一般の消費者となり、支出が増大した。経営面でも、従来は自家供給にたよっていた資材を、次第に購入品で置き換えるようになった。また、農業労働力不足による人件費の高騰から、人工肥料や農業機械を導入することも必要になってきた。さらに、経営規模の拡大を図ることによって経営を立て直そうとする農民が多く、多くの者が高利貸しからの借金で土地を獲得した。その結果、多くの農民は負債の返済が不可能になり、破滅していくことになった。

当時、高利貸しとユダヤ人は同一視されており、農民の困窮が深まるなかで、農民のユダヤ人に対する反発は強まった。中世以来長らくユダヤ人は伝統的に金融業や商業にたずさわっていたが、この影響は二〇世紀になっても残っていた。実際には、ユダヤ人高利貸しが、キリスト教徒よりも悪徳であったとは限らないが、農民たちにとっては、農村の平和を乱す外部からやってきた悪徳高利貸しは、自分たちとは異なる異質な者とうつり、ユダヤ人と同一化された。

こうして、反セム主義人民党のようにユダヤ人排斥を唱える急進的な運動が農民の人気を集めるようになった。そして、従来は保守党の地盤であった地域で、保守党を圧倒した。その主張は、ユダヤ人商人の排斥とともに、ユンカー打倒を掲げていた。その背景には、農民こそが国家体制の柱石でなければならないという農本主義的な社会像があった。同党は、ユダヤ人悪徳商人も、農業関税を引き下げる「新航路」政策推進者も、農民に新たな負担を強いる艦隊建造論者も、農民の生活基盤を掘り崩しかねない者として等しく批判の対象としたのである。

このような農民、さらには中間層を中心とした急進的反ユダヤ主義は、一九世紀末にドイツの各地で出現した。しかし、カトリック教徒が優勢な地域では、こうした不満は中央党の中間層政策によって吸収されてゆき、急進的反ユダヤ主義運動が一人歩きすることは少なかった。ところが、プロテスタント地区の農民・中間層の利益を代弁する既存の政党はなく、彼らの社会的不満は、容易に反ユダヤ主義政党に吸収されていったのである（コラムⅥ参照）。

医療改革運動

世紀転換期は専門職としての医師が確立された時期であった。医師は医療の専門家として社会的に高い地位を獲得すると同時に、専門職団体の活動によって所得面でも向上した。さらに、保健・衛生思想の普及と疾病保険制度の整備によって、従来は医療ケアを受けることが少なかった下層階層も、保健・衛生に関して医師の監視下に置かれるようになった。しかし、その一方で、医師に対する患者の反発も目立つようになってきた。大半の医師は、教養市民や経済的に豊かな商工業者の子弟であり、一般の患者よりも社会的に優位に立っていた医師にとって、患者に配慮することなどは思いもよらなかったのである。

女性患者に対する医師の態度から当時の医師のあり方が浮かび上がってくる。ちなみに、ドイツでは一九〇八年まで、女子の医学部進学は認められなかったので、第一次世界大戦以前には、ほとんどの医師が男性であった。かつて、女性が裸体を男性にさらすことは許されぬという社会通念が、医師と患者の間であっても貫かれていた。このため、医師が女性患者の裸体を見ることを許されず、医師が女性患者の肉体を検診したいと思っても、服の上から診察するしかなかった。

ところが、一九世紀後半以降になると、医師が女性患者の身体を観察することは、当たり前のことになっていた。女性が男性の前で裸になることは、当時の社会では許されないことだったが、診察や治療の場では、医師が患者に強要することが可能になった。そして、医師は、女性が診察の際に見せる羞恥心を、根拠のない誤ったものであるとすら考えた。この事実は、以前には社会通念の前に無力だった医師が、権威を獲得したことによって、社会通念を越える存在になったことを示していると同時に、女性患者の立場を察することを拒絶した、能率本意の思考しかできなかったことを示している。

こうした状況下で、一九世紀末にはホメオパシーや自然療法といった、近代医学を否定する医療が人気を集めた。前者はザクセン出身の医学博士ハーネマンによって考案された薬物療法で、後者はオーストリア領シュレージエンの農民プリースニッツが体系化した水とハーブによる治療法であった。いずれも、近代医学の側からは、迷信として烙印を押されながらも、一九世紀前半から一部の患者の支持を受けていた。

医療保険制度が整備され、社会の医療化が進んだ一八八〇年代から、これらの治療法の信奉者は急激に増加した。これらの治療法を信奉する患者たちの多くは、近代医学による治療法やその担い手である医師の態度に不満をもっていた。たしかに、一九世紀後半には新しい治療方法が開発されていたが、決して確実なものにはなっていなかった。しかし、一九世紀末の医師は、医学の進歩を過信して、近代医学の治療効果の限界を深刻に認識していなかったのである。

ホメオパシーや自然療法は、民間人の協会組織によって普及していった。例えば自然療法信奉者の民間人団体は一八七〇年代に各地で設立され、一八七七年に地域協会の全国連合組織として民衆健康維持協会が組織された。その後、分裂の時期を経て、一八八八年にはドイツ民衆健康維持・無医薬品治療協会同盟として全国的に統一された。この連合組織には、一九一二年には八八三協会が加盟し、会員数一四万五〇〇〇人を擁した。

自然療法の担い手は医師ではなく、国家資格をもたない治療師であった。ドイツの法律では、医療行為を行なうに当たって、必ずしも医師資格をもっている必要はなく、無資格の治療師による医療行為は法的に可能であった。ただし、自然療法の普及とともに、治療師の技量に問題が多いことが、正統医学の医師から告発されるようになった。同時に、自然療法民間人団体のなかでも、不適切な治療を行なう治療師が問題視されるようになった。このような状況は、自然療法の社会的信頼を損ねかねない危険をはらんでいた。

そこで、自然療法民間人団体は一八九〇年より、「自然療法士」試験を実施することにした。この試験に合格した者には、自然療法治療に必要な一定能力をもっているという保証が与えられたのである。資格を与えられた治療師のなかには女性も含まれていた。

さらに、自然療法士協会が中心になって自然療法士専門学校を設立した。ここでは解剖学や生理学など基礎医学を教えたうえで、自然療法に関する実践的な教育を施し、卒業試験に合格した者に、自然療法士の称号を与えた。当初は半年程度の修学期間であったが、間もなくカリキュラムを充実させて一年制になった。ここで与えられる資格は、国家によって権威づけられていなかったが、自然療法信奉者には資格として認知された。

このように、自然療法においては患者を中心とした民間人の団体が、治療を行なう治療師の資格を自分で創設した。ホメオパシーの場合は、医師の影響力が強かったが、民間人団体がホメオパシー治療をする医師を養成するための奨学基金を創設したり、病院建設の募金をするなど、治療法普及のために貢献していた。治療方法のみならず、このように患者が重要な役割を果たすという点でも、正統医学の場合とは正反対であった。

女性運動

女性の自立を求める運動は、すでに四八年革命期にも見られたが、こうした活動が実を結ぶのはドイツ最初の女性運動組織である全ドイツ女性協会が一八六五年に結成されたときであった。この協会は女性教育権獲得に力点を置き、女性の文化的使命を強調しながら、良き女性を教育するためには女性教員が必要であることを説いて、女子教育の内容充実、女子教員の養成、女性大学入学許可などを目標とした。この運動は、一八九二年にプロイセン政府が上級女子教員養成機関を認可したことや、一九〇一年以降各邦国で女性の大学進学が許可されるようになったことで一定の成果を見た。こうして女性が高度な専門性を身につけて教師や医師として活動する道が開かれた。

一八九〇年代以降には、社会福祉分野という新たな地平が女性たちの前に広がった。その背景には、工業化・都市化が進み、スラム街に住む労働者の住環境・生活環境は非常に劣悪になっていたことがあげられる。当時の労働者層では、夫だけではなく妻や子どもまでもが工場で長時間労働に従事し、妻は工場労働と家事労働の二重負担のために、幼い子どもたちの面倒を見ることもできず、大都市では乳幼児死亡率が高かった。この問題は、国民経済的見地から、また民族的な観点からも大きな損失と考えられ、その原因と考えられる既婚女性の工場労働への批判が強まった。

しかし、労働者家庭の女性を家庭に拘束することは不可能であった。彼女たちの収入も家計の重要な柱になっていたし、女性労働をなくしては経済も成り立たなかったのである。そこで、母親も働きに出る労働者家庭を側面から支援する福祉活動の必要性が指摘された。特に世紀転換期には、従来のような救貧事業ではなく、貧困化を未然に防ぐ予防措置への転換が進み、宗教団体による慈善事業、博愛的女性組織による奉仕活動とならんで、福祉職が女性の職業として新たに開拓された。

この時代に生まれてきたソーシャルワーカーは、住居の整備、衛生改善、乳幼児の世話、青少年の育成、妊産婦保護、病人看護などの分野で、母性を発揮しながら、職業人として活動するようになった。従来の救貧事業は自治体職員たる男性が主導権を握っており、女性はその指導のもとで奉仕活動をしていたにすぎなかったが、今や女性はその特性を生かしながら有給職員として、自立した活動を行なうようになったのである。

女性運動は、このようなソーシャルワーカーの制度化とその養成学校の整備に力を入れた。その結果、二〇世紀初頭以降、ソーシャルワーカーが次第に社会で認知されはじめ、多くの女性が自治体職員などに採用され、公共の場に進出した。このように、女性の母性を強調することによって、女性の社会進出が図られた。

しかし、このような母性主義だけが当時の女性運動ではない。男女の同権を主張する急進的なグループも存在していた。また、労働者女性がおかれた劣悪な環境は、階級闘争によって解決されるべきであると考えるプロレタリア女性運動のグループもあった。ただし、女性の参政権獲得、教育の場での男女共学化、個人としての女性の自己決定権獲得、自由恋愛の容認などを求める急進的女性運動は、この時期のドイツにおけるブルジョワ女性運動のなかで大きな影響力を持つことはできなかった。一方、プロレタリアとブルジョワの運動のあいだには、階級意識による溝が存在したが、具体的な活動では両者は類似しており、労働者の生活が下層市民と接近するなかで、ブルジョワ女性運動の目標は労働者層にも受け入れられるようになってきた。

世紀転換期ドイツの女性運動は、母性を強調する穏健派が主流であったが、彼女たちは、急進女性運動を「私的個人主義」として批判することで、女性運動が私的放縦を説いて国家と社会の秩序を揺るがす危険思想であるという誤解を振り払い、自分たちの運動が国民国家に奉仕するものであることを明確にした。こうして、女性の社会進出を目指す女性運動は、ナショナリスティックな性格を帯びてきた。

青年運動と新しい芸術

ギムナジウムは大学進学を目的としたエリートの登竜門であったが、その学校生活は非常に厳しかった。カリキュラムの中心は複雑な文法をもつ死語のラテン語とギリシア語であり、暗記を強制された。生徒たちを締め付けたのは勉強だけではなかった。彼らは服装や外出時間に至るまで常に大人によって厳しく規制されており、イギリスのパブリック・スクールのように生徒が自律して行なう課外活動やスポーツの機会が与えられていなかった。

このような束縛から抜け出した自律的な若者の集団が世紀末のベルリン南西部の中産階級を中心とした郊外住宅地に生まれた。大学生に速記術を習っていたギムナジウムの生徒たちが自分たちで始めた徒歩旅行は、当初は、半日ないし一日程度の短いものであったが、まもなく、長期間にわたって遠方まで出かけるようになった。リーダーである大学生は学校と家庭に対して責任を負い、生徒たちはリーダーに従うことが義務づけられた。ここに、数歳年長の指導者にメンバーが従うというワンダーフォーゲルの原型が生まれた。

彼らは他者と自分たちを区別するために半ズボンなどの独特な服装に身を包み、自炊材料・道具と毛布をリュックサックに詰め、ギターやリュートを手に民謡を歌い、何日にもかけて野や山を歩き、古城を訪ねた。農家の納屋に泊めてもらったり、テントも張らずに野宿をしながら、食事も自分たちで準備した。ここには、当時の機械化、物質文明至上化、といった表面的な豊かさに背を向けて、簡素ではあっても内実のある生活と文化を求めようとする当時の青年たちの願いが反映されていた。

彼らの活動は、当時の若者たちの共感を呼び、各地で同様の団体が活動を開始した。また、ギムナジウム卒業生は、各地の大学に進学すると、そこでワンダーフォーゲルの指導者となって活動を支えた。一九〇四年にはワンダーフォーゲルの雑誌まで刊行されるようになった。しかし、活動の広がりによって対立も生まれ、活動の分裂にもつながった。

ワンダーフォーゲルの広がりは、当時の若者文化を象徴していた。一九一三年にワンダーフォーゲル出身の大学生たちがホーエ・マイスナーに集まり、青年独自の生活文化の創造を目指すことを宣言した。この集会参加者のなかには、生活改革運動や自然療法を推進する者、郷土保護・自然保護運動にかかわる者などもいた。

図6－4　カンディンスキー，インプロヴィゼイション28（1912）

出典：*Art of This Century: The Guggenheim Museum and its Collection*, New York 1993, p.113.

文化運動という観点から見るならば、世紀末に起こってくる「ユーゲント」運動と共通する問題意識がそこには存在していた。『ユーゲント』はミュンヘンで発行されていた文芸雑誌名に由来するが、自然への回帰を唱えながら伝統的な芸術を批判して、新しい表現様式を試みた。リルケなどの詩人が同誌に作品を掲載した。「ユーゲント」運動の影響は、絵画においては、伝統的な写実主義を批判して、エロティシズムを強調しながら人間の内奥を描き出すシュトゥックなどに現れた。

王立ミュンヘン美術アカデミー教授でもあった彼の弟子のなかには、ロシアから来たカンディンスキーがいた。彼も初期の作品においてはユーゲント様式の影響下にあったが、物質主義を排して人間の内面世界を描き出そうとする彼の画風はその後さらに変化していき、抽象画を創出していった。一九一一年に彼の作品が出展拒否されると、彼はフランツ・マルクらとともに『青騎士』編集部主催の展覧会を開催し、そこで自作を展示した。アカデミーの同級生だったスイス人クレーも合流した。カンディンスキーとマルクが編集した年報『青騎士』には彼らの絵画や文章の他に、彼らに共鳴した無調音楽の創始者シェーンベルクの手書き楽譜が掲載された。

参考文献

西川知一『近代政治史とカトリシズム』有斐閣、一九七七年。

上山安敏『ウェーバーとその社会――知識社会と権力』ミネルヴァ書房、一九七八年。

リチャード・J・エヴァンズ編著、望田幸男・若原憲和訳『ヴィルヘルム時代のドイツ――「下から」の社会史』晃洋書房、一九八八年。

杉原達『オリエントへの道――ドイツ帝国主義の社会史』藤原書店、一九九〇年。

佐藤卓己『大衆宣伝の神話――マルクスからヒトラーへのメディア史』弘文堂、一九九二年。

潮木守一『ドイツ近代科学を支えた官僚――影の文部大臣アルトホーフ』中公新書、一九九三年。

姫岡とし子『近代ドイツの母性主義フェミニズム』勁草書房、一九九三年。

山本定祐『世紀末ミュンヘン――ユートピアの系譜』朝日選書、一九九三年。

望田幸男編『近代ドイツ＝「資格社会」の制度と機能』名古屋大学出版会、一九九五年。

竹中亨『近代ドイツにおける復古と改革――第二帝政期の農民運動と反近代主義』晃洋書房、一九九六年。

田村栄子『若き教養市民とナチズム――ドイツ青年・学生運動の思想の社会史』名古屋大学出版会、一九九六年。

服部伸『ドイツ「素人医師」団――人に優しい西洋民間療法』講談社、一九九七年。

田村雲供『近代ドイツ女性史――市民社会・女性・ナショナリズム』阿吽社、一九九八年。

望田幸男『ドイツ・エリート養成の社会史――ギムナジウムとアビトゥーアの世界』ミネルヴァ書房、一九九八年。

望田幸男編『近代ドイツ＝資格社会の展開』名古屋大学出版会、二〇〇三年。

扉図出典：Jochen Boberg, Tilman Fichter und Eckhart Gillen（Hg.）, *Die Metropole : Industriekultur in Berlin im 20. Jahrhundert*, München 1986, S. 39.

コラムⅦ

植民地版歴史修正主義あるいは第二の歴史家論争

永原陽子

ここ数年来、かつてのドイツ帝国の植民地であった地域の人々への補償をめぐって、ドイツ社会に静かな波紋が生まれている。予期せぬ要求をつきつけたのは、ナミビア(旧「ドイツ領西南アフリカ」)のヘレロの人々である。

今から一世紀前の一九〇四年、西南アフリカでは、ドイツ人によって土地や家畜を奪われたアフリカ人たちが一斉に蜂起した。中心となったのはヘレロとナマの人々で、帝国政府は陸軍を送り込んで鎮圧にあたった。第二帝政初の本格的戦争は足かけ五年にも及び、その間、ドイツ軍によってさまざまな残虐行為が行なわれた。この蜂起に関する研究として長らく古典の地位を占めてきたのが、旧東ドイツの歴史家H・ドレクスラーの『ドイツ植民地支配下の西南アフリカ』(一九六六年)である。司令官フォン・トロータの「絶滅命令」により「ヘレロの八〇%、ナマの五〇%」が死に追いやられたという「ジェノサイド」のテーゼは事あるごとに引用され、現在のヘレロの補償要求の根拠ともなっている。しかし、この植民地ジェノサイド論に対して、一九八〇年代末に、ナミビアのアフリカ史家B・ラウが疑義を唱えた。当時のアフリカ社会の状況を無視して数字が導き出されていることへの批判や、「絶滅命令」が主要な戦闘ののちに出された事実などの指摘である。ラウが意図するのは、ドイツの残虐行為を矮小化して描くことではなく、帝国植民地省文書やイギリスのブルーブックに依拠した研究がもつヨーロッパ中心的な偏向を実証的に批判することだった。

しかし、議論は研究者間の論争を越え、おりしも出されたヘレロの補償要求に拒否反応を示す一部のドイツ人たちによって歓迎され、いわば植民地版の歴史修正主義論争を呼び起こしている(ただし、アフリカ史の文脈では、「修正主義」とは植民地支配を正当化する古い歴史学を批判＝修正する立場を言い、ヨーロッパ史におけるとは言葉の使い方が異なる点に注意しておく必要がある)。アフリカ人犠牲者の数の多寡や「絶滅命令」の存在をめぐる「論争」は、「アウシュヴィッツの嘘」をめぐるそれと酷似している。

一方、ラウを批判する研究者たちは、ナミビアの歴史においてドイツ支配の残虐性を強調するあまりその後の南アフリカによるアパルトヘイト支配を軽視してはならないと彼女が主張する点をとらえ、ドイツ植民地支配の相対化であり弁護論であるとする。ドイツによる植民地ジェノサイドを比較可能なものととらえるかどうかの論争は、歴史家論争の再来とも見える。

ヘレロの人々は、一九九〇年のナミビア独立の直前から「最高首長」K・リルアコの名で補償を求め始めた。九八年に訪問したヘルツォーク大統領はリルアコに会い、西南アフリカにおけるドイツ帝国の振る舞いが「適切なものではなかった」ことを認めたが、話はそれ以上には進まなかった。ドイツ政府は、交渉はあくまでもナミビア政府を通して、としている。そのため訴えは国際司法裁判所に持ち込まれたが、国家間の紛争を仲裁する同裁判所の趣旨にそぐわないため却下された。最後の手段として、目下、ニューヨークで、ドイツ帝国の西南アフリカ支配に深く関与したドイツ銀行（当時のドイツ銀行とディスコント・ゲゼルシャフト）とドイツ・アフリカ航路（当時のヴェーアマン社）およびドイツ帝国の継承国家としてのドイツ連邦共和国政府に対し、それぞれ二〇億ドルの補償を求める訴訟が起こされている。

このような動きに対して、当のナミビア政府は冷淡である。ドイツによる植民地支配の被害を受けたのはヘレロだけではなく、特定のエスニック・グループの運動を支持することはできない、またドイツから受け取っている「不釣合いに多額」の開発援助は補償にも等しい、というのである。こうした主張の背景には、ナミビア国内でのエスニック・グループ間の対立がある。ヘレロの「最高首長」は、独立運動を主導し現政府でも中枢を占めるオヴァンボ（人口の約半分）に敵対する政治活動を行なってきた中心人物なのである。そのため、ヘレロの補償要求運動はナミビア政府からは胡散臭いものと見られ、政府の後ろ盾がないがためにドイツ政府や国際社会からも相手にされずにいる。しかし、そうしたエスニックな対立こそ、長年にわたる植民地支配が育ててきたものである。

しかし、事態は二〇〇一年、南アフリカのダーバンにおける国連「反人種主義会議」以来、大きく動いている。奴隷貿易と植民地支配を「人道に対する罪」と見なすか否かが問われたこの会議で、イギリスやフランスの政府とは異なり、ドイツのフィッシャー外相は植民地支配の「罪」を認める発言をして注目を集めた。さらに蜂起一〇〇周年の二〇〇四年六月には、連邦議会が「旧ドイツ領西南アフリカにおける植民地戦争の犠牲者を祈念する決議」を挙げた。そして何よりも八月、ナミビアでの記念式典に参加した開発協力相が、「当時のドイツの行為は今日ならジェノサイドと呼ばれるものであり、フォン・トロータは今日なら法廷に立たされるだろう」とし、明確な「謝罪」の意を表明したのである。予想をはるかに超える踏み込んだ発言に、リルアコは用意していたドイツ政府批判の演説を取りやめ、「あとは具体的な交渉だけだ」と意気込んだ。

ナチ犠牲者に対する補償問題を経験してきたドイツ社会にとって、新たな補償問題が浮上したことの意味は大きい。歴史修正主義者が活気づく一方、研究者の間では、植民地ジェノサイドとホロコーストとの連続性と比較可能性とを問う議論も活発になっている。アフリカ（史家）からの問いかけにどこまで答えられるかが、社会のレベルでも研究者のレベルでも厳しく問われている。

第Ⅲ部

総力戦の硝煙の中で

――二〇世紀前半のドイツ――

第七章　第一次世界大戦とドイツ社会

三宅　立

オットー・ディックス「戦争」(1929～32年)。ディックスは自ら前線兵士として大戦を経験した。
(左) 朝もやを突いて戦場におもむく兵士たち。(中央) 戦場で鉄骨にかかっている骸骨，逆さまになった死体，毒ガスマスクを着けた兵士。(右) 戦場から傷ついた戦友をわきにかかえて帰ってくる兵士。(下) 塹壕の中で，死んだように眠る，ないしはすでに息絶えている兵士たち。生あるかぎり，彼らは再び戦場へと向かうことになる。

1914	6.28.サライェヴォ事件 7.28.オーストリア，セルビアに宣戦 8.1.～8.4.第一次世界大戦勃発 8.4.ドイツ帝国議会，全会一致で戦費協賛（「城内平和」） 8.26.タンネンベルクの戦い　ドイツ軍，ロシア軍を撃退（～8.30.） 9.5.～9.10.マルヌの戦い　ドイツ軍のパリ進撃成らず 11.イギリス，対独経済封鎖強化を宣言
1915	1.ドイツでパンの配給制度始まる 4.22.ドイツ軍，イーペル攻撃戦で毒ガスを初めて使用 10.ドイツ各地で主婦を中心に食糧騒動
1916	2.21.ドイツ軍，ヴェルダン攻撃戦開始（～12.18.） 5.31.～6.1.ユトランド沖（スカーゲラク沖）海戦 7.1.英仏軍，ソンム河畔で反攻開始（～11.18.） 8.29.第三次最高統帥部成立（ヒンデンブルク陸軍参謀総長，ルーデンドルフ兵站総監就任） 12.4.ドイツ帝国議会，祖国補助勤務法可決
1917	2.1.ドイツ，無制限潜水艦作戦開始 3.15.ロシア皇帝ニコライ2世退位（「ロシア二月革命」） 4.6.アメリカ合衆国，ドイツに宣戦 4.6.～4.8.ドイツ独立社会民主党結成（ドイツ社会民主党分裂） 4.ドイツ労働者，「四月ストライキ」 6.～8.ドイツ海軍水兵，食糧・平和を求めて運動展開 7.14.ドイツ帝国宰相ベートマン＝ホルヴェーク辞任 7.19.ドイツ帝国議会，平和決議採択 9.2.ドイツ祖国党結成 11.7.ロシア，ボリシェヴィキ権力掌握（「ロシア十月革命」）
1918	1.8.アメリカ合衆国大統領ウィルソン，講和のための14ヵ条発表 1.～2.ドイツ労働者，「一月ストライキ」 3.3.ドイツ・ロシア間でブレスト＝リトフスク条約調印 3.21.ドイツ，西部戦線で大攻勢開始 7.18.連合軍，西部戦線で反攻開始 10.3.マックス・フォン・バーデン公内閣成立 10.4.アメリカ合衆国に休戦申し出 10.26.帝国議会「十月改革」可決，10.28.発効 11.4.キール軍港で水兵の反乱勃発 11.9.ヴィルヘルム2世退位（「ドイツ十一月革命」） 11.11.ドイツ・連合国間で休戦協定調印
1919	1.「スパルタクス蜂起」，ドイツ憲法制定国民議会選挙 6.28.「ヴェルサイユ条約」調印 7.31.国民議会，「ワイマル憲法」採択，8.14.公布

1　「城内平和」と「一九一四年の理念」

動員・大量死と社会の変容

第一次世界大戦は、膨大な生命に「死」をもたらした戦争であった。この戦争でドイツは、一つの試算によれば、戦死者約二〇〇万名、負傷者四二五万名を出したといわれる。動員された男性の総数は、一三二五万名であり、その半数近くが死傷したことになる。戦争に起因する一般市民の死者は六二万名、また出生の減少は三〇〇万名に及んだという。ちなみにドイツの総人口は、一九一四年七月一日現在で、約六七七九万名であった。

この、きわめて多くの男性を軍隊に動員し、そして「大量死」をもたらした第一次世界大戦は、ドイツにおいてどのようにして遂行され、また、ドイツにどのような社会的・政治的・文化的な変化をもたらしたのであろうか。

近年の第一次世界大戦史研究では、政治史・社会構造史の研究から、さらに日常史・経験史・文化史へと、研究が深まってきている。その背景には、女性、あるいは老人、青少年の、ジェンダーや福祉の問題、また、福祉国家・社会国家の発展に伴う国民国家の統合力の強化と国民国家におけるエスニックなマイノリティの問題への関心の深まりがあると考えられる。この章では、こうした新しい研究動向を踏まえながら、第一次世界大戦がドイツ社会にとってもった意味について考えてみることとしたい。

「城内平和」の成立

一九一四年八月一日、皇帝《カイザー》ヴィルヘルム二世は、ベルリンの宮殿前に集まった大群衆にこう呼びかけた。「ひとたび戦争となれば、党派はすべて姿を消し、我々みなが兄弟となる」と。そして八月四日、戦費協賛のために開かれた帝国議会でも、「朕はもはや党派なるものを知らず、ドイツ人あるのみ」と宣言した。こうした言葉はただちに新聞で大きく報じられ、国民の一致団結、いわゆる「城内平和《ブルクフリーデン》」の成立に大きな役割を果たした。

そもそも、皇帝の八月一日の呼びかけは、帝国宰相ベートマン＝ホルヴェークの起草に成るものであり、ドイツ社会民主党の戦費協賛を確保することに向けられたものであった。これに先立つ七月下旬、ヨーロッパでは、前月六月二八日のサライェヴォにおけるオーストリア＝ハンガリー帝位継承者フランツ・フェルディナント大公夫妻の暗殺に、同帝国がセルビアに対する厳しい最後通牒で応えたことから、国際的な危機が一気に高まっていた。ドイツ国内では、ベルリンで大学生たちを中心とするセルビア排撃のデモがくりひろげられ、社会民主党はこれに戦争反対のデモで応えた。

こうしたなかで、ひそかにオーストリアに「白紙委任状」を与えていたドイツ政府は、表面は平和維持の態度を示しつつ、戦争勃発に際する社会民主党の戦争協力確保に向けて、同党への働きかけを強めていた。ベートマン＝ホルヴェークが、ロシアに開戦の責めを負わせるべく、七月危機を通じて懸命の努力を重ねたのも、イギリス中立化のねらいとともに、祖国防衛の気運を高め、反動的なツァーリズム・ロシアへの反感と恐れが伝統的に強かった社会民主党を、戦争協力へとまきこむことをはかったからであった。

結局、オーストリアによるセルビア攻撃開始に対し、ロシアが総動員令を発したことをとらえて、ドイツも八月一日総動員令を発し、ロシアに宣戦を布告した。次いで三日には、まず軍の主力を西方に集中してロシアの同盟国フランスをたたき、その後全力を投入してロシアを攻略するというシュリーフェン・プランにのっとって、フランスに宣戦し、同時に中立国ベルギーに侵入した。ロシア、フランスと三国協商を結んでいたイギリスは、この中立侵犯をとらえて、八月四日ドイツに宣戦、ここに戦争は、いわば「第三次バルカン戦争」から、ヨーロッパ大戦、さらには世界大戦へとまたたくまに拡大することとなった。

「八月の体験」とドイツ社会民主党

開戦当初、ドイツは熱狂に包まれ、国民の一致団結が現出したといわれる。それはその後長く「八月の体験」として喧伝《けんでん》され、戦争体制の重要な要となった（図7-1）。たしかに、大学生をはじめとする市民階級出身の青年たちや教養市民層の間では、大戦前の経済の行き詰まりや社会的な対立の深まりをはじめとする社会全体の閉塞状況、そしてあまりにも物質主義的となったヴィルヘルム期のドイツ社会からの解放感からも、戦争熱が高まった。しかし、労働者街では、開戦による物価の騰貴や失業の広がりもあって、戦争熱はほとんど見られなかったことが、近年注目されてきている。そして農村部でも、収穫を前にして軍隊への召集で労働力を奪われ、馬を軍に徴発されるという厳しい現実が、人々の心に重くのしかかっていた。しかし、そうした労働者や農民も、戦争を「重く避けがたい義務」、あるいは「宿命」として受け止める姿勢が強く、積極的な抵抗はまったくといってよいほど見られなかった。

社会民主党は、まず同党系の自由労働組合が八月二日、ストライキの中止と戦争協力に踏み切り、翌三日には、同党帝国議会議員団が――南ドイツを中心とする修正主義的改良派や改良主義的な労働組合指導部の主導のもとに――圧倒的多数で戦費の承認を決定した。それには、前世紀末以降のドイツ経済の発展に伴い営々として築いてきた組織が、弾圧によって一挙に破壊されることへの恐れが大きかった（すでに、七月三一日に、ドイツ全土に戒厳状態が布告されたが、社会民主党指導者を逮捕することは、さしあたり見合わされていた）。そして、ロシアが敵国として前面に登場したことは、祖国防衛支持を訴える力を強めるものとなっていた。しかしそこにはさらに、戦争への協力を内政改革の梃子《てこ》とする、という願いも込められていた。

図7-1　戦争を歓呼して迎える首都ベルリンの学生たち（1914年8月1日）

出典：Dieter und Ruth Glatzer, *Berliner Leben 1914-1918*, Berlin 1983, S. 31.

八月四日、帝国議会で社会民主党が、党の「規律」に従ったカール・リープクネヒトら反戦派を含め戦費に賛成したことは、城内平和を実現するものとして、市民階級諸政党・諸紙の喝采を博した。それは、労働者の間にも、戦争協力の気運を広げるものとなった。大戦前社会民主党は、体制の批判者として、組合やスポーツ・文化団体など、労働者の組織化を進めてきたが、その組織は、一転して労働者の戦争協力を推進する大きな力となったのである。そして、西部戦線での勝利の報道が相次ぐと、首都ベルリンの労働者街にも国旗がはためくという事態が現出した。

戦争の勃発と女性たち

八月二日に開始された総動員は、出征兵士の妻や母親に、夫や息子との永遠の別れをはらむものとして、深い不安の念を呼び起こした。しかも、男性は、一家の経済を支える中心的な存在であり、また、女性の主要な職場であった仕立て業などにも失業が広がったので、残された家族は家計の面からも困難な状況に立たされることとなった。出征兵士の家族には手当が支給されたとはいえ、不十分なケースが多かったからである。

他方、ドイツ婦人団体連合会長ゲルトルート・ボイマーは、すでに七月三一日、戦争勃発の際「銃後の戦線《ハイマートフロント》」での愛国的活動」に女性を動員すべく、傘下の諸団体に呼びかけを発し、翌八月一日には、プロイセン内務省と打ち合わせを行なった。こうして発足した「婦人国民奉仕団」は、戦傷者や兵士の世話は赤十字社とその傘下の愛国婦人団体に委ね、その主たる任務を次の四点に定めた。①均等な食糧供給の確保への協力、②稼ぎ手が出征ないし失業中の家庭の世話、③稼ぎ手がいないために自分で働かざるを得ない女性、空きができた男性のポストを代わって引き受ける用意がある女性、また、志願して補助の仕事に就こうとする女性たちへの仕事の斡旋、④戦時のさまざまな扶助に関する情報の提供。

ボイマーは、すでに前年の春に、「女性運動と国民意識」と題する論文のなかで、女性運動は本質的に「ドイツ的」であるとした際、次のような認識を示していた。「近代国家は、国民的な権力伸張の機能と並んで、それとは基本的に異なる機能、すなわち、保護や世話をする機能、文化的・社会的な機能の領域全体を自らの活動のなかに取り込んだ。これらの課題は、ふつう『男性的な』国家というのと同じ正当性をもって、『女性的』と呼び得るものである」、と。彼女が近代国家の「女性的課題」として挙げたのは、国民衛生、青少年の保護育成、労働者保護といった諸機能であったが、それにつれて女性は国家にとり市民としてますます必要かつ価値ある存在とならざるをえない。こうして、女性は、単に「国民の興隆を共に願い」、「その勝利と成功を共に祝う」だけの存在ではないとされたのである。こうした彼女にとって、戦争勃発は、女性がついに国家のふさわしい一員であることを証明する絶好の機会にほかならなかった。

さて、ボイマーら市民階級の女性たちを中心とする婦人国民奉仕団結成の動きに、社会民主党も直ちに応じて、その一翼を担うこととなった。同党幹部会のただ一人の女性、ルイーゼ・ツィーツは、七月三一日の幹部会で戦費協賛反対の立場をとったが、彼女も、この時、同党を代表して婦人国民奉仕団の幹部会の一員となっている。「プロレタリア女性の支援活動」を訴えた彼女の呼びかけ文は、次のように始まっている。「戦争が労働者家庭にもたらした言語に絶する窮乏と恐るべき悲嘆にかんがみ、絶望した女性、孤児となった子供たち、失業者、病み苦しむ人々を、助言と行為で援助することが大切である」と。同党の女性活動家たちがこうした活動に積極的に取り組んでいった背景には、大戦前に進んだ同党の、男性労働者中心の運動から「家族の運動」への転換過程があった。そしてそこには、健全で合理的な家庭生活を重視する市民階級的価値観の一定の浸透が指摘されている。しかし、ボイマーが戦争を熱狂的に支持していったのに対して、ツィーツは、その後、戦争の経過の中で、早期の平和実現に向けた活動をくりひろげることになる。

「一九一四年の理念」

一九一四年八月の経験は、以上のように、現実には市民階級と労働者、都市と農村、男性と女性等々、さまざまな社会集団に従って、異なった内実をもつものであった。しかし、それが「八月の体験」、さらには「一九一四年の理念」として概念化され言説化されるとともに、その内実の、不安・恐れ・パニック・沈鬱といった側面は無視され、「戦争熱」、「国民の一致団結」・「共同体」の側面のみが前面に押し出されていった。こうして、それは、戦争を戦い抜き、頑張り抜く意志を高揚・持続させる重要な武器とされたのであった。

八月の「戦争熱」には、スパイ騒ぎや外国語追放運動のように、「カーニヴァル的」・魔女狩り的な性格も顕著に見られた。しかし、そうした側面もそこでは濾過されて、「八月の体験」「一九一四年の理念」へと純化・イデオロギー化されていった。そしてとりわけ「一九一四年の理念」は、戦争の長期化とともに、前線での戦闘、また銃後の戦時統制経済のなかで、教養市民層出身の知識人・文化人の手でいっそうの発展を遂げ、ドイツの言論界・思想界を風靡していくのである。そこでは、西欧の「文明」「［利益］社会《ゲゼルシャフト》」「個人主義」に対して、ドイツの「文化」「共同体《ゲマインシャフト》」「秩序」「組織」「規律」が対置され、個々人を国家社会に全面的に編入する「ドイツ的社会主義」「国民的社会主義」が称揚された。

2　前線と銃後——総力戦へ

タンネンベルクの戦いと「ランゲマルクの神話」

ベルギーに侵攻したドイツ軍は、根強い抵抗に遭遇したが、結局ベルギー南部を突破して、フランス軍とイギリス遠征軍の抵抗を退けつつパリへと進撃した。しかし、九月上旬のマルヌの戦いで英仏軍の反撃にあい、西部戦線は塹壕《ざんごう》戦を中心とする膠着状態におちいった。他方、東部戦線では、ロシア軍のドイツ東部への進撃は予想外にすばやく、ドイツ軍はヒンデンブルクとルーデンドルフの起用によってようやく反撃へと転じることができた。その端緒となったのは、いわゆる「タンネンベルクの戦い」であり、ヒンデンブルクの名は、この戦勝を契機に、「国民の英雄」として広汎な国民の心に深く刻み込まれることになる。その後ドイツ軍は、ロシア領ポーランドを席巻《せっけん》するが、ロシア軍はオーストリア領内に深く進撃するなど、紆余《うよ》曲折に富んだ攻防が繰り広げられることとなった。

他方、西部戦線で人々の心をとらえる戦いとして大きく浮かび上がったのは、いわゆる「ランゲマルクの戦い」である。ベルギー西北部のフランドル地方は、第一次世界大戦においてくりかえし激しい戦闘の舞台となった。そのなかで、一九一四年一一月一〇日に戦われた一連の戦闘は、ドイツ最高統帥部《とうすいぶ》の報道を通して、いわゆる「ランゲマルクの神話」を生み出すこととなったのである。その報道では、この戦闘に「若者」だけでなく、予備役・後備役の年長の召集兵も多数加わっていたこと、訓練・装備がまったく不十分にしかなされていず、そのため犠牲が甚大なものとならざるを得なかったことなどは不問に付されていた。こうして、死んでいった若き志願兵たちの献身的な愛国心と英雄的な犠牲的精神だけが強調されることとなったのである。

そもそも、大学生やギムナジウムの生徒を中心とした志願兵は、いわば「八月の体験」を体現する存在として、戦争熱にとらえられた人々の心に強く訴える力を備えていた。近年の研究では、その数が誇張されていたこと、また、志願しないことは、周囲の、とりわけ若い女性たちの視線を考えればできにくかったこと、その一方で戦争は自由と冒険を約束しているかのように思われたこと、などが指摘されている。しかし、戦場で散っていった彼ら若者たちの死はこうして神聖なものとされ、さらにはドイツ軍の戦い全体をも聖化する機能を果たすこととなった。

軍隊生活と「ヴェルダンの神話」

塹壕戦では、戦闘と休養のサイクルが存在した。バイエルンの一歩兵大隊についてであるが、前線のなかでもその最前線の塹壕に五日から七日、あるいは一〇日、続いて、その後方、ほど遠くない塹壕ないし仮設の宿舎で同じ期間待機勤務、最後に何キロメートルか後方の宿舎で三日から五日休養する、という例が指摘されている。しかし、戦争の初期段階では、このサイクルは各二日という短い間隔で行なわれ、戦争の後期にも、敵側の激しい砲撃に応戦しなければならない時には、同様の事態となったという。また、戦闘の激しい地域では、さらにもう一線の待機線を設ける必要があり、時には長期にわたって塹壕生活を送らなければならなかった。他方、一九一四年のクリスマスにかなり広く行なわれた休戦や敵味方の交歓のように、両軍の間で事実上一時的な休戦が現出することもあった。

戦闘と休養のサイクルは、昼と夜の間にも存在した（章扉図）。しかし、夜襲への哨戒《しょうかい》活動や塹壕・堡塁の改善強化など多くの作業は、夜行なわれなければならなかった。それだけに、後方での休養は、兵士にとって重要であり、酒盛りの機会ともなった。後方、とりわけ兵站《へいたん》（補給）基地には、軍当局が認可し管理下においた売春宿もあった。しかし、休養にいそしむ兵士たちに将校が軍紀確立のためとしてしばしば教練を科したことは、彼らの怨嗟《おんさ》の的となった。

一般に、将校による兵士の厳しい取り扱いで目立ったのは、将校になりたての二〇歳前後の「戦時少尉」であり、これは海軍の場合も同様であった。その背景としては、帝政期社会の階級構造に由来する高慢さと並んで——当時将校になれるのは、貴族や市民階級の出身者で、労働者はもとより中間層もふつう排除されており、一般の兵士から叩き上げた下士官が正規の将校に昇進する道は、ほとんど閉ざされていた——、まだ勤務に十分通じていないままに過度の要求に応えなければならないという客観的条件が指摘されている。

一般兵士たちの将校に対する不満をいっそう高めたのは、食事の悪化、とりわけ、食事に関する将校と兵士の間の不平等であった。この点は海軍でも同様であり、バイエルン生まれで労働者出身のカトリック一水兵の戦時日記からは、将校による水兵の取り扱いや食事の不平等がいかに一般兵士の心をとらえていったかが生きいきと伝わってくる。のちに見るように、一九一五年の秋には、銃後の各地で食糧騒動が起こっており、戦争の早期の決着は、こうした面からも求められることとなるのである。

一九一六年の「ヴェルダンの戦い」は、フランスの誇るヴェルダン要塞に攻撃を集中することで、フランスの血を流しつくし人的資源を枯渇させて、勝利への道を開こうとするものであった。英仏連合軍は、ソンム河畔での大々的な反攻でこれに応え、ここに、多大な死傷者を敵味方双方に出した戦いが西部戦線で繰り広げられることとなった。

この戦いにおける砲撃のすさまじさは、一兵士の手紙のなかで、「この地獄の穴」では「鋼鉄の神経をもっていても、それすら揺さぶられてしまう」と表現されている。掩蔽壕《ブンカー》が破壊され、中にいた兵士が生き埋めになってしまうような状況のなかで、神経症（シェルショック）に陥る兵士が多く出ることともなった。この「物量戦」に投入された兵士たちは意気消沈し、早期の平和を求める声も上げられた。前進に際して壕にひそみ、何日かしてから原隊に復帰するという、個人的な抗命（服従拒否）もかなり見られるようになった。

その一方では、「怒りにみちた決然たる精神」が見られることともなった。すでに一九一五年の半ば以来、「何物にもたじろがない、忍耐力、勇敢さ、犠牲的精神、そして戦友愛」を生み出す「強靱な神経」の重要性が強調されるようになり、一九一七～一八年には多くの新聞に「前線神経」についての記事が掲載されたという。そこで何よりも求められたのは、熱狂ではなく「厳しさ」、「死の使命を冷徹に遂行すること」であり、献身よりは「経験」、若さよりは「年功」が重視された。そして、そうした新しい兵士像を象徴するものとなっていくのが、簡素で機能的な形をした、しかも生産しやすい、「鉄兜《シュタールヘルム》」であった。

ヴェルダンの戦いは、ペタン将軍率いるフランス軍の激しい抵抗にあって挫折した。それは、ソンムにおける連合軍側の反攻、また東部戦線におけるロシア軍のいわゆるブルッシーロフ攻勢と合して、ドイツ軍にとり「第二のマルヌの戦い」を意味した。一九一六年八月、ルーマニアが連合国側に立って参戦すると、「国民の英雄」ヒンデンブルクが、国民の輿望を担って陸軍参謀総長に就任した。「マルヌの戦い」の後に辞職した（小）モルトケ、彼の後任ファルケンハインに続く第三次最高統帥部（OHL《オーハーエル》）の成立である。その実質的な指導を担当したのは、新たに兵站総監（参謀次長）に就任した、「今次戦争のモルトケ」ルーデンドルフであった。この新最高統帥部は、同年末、「陣地戦における防衛戦」について新しい規定を発し、部隊の下級指揮官に退却・攻撃の裁量権を付与した。そしてこれは後にはさらに攻撃戦にも適用されることになる。彼らはこれによって責任感と自信を強め、兵士の間にも、上官との一体感が生まれる契機となった。ただし、それは最前線に投入されている時、しかも上官が危険に際して模範的にふるまう場合に限られていたという。その場合も、年配の兵士よりも、試練に耐えられることを示そうと欲した、闘争心に富む若い兵士——彼らがいわゆる「前線世代」の中心であった——が、そうした上官に呼応していく中心となったといわれる。そして、その後広められることになる「戦友愛の神話」、広くはいわゆる「ヴェルダンの神話」の担い手となるのは、一般の兵士ではなく、エルンスト・ユンガーのような、主として前線将校であった。彼らは、戦後、「強靭な神経」「男らしさ」「攻撃性」を核とする「新しい人間」像の主唱者となっていくのである。

「銃後の戦線」と女性たちの戦争

銃後では、動員で家庭の稼ぎ手を失った「出征兵士の妻」は、家族の生計と教育を一身に担うこととなった。出征家族手当は、何よりもまず一般兵士たちの後顧の憂いをなくすことによって、彼らの戦意を維持しようとするものであった（将校や官吏には、給与が支給され、前者にはさらに戦時加給があった）。国による家族手当は、戦前の困窮者への扶助とはちがって一種の「権利」であったが、困窮度の調査があり、それによって自治体による追加分や国からの本体部分までがカットされたりした。特に、妻が家族手当の不足を補おうとして働きに出ると、それがカットの理由とされ、また子供が多く、その家族手当で自分が働く必要がそれほどなくなった農村の貧しい家庭の主婦の場合、大きな農場・農家の収穫労働に参加しないことが、逆にカットの理由とされた。こうして、出征家族手当を受け取ること自体が、妻たちにとって、——一般に地域の有力者たちと結んでいた——自治体当局と渡り合う、一種の戦いの場となったのである。

マルヌの戦いの後、戦争の長期化が明確になるとともに、「弾薬の危機」が叫ばれ、軍需生産の増強が必須となった。一九一四年一〇月以降、平時経済から戦時経済への転換、労働の強化、失業の減少が進んだ。それは、女性たちの軍需産業への流入をも意味した。軍需産業界からは、さらに現有労働力の確保と前線からの熟練労働力の返還の要求が出され、翌年の末には、兵役を免除され工業に従事する労働者数は一〇〇万を数えた。その一方で、食糧事情の悪化が進行した。とりわけ、一四年一一月初めのイギリスによる経済封鎖強化の宣言は、物価の上昇に拍車をかけることになった。

ドイツ語で「生活の糧」「日々の糧」という時、その「糧」は「パン《ブロート》」という言葉で表現されるように、パンは人々の食事の中心的な位置を占めていた。したがって、戦前多くを輸入に頼っていた小麦が不足状態に陥り、パンが値上がりしたことは、象徴的な意義を帯びざるをえなかった。また、ジャガイモは、ドイツ人の食卓、特にベルリンの労働者家庭の温かい昼食に不可欠であり、また、一九一四年一〇月からは粉としてパンにも混入されて、「戦時パン」「ジャガイモパン」の原料ともなった。海外やロシアからの家畜の輸入飼料が途絶し、穀物やジャガイモが飼料にまわされると、ジャガイモの主産地であったドイツでも、それが不足状態になり、これまた値上がりに見舞われた。

台所を預かる主婦たちの不満が高まり、政府の介入を求める声が広がると、政府は一九一五年一月、パンの配給制を導入した。ジャガイモについては、最高価格を設定してその値上がりに歯止めをかけようとしたが、農家はこれを豚の飼料にまわすという抜け道に走り、その不足はいっそう高まった。一五年二月には、ベルリン北東部の労働者街で、ジャガイモを求めて店に殺到した何千という女性や子供たちが商品を取り合う騒ぎが起こっている。この頃には、店の前に行列して待つ女性たちの間で、国内の経済戦争のイメージが広がり、その敵意は、ジャガイモを売る商人から、さらには卸売り商人や生産者へと向けられていった。そうしたなかで、労働者だけでなく、手工業者や商人など旧中間層のなかで軍需景気にあずからなかった部分や、給与が物価の上昇についていかなかったサラリーマンなど新中間層の主婦たちも、次第に消費者として共通の利害を発展させていった。ここに警察の民情報告にしばしば登場する「資産の乏しい人々」というアイデンティティが形成されていくこととなるのである。貧しい消費者を「我々ドイツ人」「国民《フォルク》」と表現し、商売での利得を「非愛国的」とする言説も広がっていき、それはやがて――「ユダヤ人＝暴利をむさぼる商人」というステレオタイプのユダヤ人観と結びついて——しばしば反ユダヤ主義のトーンをも帯びていった。そして、こうした「資産の乏しい人々」にとって、警官の民情報告は、政府当局者への伝声管の役割を果たすこととも なった。

一九一五年秋、ドイツ各地で食糧騒動が勃発した。ドイツ人、特に寒く湿った冬を過ごす北ドイツの人々にとって、ラードやバターは、パンやジャガイモと並んで重要な意味をもっていたが、ベルリンでの騒動の引き金となったのは、まさにバター価格の高騰であった。女性たちを中心とするこうした食糧騒動は、その後も続いたが、そこに示された女性の力は政府の政策に影響を与えていくことになる。それは、銃後のこうした事態が、前線の兵士たちに手紙や新聞報道などを通して伝えられ、士気の低下につながることが憂慮されたからでもあった。

食糧の最高価格制度や配給制度は一九一六年にひとつの頂点を迎え、同年五月には、食糧問題の「独裁的な」解決への期待を担って、帝国宰相に直属する戦時食糧庁が設置された。戦時食糧庁は、しかし、プロイセン農業界と結ぶプロイセン農相の抵抗やバイエルンなど諸邦の非協力的な態度もあって、消費者の期待に応えるものとはならなかった。

食糧騒動は、その一方で、閉塞状況を余儀なくされていたドイツの反戦平和派を力づけることとなった。一九一六年のメーデーには、ベルリンでリープクネヒトを先頭とした反戦デモが敢行され、彼が裁判にかけられると、それに抗議して六月にはベルリンの軍需工場労働者五万五〇〇〇名がストライキに突入した。

第三次ＯＨＬの「独裁」と祖国補助勤務法・無制限潜水艦作戦

一九一六年八月における第三次ＯＨＬの成立は、まず、弾薬の供給の倍増、機関銃・大砲の供給の三倍増という、軍需生産の飛躍的な拡大を求めたいわゆる「ヒンデンブルク・プログラム」の提起として現れた。その遂行のために設置された戦時庁は、グレーナー将軍の指揮のもと、軍需生産施設の拡充・新設に巨額の財政資金を投入し、また、軍需生産の拡大に必要な労働力の確保を目指した。それは、軍需景気をさらに推し進めるものとして、産業界の歓迎するところとなった。もともとドイツの戦時経済は、開戦後間もなく、巨大な電機コンツェルンＡＥＧ《アーエーゲー》を率いるヴァルター・ラーテナウの提言を受けてプロイセン陸軍省に設置された、戦時原料局を中心に運営されてきた。大工業家・銀行家の協力を得た同局は、そのもとに相次いで設けられた戦時原料会社ともども、軍需産業、とりわけその大会社に有利な原料の配分、軍需物資の調達を推し進める機構となっていた。戦時庁は、こうした戦時統制経済を一段と高度化するものとなったのである。その一方、食糧問題に苦しむ一般民衆の側でも、同問題の軍による独裁的な解決への期待から、第三次ＯＨＬの成立、戦時庁の新設を歓迎する空気が強く、社会民主党系の労働組合指導者も戦時庁の成立を歓迎した。こうして、皇帝《カイザー》の影はまったく薄れ、かわってヒンデンブルクが、国民統合の中心として大きく登場することとなった。

「ヒンデンブルク・プログラム」遂行の中心にすえられたのは、軍需産業の労働力の強制的な調達に向けた祖国補助勤務法（祖国奉仕法）であった。この法律は、兵士の「軍事勤務（兵役）」に対し、銃後の人々を軍需産業での労働を中心とする「補助勤務」に動員しようとするものであった。それは、銃後に残った一六歳以上六〇歳未満の男性の軍需産業への動員と、労働者の統制の強化をはかるとともに、もともとは、女性にも労働の義務を課そうとしたものであった。

労働組合指導者は、労働者の職業・職場の選択の自由という、労働者の基本的な権利の制限は認めたが、労働者のこの巨大な犠牲への代償を求め、法案の修正に尽力した。結局、グレーナーも、労働組合の協力を確保すること、労働者の不満に「安全弁」を与えることの必要性を重視し、労使の調停機関および仲裁裁判所の設立、各工場での労働者委員会の設置が補助勤務法に盛り込まれることとなった。労働組合指導者は、これを「最大の戦時社会主義的措置」として歓迎し、これによって「社会的国民国家《フォルクスシュタート》への道」が開かれた旨を宣言した。そしてグレーナーの要請に応えて、軍需産業労働者を結集していた、ドイツ金属労働組合の議長シュリッケを戦時庁に送り込んだ。これに対して、社会民主党多数派の戦争協力政策への批判からそれとの対立を深めていた同党少数派は、この間、帝国議会内で「社会民主主義協同体」という別個の議員団を形成していたが、同議員団はこの新法を、労働者を鎖につなぐものとして厳しく批判した。

他方、女性の動員については、ルーデンドルフの信任が厚く軍需産業界とも関係が深かったバウアー中佐の起草に成る、ヒンデンブルクの宰相ベートマン＝ホルヴェーク宛て書簡には、「国家に財政的な負担をかけるだけの、子供のいない兵士の妻」や、「何もしないか、きわめて不必要な職業にしか就いていない婦女子」にまで動員を拡大する意図が示されていた。そこにはとりわけ、女性の動員（図7-2）によって、できるだけ多くの男性を戦場へと動員することへの期待が込められていた。しかし、これは、女性の出産能力への悪影響や家庭の解体への危惧（出産・子育ての重視）から、また上流階級の女性にまで労働義務を課すことになることへの懸念もあって断念された。そしていわば非公式な形で、出征兵士の妻が労働に従事しない場合には家族手当を支給しない、また、労働に従事した場合にはその所得に伴う手当のカットを緩和する、といった飴と鞭の政策によって、女性を工場へと駆り立てる方策がとられていくこととなる。

こうした女性動員の動きのなかで、市民階級出身の女性運動指導者たちは、「女性による女性の動員」に積極的な姿勢を示した。グレーナーの肝いりで「戦時女性労働国民委員会」が組織され、戦時庁に新設された女性労働中央本部の長には、婦人国民奉仕団の有力者マリー＝エリーザベト・リューダースが就任した。リューダースらは、「同時に二つの戦線は戦えない」「女性は男性をバックアップするが、それゆえにこそ自分自身が強くなければならない」として、軍需産業で働く女性労働者に食糧の面で男性の場合と同様の処遇をするよう尽力した。また保健面や、休憩室・託児所・幼稚園の設置など、女性労働者の福祉の向上に努めた。そうした努力の甲斐もあってか、一九一七年の初めには、軍需産業労働者の半数以上を女性が占めるほどになり、男女間の賃金格差も縮小していった。

図７－２　女性の動員

軍需工場で働く女性。

出典：Dieter und Ruth Glatzer, *Berliner Leben 1914-1918*, Berlin 1983, S. 159.

しかし、この一九一六年から一七年にかけての冬、ドイツは「カブラの冬」と呼ばれる厳しい食糧難に見舞われ、食料品店前の長蛇の行列が、それまで以上にベルリンの街頭を支配する光景となった。食事は「緩慢な餓死」と称されるほどのものとなり、多くの人々がインフルエンザにかかった。平和を求める声も、否応《いやおう》なく高まらざるをえなかった。

第三次ＯＨＬが労働力の動員と並んで重視したのは、国民の精神的な動員であった。一九一六年一二月、政府は国民に、頑張り抜くことを求め、不平不満を訴えることのないよう呼びかける、宣伝パンフを配布した。「我々は勝利せねばならぬ」という言葉の下に、皇帝ではなくヒンデンブルクとビスマルクの肖像、そして帝国議会の絵がおかれ、ヒンデンブルクの肖像の下には「一九一四年の理念を維持せよ」と記されていた。

第三次OHLが、宰相ベートマン＝ホルヴェークらの危惧を抑えて戦争目的論議の自由化を貫徹したのも、祖国補助勤務法と同様、「勝利のためにあらゆる力を解き放つ」という考えから出たものであった。そもそも、ハインリヒ・クラース率いる全ドイツ連盟とルール地方の石炭鉄鋼業界とを中心としたいわゆる「戦争目的運動」は、一九一四年末以来、「姑息《こそく》な平和」を排し、ドイツの東西に接する広大な地域の併合など広汎な戦争目的を貫徹する「勝利の平和」まで戦い抜くことを目指して、運動をくりひろげてきた。それは、何よりもまず、大英帝国の世界支配への挑戦を意味したが、国内的には、労働者が戦争への協力を通してその影響力を増大させることをおそれ、ドイツの領土膨張の夢をかきたててその注意を内政改革から外にそらせ、さらには、前線の兵士や銃後の民衆の「頑張り抜く」意志を強めようとするものでもあった。こうした動きは、戦争の長期化による生活条件の悪化とあいまって、民衆の間に「併合主義者」「戦時利得者」への反発を高めた。戦争協力政策をとる社会民主党も、大衆の支持を失うことを恐れて、一九一五年末以降、戦争の早期終結を求め侵略計画を拒否する運動をくりひろげることとなる。こうしたなかで、内外の反響を危惧した宰相ベートマン＝ホルヴェークは、戦争目的の公然たる論議の禁止をはかった。しかし、戦争目的運動の側は、逆に「勝利の平和」の貫徹を求めて、イギリス打倒のための無制限潜水艦作戦に踏み切ることを政府に要求する運動を展開し、一九一六年の夏にはさらに宰相不信任の運動がくりひろげられた。

そもそも、潜水艦作戦の強化は、イギリスによる海上封鎖に対して、ドイツ海軍が強く求めたところであった。北海洋上での決戦は、英独艦隊の戦力比から避けざるをえなかったからである。とりわけ、一九一六年五月末のユトランド沖（スカーゲラク沖）海戦で洋上決戦の危険があらためて明らかとなって以降、この動きはいっそう強まり、次第に帝国宰相ベートマン＝ホルヴェークの更迭を求める陰謀の様相すら帯びることとなった。彼は、潜水艦作戦に対する中立国アメリカの強い反発を重視し、これより先、同年三月には、海相ティルピッツ提督の解任を貫徹していたのである。

無制限潜水艦作戦と宰相の更迭を求める運動の一大中心地となったのは、農業国バイエルンであった。全ドイツ連盟とともにこの運動の先頭に立った、バイエルン・キリスト教農民協会の指導者ゲオルク・ハイムらの背後には、ヴェルダン・ソンムの戦いのもたらした大きな犠牲に対する民衆の怒りと厭戦気分の蔓延があった。戦時下のバイエルン農村では、成人男子の召集による労働力不足から、過重な労働の負担がとりわけ農家の主婦の肩にのしかかったこと、また、都市の消費者——とユンカーを中心とするプロイセン農業界——に顔を向けた食糧統制の進展によって、農家の自家需要分の制限や供出の強制が進んだことが、大きな不満を呼んでいた。前線における夫や息子たちの死傷の激増は、こうした底流する不満と合して、すみやかな平和を求める声を高めることとなったが、それは逆に、戦争の強化を求める方向へと組織されていったのである。

第三次ＯＨＬはこうした動きに、まず戦争目的論議の解禁で応え、次いで、アメリカの参戦を危惧するベートマン＝ホルヴェークらの抵抗を押し切って、一九一七年二月一日、無制限潜水艦作戦を開始した。それは、また、すべてを「勝利の平和」達成の一点に集中しようとする第三次ＯＨＬが、ドイツの実権を掌握したことを示すものであった。

いわゆる「ユダヤ人センサス」が行なわれたのも、この第三次ＯＨＬのもとにおいてであった。一九一六年一〇月、プロイセン陸軍省は、ユダヤ人兵士が前線を避け後方の兵站基地でのうのうとしているといった風評に対応するためとして、ユダヤ人兵士の統計的な実態調査を指示した。これは、反ユダヤ主義に公然と迎合するものとして、ユダヤ人に大きな衝撃を与えた。開戦時、多くのユダヤ人は他のドイツ人と戦いを共にすること、またユダヤ人を迫害するロシア帝国と戦うことを願って戦場におもむいた。しかし、軍隊特有の男社会になじめず、また、西部戦線ではフランス軍内のユダヤ人同胞を撃つことにますます苦痛を感じていったといわれる。そして、ドイツ軍の占領下におかれたロシア領ポーランドその他の、伝統的な宗教儀式や慣習を重んじるユダヤ人との接触、またそのドイツへの流入は、ドイツのユダヤ人社会にさまざまな反応を呼び起こした。そうしたなかで行なわれたこの調査は、ドイツへの同化を願うユダヤ人に暗い影を投げかけるとともに、シオニズムの動きを強めることとなった。

3　大戦後期のドイツ、敗戦と革命、大戦の遺産

労働者・水兵の運動、帝国議会平和決議、ドイツ祖国党の結成

第一次世界大戦勃発後三年を迎えようとする一九一七年春から夏にかけて、ドイツ内外の状勢は大きく動いた。まず、ドイツ以上に戦争遂行の重荷に苦しんだロシアで、三月、革命が勃発した。ペトログラード・ソヴィエトは、「無併合・無償金の平和」を求める呼びかけを発し、それはこの夏にかけて、国際的な社会主義者の平和会議（ストックホルム会議）開催の動きへと発展した。次いで四月には、連合国側と経済的結びつきを深めていたアメリカが、無制限潜水艦作戦による逆封鎖に大きな打撃を受けたイギリスの苦境を黙視しえず、連合国側に立って参戦した。この時アメリカは、帝制ロシアの崩壊を受けて、「世界を民主主義のために安全なものとする」という旗印を掲げ、ここにドイツは、「民主主義を目指す十字軍」の敵とされることとなった。

国内では、四月初旬、ドイツ社会民主党内の戦争協力反対派が、社会民主主義協同体を中心に、カール・リープクネヒトやローザ・ルクセンブルクらのスパルタクス派をも加えて、ドイツ独立社会民主党を結成した。同党の大衆的な基盤を形成したのは、戦争による生活・労働条件の悪化のなかで「階級闘争の再開」を求め、軍需工場内で影響力を広げていたドイツ金属労働組合の下部活動家たちであった。彼らは、組合の各工場における代表者・信任者として、またしばしば、祖国補助勤務法で新設された労働者委員会の委員の地位をも得て、労働条件改善の先頭に立っていた。同月半ばには、パンの配給量の削減に抗議して、ベルリンの軍需工場労働者が大戦下初めて大規模なストライキに入り、ライプツィヒではさらに、内政改革とすみやかな平和の実現を求める要求も掲げられた。女性労働者をはじめとする多数の未組織労働者も参加したこの「四月ストライキ」の中心を担ったのも、独立社会民主党指導部と連携した工場内活動家たちであり、彼らはやがて「革命的オプロイテ」と呼ばれることになる。

この年、六月から八月にかけて、ドイツ大海艦隊では、ひどい食事（特に将校の食事との大きな格差）や上官による兵

の取り扱いに抗議する水兵たちの運動が、勤務の拒否や集団無断上陸などさまざまな形でくりひろげられた。そこでは、水兵たちの「伝声管」として新設された各艦の糧食委員会が、しばしば水兵たちの運動の重要な核となった。そしてとりわけ、平和を求める運動が、国際的な反戦平和の運動を志向する独立社会民主党とも一定のつながりをもちつつくりひろげられたことは、海軍当局に大きな衝撃を与えた。

七月に入ると、無制限潜水艦作戦の行き詰まりが明らかになり、オーストリア＝ハンガリーの危機的な状況も加わって、帝国議会内に戦争の行方への不安が高まった。そして、社会民主党の戦争協力を確保する必要にも迫られた中央党・進歩人民党は、同党とともに新たな帝国議会多数派を形成し、「和解の平和」を求める帝国議会平和決議を採択した。開戦前より一貫して宰相の地位にあったベートマン＝ホルヴェークは、この時、ヒンデンブルク、ルーデンドルフの皇帝に対する強い圧力のもとで辞任に追い込まれた。九月には、帝国議会多数派に対抗して、「勝利の平和」「ヒンデンブルクの平和」を掲げるドイツ祖国党が、ティルピッツ前海相を指導者として結成された。同党にはプロイセン選挙法改革をはじめとする内政改革を阻止しようとする政財界また農業界が結集したが、同党はまた、労働者を領土拡大の夢で引きつけようとして、労働者向けの宣伝・組織活動をもくりひろげていくこととなる。

「勝利の平和」の夢と現実

一九一七年一一月、ロシアではボリシェヴィキが権力を掌握し、「平和の布告」を発した。ドイツでは平和への期待が高まったが、軍部は東方での勢力拡大路線を強引に推し進め、一九一八年三月のブレスト＝リトフスク講和で、ポーランドからウクライナにかけて大きな勢力圏を築いた（図7-3）。この間、一月末にはベルリンをはじめ各地で「平和」と「パン」を求める労働者のストライキが勃発したが、当局は前線への召集などで厳しくこれを弾圧した。この時ベルリンでは、社会民主党指導部が、「革命的オプロイテ」を中心に形成されたストライキ指導部（「労働者評議会」）に加わり、労働者の統一・団結への要望に応えるとともに、そのなかでストライキの早期終結に動いた。しかし当局はこれを無視し、弾圧策を強行したのであった。そして東部戦線での単独講和ののち、三月末、西部戦線で大攻勢に乗り出した。

「勝利の平和」の夢は、ついに実現するかに見えた。

しかし、一年ほど前に連合国側に立って参戦したアメリカの陸軍部隊をも次第に戦列に加えた連合国軍は、ドイツ軍の大攻勢を阻止し、八月にはこれに重大な打撃を与えた。兵士たちは、味方の甚大な損失、敵側の物資・兵員両面での優越に圧倒され、「無事に故郷に帰る」ことへの願いが兵士たちの心をとらえていった。

この願いは、しかし、集団的な反抗によって自分の命を危険にさらすことは避ける、ということでもあった。そこでとられたのは、むしろさまざまな個人的戦闘忌避の行動であった。自分の身体を自ら傷つけたり、シェルショックをよそおったり、性病に意図的にかかったりするほか、自分の部隊を無許可で離れたり、帰隊を遅らせたりといった行動もしばしばとられた。防衛戦の際に自発的に捕虜になることは、すでに一九一七年末にその数の増大が第三次ＯＨＬの注目するところとなっていたが、一九一八年夏以降の後退戦では大衆的な現象になったといわれる。前線への輸送の途中で脱走する兵士も多く、二割近くも欠けていた例が報告されている。そして、同年四月以降には、銃後から前線に送られる兵士たちが移送を集団的に拒もうとする動きも顕著となった。

銃後では、六月、食糧の配給量がさらに削減され、東部戦線での「パンの講和」への期待が空しかったことが明らかとなった。そしてこの夏、人々の心は「いつ、平和が、そしてそれとともに食糧が来るのか」という問いで占められ、女性たちは前線の夫や息子たちに、もうさっさと故郷に帰って来るよう訴えた。前線でも銃後でも、ドイツの戦争体制は解体・崩壊の過程にはいったのである。

敗戦・革命と大戦の遺産

軍部は、九月下旬、休戦の申し出やむなしと見て、帝国議会多数派に休戦・講和交渉の任務——と「勝利の平和」挫折の責任——を預けた。以後、一〇月初めのマックス・フォン・バーデン公内閣の成立とアメリカ大統領ウィルソンへの休戦の申し出、同月下旬の一連の内政改革（「十月改革」）、同月末のドイツ海軍指導部によるイギリス海軍との決戦に向けた大海艦隊出撃命令（「提督の反乱」）と水兵たちの抗命によるその阻止、そして翌一一月初めの武装蜂起（「キール軍

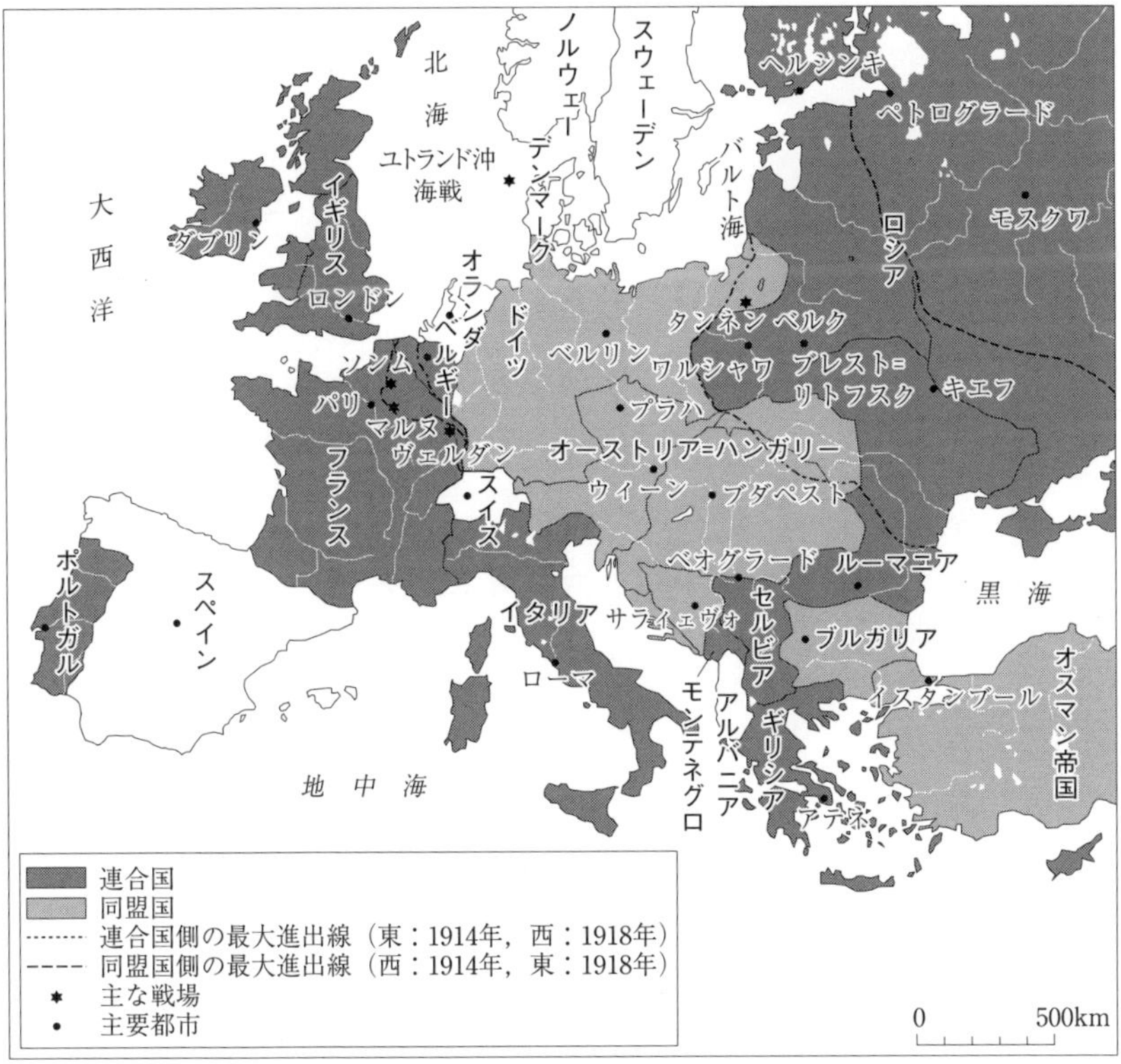

図７－３　第一次世界大戦中のヨーロッパ

出典：*The Times Atlas of the 20th Century*, edited by Richard Overy, London 1996, p. 31 の地図を元に作成。

港の反乱」）へと、事態は急速に展開した。蜂起はすみやかに各地に広がったが、オーストリア＝ハンガリー帝国の崩壊で最前線の地位に立たされたバイエルンの首都ミュンヘン、軍への大量の召集を目前にした帝国の首都ベルリンにおける労働者と兵士の革命は、最後の決戦阻止に始まった水兵の反乱の場合と同様、国家が人々に「死」を求める力と正当性を失ったことを、凝縮した形で示した出来事であった。ベルリンの革命では革命的オプロイテが大きな役割を演じ、バイエルンの革命では農民の参加も見られた。この過程で各地に形成された労働者・兵士評議会《レーテ》（バイエルンは労働者・兵士・農民評議会）は、戦争体制下で苦しい生活を余儀なくされてきた人々が力を結集し声を上げる場となった。それは、同時に、戦争体制の解体・崩壊のあとの、治安や食糧供給の確保をはじめとする「秩序」の維持・再建の課題をも担うこととなった。

一一月九日の社会民主党と独立社会民主党から成る人民委員政府の成立と、同月一一日の連合国との休戦協定調印以降、全国労兵評議会大会（一二月）、「スパルタクス蜂起」と新設のドイツ共産党指導者カール・リープクネヒト、ローザ・ルクセンブルクの虐殺（翌一九一九年一月）（コラム参照）、ワイマルでの国民議会開催と旧帝国議会多数派に連なる「ワイマル連合」政府の成立（二月）、炭鉱労働者をはじめとする各地での広汎な運動の展開とミュンヘン「レーテ共和国」の流血の弾圧（三月～五月初め）を経て、六月、「ヴェルサイユ条約」の調印、八月、ドイツ共和国憲法（「ワイマル憲法」）の公布がなされ、ここに戦後体制の大元が決定した。

この過程で、大戦下に進んだ、労働者の国民国家への統合は飛躍的に進展し、国家・自治体の福祉面での役割もさらに拡充されて、ドイツは「社会国家」・「福祉国家」へと大きく前進した。女性の参政権も戦後初めて認められたが、その大きな背景となったのも、戦争体制のさまざまな分野での女性の協力であった。しかしその一方では、男性兵士の復員が進むにつれて、戦時中女性が進出していた職場の多くから、女性は好むと好まざるとにかかわらず排除され、家庭へと戻っていった。そして女性は、ワイマル体制下で保守派の重要な基盤となっていくのである。

復員してきた兵士の多くは、元の職場へと戻った。しかし、志願して戦場におもむいた市民階級出身の若者など、平時の生活になじみにくくなっていた兵士も少なくなかった。好戦的な「男らしさ」の文化（「ヴェルダンの神話」）を身につけた彼らの間からは、敵を国内に見いだし反革命の義勇軍《フライコール》に投じる者も多く出た。そこには、戦時下の社会で進んだ「内なる敵」概念の急進化も作用しており、ドイツ内外の革命の指導者にユダヤ人が多かったこともあって、反ユダヤ主義がその重要な旗印となった。戦争という暴力からの復員は、ここでは、国内政治における暴力への復員でもあったのである。そしてそのことは、革命的暴力を肯定する側にも相当程度該当することであった。左右を問わず軍隊的な組織化が進み、街頭での衝突が日常的に見られるようになった。こうした「政治文化の軍事化・野蛮化」もまた大戦がワイマル共和国に残した重い遺産であった。そしてとりわけ、ドイツに厳しい負担を課したヴェルサイユ条約の責任、敗戦の責任を、銃後における「勝利の平和」路線への批判、反戦・平和の宣伝・組織活動に帰し、共和国にも激しい攻撃を加えた、いわゆる「背後からの一突き伝説《ドルヒシュトースレゲンデ》（匕首《あいくち》伝説）」は、共和国の崩壊、ナチズムの勝利に大きく貢献することとなるのである。それは、大戦下、民衆の軍事的・社会的・経済的な動員（「戦争のシステム化」）に伴って進んだ民衆の精神的な動員（「戦争のイデオロギー化」・「戦争の神話化」）の一つの到達点をなすとともに、そのなかにすでに次の大戦への動きをはらむものであったといえよう。

参考文献

フリッツ・フィッシャー著、村瀬興雄監訳『世界強国への道――ドイツの挑戦、一九一四～一九一八年』（Ⅰ・Ⅱ）岩波書店、一九七二～八三年。

ディーター・グラツァー／ルート・グラツァー編著、安藤実・斎藤瑛子訳『ベルリン・嵐の日々　一九一四～一九一八』有斐閣、一九八六年。

木村靖二『兵士の革命――一九一八年ドイツ』東京大学出版会、一九八八年。

小野清美「ヨハン・プレンゲの『戦争哲学』と社会主義論――イギリス帝国主義への挑戦と国民統合」松田武・阿河雄二郎編『近代世界システムの歴史的構図』渓水社、一九九三年。

西川正雄ほか『もう一つの選択肢――社会民主主義の苦渋の歴史』平凡社、一九九五年。

三宅立「第一次世界大戦の構造と性格」歴史学研究会編『講座世界史5　強者の論理』東京大学出版会、一九九五年。

木村靖二「公共圏の変容と転換――第一次世界大戦下のドイツを例に」『岩波講座世界歴史23』岩波書店、一九九九年。

三宅立『ドイツ海軍の熱い夏――水兵たちと海軍将校団　一九一七年』山川出版社、二〇〇一年。

垂水節子『ドイツ・ラディカリズムの諸潮流――革命期の民衆　一九一六～二一年』ミネルヴァ書房、二〇〇二年。

三宅立「第一次世界大戦の図像学――ドイツ美術における『死と再生』」馬場恵二・三宅立・吉田正彦編『ヨーロッパ　生と死の図像学』東洋書林、二〇〇四年。

Belinda J. Davis, *Home Fires Burning: Food, Politics, and Everyday Life in World War I Berlin*, London 2000.

扉図出典：オットー・ディックス画、ドレスデン国立美術館所蔵。

コラムⅧ

ローザ・ルクセンブルク記念碑論争

西川正雄

一九一九年一月に右翼軍人たちによって虐殺されたドイツの革命家ローザ・ルクセンブルクに関しては、同じように射殺されたカール・リープクネヒトと共に、一九二〇年代半ばにベルリンに記念碑が建立された。それはナチスによって破壊されてしまい、それに代わるものは無い。だが、フリードリヒスフェルデ（旧東ベルリン）の墓地にワイマル期に設けられた社会主義者を記念する一角の一番目立つところに彼女の墓碑が置かれ、東ドイツ崩壊以後にも花束が絶えなかった。一九八七年には、彼女の死体が投げ捨てられた運河のほとり（旧西ベルリン）に記念碑が作られている。

一九九八年になって、かつての東ドイツの支配政党の後継者、ドイツ民主社会党が、（旧東）ベルリンのローザ・ルクセンブルク広場に彼女の記念碑を新たに作ろうと提案し、同市の議会で連立を組んでいた社会民主党も賛成した。この広場はワイマル時代のドイツ共産党の闘争と縁が深く、ドイツ民主社会党の本部もそこにある。東ドイツ崩壊以後、あちこちの通りの名前が変えられたにもかかわらず、ローザ・ルクセンブルク広場の名称はそのままである。

ところが、ボンの社会民主党歴史研究センターが断固として反対を表明した（二〇〇二年）。ローザ・ルクセンブルクの記念碑は（旧西）ベルリンにすでに七つもあるではないか、と。もっと本質的な理由は、ローザ・ルクセンブルクが議会制民主主義に反対した人物だという点にある。第一次世界大戦後、議会制民主主義を支持したエーベルトの記念碑にこそ目を向けるべきだ。ワイマル共和国を護ったラーテナウやヒルファーディングの記念碑も無いというのに。外野からは、いっそ、（ワイマル共和国に対するカップ反乱の後、急進的労働者を弾圧した）ノスケの記念碑こそ建てるべきではないかという挑発さえある。その後マスコミでも賛否の議論が続いた。けっきょく、新たな記念碑は建たず仕舞いだが、最近、ローザ・ルクセンブルクの文章からの引用を刻んだ真鍮の銘板が掲げられることに落ち着いたようだ。

ローザ・ルクセンブルクは一八七一年、ロシア支配下にあったポーランド東部のザーモシチのユダヤ人系企業家の家に生まれた。ワルシャワに出て高校生活を送る間に革命運動に惹かれていき、官憲の追及を逃れてチューリヒに亡命する。この町は東欧からの亡命革命家たちのメッカだった。終世の心の友となるレオ・ヨギヘスと出合い、協力して一八八四年、独自の政党を結成した。後のポーランド王国・リトアニア社会民主党である。

当時、社会主義者たちの国際組織として第二インターナショナルがあり、その中心的存在はドイツ社会民主党だった。活躍の場を広げようとして、ローザ・ルクセンブルクは一八九八年にベルリンに移った。時あたかも、ドイツ社会民主党でいわゆる「修正主義」論争が始まる直前だった。彼女は「修正主義」を批判する『社会改良か革命か』を著して一躍注目を浴びた。同党の重鎮ベーベルや理論家カウツキーと親しくなったが、次第に疎遠になっていった。それは彼女が同党の組織温存的な方針に飽き足らず、革命を追求したからである。一九〇五年のロシア革命はその傾向に拍車をかけた。のちに『資本蓄積論』として結実する（一九一三年）仕事などを通じて、彼女は帝国主義の非人間的な本質を明らかにしつつ、その最も露骨な表れである戦争の阻止に全力を傾けた。

図Ⅷ-1　ローザ・ルクセンブルクの死体が投げ込まれた，ラントヴェーア運河のその地点に，1987年に設けられた記念碑

出典：筆者撮影（1989年）。

だが、第一次世界大戦が勃発すると、その前日まで反戦を主張していた社会主義者の大多数が自国政府の戦争政策支持に転向した。あくまで反戦を貫くローザ・ルクセンブルクは投獄された。獄中で書いた『社会民主主義の危機』は戦争に協力した「第二インターナショナル」に対する徹底的な批判である。一九一七年一一月に、多くの点を共有していたレーニンらがロシアで政権を掌握したことは、彼女に希望を与えた。だがしかし、レーニンらの民主主義にもとる手段には深い懐疑を抱いた。

一九一八年一一月、ドイツ帝国は敗北し、革命状態となる。ようやく釈放されたローザ・ルクセンブルクは、政権を握った戦争協力派の社会民主党に対抗して、共産党の創立に協力した。彼女が書いた綱領は言う「プロレタリア大衆の大多数が」この党の方針に「自覚的な同意を与えたとき以外には政治権力を引き受けない」と。しかし、動乱に巻き込まれ、翌年一月一五日、右翼軍人によって拉致された挙句、射殺され死体は運河に放り込まれた。

ローザ・ルクセンブルクは、マルクス主義者であり、その立場から社会主義革命こそがよりよき社会と平和を実現できると信じ、口先だけの同志を批判して理念を追

図Ⅷ-2　ベルリン，フリードリヒスフェルデ墓地に，1951年に改めて「社会主義者追悼碑」が建てられた。「死者は警告する」と刻まれた碑の正面右がローザ・ルクセンブルクの墓碑

出典：筆者撮影（1991年）。

求し行動した。同時に彼女は、ヴォルテールいらいの自由主義思想の信奉者だった。なればこそ、彼女は政党ではなく大衆が事態を変えてくれることに期待をかけたのだ。「自由とは、常に、考え方の違う者の自由である」と述べた時、彼女は自ら考えたよりはるかに重大な問題を提起していたのである。

　ローザ・ルクセンブルクは、日本にもその存在が一九〇四年には伝えられ、特にその獄中書簡の翻訳が読者の心を打っていらい、日本では彼女に対する関心が強い。一般的には、スターリンが彼女の思想を弾劾したので、スターリン主義が批判されるようになると彼女がスターリンとはもとよりレーニンとも違う革命的社会主義者として高く評価されるようにもなった。いわば「人間の顔をした」社会主義の象徴とされたと言えよう。

　ソ連邦を中心とする社会主義圏が崩壊した今、ローザ・ルクセンブルクの思想と行動は、単にソ連型社会主義とは違う社会主義の選択肢を示していた、という程度ではなく、もっと深いところから吟味しなければなるまい。

　ローザ・ルクセンブルクは獄中から秘書への手紙の中で言い残している「私の墓碑の上には二つの文字しか書かれてはなりません。ツヴィ・ツヴィ。言うまでもなく、これは私が上手に真似できる四十雀《しじゅうがら》の鳴き声です」。

参考文献

西川正雄「ローザ・ルクセンブルクとドイツの政治」『史学雑誌』六五―一二、一九六二年一二月、一～四六頁。最も優れた伝記は Peter Nettl, *Rosa Luxemburg*, 2 vols.（Oxford 1966）である。日本語訳もあるが、誤訳だらけなのでお勧めできない。日本語による関連文献については、見よ、丸山敬一「ローザ・ルクセンブルク邦語文献目録」『ローザ・ルクセンブルクと現代――東京・国際シンポジウム報告集』社会評論社、一九九四年、二二八～二五〇頁。

第八章　新生ワイマル共和国の実験と苦悩

田村栄子

1919年１月19日の国民議会選挙に向けての「人民代表委員会」政府のポスター（197頁参照）
「ドイツのあらゆる層の労働者，市民，農民，兵士は国民議会でひとつになろう」という文字の入った，黒赤黒（共和主義の色）の三色で書かれたもの。

「新しい住まい」運動による，フランクフルト・アム・マインの住宅団地――通称「ジグ・ザグ・ハウス」（1920年代）

1928年の国会選挙（210頁参照）闘争
共和国擁護派の「国旗団」の行動隊（右）を右翼陣営の「鉄兜団」（左）が罵倒。

1918	9.29.参謀次長ルーデンドルフ，敗北を承認，帝制下の議会制政府を要求。10.28.帝国憲法の「十月改革」—帝政下の議会制。10.30.軍港ヴィルヘルムスハーフェン→軍港キールなどにおける水兵反乱と労働者・兵士評議会（レーテ）の全国的拡大（～11.3.～9.，十一月革命）。11.9.皇帝ヴィルヘルム２世の退位（翌日，亡命），社会民主党エーベルトの宰相就任，社会民主党シャイデマンの「ドイツ共和国の成立」宣言。11.10.社会民主党と独立社会民主党による「人民代表委員会」政府形成。11.11.「人民代表委員会」政府，休戦協定への署名。11.15.「中央労働共同体」の形成に関する大工業と労働組合の協定（８時間労働）
1919	1.1.ドイツ共産党の創立（３月に発足したコミンテルンに加入）。1.5.一月蜂起（いわゆる「スパルタクス蜂起」），ドイツ労働者党結成（８カ月後，ヒトラー，これに入党）。1.15.共産党のルクセンブルクとリープクネヒト，軍・義勇軍により虐殺。1.19.憲法制定のための国民議会選挙（2.6.ワイマルに国民議会招集）。2.11.国民議会，エーベルト（社会民主党）を大統領に選出。2.13.シャイデマン（社会民主党）内閣——ワイマル連合（社会民主党・中央党・民主党）（～6.20.）。4.7.バイエルン・レーテ共和国成立（～5.1.国防軍侵入で崩壊）。6.23.国民議会，ヴェルサイユ条約調印を承認し，6.28.調印。7.31.国民議会，ワイマル共和国憲法を採択
1920	2.24.ドイツ労働者党，国民社会主義ドイツ労働者党（ナチ党）と改称。3.13.右翼政治家・軍人による「カップ一揆」を労働者のゼネストで粉砕（～3.17.）
1922	6.24.ソ連とラパロ条約を締結（4.16.）したユダヤ系ラーテナウ外相暗殺
1923	1.11.フランス・ベルギー軍，ルール地方占領，ドイツ政府の「消極的抵抗」。9.1.ニュルンベルクに約10万人の右翼結集。10.10.ザクセン州で社会民主党・共産党連合政府成立（～10.30.国防軍の侵入で崩壊）。10.16.テューリンゲン州で社会民主党・共産党連合政府成立（～11.12.国防軍の侵入で崩壊）。11.8.ヒトラー一揆失敗（～11.9.，ヒトラーは禁固５年の刑をうけるが９カ月で釈放）。11.15.レンテンマルクの発行（旧１兆マルク＝新１レンテンマルク）。11.30.社会民主党が下野して，中央党・バイエルン人民党・人民党・民主党（ときに国家人民党）の連合内閣（～1928.6.12.）。12.21.労働時間規制法の発布で10時間労働の復活
1924	8.29.賠償支払いについてのドーズ案，国会で採択され，8.30.調印
1925	4.26.（旧陸軍参謀総長）ヒンデンブルク，（第二次）大統領選挙で当選。12.1.ロカルノ条約調印（西部国境現状維持）
1926	9.8.国際連盟に加盟
1928	6.28.ミュラー（社会民主党）大連合内閣（ワイマル連合プラス人民党）（～1930.3.27）
1929	7.ヤング案（6.7.調印）反対の人民請願行動（鉄兜団・ナチ党など）。10.25.ニューヨーク・ウォール街の株式市場の大暴落—世界経済恐慌の開始
1930	3.30.第一・二次ブリューニング（中央党）内閣——大統領内閣（～1932.5.30.）。9.14.国会選挙において，ナチ党大躍進（前回28年の12議席から107議席へ）
1932	6.1.パーペン内閣→12.3.シュライヒャー内閣——大統領内閣（～1933.1.28.）
1933	1.4.ケルンの銀行家シュレーダー邸での工業界・パーペンとヒトラーの会談。1.30.ヒトラー内閣の成立

1　十一月革命から「ワイマル共和国」の出発へ

「上からの」議会制化と「下からの」十一月革命

ワイマル共和国はいつから始まるのか、という問いに答えるのは簡単ではない。ここでは、当時の国民にとって新しい時代が始まったと思われたのは、一九一八年一一月初めの労働者・兵士の革命的行動であろう、と考え、その前史から始める。

一九一八年九月二九日の日曜日、公式には依然として第一次世界大戦におけるドイツ側の勝利が報じられていたこの日、陸軍参謀総長ヒンデンブルク元帥から作戦指導を全面的に任されていた参謀次長ルーデンドルフは敗北の確信のもとに突然の決断をした。それは、国民に敗北をしらせる前に権力をいままでの「政敵」(=帝政期の帝国議会多数派)に委譲して、敗北の責任をそれに負わせるということであった。

一〇月三日、帝国議会多数派を形成している中道‐左派政党である社会民主党・進歩党・中央党の連合政府がつくられ、二八日、帝国議会は「帝国憲法修正に関する」法律を可決した(「十月改革」)。これ以降ドイツは、首相選出は国会の承認に基づくという帝政下の「議会制」へと移行した。

一八年一〇月三〇日、北ドイツの軍港ヴィルヘルムスハーフェンにおいて、無益な出撃を命じた海軍指導部に対して、ドイツ大洋艦隊の水兵が抵抗したことが発端となり、一一月三日にキール軍港で水兵の総蜂起が展開された。将校団への不満と講和要求を結合させた水兵の行動に労働者・市民が合流し、全国的な共感を呼び起こして、各地で労働者・兵士評議会(レーテ)をはじめ、社会各層がそれぞれの部署・地域で多様な評議会を結成した。講和・帝政廃止・民主化・改革・革命の諸要求が出され、ドイツ全土が自然発生的な革命(十一月革命)の大波に洗われた(図8‐1)。

革命的騒擾を沈静化するべく帝政宰相マックス公は、一一月九日、皇帝ヴィルヘルム二世の退位(翌日オランダへ亡命)と社会民主党首フリードリヒ・エーベルトへの宰相委譲を宣言した。この不意打ちの「上からの」帝政廃止宣言をうけて、社会民主党幹部の一人フィリップ・シャイデマンは、同日午後二時、国会議事堂のテラスから「ドイツ共和国の成立」を宣言した。各邦国においても君主制は崩壊していった。

翌一〇日、ベルリン労・兵評議会大会において、社会民主党（エーベルト、シャイデマンを含む）と独立社会民主党各三人から構成される「人民代表委員会」政府（一二月末に独立社会民主党は離脱）が承認され、帝政崩壊後の暫定政府となった。この政府により翌一一日、連合国との休戦協定が調印され、二九日「憲法制定ドイツ国民議会選挙に関する法律」が布告された。

「背後からの一突き」伝説と「中央労働共同体」協定

敵兵がドイツの地を踏んで、敗北を身をもって体験した後の議会制であれば避けられたであろうような恐ろしい混乱が、自然発生的な十一月革命により生じた。国民は二つの心性《マンタリテ》に分裂した。帝政の支配層とそこにアイデンティティを感じていた国民層はその後の共和国に敵意を抱き、旧体制の転覆を喜んだ国民層、とりわけ労働者層は共和国に忠誠心を抱いた（H・パクター）。

経済と政治が安定的に進行すれば、分裂した心性《マンタリテ》は融合へとむかったであろうが共和国が不安定になるとよびさまされる記憶となったであろう。とりわけ帝政支持派および愛着者は、帝政の権力者から政治を託されたはずの社会主義者が革命を起こして国民を「裏切り」、前線で戦う兵士を「背後から一突き」した（＝士気をくじいた）ためにドイツは戦争に敗れた、という思いを「伝説」として増幅させていく。さらに多くのユダヤ人は愛国的に前線で戦ったにもかかわらず、ワイマル時代にユダヤ人が活躍し始めたことから、彼らも社会主義者と同列に「十一月の犯罪者」とされた。

ルーデンドルフから政治権力を譲渡された社会民主党がまず考えたことは、権威主義的旧体制からの決別と平和と民主化を望む大衆の要求の実現に専心することではなく、「下からの」革命のさらなる急進化（＝ドイツのボルシェヴィズム化《ドイツにおいても一九一七年一〇月に成功したロシア社会主義革命的なものを樹立させようとする思想と運動、具体的にはスパルタクス団や共産党の思想と運動》）を回避すること、すなわち安寧、保安、秩序の回復であった。そのため旧体制の支配的勢力との妥協を図ろうとした。「革命を憎悪した」エーベルトは、軍最高司令部の任に就いたグレーナーと提携同盟（エーベルト - グレーナー同盟）を結び、社会民主党系の自由労働組合・キリスト教労働組合などは経営者連盟と「中央労働共同体」協定を締結した。労働組合の承認、八時間労働制などが含まれていた。また旧官僚層もほぼそのまま引き継がれた。労働者の状況は一定の前進を見たが、伝統的エリート層は生き残った。その姿は、作家テオドール・プリーヴィエの一九三二年の作品『皇帝《カイザー》は去ったが、将軍たちは残った』という標題に示され、ワイマルの政治文化の重要な構成要因となっていく。

ドイツ共産党の結成と政治的位置

ワイマル時代に政治的社会的に活動する政党のなかで、十一月革命のインパクトを強くうけて新しく発足したのは、極左のドイツ共産党と極右のナチ党である。

ここで政治的な「右」「左」について一言述べておこう。左翼＝個人の自由尊重・平等的・労働者向きであるのに対し、右翼＝エリートの権威主義重視、経済的自由競争重視、反労働者的という区分けがさしあたり可能であるが、ワイマル時代はこの座標軸を基にしつつ、二分化がときに強化され、ときに揺らいでいく時代であった。

図8-1　11月9日のベルリン

ブランデンブルク門を通って市内に入る革命派水兵。ドイツのいたる所と同じように，ここでも労働者が水兵に同調した。

出典：S. ハフナー著，山田義顕訳『裏切られたドイツ革命』平凡社，1989年，115頁。

首都ベルリンにおいて一九年一月一日、スパルタクス団（社会民主党内の左翼急進派が一六年に結成）を軸にして共産党が創立された。共産党は、帝政にまつわるものの徹底的な廃止、男女の完全な自由、王朝財産・公共交通機関・銀行・鉱山などの評議会共和国による没収などを要求していた。

ベルリンでは、一月五日、独立社会民主党系のベルリン警視総監アイヒホルンの罷免に抗議して、独立社会民主党、無党派急進派、共産党などが新聞社、駅、公共の建物などを占拠し、エーベルト・シャイデマン打倒宣言を発した。この「一月蜂起（スパルタクス蜂起）」に対して社会民主党は、軍隊・反革命義勇軍を出撃させて弾圧した。一月一五日には、反戦の闘士であったために投獄されていたが、出獄したばかりの共産党のローザ・ルクセンブルクとカール・リープクネヒトが計画的に虐殺された（コラムⅧ参照）。この事件は共産党の社会民主党に対する敵愾心を燃え上がらせ、長く尾を引くことになる。海外も含めて彼女／彼に対する虐殺への抗議の声は広範に広がった。

共産党は、一九年三月に、レーニンらソ連共産党指導部を中心に三〇カ国の共産党や左翼社会主義者により創設されたコミンテルンに加入した。国際共産主義運動の一環となることでドイツ共産党は、一定の成果と苦汁というプラス・マイナスの途を歩むことになる。二一年には三六万人の党員を擁し、ワイマルの政治地図の重要な一翼を担っていく。共産党は、既成の諸政党に比して、指導者・党員ともに年齢層が若く、指導部への集中度が高い。同じようなスタイルではあるが、イデオロギー的には共産党と対極に位置するのがナチ党である。

ナチ党の誕生とその思想

ナチ党の歴史は、一九一九年九月に、アドルフ・ヒトラーがドイツの南の都市ミュンヘンのドイツ労働者党（一九年一月五日創立）を訪ねたときに始まる。オーストリア国籍のヒトラーは、第一次大戦のときにドイツ軍に志願し、敗戦後陸軍上等兵としてバイエルン歩兵連隊に属していたが、上官の命令でこのドイツ労働者党を調査するべく出かけて、入党し、軍との関係と弁舌の才で頭角を現していった。ドイツ労働者党は二〇年二月二四日、演説会において「二五カ条綱領」（暫定綱領であったが、二六年五月に「不可変」綱領となる）を発表し、党名を「国民社会主義ドイツ労働者党」（略称：ナチ党）と改称した。二一年七月にはヒトラーは指導者となって党内における独裁権を樹立した。

その頃、バイエルン州は左右の政変にめまぐるしく見舞われ、ナチ党基礎固めの頃には、反動勢力の牙城となり、反共義勇軍の養成・活躍の場となっていた。こうした空気と国防軍との繫がりに支えられて、ヒトラー（三四歳）は二三年一一月八日の晩、ミュンヘン市内のビアホールでのフォン・カールなどの反動的君主主義的政治家や国防軍将校などの集会に、帝政期国防軍の元参謀次長ルーデンドルフなどとともに武装して乗り込み、バイエルン政府とワイマル中央政府の解体、国民革命を宣言した。ムッソリーニにならってベルリン進軍を企てた「ヒトラー一揆」である。翌九日ヒトラーは逮捕された。「右」に甘いワイマル時代の司法に助けられてヒトラーは、四時間に及ぶ冒頭陳述を許され、禁固五年の刑に服すべきところを、九カ月で釈放された。その後ヒトラーは、選挙で多数の支持をえて、合法的に権力を獲得する道を選ぶが、さしあたりはバイエルンの地方政党にとどまっていた。

ナチ党の思想を、「綱領」と『わが闘争』（投獄中に執筆）から簡単に述べておこう。①ユダヤ人のドイツ国からの排除と「国外にいる民族ドイツ人」のドイツ国民化（「大ドイツ」の発想で国外のドイツ民族居住地の併合を意図している）。②健全な中産階級の創設、大企業の利益配当への参加、国民の要求に適合した土地改革など「中間層社会主義」。③既成のインターナショナルな社会主義政党や労働組合から労働者を「解放」して「国民化（ナショナルに）する」。国民主義《ナショナリズム》は、労働者の立場に立つという「社会主義」と結合してモダン化された（「新ナショナリズム」）。強烈な反ボリシェヴィズム・反マルクス主義（ここでいうマルクス主義のなかには社会民主主義をも含める）。④ヴェルサイユ体制反対・徴兵制の導入・強い国家の創設などワイマル共和国打倒。⑤総じて、ワイマル共和国を打倒して「ドイツ民族共同体」を創出すること。

ナチ党は、歴史の表舞台に登場した労働者に「顔」を向けて、時代の問題群と切り結ぶ闘争課題を政治的に提起して果敢に闘い、伝統的な政治的座標軸である「右」「左」といった構図にくさびをうちこみ、本質において「極右」ではあるが、「左翼」的相貌を呈し、二九年一〇月の世界経済恐慌以降、国民の支持を集めていくのである。

国民議会選挙とワイマル共和国の政党

一九一九年一月一九日の憲法制定のための国民議会選挙は、満二〇歳以上の男女の普通・直接選挙、比例代表原則により実施された。初めて女性に男性と同等の選挙権・被選挙権が与えられ、女性の政治参加の点では、ドイツは英仏に大きく水をあけた。この選挙を、各層の国民が共生する新生共和国の門出にしたいと願う「人民代表委員会」政府の期待は章扉図㊤に見てとることができる。国民議会選挙の投票率は八三％で、選挙結果は表8-1に示された通りである。

選挙戦において民主主義的共和主義的憲法・国家体制の創出をかかげたのは、帝政権力の中枢から突然政府を委譲された帝政議会多数派を継承した社会民主党、民主党、中央党であり、あわせて七五・六%をえて勝利した。民主党は敗戦後、帝政期の進歩党などの伝統を受け継いで新結成された、知識人主体の党である。中央党は帝政期からのカトリック教徒の結集体であり、社会民主党は帝政期の創設時から「労働者の党」であり、少数派による権威主義的独裁打倒や経済の社会化を要求していた「左翼」である。前述のように「革命を憎悪」して、より「左」に位置する共産党からは敵視されていたが、外交面でのヨーロッパの相互理解と内政面での民主主義というコンセプトは守ろうとし、ワイマル時代を通じて多少の浮沈を伴いつつ、国会選挙においてつねに、二〇%以上の国民の支持を維持した。中央党も安定的な一〇%以上の支持を保ちえた。民主党は、ワイマルの政治的社会的危機のなかで急速に国民の支持を失っていく。

一九年二月一三日にこの三党による政府（ワイマル連合、首相は社会民主党のシャイデマン）が成立した。この政府に、つまりワイマル新生共和国の発足に対して、「左」から批判を展開するのは共産党（この選挙に不参加）であるが、「右」から共和国を牽制するのは、後に成立するワイマル憲法を拒否し、外交的には強力な国家ナショナリズム、国内的には農・工の大所有の利益擁護、強い権威に基づく国家システムを志向している人民党と国家人民党であり、後者がより右である。この選挙では両者はあわせて一五%しか獲得していないが、二〇年六月選挙では、両者あわせて二九%に達し、社会民主党を追い越した。

ワイマル憲法とヴェルサイユ条約

新生共和国の国民議会開催の場としては、小邦国ワイマル（数カ月後に新設テューリンゲン州の一小都市となる）が選ばれた。政治的社会的に激震している首都ベルリンを避けて、文豪ゲーテ、シラーが活躍（ゲーテは政治的にも活躍）した人道と自由、啓蒙の地で文化国家を築こうとしたのである。国民議会が一九年二月六日に招集され、数日後、「人民代表委員会」政府首相のエーベルトが七割の支持をえて、ドイツ国（ライヒ）大統領に選出された。エーベルトは、馬具職人として社会主義的労働組合運動に献身してきた「思慮深い実行型」の人物であった。国の看板は大きく変わった。

表 8－1　ワイマル共和国における政党と選挙

選挙期日／政党	国民議会 1919. 1.19→	第一議会 1920. 6.6→	第二議会 1924. 5.4→	第三議会 1924. 12.7→	第四議会 1928. 5.20→	第五議会 1930. 9.14→	第六議会 1932. 7.31→	第七議会 1932. 11.6→	第八議会 1933. 3.5→
ナチ党	—	—	32	14	12	107	230	196	288
国家人民党	44	71	95	103	73	41	37	52	52
人民党	19	65	45	51	45	30	7	11	2
群小政党	7	9	29	29	51	72	11	12	7
中央党	91	85	81	88	78	87	97	90	92
民主党	75	39	28	32	25	20	4	2	5
社会民主党	185（うち22）	186（うち84）	100	131	153	143	133	121	120
共産党	—	4	62	45	54	77	89	100	81
計	421	459	472	493	491	577	608	584	647

注：社会民主党の数字のうちカッコ内は独立社会民主党。
出典：山口定『ヒトラーの抬頭』朝日文庫，1991年，46頁（原文では「ナチス」となっているのを，本文使用の「ナチ党」と改めた）。

七月三一日に採択された「ワイマル憲法」の基本精神は、ドイツ国（ライヒ）は共和国であり、国家権力は「国民（フォルク――「Volk《フォルク》」とは、英語のpeopleにほぼ相当し、民衆、人民、民族、国民などの訳語があてられる）」に由来する（第一条）と示された。既述の男女の普通平等選挙権を始めもろもろの基本的人権に加えて、社会的基本権が制定された。青少年や母性の保護、必要な生計費支給、経済の社会化、労働権の保障と労働法の改善、経営者団体と労働者団体による共同決定権などワイマル社会国家と称するにふさわしい内容が謳われた。これらは、帝政期からの社会主義的労働組合運動の歴史と十一月革命のインパクトをうけてもりこまれたものであり、新憲法解説において「世界中で一番民主的な憲法」（W・イェリネク）と宣伝された。

草案作成当初から議論の多かった共和主義政体のあり様については、議会と大統領の二頭立てとなった。非常事態を想定して、国民の直接選挙に基づく国（ライヒ）大統領に緊急命令権（第四八条）と首相任免権（第五三条）が与えられた。議会が通常に機能している場合には有名無実に等しかったが、議会機能が麻痺したときには、これらの条項の実質的重みがますことになっていった。

国民議会において憲法採択よりも一足早く一九年六月二三日に承認されたのが、戦勝連合国とのヴェルサイユ講和条約である。この条約によって、ドイツは植民地のすべてを失い、戦前の領土の一三％と人口の九％を失い、徴兵制廃止、参謀本部解体、陸軍一〇万人に縮小、海軍も一万トン以下の軍艦に限定された。開戦責任はドイツとその同盟国に押し付けられ（第二三一条）、賠償総額は巨額なものとなった。

当時の多数のドイツ国民には、これが内包していた単独戦争責任、押し付けの「命令」という側面がとりわけ大なる民族的屈辱として受け取られた。これを受諾した社会民主党をヴェルサイユ体制をつくり出した「背後からの一突き」勢力とする世論がいっそう燃え上がった。

ともあれ共和国は、一九二〇年三月、右翼政治家で軍人のヴォルフガング・カップがルーデンドルフなどと企てた権力奪取のクーデター（カップ一揆）を、労働者のゼネストで粉砕したが、その後も、ソ連との外交再開等を定めたラパロ条約を締結したユダヤ系外務大臣ヴァルター・ラーテナウ（AEG《アーエーゲー》電機会社社長）の暗殺、ヒトラー一揆など「右」からの攻撃、および北部・中部における「左」の蜂起行動に悩まされる。

2　「新しい人間」創出の光と影

「同盟」青年運動・「青年神話」、「実験学校」

新生共和国にどう対応するかという広い意味での政治意識はもちつつも、直接的に政治活動に踏み込むのではなく、新生共和国をささえる「新しい人間」の創出を目指した文化的運動もいろいろ展開された。いずれも近代化の進展によって人間的「生」の全体が細かく分解されていく現状を鋭く批判した。

ヴィルヘルム時代にワンダーフォーゲル運動を展開していたエリート青少年（ギムナジウム上級生・大学生）が、ワイマル時代に引き続き開始した青少年運動は「同盟青年」と称された。彼ら（少数の彼女ら）は主張した。いままで臣下とされていた「フォルク」が突然主権者とされて、廃墟のただなかで新しい家を打ち立てねばならないが、青年は国家の外的装置を変えることはできないとしても「人間」を変えることはできる、と。盟約を結んだ「同盟」という共同体に結集して、職業人や目的をもった人間ではなく、真にフォルクに仕える人間を育成しようとした。

図8-2　1920年，「古ワンダーフォーゲル」のキャンプ生活

出典：W. Mogge, *Bilder aus dem Wandervogel-Leben*, Köln 1991, S. 59.

図8-3　1930年，「ドイツ義勇団」のキャンプ

出典：Mogge, *op. cit.*, S. 118.

最大の同盟は「ドイツ義勇団」で、男女青少年あわせて一万二〇〇〇名（二九年）であった。「同盟青年」への参加者は全体として五万名で、大小数十の「同盟」に離合集散を繰り返しつつ集っていた。彼らは、野山を渡り歩き、キャンプ――図8-2の小規模で自由なキャンプから図8-3のような大規模で規律あるキャンプへと移行――での歌・素人芝居、農村労働奉仕キャンプ、大旅行、日常的な談話・交流といった共同体生活を通じて「新しい人間」を創出しようとした。同盟の政治的思想的傾向は、ドイツ義勇団のように相対的に共和主義系リベラルなものから、保守的なもの、キリスト教系、少数ではあるが反ポーランド人・反ユダヤ主義傾向の強いものなどいろいろであった。

「同盟」としては、党派的態度を厳しく排除していたが、多数派はドイツ・フォルク（民族）というなかに、ヴェルサイユ条約で他国に属することになった在外ドイツ人を含めており（「大ドイツ」の発想）、「フォルクの再生」ということのなかに「ワイマルの階級的党派的なフォルクの対立」を克服するということを含めていた。

同盟青年に結集する青年は、ワイマル時代の青年諸団体所属の青年（全青年の四割）のわずか一・二%であったが、自発的青年運動の「しにせ」として、青年諸団体にあたえた影響は大きかった。同盟青年の多くの者が主張した「フォルクの対立の克服こそ青年の任務」、という言説は知識人やジャーナリズムにおいても鼓舞されて「青年神話」として反共和国的思潮の強化に貢献した。ワイマル末期、政治的にはナチスを拒否しつつも、心情的にはナチズムを受容していく。もっとも「フォルク」を「主権者としての国民」と考えてナチス時代に抵抗運動を続けた少数派もいたことを忘れてはいけない。

帝政期に青年運動と連動して発展した改革教育運動はワイマル時代には、上からの知識注入教育批判に加えて、十一月革命の影響をうけて社会主義思想をもおりまぜて、ハンブルクやベルリンなどにおいて行政と共同の「実験学校」へと発展した。それは、自然や手と精神の相互作用を重視して、生徒間、教師と生徒の間、教師・生徒・保護者の間の共同体を創出して、「古い学校」を「新しい学校」につくりかえて、共和国にふさわしい「新しい人間」を育成しようとした。それなりの成果を生むが、保守派からの強い反発を招くことになった。

表現主義・バウハウス・住宅団地建設運動

青年運動と連動して、芸術にも革新の風が吹いた。モスクワ生まれの法律学者であったヴァシリー・カンディンスキーが、一八九六年、三〇歳のときにモネの絵に感動して分離派が登場していたミュンヘンにやってきたのが、ドイツ表現主義の発端である。彼は「絵画にはまったく対象は何もいらない」といって、視覚的にはとらえられない内的感情を色彩豊かに形態的に描いた。カンディンスキーの友人である「思索する画家」パウル・クレー（スイス生まれのバイオリンの名手）は、カンディンスキーよりも強く現実の人間世界を批判的に抽象化し、音楽的ハーモニーを織り交ぜて自由奔放な創造力と豊かな詩情で描き出した。

カンディンスキーやクレーも参加して、ワイマル文化を代表するといわれる総合芸術運動「バウハウス」が創設された。レーテ運動のなかで一九一九年一月にベルリンで誕生した芸術家評議会議長を、建築家ブルーノ・タウトに続いて務めたヴァルター・グロピウスが、校長を引き受け、四月一五日、ワイマル邦国立（前述のようにワイマル邦国が新設テューリンゲン州の一部となるに伴い、州立となる）バウハウスがワイマルに誕生した。

彼は、芸術がそれぞれに分化して殻に閉じこもり、一般社会に垣根をめぐらせていることを批判して、創立宣言で次のように言った。建築家・画家・彫刻家などすべての職人（芸術家）は手工芸に復帰して、多岐に別れた姿の全体を把握して、徹底的に基礎から学んで、民衆と芸術の共同を取り戻さねばならない、と。人間の全体性回復の手工芸的な面と、眼前に展開しつつある産業社会への対応をどのように調和させるかをめぐって格闘が続く。

バウハウスの教師は国際的であるが、生徒も、女性、社会主義者・無政府主義者、ユダヤ系、外国人など多彩であった。こうしたことが内部対立と外からの批判を強め、所在地もワイマルからデッサウ（二五年、市立）へ、そしてベルリン（三二年、ここでは私立）と移り、ナチス政権により閉鎖させられることになった。

バウハウスは個人住宅や公共建築物、家具（モダン・デザインの祖）だけではなく、住宅団地建設に着手した。他の建築家も参加したこの「新しい住まい」運動は、解放・平等・連帯を担い得る「新しい人間」を団地を通してつくろうとした壮大な実験であり、労働組合や自治体との共同作業であった。ワイマル時代にベルリンやフランクフルト・アム・マインなどを中心に一六万五〇〇〇戸以上を擁する団地（章扉図㊥参照）が建設されたが、憲法の精神に基づいた二四年新設の家賃税を担保としていたために、家主層の反共和国感情を強めることになった。

3　「相対的安定」期におけるモダニティの拡大と相克

フランスのルール侵入、「相対的安定」と産業合理化

政治・経済に目を転じよう。戦勝国賠償委員会がドイツ側の賠償義務不履行を認めたことを理由に、二三年一月一一日フランス・ベルギーは軍を西部重工業の拠点ルール地方に侵入させ、実力で現物賠償支払いをさせようとした。ドイツ政府のフランス占領軍への「消極的抵抗」の要請にしたがった国鉄労働者や重工業労働者をフランス側は追放した。

彼らへの給与支払いや自治体への援助金、失ったルールの鉱工業品の代替品輸入のための莫大な資金の必要、ルール占領による全国経済網の切断によるドイツ経済の困難などの事態打開のために莫大な資金が必要とされたため、財政的裏付けのない巨額の紙幣が発行された。戦中に始まっていたインフレは加速し、ハイパー・インフレーションとなり「朝に新聞一部のために五万マルクを払い、夕べには一〇万マルクを支払わねばならない」（S・ツヴァイク）状態であ

った。一ドルが二三年八月の一二〇万マルクから一一月一五日の四兆二〇〇〇億マルクへと下落した。この日、経済界の担保負担による新紙幣「レンテンマルク」が発行され、旧一兆マルク＝一レンテンマルクとされた。

発行額の限定により「レンテンマルクの奇跡」がおこり、インフレは急速に収束した。インフレの収束はインフレ勝者と敗者をもたらした。経済界の巨峰＝ルールの王・シュティンネスが、六〇に及ぶ企業を傘下にした巨大私的コンツェルンとなった一方で、財政基盤の弱い中小商工業・手工業（職人）・家主層は打撃をうけ、扶助を受ける失業者は、二三年七月の一八万人から一二月の五〇万人に増えた。加えて、シュティンネスは、共和国発足時の中央労働共同体において約束した八時間労働日を反故にすることに成功した。

このような大企業の勝利に加えて、世界一の強国となったアメリカの金融・政界が、蓄積資本の投資先として、資本を欠いているが工業的可能性のあるドイツに注目し始めた。

アメリカの財政家ドーズを委員長とする専門家委員会によるドーズ案の調印が二四年八月国会で承認された。ドイツは八億金《ゴルト》マルクの外債を受け取り、これで経済を活性化させ、五年間年次ごとに賠償支払いをするというものであった。これを機にドイツと西欧との関係は好転し、二五年一二月のロカルノ条約調印、二六年九月の国際連盟加盟となった。

賠償問題の一応の方向づけ、「ドルの太陽」といわれたアメリカ資本の流入、社会主義ソ連（二二年四月ラパロ条約締結）をも含むヨーロッパ諸国との協調的関係、それらは、基本的には、資本の側の活力回復をもたらした。産業合理化は、アメリカ的経営方法である、科学的分析に基づいたテイラー主義の広範囲な導入までには至らなかったが、工業の大規模な独占化を進めた。

労働組合の側は、八時間労働日の空洞化など初期の成果を低減させることになり、組合組織率も低下するが、インフレ期よりは労働者層も生活の豊かさが味わえるようになっていく。工業生産指数は二七年に、実質賃金は二八年に戦前の一三年の水準を回復した。

しかし、政治の「安定」は「右」方向での安定であった。一九二五年の初代大統領エーベルトの死に伴う国民の直接選挙による大統領（二次）選挙において、旧帝政陸軍参謀総長のヒンデンブルク（七八歳）が僅差《きんさ》で当選した。政府について見れば、社会民主党は閣外に去り、二三年一一月～二八年六月の間、中央党・バイエルン人民党・人民党・民主党を軸に形成されたが、そのうちの約半分には国家人民党が入閣していた。

世界的都市ベルリンと大衆文化・余暇の展開と矛盾

経済の一定の「余裕」は、一九世紀末から発達してきたマスメディアのいっそうの広がり、大量生産、大量消費の傾向化をもたらし、「黄金の二〇年代」には市民層・労働者層といった階層別の文化ではなく、マスメディアの力を借りて広範囲の大衆に開放された大衆文化が花開いた。モダニティ（文化的・社会生活的には伝統的なるものの破壊と選択肢および私的充足感の拡充であり、信頼とリスク、好機と危険を伴う）の拡大であり、それは都市を中心に展開された。

とりわけ首都ベルリンは、世界的都市（メトロポリス）として精彩を放っている。ベルリンは、一七世紀にフランスのユグノーを受け入れ、一九世紀後半からユダヤ系ドイツ人が活躍し（例えば二五年にベルリンの医師の四〇％はユダヤ系）、社会主義ソ連やフランスなどの前衛芸術の影響を受け、そしてなによりも十一月革命に端を発するワイマル・ドイツの社会主義的革命的雰囲気をきわめて強く反映していた。一九一九～三二年の八回の国会選挙のベルリン市における結果はほぼ、共産党と独立社会民主党・社会民主党をあわせて六〇％を超え、しかも常に共産党・独立社会民主党が社会民主党を上回っていた。近代統一国家が遅れたドイツにおいても遅れて登場したプロイセン王国の首都であったベルリンは、「若い国」の「若い都市」として挑戦的創造的な人々に注目された。ドイツ各地や世界中から人々は、議論し対立し、自分を取り戻し、未来を味わうためにベルリンへやってきた。

一九二〇年に大ベルリンとなって人口は四〇〇万人、交通網は発達し、二七年に三つのオペラハウス、四九の劇場、三つの大ヴァリエテ（曲芸・ダンス・歌などを提供する娯楽劇場）、七五のカバレット（詩・パントマイム・歌などで社会・政治を風刺した芸術的劇場）をもち、無数のカフェ・ハウス、ダンス・ホール、映画館があり、四五の朝刊新聞、二〇〇の出版社があった。そこへ電話熱が加わった。

ベルリン西部のヴァン湖《ゼー》の水泳場を始め、各種スポーツ場も整備され、船・鉄道・自動車・飛行機による旅行も夢ではなくなった。それらを享受している画像がメディアにより流布されたが、享受できるのはほんの少しの有閑階級だけであり、圧倒的多数の大衆は、消費・娯楽・余暇生活へのかなえられない憧れという、新たな「搾取」感を味わうことになった。そういう状況に批判の目を向けて、例えば画家ゲオルゲ・グロスは、「社会の支柱」（一九二六年）（図8-4）において、聖・政・軍・財のエリートの欺瞞性を描いた。彼は、表現主義のロマン性に反抗し、物自体へ回帰しようとした「新即物主義」の画家とされている。

映画館と街頭の文化政治

社会的階級的対立・矛盾を照らし出す一方で、それらを心理的に忘れさせて、大衆をモダニティの拡大に酔わさせる作用をしたのが、映画館と街頭の文化政治である。「ごく普通の女店員が映画に行く」（S・クラカウアー）時代となった。二〇年代のドイツ映画は、印象的な装置、効果的な照明を伴う集団創作文化として欧米諸国の強い称賛を手にいれた。きわめてワイマルらしいと思われる作品を取り上げよう。一九二〇年に封切られ世界的名声を博した『カリガリ博士』は、曲線と直線を多用した表現主義的手法の画面により、現実世界と幻想の世界を交差させて展開される。現実には精神科医カリガリ博士の権威が勝利するのであるが、幻想のなかでは圧政はくつがえされる。

二七年一月に封切られた名監督F・ラングの『メトロポリス』は、アメリカニズム・機械崇拝が広がった相対的安定期を象徴的に視覚化した。冒頭で、未来のメトロポリスである摩天楼の連なる遊園地でたわむれる大企業の経営者やその息子たちと、地下で交替勤務に駆り出される労働者が対比的に描かれ、資本家への労働者の反乱を描きつつも、最後は「手と頭脳は思いやりをもつことで互いに理解しあえるのだ」という、資本家と労働者の和解の言葉で結ばれる。

二九年に登場したトーキー（発声）映画の代表は『嘆きの天使』（一九三〇年封切り）である。批判的精神の持主であるハインリヒ・マンの『ウンラート教授』をベースとしたこの映画は、見ようによってはギムナジウム教授の暴君性を揶揄しているとも見れるし、あるいはマレーネ・ディートリヒ扮する、酒場「嘆きの天使」の歌姫ローラの、挑発的な足に示されるセックスの化身と、自分に陶酔し夫となる教授へのサディスティックな対応を楽しむこともできる。

図8－4　1926年,「新即物主義」のゲオルゲ・グロスの絵「社会の支柱」
いばる将軍，偽善的聖職者，頭にオマルをかぶった知性なき新聞王，帝政旗をもった政治家，片手に剣，片手にビールをもち人の意見を聞かぬ（耳なし）法律家を「社会の支柱」として風刺。

出典：ゲオルゲ・グロス画，ナショナル・ギャラリー（ベルリン）所蔵。

以上三点はワイマルの各時期の象徴的なものであるが、いずれも見ようによっては権力を告発しているとも見れるし、権力との妥協を鼓舞しているともとれる。三〇年にドイツ全土で五〇〇〇あった映画館で上映されたものは、スリラー的、郷土的、恋愛的、軍隊的、左翼政治的なものと多様であったが、労働者より自由時間があり、地位が高いと思っているサラリーマン（＝新中間層）の多くは、現実を忘れ現実から逃避して、非日常の娯楽性に身を委ねたであろう。

ワイマルの街頭では、政党や政治的文化的諸団体のポスターや街頭活動が大衆に呼びかけた。表現主義や新即物主義は宣伝にピッタリであり、政治的宣伝（プロパガンダ）と芸術的手法が合流して、見た瞬間に鑑賞者に視覚で訴える「新しい政治」＝「劇場型政治」の登場を告げることになった。街頭活動を担ったのは、突撃隊（ＳＡ、ナチ党の政党軍）、右翼陣営の鉄兜団、共和国擁護派の国旗団（次第に社会民主党の政党軍化）、赤色前線兵士同盟（共産党の政党軍）などの青年である。政治的思想的に立場は異なるが、ともに旧参戦者・旧革命／反革命闘争従事者の価値意識・信念を強く反映しており、制服の着用や団旗崇拝、街頭パレード（自動車・自転車利用）、大衆決起集会、軍隊的な指導‐臣従関係の重視、街頭の政治的武闘的対立などの点においても類似して（章扉図㊦参照）、モダニティの雰囲気が盛り上げられた。急成長するのはSAで三二年に四〇万人となった。

「新しい女」・女性医師・妊娠中絶問題

ワイマル時代に注目をあびた社会層は、青年層（既述）と女性である。大学におけるモダニティの拡大、すなわち大学大衆化のなかで、正反対の対応をした教養市民層（大学生および大卒専門職に就いているもの）に属する女性医師と学生を取り上げよう。

ワイマル時代に社会の前面に登場するのは秘書、タイピスト、店員などとして働く若い女性ホワイトカラー（＝新中間層）と働く既婚女性である。ワイマル憲法の男女平等規定にも後押しされて、女性のもとでモダニティが拡大した。モダン（新奇）なファッションで、ようやく手の届くようになった余暇と消費を楽しむごく少数の女性を「新しい女」（図8-5）として、メディアは過剰にもてはやすようになった。そこでは男女の賃金格差（熟練労働者の週給五〇～六〇マルク、未熟練労働者三〇～四〇マルク、女性工場労働者一五～二〇マルク）といった即物的な問題は隠蔽されていた。

既婚プロレタリア（労働者層に属する）女性にとって差し迫る問題は、妊娠中絶問題であった。子どもをたくさん産みたくても、住宅は狭く夫の賃金は安く、働いている場合は解雇の危惧のもとで、妊娠中絶への願望は高まったが、帝政期から継続している刑法第二一八条は中絶したものに五年以下の懲役刑を科していた。非合法中絶のために毎年五～一〇万人の女性が重病になり、五〇〇〇～四万八〇〇〇人が命を失い、八〇〇〇人が有罪判決を下されていた。

こうした現状に対して女性として心を痛め「女性個人の身体への自己決定権」（女性医師E・キエンレ）の立場から対応したのが、ユダヤ系や社会主義系を含む多くの女性医師である。女性医師は女性の大卒専門職としては相対的に安定しており、四三六七人（一九三三年）となり、全医師の八・六％を占めていた。とはいっても男性医師からは、差別され続けていた。このようなエリートではありながらも差別された存在という周縁的《マージナル》な位置が女性医師たちをして、中絶問題に積極的に取り組ませることになった。社会主義系を除く圧倒的多数の男性医師が、出生率低下・人口減少による国力弱体化への危機意識から中絶批判を展開したのとは対照的である。

彼女たちの多くは、「女性医師同盟」（一九二四年発足）に結集し、性・結婚相談所を開設して、プロレタリア女性によりそい、避妊の知識普及・避妊具の配布などに取り組むとともに、刑法第二一八条廃止の運動に立ち上がった。

ナチ学生同盟の「反ユダヤ人革命」論と大学

ワイマル時代、ドイツの大学・学問・教授はモダニティの影響をうけることなく、あるいは社会のモダニティに反発して全体として保守主義の牙城であった。

エリート的地位が保証されていたはずの学生にとって、労働者層の地位の高まりと知的職業の就職難をもたらしたワイマル共和国は嫌悪すべき対象であったが、敗戦・革命により国家が瓦解したあとでは、従来の「上からの」ナショナリズム（国家主義）はもはや意味をもたなかった。「新しいナショナリズム」はフォルクを視野にいれねばならず、そのフォルクの「即物的（客観的）」基準は血統だ、と考える学生たちは二六年二月にナチ学生同盟（ナチ党の学生組織）を立ち上げた。彼らの最大の嫌悪の対象は、ユダヤ人（住民のなかでユダヤ人が占める割合は一％であるが、学生のなかでは四％）とヴェルサイユ条約であり、民主的構造の学生自治会のなかで支持を拡大していく。

図8－5　余暇と消費を楽しむ「新しい女」として誇示された像

出典：K. Hagemann (Hg.), *Eine Frauensache. Alltagsleben und Geburtenpolitik 1919-1933*, Pfaffenweiler 1991, S. 57.

反ユダヤ主義の濃厚なナチ学生同盟は、三一年七月の全国自治会連合の第一四回学生大会において議長の席と支配権を確保し、ヒトラーの政権掌握より一年半も前にドイツの大学のナチ化に全力投球していく。ヒトラーは国レベルより一足早く、ヒトラー政権の官僚機構や親衛隊（ＳＳ）を支える若き知的エリートを手中にしたのであった。

4　ナチ党の権力掌握――反共和国から「新しいナショナリズム」へ

ミュラー「大連合」内閣、世界経済恐慌、ブリューニング「大統領」内閣

経済的には相対的に安定し、政治的にも保守化のもとで表立った対立が影を潜めているなか、国防軍指導者はソ連との秘密再軍備を進める一方で、排水量一万トン以内というヴェルサイユ条約の枠内での「ポケット戦艦」（＝装甲巡洋艦）の製造を進めていた。その費用の第一回分が一九二八年度の予算案に組み込まれ、国会において強行採決された直後の二八年五月二〇日に、四年振りに国会選挙が実施された。

二三年一一月以来野党であった社会民主党は、「装甲巡洋艦の代わりに児童に給食を」をスローガンとして選挙戦を戦い、久しぶりに勝利し、一五三議席（三〇％）を獲得した。社会民主党は六月二八日、ヘルマン・ミュラーを首相に立てて、民主党・中央党・バイエルン人民党・人民党との大連合政権を樹立した。

この政権の誕生は、社会民主党を押した国民にとっては喜ぶべきことではあったが、軍指導部は、国民の再軍備への強い危惧を目の当たりにして、将来的な軍備展望への強い危機感を抱いた。国防大臣グレーナー将軍に信頼されていたクルト・フォン・シュライヒャー（陸軍中将で二九年から国防省官房長）は、大統領ヒンデンブルクの息子オスカー・フォン・ヒンデンブルク（大佐）と陸軍同期の親友であることを利用して、ヒンデンブルク大統領に社会民主党を閣外に放逐させるよう画策していく。

二九年一〇月二五日（「暗黒の金曜日」）、ニューヨークのウォール街の株式市場の空前の大暴落が発生した。世界的な規模の経済恐慌の開始であるが、賠償支払いをかかえ、外国、とくにアメリカの援助に頼って最も不安定な経済体制の国であったドイツが最も悲惨な影響をうけた。外資は引き上げられ、輸出は減少した。税収入は下がり、倒産は増え、失業者は増加の一途をたどり、実質賃金は低下し続けた（表8-2参照）。

二七年七月に社会民主党と労働組合の努力により成立していた職業紹介・失業保険法は、基準賃金の三％の掛け金を

表8-2　1928〜34年の危機の時代の経済・社会統計

	1928	1929	1930	1931	1932	1933	1934
工業生産指数	100	100	87	70	58	66	83
国民生産指数	100	95	91	80	76	86	93
住宅建設（新築住宅，単位：10万）	3.30	3.38	3.30	2.51	1.59	2.02	3.19
労働者の総所得指数（週実質賃銀）	100	102	97	94	86	91	95
生計費指数	100	102	95	86	76	74	77
失業者数（単位：100万）	1.3	1.8	3.0	4.5	5.6	4.8	2.7
失業者数（単位：％）	6.3	6.5	14.0	21.9	29.9	25.9	13.5

出典：M. Broszat, *Die Machtergreifung*, München 1984, S. 235.

労使折半で払ってそれをもとに失業者に給付金を支払う制度であったが、世界恐慌により、企業倒産、失業者が急増するなかで、失業者への給付金支払いをめぐって、与党内の意見調整ができず、三〇年三月二七日、ミュラー内閣は総辞職した。社会民主党は自由労働組合の後押しをうけて一歩も引けず、他方、人民党も資本家の組織である「ドイツ工業全国同盟」の側の圧力を受けて譲らなかった。

その後の政治は、シュライヒャーにより仕掛けられた、憲法第五三条の大統領の首相任免権と第四八条の緊急命令権に基づいた「大統領内閣」により担われた。最初は、カトリック教徒で中央党党首であるハインリヒ・ブリューニング首相が、三月三〇日に政党や議会に拘束されない内閣を構築した。彼は、大幅な増税、高率関税、官吏の給与の削減、社会政策関係費の削減といったデフレ政策をとって、購買力を低下させ、恐慌をいっそう激化させた。

ナチ党の「流星のごとき」大躍進

三〇年七月一八日、ブリューニングの増税を含む予算案に対する社会民主党の撤回要求が議会で採択されたために、ブリューニングは国会解散を告げ九月一四日に総選挙が実施された。選挙結果は、国内のみならず外国にも大きな驚きをあたえた。

ナチ党が六四〇万票をえて前回二八年五月選挙の一二議席から一〇七議席（一八・三％）へと「流星のごとく」大躍進し、社会民主党（一四三議席）に次いで、第二党になった。他方共産党も五四から七七議席に躍進した。新有権者といままで棄権していたが今回投票した有権者あわせて四二一万票の大部分は、ナチ党と共産党に流れたと推測される。国会は若返った。議員の平均年齢は四六歳となり、ナチ党と共産党の議員の七割前後が四〇歳以下であった。

どの社会層がナチ党に投票したのか。ジャーナリストのヘルムート・フォン・ゲルラッハは、一カ月後の一〇月六日に次のように分析している。一〇〇万人ぐらいは労働者。農場主につかえていると思ったり、農場主からヒトラーに投票するよう頼まれた農業労働者。理髪師や運転手のように、組織された労働者大衆より上だと思っているもの。ドイツ国家商店員同盟所属のサラリーマン。彼らは利害を共通する労働者と統一戦線を組む方がいいのだが、「身分意識」からそうしたくない。ユダヤ人を競争相手とみている戦争を知らない学生の大群（前述）。帝政からの政治意識をもち続ける多くの官吏。一八七一年以来の大工業の発展により、ユダヤ人・百貨店・取引所との絶望的な生存闘争を強いられている、手工業・中小企業・小売商などの営業的中間層。失業者は共産党に投票した。この見解は今日の研究水準に照らしても妥当である。

では、なぜ彼らはナチ党に投票したのか。ナチ党は各社会層向けの粗削りの政策を提示していないわけではないが、国民各層がナチ党を支持したのは、必ずしも具体的な経済的改革要求項目ではなく、ナチ党のドイツ民族共同体という理念と現状批判の果敢でモダンな闘争スタイルからくる期待であった。ナチ党が、保守的で大衆のことを軽視する伝統的な「古い」ナショナリズム（国家主義）と、階級対立をあおるインターナショナルな既存のマルクス主義（社会民主党・共産党）を批判し、政党対立・階級対立によって民族の一体感を引き裂いているワイマル議会制を批判し、ドイツ民族共同体の創出を提起したことが功を奏した。さらにナチ党は、二九年六月に調印されたヤング案が一九八八年までの五七年間にわたる賠償支払いを決めていたことに猛反対して、鉄兜団・国家人民党などとともにヤング案反対の人民請願行動を通じて、ドイツ民族を奴隷化しているヴェルサイユ体制反対運動を華々しく展開したことで、党の存在を全国的にアピールすることに成功していた。モダニティの拡大のなかで、余暇と大衆文化を楽しむ余裕のもてるようになっていたサラリーマンなどは、経済危機のなかで余暇による気晴らしを政治的熱狂の気晴らしへと転化したといえよう。

ナチ党の政権掌握

政府に話を戻せば、ブリューニング首相は三一年の中頃から社会民主党の「寛容政策」に助けられて、形の上では議会制を維持していたが、財界は経済政策を国家干渉なく自由にするために、また東エルベの大土地所有者は「東部救済地区における負債返済能力なき所領の強制競売」法案に危惧を抱いて、ブリューニング更迭を考え始めた。

その意をうけたヒンデンブルク大統領や政界を暗躍するシュライヒャーによりブリューニングは解任され、三二年六月一日に政治的には無名の中央党プロイセン州議会議員フランツ・フォン・パーペンが首相に就任した。その直後の七月三一日に実施された総選挙においては、三〇年九月選挙結果の趨勢がいっそう強まり、ナチ党は二三〇議席（三七・三％）を獲得して社会民主党を出し抜いて第一党となり、共産党も八九議席（一四・三％）へと躍進した。

この選挙結果は、ナチ党（「新ナショナリズム」＝労働者に「顔」を向ける）にとっても、伝統的保守派（「旧ナショナリズム」＝国家主義的権威主義的）にとっても、今後のドイツ政府をどう構築するかを考えねばならぬ決定的な出発点となった。伝統的保守派の政党である国家人民党と人民党の獲得議席は、二四年総選挙以降激減していき、両者あわせて今回は四四議席（七・二％）しかなかった。世界恐慌のなか、自分たちの経済的利益を優先する政府をつくるには、大衆の支持をえているナチ党と連携するという選択肢しかないことが彼らにははっきりしてきた。社会民主党は安定的に二〇％以上を獲得しているうえに、共産党が票を延ばしてきており、両党あわせて三五・九％でナチ党より多いことを考えれば、ナチ党との連携を急がねばならない。他方ナチ党にとっても、全力をあげた選挙選ではあったが、過半数をとれないとすれば、伝統的保守派と連携するしかない。問題はどちらが優位にたつかということであった。

伝統的保守派にとっては、ヒトラーはオーストリア出身の上等兵である上に、無頼漢の突撃隊をかかえており、さらにナチ経営細胞をつくって労働組合的活動にも足をつっこみ、「手なづける」にしては、手ごわい相手であった。ヒトラーは、保守派のジレンマを最大限に利用しようとして、保守派からの交渉の際に、首相か、さもなくば無を要求した。すぐには決着がつかず、三二年一二月にシュライヒャーが首相となるが、事態の打開をいそぐ工業界は、三三年一月四日、パーペンおよびヒトラーとケルンの銀行家クルト・フォン・シュレーダー邸で会合して、ヒトラーを首相にするが、その周りを保守派で囲い込むことで一致した。ヒンデンブルク大統領のもとには、「ボルシェヴィズムの危険」を訴える大農業家＝全国農村同盟の幹部がヒトラー首相就任を要請した。

一月三〇日、ワイマル時代最後の大統領内閣であるヒトラー内閣が合法的に発足し、ヒトラーは政権掌握に成功した。後に宣伝大臣となるナチ党のヨーゼフ・ゲッベルスは、まるで夢のようだ、と書いた。翌三一日保守系の新聞『クロイツ・ツァイトング』は、フォルク（民族）の絶望的な危機を前にしてあらゆる対立を克服してくれるナショナルな指導者が誕生した、と書いた。ここに、権威主義的であった「旧ナショナリズム」は、モダニティの拡大されたワイマル共和国を経てはもはや過去への回帰は不可能であることをさとり、労働者に「顔」を向けるが伝統的に労働者の側を自認していたマルクス主義を排除して、「国民的《ナショナル》政府」たらんとするヒトラーの「新ナショナリズム」へ移行したのである。

反ナチス対抗運動の挫折

「しかし我々はまだ依然として危険に気づかなかった」（S・ツヴァイク）という言葉ほど、ヒトラー首相就任時の反ナチスの個人・集団の気持ちをあらわしたものはない。反ナチスの広範な対抗運動は起こらなかったのである。

共和国出発をささえたワイマル連合の三政党の支持率がジリ貧ならば、このことは驚くべきことではないが、ワイマル連合のなかの社会民主党と中央党は共和国の全期間を通じてそれぞれ、安定的な支持を国民からえていた。中央党はカトリックを基盤としているという宗教性はあるが、社会民主党は、帝政期以来労働者層の支持をえ、その左派が共産党を創立して以後は、共産党も労働者層の支持をえ、ワイマル末期に社会民主党の不活性化のなか支持を拡大していた。労働者層をこの両党から切り離したいヒトラーは、「背後からの一突き」・「十一月の犯罪者」・マルクス主義・ボルシェヴィズムの言説で猛烈にこれらの党を攻撃した。こうしてヒトラーは組織されていない労働者層を味方に引き入れることには成功したが、組織された労働者層や両党を意識的に支持する個人を両党から引き離すことはできなかった。ワイマル最後の選挙において、社会民主党と共産党はあわせて三七・三％を獲得した。首都ベルリンにおいては、六一・五％（ナチ党三一・五％）に達していた。

両党のあいだに反ナチスの統一戦線が成立しておれば、二〇年のカップ一揆に対する反撃・粉砕のように、ヒトラー政権掌握に対抗する方向が出てきたであろう。

なぜ統一戦線は生まれなかったか。なによりもまず社会民主党の不活性化がある。モダニティの拡大のなかでも同党は「固定客」を失わなかったが、社会民主党になじんでいない人には、ナチスの方が「モダン」に見えたし、モダニティの矛盾を感じるものは、ナチスの「民族共同体」に駆け込み、他方矛盾の解決方向を求めるものは共産党に期待した。こうした社会民主党に対して、恐慌による失業者増大、生活の危機、議会制民主主義の危機のなかで、大衆、とりわけ未組織の失業労働者が期待をよせた共産党は、期待を担い得たのか。既述のように、共産党は一九年の発足直後コミンテルンに加盟しその支部となったが、二八年七月一九日に開催されたコミンテルン第六回大会は、ドイツ社会民主党の指導者を「社会主義の仮面をつけたドイツ・ファシズム（＝ナチズム）の一分派」と決めつけていた。

しかし、世界恐慌の波及による生活のいっそうの危機のなかで、ブリューニング内閣崩壊の三二年五月頃から、地域によっては共産党一般党員のもとで、社会民主党員との「反ファッショ行動」が展開されつつあった。共産党指導部も方針転換しつつあったが、広範な大衆をまきこんだ反ナチス統一行動には至らなかった。

どの側からも真剣に「危険」に気づかれることなく、ナチス＝「新ナショナリズム」は、勝利した。ドイツ革命を労働者のものと思い、その記憶をつみあげていた組織された「左翼」の安定はゆるがなかったが、守備範囲を越えることはできなかった。それに対してナチスは、モダニティの拡大のなかで高まった政治の流動性に感性でうまく適応しつつ、急速に大衆の支持をえて、旧ナショナリズムの擦り寄りをも成功裏に導き出し、勝利した。

参考文献

エーリッヒ・アイク著、救仁郷繁訳『ワイマル共和国史』Ⅰ・Ⅱ・Ⅲ・Ⅳ、ぺりかん社、一九八三～八九年。

エーベルハルト・コルプ著、柴田敬二訳『ワイマル共和国史――研究の現状』刀水書房、一九八六年。

ピーター・ゲイ著、亀嶋庸一訳『ワイマール文化』みすず書房、一九八七年（新訳版）。

セバスティアン・ハフナー著、山田義顕訳『裏切られたドイツ革命――ヒトラー前夜』平凡社、一九八九年。

ヘンリー・パクター著、蔭山宏・柴田陽弘訳『ワイマール・エチュード』みすず書房、一九八九年。

中村幹雄『ナチ党の思想と運動』名古屋大学出版会、一九九〇年。

山口定『ヒトラーの抬頭――ワイマール・デモクラシーの悲劇』朝日文庫、一九九一年。

石川捷治・星乃治彦ほか『時代のなかの社会主義』法律文化社、一九九二年。

デートレフ・ポイカート著、小野清美・田村栄子・原田一美訳『ワイマル共和国――古典的近代の危機』名古屋大学出版会、一九九三年。

小沢弘明・相馬保夫ほか『労働者文化と労働運動――ヨーロッパの歴史的経験』木鐸社、一九九五年。

ジークフリート・クラカウアー著、丸尾定訳『カリガリからヒトラーへ』みすず書房、一九九五年（新装版、初版：一九七〇年）。

熊野直樹『ナチス一党支配体制成立史序説――フーゲンベルクの入閣とその失脚をめぐって』法律文化社、一九九六年。

田村栄子『若き教養市民層とナチズム――ドイツ青年・学生運動の思想の社会史』名古屋大学出版会、一九九六年。

成瀬治・山田欣吾・木村靖二『世界歴史体系　ドイツ史3　一八九〇年―現在』山川出版社、一九九七年。

シュテファン・ツヴァイク著、原田義人訳『昨日の世界』Ⅰ・Ⅱ、みすず書房、一九九九年（新装版、初版：一九六一年）。

扉図出典：（上）S. Jacobeit, *Illustrierte Alltags-und Sozialgeschichte Deutschlands 1900-1945*, Münster 1995, S. 81;（中）G. Kuhn, *Wohnkultur und kommunale Wohnungspolitik in Frankfurt am Main 1880 bis 1930*, Bonn 1998, S. 385;（下）K. Bergmann u. a., *Geschichte und Geschehen A4. Geschichtliches Unterrichtswerk für Sekundarstufe I*, Leipzig・Stuttgart・Düsseldorf 1997, S. 45.

コラムIX

ラントとライヒ

熊野直樹

ドイツ近現代の歴史をマクロに考察する際に、ラント（Land）とライヒ（Reich）の国制上の関係は、なおも興味深い視角を提供してくれる。ラントもライヒも意味的にはいわゆる〈くに〉を指す言葉である。そもそもラントは、中世の領邦君主と貴族との双務契約的な法共同体を起源とし、各領邦君主がその支配領域内の権力を一元的に集中した結果、国家的自立性を高め、一七世紀のヴェストファーレン条約によって同盟締結権などを獲得して、領邦国家へと成長したものである。一方、ケルト語に語源をもつライヒは、そもそも神聖ローマ帝国の支配領域全体を意味するとともに、その中央権力をも意味した。ライヒは、理念的には「皇帝とライヒ」というように、皇帝とセットであり、北ドイツ連邦の盟主であるヴィルヘルム一世が、皇帝に就任するとともに、その国名が「ドイツ・ライヒ（Das deutsche Reich）」へと改名されたのは、まさにその証左である。

神聖ローマ帝国から数えて二番目のライヒである「ドイツ・ライヒ」＝第二帝政は、二五のラント（二二の領邦国家と三つの自由都市）からなる分権的な連邦制国家として出発した。その際、ラントの主権の一部はライヒへと移譲されたが、ライヒの主権は、ラント代表の議会である連邦参議院（Bundesrat）にあると解された。このように第二帝政においても、ラントは、その国制上の権限を多分に保持していた。しかし、中央集権化の傾向はやがて強まり、それはワイマル共和制において、一気に加速することになった。

「ドイツ・ライヒ」は、帝政の崩壊によって、共和制へと移行したが、国名はそのままであった。ワイマル憲法の作成において、連邦主義（Föderalismus）と、ラントや連邦制を廃止して、中央に権限を一元化する単一国主義（Unitarismus）とが対立した。憲法の起草に携わったフーゴ・プロイスは本来単一国主義者であったが、連邦主義者らの抵抗にあい、結局連邦制が保持されることになった。しかし、領邦国家やその君主制は帝政の崩壊とともに消滅し、ラントの権限は弱められ、逆にライヒの権限は強化された。その国制的象徴が、ワイマル憲法第四八条であった。それによると、あるラントがライヒによって課せられた義務を履行しないときは、ライヒ大統領は、武装兵力を用いてこの義務を履行させることができる、とされた。この場合、第二帝政では、連邦参議院の決議が必要であったが、ワイマル期には、もはやライヒ参議院（Reichsrat）の決議は必要とされなかった。

ライヒは、「ライヒ改革」の名の下に、ラントをライヒ直轄にすべく行政改革を画策した。これに対してラントは、その独立性を保つために、この行政改革に抵抗した。一方、いくつかのラントにおいては、ライヒからの分離独立の傾向が見られた。また一九二三年に中部ドイツのザクセンとテューリンゲンにおいて、社会民主党と共産党の統一戦線による「労働者政府」が成立した。ライヒ大統領は第四八条に基づき国防軍を派遣し、両ラント政府を倒壊させた。特にザクセンでは、武装した労働者を組織し、これとゼネストを武器に、国防軍による武力介入に抵抗する計画があったが、結局実現せずに終わった。ライヒによるラントへの武力介入は、ワイマル期における両者の関係を如実に物語る。

一九三〇年にはナチ党のヴィルヘルム・フリックがテューリンゲンのラント政府に内相兼国民教育相として入閣するが、彼はワイマル市の警察署長にナチ党員を起用した。これに対してライヒ内相は、ワイマル憲法に敵対し、国家に反逆的な政党の党員を起用したのは補助金の原則に反するとして、警察費用の補助金を打ち切った。こうして補助金をめぐってテューリンゲンとライヒとの間で対立が生じた。テューリンゲンはこれを不服として国事裁判所に訴えた。これが当時有名になった「ライヒ・テューリンゲン紛争」である。このライヒによる反ナチ党的な行政措置も、いわばライヒによるラントへの介入であった。

世界恐慌以降の財政難が、ラントの財政的自律性をも徐々に奪っていった。そうしたなか「パーペン・クーデター」が勃発したが、これによってプロイセンのラント政府はライヒ直属とされ、中央集権的・単一国主義的傾向が一段と強まった。一九三三年一月にヒトラー内閣が成立するや、同年三月にはラントとライヒの第一次強制的同質化《グライヒシャルトゥング》法が施行され、翌四月には第二次強制的同質化法が施行された。プロイセンを除くすべてのラント政府にライヒ直属のライヒ総督《シュタットハルター》（地方長官）が任命された。これらによって事実上、連邦制が崩壊した。そして翌年一月に「ライヒの改造に関する法律」が施行され、ついに法制度的に連邦制が廃止された。ここに中央集権的・単一国主義の「ドイツ・ライヒ」が、ドイツの近現代史上、初めて成立するに至ったのであった。ラントが再び主権を回復し、それが主体となって民主的で社会的な連邦制国家＝ドイツ連邦共和国を再建するまでには、ライヒの破局を待たねばならなかった。

参考文献

山内昌之ほか編『帝国とは何か』岩波書店、一九九四年。
木村靖二編『〈新版世界各国史一三〉ドイツ史』山川出版社、二〇〇一年。
高田敏・初宿正典編訳『ドイツ憲法集〔第三版〕』信山社、二〇〇一年。
クリストフ・グズィ著、原田武夫訳『ヴァイマール憲法』風行社、二〇〇二年。
熊野直樹・星乃治彦編『社会主義の世紀』法律文化社、二〇〇四年。

コラムX

ドイツの福祉に社会（sozial）の冠が付く時
――社会事業の登場――

岡田英己子

昨今、福祉の記事はやたらと多い。久しく「家庭欄」「地方版」が定住地であったのに、今や新聞の一面に昇格する勢いである。それなのに使用される福祉概念は曖昧なままである。しかも、何となく社会の意味を省略した福祉で済むご時世になりつつある。福祉は国家責任ではなく民間で担い、自己決定や自助が福祉の理念に浮上する、そういう福祉の「改革」言説が主流になろうとしている。

この傾向はドイツも日本と似ている。二〇世紀を通じて形成された福祉国家の不可逆性神話は終焉したのか。それとも持続の可能性はなお大なのか。

そもそも福祉に sozial の冠が付くのは、一九世紀末の貧困観の転回にある。貧困・生活困難問題の解決を公的に認識し、援助する意味合いを持つ社会事業（Soziale Fürsorge, Soziale Arbeit）が登場したことによる。

しかし、慈善・博愛とは差異化された「社会的なるもの」の一制度である社会事業は、まずはアメリカとドイツが先導する形で、一九二〇年頃までに援助の専門性や職業化を強調しつつ、自国内で対人サービスとして定着した。アメリカはソーシャルワーク職能団体が資格化の権限を握るが、ドイツは公務員福祉職がモデルになり、社会事業の範囲は狭義の sozial の意味で了解される。

他方、社会事業は国家責任と国民の権利性を対概念にする生存権保障の意味も付与され、社会福祉という段階への架橋を担う点で、「福祉国家への道」の開拓もする。

むろん法に基づき制度化される社会事業の範囲や形態は、他の生活関連施策との関係性に左右され、多義的にならざるをえないのだが、社会保険による所得保障や公教育・医療の不備を補充し、援助をする制度機能を持つ点は各国で共通する。ここに社会保障史でも社会史でもない、社会事業の歴史研究の真骨頂があるように思う。

ではドイツで慈善・博愛とは区別される「社会的なるもの」の援助の制度化はどのように成立し、やがて全国民を対象とする社会福祉・福祉国家政策に組み込まれるのか。自治型地域福祉に sozial の冠が付く時、すなわち社会事業が登場する一九世紀末から現在までを通して、福祉に sozial の冠が付く意味をさらに考えてみよう。

遅れてきた国民国家ドイツでは、教会も含めた中間諸団体による多元的な福祉の組織化が抜きんでており、自治型地域福祉の伝統を堅持してきた。これはイギリスの中央集権的な救貧法を基軸にする救済システムとは好対照をなす。その代表例はハンブルクやエルバーフェルトの救貧改革であり、市当局と名誉職・ボランティアの協働による半官半民型救済システムの在宅援助であった。ハンブルク・システム、エルバーフェルト・システムの名称で一八八〇年代以降各国で注目を浴び、戦前日本の方面委員（現在の民生委員）制度のモデルにもなった。

やがて帝国統一を契機にドイツでは、上からの近代的社会政策が一気に進む。端緒は一八八〇年代の一連のビスマルク労働者保険（Arbeiterversicherung, 後に社会保険の名称）である。これも中世都市の共済組織が原型になっていて、それが共同体を越える公領域に拡大され、国家版へと再編されたものであった。

とはいえ、労働力保全による生産性向上を目ざし、階層差を前提にする社会保険原理は、成人男子労働者を稼ぎ手に、女性・子供を扶養家族にする近代的な世帯主モデルに呪縛されたジェンダー・バイアスを内包していた。ここより世帯主（男性）の扶養家族ではない生活困窮者が社会問題に新たに浮上し、まず労働者保険から排除された女性・子供、貧困高齢者・障害者等の「社会的弱者」を対象に社会事業が登場する。それは従来の救貧事業や慈善・博愛とは異なり、生活困難問題の社会性を認識し、福祉職員を中核にした sozial な専門的援助を行なうと表明する（実体とは必ずしも符合しない）点で、社会近代化に適する制度と期待された。つまりドイツ社会事業の最大の特色は、社会保険の補充として援助サービスを制度化する点にあり、ここに日本社会事業との理論的類似性（理論紹介の域に留まるが）が見いだせる。遅れてきた国民国家の上からの近代化が共有する政策特徴でもある。

さて sozial の意味づけは、第一次世界大戦とロシア革命の衝撃によって、欧米各国で急速に国民生活の安定化装置と意識され、浸透する。貧困・生活困難の予防性を前提に、国家責任と国民の権利性が対概念になる、そういう生存権保障の文脈で国家介入が承認されていく。

こうして一九二〇年代からイギリスと同様に、防貧の社会保険と、救貧を主目的にする公的扶助・社会事業との制度統合の段階に入る。イギリスが救貧法解体からの統合、ドイツが防貧からの統合という方向の差はあっても、国家責任と国民の権利性が意識され、全国民を対象にすることが表明された。その結果、ワイマル末期からの断絶があるとはいえ、社会保険の拠出 - 給付に基づく対等な関係性が、社会保険から漏れる「社会的弱者」のための社会的援助（Soziale Dienste）の機能や性格にも影響を及ぼしていく。西ドイツでシングルマザーや多子家庭の支援をする社会手当は、資産調査を必要とする公的扶助に付きまとうスティグマを払拭し、権利性を万人に承認させ、「社会的なるもの」の制度化の本来の意味を生活実感として再確認させる効用があった。結果の平等に目配りをする社会福祉政策の代表例である。

だが、冷戦体制が終結する一九九〇年代半ばから福祉国家の不可逆性神話はドイツ・北欧でも崩れていく。今、SPDが提起する「アジェンダ二〇一〇」が最後の説得の切り札になるのか。それとも一九世紀末に提唱された「第三の道」や、ワイマル社会国家と同様に挫折を強いられるのか。どの政策を選ぶにせよ、選択の余地は狭い。それだからこそ福祉に sozial の冠が付く時に遡及し、社会事業の意味を再考する作業が重要なのだといえる。

第九章　ナチズム体制

井上茂子

『ひとつの民族，ひとつの帝国，ひとりの総統』
このスローガンはナチ時代，いたるところで表示された。

1933	1.30.ヒトラー内閣成立。2.4.大統領緊急令で出版・集会の自由を制限。2.27.国会議事堂放火事件。2.28.「民族と国家を防衛するための大統領令」で基本権の停止。3.5.総選挙。3.13.宣伝省新設（大臣ゲッベルス）。3.23.全権委任法。3.州の国への強制的同質化法（～4.）。4.7.「職業官吏再建法」。5.2.自由労働組合への襲撃。5.10.ドイツ労働戦線創立，ユダヤ人や反体制派の著作の焚書。6.1.失業減少法。6.中道・右翼政党の解散（～7.）。7.14.新党設立禁止法。7.20.教皇庁と政教条約。9.13.帝国食糧身分法。9.29.世襲農場法。10.14.ジュネーヴ軍縮会議と国際連盟より脱退。11.帝国文化院や歓喜力行団設立
1934	1.20.国民労働秩序法。1.26.ドイツ・ポーランド不可侵条約。1.州議会廃止。2.帝国参議院の廃止。6.30.レーム事件（突撃隊幹部と有力者の射殺）（～7.2.）。7.25.オーストリア首相ドルフースの殺害。8.2.ヒンデンブルク大統領死去，ヒトラーは大統領職を兼任し，「総統兼首相」
1935	1.13.ザール住民投票で91%がドイツ帰属を希望。3.16.一般兵役義務導入。6.18.英独艦隊協定。9.15.ニュルンベルク法（ユダヤ人の公民権剝奪とドイツ人との結婚・内縁の禁止）
1936	3.7.ラインラント非武装地帯に進駐，ロカルノ条約破棄。8.ベルリン・オリンピック開催。10.18.四カ年計画庁設置と全権ゲーリング任命。10.25.ベルリン・ローマ枢軸。11.25.日独防共協定。12.1.ヒトラー・ユーゲント法（強制加入化）
1937	11.5.ヒトラー，軍首脳に戦争計画を語る。11.6.イタリア，日独防共協定に参加。11.26.シャハトの経済相辞任
1938	2.フリッチュやブロンベルクの更迭と国防軍・外務省の新体制。3.12.ドイツ軍のオーストリア進駐。3.13.オーストリア併合。9.ズデーテン危機。9.29.英仏独伊首脳のミュンヘン会談（～9.30.）。10.1.ズデーテン割譲。11.9.全国で組織的ユダヤ人迫害（水晶の夜）。ユダヤ人政策の急進化
1939	3.14.ドイツ軍のプラハ進駐（～3.16.），チェコはベーメン・メーレン保護領へ。3.23.メーメルをリトアニアより割譲。8.23.独ソ不可侵条約。9.1.ドイツ軍，ポーランドに侵入（第二次世界大戦勃発）。9.27.国家保安本部設立
1940	4.9.ドイツ軍，デンマーク・ノルウェーを侵攻。5.10.ドイツ軍，オランダ・ベルギーを侵攻。6.22.フランスと休戦協定。9.27.日独伊三国同盟の締結
1941	6.22.独ソ戦開始。移動殺戮部隊によるユダヤ人殺害が始まる。12.11.アメリカに宣戦
1942	1.20.ヴァンゼー会議で「ユダヤ人問題の最終解決」の内容を合意。2.8.シュペーア軍需相就任（「軍需の奇跡」の開始）
1943	1.31.スターリングラードで第六軍降伏。2.18.ゲッベルスの総力戦演説。2.18.「白バラ」抵抗グループ逮捕。9.3.イタリア降伏
1944	6.6.連合軍のノルマンディ上陸。7.20.ヒトラー暗殺未遂事件
1945	4.ソ連軍，ベルリン包囲。4.30.ヒトラー自殺。5.7～9.降伏文書調印（発効5.8.）

1　ナチ政権の登場と確立

政権の誕生から一党独裁へ

「ナチズムの歴史は、その過小評価の歴史である」と言われる。一九三三年一月三〇日のヒトラー首相就任時、一〇名の閣僚のうちナチ党員は首相アドルフ・ヒトラー、内相ヴィルヘルム・フリック、無任所相ヘルマン・ゲーリングのわずか三名。ヒトラー政権は国家人民党・鉄兜団という右翼勢力と保守派の専門官僚が多数をしめる連合政権から始まった。副首相に座った元首相パーペンが実権を握り、老練な保守派が過激なナチ党を「飼い慣らす」内閣だと思われていた。しかし、ナチ党はごく短期間に、左翼・中道の政治勢力を破壊し、保守派も制圧して、一党独裁を確立した。

ナチ体制の最初の攻撃の矛先は左翼勢力であった。二月一日に国会が解散され、三月五日の総選挙が告示された。ヒトラーは選挙でナチ党の単独過半数をねらい、閣内でも左翼打倒の点で一致していたため、左翼勢力に対する露骨な選挙干渉が行なわれた。ここですでに、戦前のナチ時代を特徴づける、表面的合法性と暴力の組み合わせが出現した。表面的合法性の例では、二月四日の大統領緊急令により、出版・集会が制限され、特に共産党と社会民主党の選挙活動が大幅に妨害された。暴力では、警察機関にナチ党員が入りこみ政敵への暴力が公的に行なわれるようになる。プロイセン内務省を当時握っていたゲーリングが、プロイセン警察を粛清し、突撃隊（ＳＡ）・親衛隊（ＳＳ）・鉄兜団からなる五万人の補助警察を設置して、「国家の敵」に対する武力行使を命令したのである。この動きは他地域にも広がった。

二月二七日に国会議事堂放火事件が起こり、オランダの元共産党員が容疑者として逮捕されると、対左翼攻撃に拍車がかかった。数千人の共産党幹部が逮捕され、党施設が襲撃され、社会民主党も同類と見なされて攻撃された。翌二八日には「民族と国家を防衛するための大統領令」が公布され、基本権が停止された。この措置は「当分の間」と限定されたが、結局ナチ体制の崩壊まで続いた。集会・出版の自由や通信の秘密が制限され、裁判所の許可を必要としない「保護検束」が横行するようになった。

図9-1　1933年3月21日ポツダムの式典
ヒンデンブルク大統領（右）に礼をするヒトラー（左）の姿からは，この後すぐにナチ党一党独裁，ひいてはヒトラー独裁に至る様子は窺えなかった。

出典：Hans Ebeling, Wolfgang Birkenfeld, *Die Reise in die Vergangenheit*, Bd. 3., Braunschweig 1990, S. 140.

しかし、総選挙はナチ党の完全勝利ではなかった。ナチ党は第一党ではあったが国家人民党とあわせてしか過半数をとれず、中道諸政党も選挙妨害された社会民主党も議席をほぼ維持し、共産党でさえ健闘した（表8-1参照）。

国会の開催記念式典が三月二一日にホーエンツォレルン家の墓のあるポツダムの教会で開催され、表面的には保守派にナチスが取り込まれるような印象を与えたが、現実は逆であった。二三日に審議が開始されるやいなや、政府に立法権をゆだねる全権委任法が成立した。この法は憲法条項の改変にあたるので、三分の二以上の賛成が必要である。反対の姿勢がはっきりしている共産党は議席を剝奪され、社会民主党は議員の二割が「保護検束」あるいは逃亡中で出席できなかった。必要票数を得るためには中道の大政党、中央党の賛成が不可欠であるが、ヒトラーは中央党党首に政策上の見返りを約束して賛成を取り付けた。こうして、武装した突撃隊・親衛隊が議場を取り囲むなか、出席した社会民主党議員の反対を制して法案が可決した。時限立法であったこの法は以後更新された。ワイマル末期から国会の機能低下は進行していたが、国会から立法権を奪ったヒトラー内閣は、数々の法案を制定してワイマル体制を崩壊させる。

国会が立法権を失うと、政党の存在意義も消滅し、一九三三年夏までに政党は次々と姿を消した。左翼政党では、共産党が二月の段階で事実上非合法化され、社会民主党も六月に禁止された。右翼・中道政党の国家人民党、人民党、国家党（旧民主党）、中央党などは、六月末から七月初めに相次いで解散し、残るはナチ党のみとなった。そして、七月一四日の新党設立禁止法によって、ナチ党の一党独裁が完成した。

閣議も空洞化した。三三年七〇回開かれた閣議は、三四年には約二〇回、三五年には約一〇回、三六年以降は五回以下と激減し、三八年二月五日以降には消滅した。立法権は国会から内閣に移り、さらにヒトラーとその取り巻きに集中することになり、保守派によるヒトラーの「飼い慣らし」策は幻想と化した。

ドイツ伝統の地方分権も、ナチ支配を貫徹するために改変された。国《ライヒ》と州《ラント》の統一的な政治路線を達成する目的で、三三年三月末～四月初め、二次にわたる「強制的同質化法《グライヒシャルトゥング》」が発布された。州政府はナチ化され、州議会の陣容は国会の政党比（共産党は除外）と同一にするように命じられ、州が国の政治路線に一致していることを監督する地方長官《ライヒスシュタットハルター》が各州に設置された（コラムⅨ参照）。三四年一月には州議会が廃止され、二月には中央で州を代表していた参議院も廃止された。法律による強制的な中央集権化もまた、ナチ党地方組織による暴力を伴っていた。

政権の安定

強制的同質化《グライヒシャルトゥング》は、政治の世界だけではなく社会の各領域で実施された。各種の団体・組織は、解体、改組、規約のナチ的改訂、幹部の人事交代によって、ナチ化を余儀なくされた。多くの場合、ナチ党組織の圧力が伴っていた。労働組合の例はその典型である。

ドイツの労働組合は政治系列ごとに分断され、社会民主党系の自由労働組合を筆頭に、キリスト教系、自由主義系、共産党系などの労働組合があった。左翼政党に厳しい対応をしたヒトラーも労働組合の労働者保護機能は認めていたので、労働組合側は政治的中立を保ち経済社会領域の任務に限定するという態度を示せば、ナチ体制下も生き延びられると判断した。自由労働組合以外では人事交代によるナチ化が進行した。そして自由労働組合は暴力的に破壊された。五月一日（従来は労働運動の祝祭日）が「国民労働の日」として祝われた翌日、親衛隊・突撃隊が各地の自由労働組合の事務所を襲い、資産を没収し、組合幹部を「保護検束」した。組合員は他系統の組合員とともに五月一〇日創設のドイツ労働戦線に編入された。ドイツ労働戦線は、諸労働組合の資産を受け継いだので、労働組合的な性格を持つかとも思われたが、まもなく手工業者・自由業者・経営者を取り込み、性格を変えた。「すべての創造するドイツ人」の組織として、勤労者福利厚生と宣伝・教育へ機能を限定され、最大の党付属団体となった。

医者・弁護士などの自由業の専門職や、教師・裁判官・検事という官吏の世界では、ナチ党の職業団体以外の組織が解体された。官吏は、三三年四月に「職業官吏再建法」によってユダヤ人やマルクス主義者、共和主義者が排除された。官吏や教師はナチスに同調する傾向も強く、大きな抵抗は起こらなかった。文学・音楽・美術・映画・演劇・報道で働く自由業者は、ヨーゼフ・ゲッベルス宣伝相（三三年三月新設）の管轄下にある帝国文化院に所属を義務づけられ、反体制的な意見表明は不可能になった。

強制的同質化があまり成功しなかったのが教会である。カトリック教会では、ヴァチカンとヒトラーとの間で三三年七月、政教条約《コンコルダート》が結ばれたが、条約内容の解釈をめぐってカトリック教会とナチスとはたえず紛争を起こすことになった。一方、プロテスタント教会の中では、三二年、ナチ・イデオロギーの影響をうけた信仰運動「ドイツ的キリスト者」が誕生していた。彼らは、プロテスタント教会の中央集権化過程で支配権を握り、ユダヤ人の教会からの追放や総統崇拝など、教義のナチ化を主張した。反対する牧師たちはマルティン・ニーメラーを中心に結束し、三四年には告白教会を結成して、ドイツ的キリスト者に対抗した（「教会闘争」）。

ナチ政権は以上のような大変革を「国民革命」の名の下に実行した。それにはナチ党組織のテロが伴ったが、特に三月の選挙以降、党組織に人が殺到した。とりわけ党内外で憂慮の対象になったのが突撃隊である。三三年一月には七〇万人だった突撃隊は、三四年半ばに四五〇万人に拡大した。突撃隊は、クーデターも遂行可能な武装組織であり、三三年七月の「国民革命」の終結宣言以後も、ナチ党の綱領にあるような中間層を優遇する社会革命を要求して、実力行使を続けていた。初めは既存の組織への威嚇手段として利用していた党指導部にとっても、突撃隊は次第に手に負えない存在になってきた。党外では、繰り返しテロ行為を受けた経済界や行政組織だけでなく、国防軍も突撃隊を危険視した。というのは、突撃隊の幕僚長エルンスト・レームは、国防軍と突撃隊を統一した国民軍を主張し、国防軍の特権的地位を脅かす存在だったからである。

一党独裁を達成し強制的同質化《グライヒシャルトゥング》を軌道に乗せた後は、ドイツの再軍備と経済復興を優先させたいヒトラーは、国防軍・経済界・官僚という伝統的支配層の協力を必要とし、結局、突撃隊を粛清した。三四年六月三〇日、レーム以下の突撃隊幹部は「一揆を企てた」として、親衛隊によって逮捕され射殺された。三日間の粛清で八五人が殺害された。党内急進派だけでなく、党内でヒトラーと覇を競ったグレゴル・シュトラッサーや前首相シュライヒャーなどの有力者も殺された（「レーム一揆」）。こうしてヒトラーは、党内急進派を粛清したことで指導力を強化し、伝統的支配層と手を結んだことで政権を安定させた。親衛隊もこの事件によって大きく台頭する。

三四年八月二日ヒンデンブルク大統領が死去すると、ヒトラーは大統領も兼任した「総統兼首相」（略称「総統《フューラー》」）に就任した。こうして首相就任からわずか一年半で、ヒトラーは完全に権力を掌握した。

ナチ・ドイツは「第三帝国」と自称した。この名称は、キリスト教の終末思想を起源とするが、直接的には右翼思想家の書名から来ている。神聖ローマ帝国を第一帝国、一八七一～一九一八年の帝政を第二帝国とすると、ドイツ「第三帝国」は「千年帝国」としての永続性を持つ帝国のはずであった。しかし実際のナチ帝国は一九三三～四五年のわずか一二年というドイツ史上もっとも短命な体制であり、統治期間の半分は戦時という非常時であった。

ファシズム現象

ヒトラー政権の成立と短期間での権力掌握は、ヨーロッパに影響を及ぼし、各地でファシスト勢力を活気づけた。また、ヒトラー政権の成立自体、戦間期後半のヨーロッパにおける「右翼の興隆」という潮流に根ざしていた。

第一次世界大戦末から戦後初期にかけてのヨーロッパは、ロシア革命や中東欧での革命、新興諸国家での議会制民主主義の導入、各国の左翼政党の躍進と政権参与に見られるように「左翼の興隆」が顕著であった。しかし、二〇年代半ば以降は、北欧やイギリス・フランスを除いたヨーロッパ各地で、右翼が左翼を凌駕するようになった。戦争直後の理想主義的すぎる憲法、相次ぐ経済不振、党派争いの激しい議会、不安定で無力な内閣。これらに幻滅した人々は強力な政権を望んだ。自由主義政党はほぼ中道を保ったが、普通選挙実施によって大勢力となった左右の大衆政党に、太刀打《たち》ちできなかった。その状況で、左翼を攻撃する形で右翼の興隆が始まった。右翼のうち、エリート主義的な要素が強いものを権威主義、人民主義的要素が強いものをファシズムと見なすことができる。

ファシズムは、ナショナリズムの極限形である。国際協調を軽視し、マルクス主義を敵視し、ヴェルサイユ体制を否定し、自由主義と個人主義に対抗して、民族や国家という「全体」の優先を提唱した。経済的には、資本主義の枠内にとどまりつつも統制経済の要素を強め、自由主義や共産主義と異なる道を唱えた。政治スタイルとしては、理性や議論よりも行動や決断を重視する武断的な様相を持ち、指導者が命令し、他の者は指導者に従う「指導者原理」を特徴とした。しかし君主制に戻ればよいというエリート主義的な復古主義ではなく、下からの大衆運動に基づいた、明らかに大衆政治時代の産物である。下からの大衆運動が微弱な場合はファシズムに到らず権威主義にとどまった。ファシズムとその予備軍とも言える権威主義は、大帝国（ロシア・ハプスブルク・オスマン）の崩壊後に誕生した東欧の新生諸国家や、国際的に弱体化した中欧において、政権に参画するほどの勢力となった。自由主義の根強い西欧でさえ、ファシズムは政界の一角を占めた。

両大戦間のファシズムには大きな二回の波が見て取れる。第一波はイタリアのムッソリーニの政権獲得（一九二二年）で始まり、ヒトラーのミュンヘン一揆（一九二三年）もその波の中にある。第二波は一九三三年ドイツのヒトラー政権成立を大きなはずみとし、スペインのフランコ体制やオーストリアのドルフース体制も、この波の中で誕生した（コラムXI参照）。第二次世界大戦中まで拡大すれば、ドイツの快進撃に刺激されて、中欧諸国が枢軸に参加したり親独体制に変化した四〇年頃が、第三波と言えよう。ファシズムは第一次世界大戦後の世界情勢のなかで、自由主義でも共産主義でもない社会原理として登場した。そしてファシズムの極限形ともいえるナチズムがドイツで生まれたのである。

2　大戦前の経済と社会

失業の克服

強権的な政治体制を樹立したヒトラー政権にとって、民心をつかむための最大の課題は、恐慌からの脱出、特に大量失業の克服であった。ヒトラーは一九三三年に「四年以内に失業問題を解決する」と公約した。ヒトラー首相就任時、景気は最低点から折り返し始め、パーペン内閣の時から雇用創出措置も着手されており、時期的に幸運であった。ヒトラー内閣は積極的雇用創出政策をとった。三三年六月と九月に失業減少法が出され、公共・民間の建設・土木・改築工事への大幅な財政支出（計一五億マルク）や、企業への租税優遇措置、結婚貸付金制度などが始められた。そのほか、自動車税の廃止やアウトバーン公社の設立、鉄道や郵便などの公営事業による雇用創出計画も実施された。政府や公営事業の雇用創出計画は計五〇億マルクにのぼり、うち三〇億マルクは特殊手形で調達された。失業者を吸収する社会政策も実施された。労働奉仕《アルバイツディーンスト》、農村補助労働《ラントヒルフェ》、農業年期奉仕《ラントヤール》などは、衣食住の提供とわずかな現物支給によって、青少年が労働市場に登場するのを延期させる効果があった。

三三年一月に六〇〇万人もいた失業者は、三三年末四〇〇万人、三四年末二六〇万人、三五年夏一七〇万人、三六年秋一〇〇万人と急減し、三七年には完全雇用を達成し、ヒトラーの公約は果たされた。これほど短期に世界恐慌から脱出できた国はない。ニューディール政策のアメリカでさえ、恐慌前の水準に戻ったのは大戦中である。

しかしナチ・ドイツの場合問題だったのは、景気回復が軍備と密接に結びついていた点である。初期には外交上の配慮から明瞭な軍備増強は避けられ、軍事的な基盤施設の拡充が実行された。実際、雇用創出計画には各種土木事業、アウトバーン公社設立など、軍事目的を内包するものが多い。しかし景気回復で決定的だったのは、雇用創出計画に隠れて支出された膨大な軍事費であった。開戦時までに約六〇〇億マルク（雇用創出計画の一二倍）が軍事費に支出されたといわれる。この軍事費の四分の一から二分の一は、メフォ手形で調達された。メフォ手形とは、軍から受注した企業が振り出し、新設の冶金研究協会《メフォ》が引き受ける商業手形で、政府やライヒスバンクが支払や再割引を保証したものである。こうして国家支出の制約を外れた軍事費が、よどみなく提供されることになった。

失業克服期の経済政策で采配をふるったのは、三三年三月ライヒスバンク総裁、三五年一月（実質的には三四年七月）に経済相に就任したヤルマル・シャハトである。彼は戦争経済全権でもあり、メフォ手形を考案し、軍需をテコとした景気回復を行なった。彼は、外貨不足と貿易収支の赤字の問題に対して、三四年に「新計画」を出して、輸入における外貨と量の割当制や、貿易・支払い取引の二カ国間決済制度を導入した。この政策は軍備増強にも都合がよかった。軍備上重要な原料を優先し、貿易相手国を政治的・戦略的観点で決定できたからである。

ここで各社会層の経済社会状況を概観しておこう。三三年六月にナチ党のリヒャルト・ヴァルター・ダレが農業大臣に就任すると、農業政策は自給のための食糧生産向上という経済目標と、「血と土」イデオロギーとが合体したものとなった。ダレは、食糧供給の安定・拡大のために、三三年九月に、農産物の生産・加工・流通に従事する人すべてを組織する「帝国食糧身分」を創設した。また同月、「世襲農場法」を公布し、世襲農場と宣告された中規模農場の細分化と譲渡を禁止した。これは民族の源泉とされた農民・農地を不況期に保護する措置であったが、結局は農民の資金調達を制限し、離農を促進した。

手工業者と小売業者の間では、ナチ党綱領にある反大資本的な項目に期待して、ナチ党を支持する率が他の階層よりも高かった。この階層のナチ支持者は「営業中間層闘争同盟」を結成し、三三年前半の「国民革命」の時に大企業・ユダヤ人商店・百貨店・協同組合などを攻撃した。ナチ政府は、この同盟を解散させる一方で、彼らの要求にも応えて、百貨店への課税強化、ユダヤ人商店のボイコットなどの措置をとった。軍需景気が起こるとかなりの手工業者や小売業者も利益を得たが、彼らの内部でむしろ格差が拡大する現象が生じていた。

労使関係を見ると、三四年一月の国民労働秩序法によって、新しい労使間秩序が示された。企業内に指導者原理と共同体原理が取り入れられ、企業は「経営共同体」であり、「経営指導者」たる経営者が「従属者」たる労働者・職員を指導し、後者が前者に服従するとされた。ワイマル時代に比べると経営者の力が圧倒的に強くなった。

四カ年計画

完全雇用の達成は部門別に様相が異なり、例えば農業より工業で、軍需産業より消費財産業で、失業克服が遅れた。労働者は、恐慌期に低下した協約賃金が凍結され、労働組合を解体され、ストライキも禁止されていたので、大量失業状況が終わると、労働時間を増やし好条件の職場に移って収入を増やすしかなかった。その結果、職場移動や業種間移動が活発になり、農業労働者の離村が大きな社会問題になった。さらに、景気回復の結果、原料と食糧の輸入が増大したが、軍需生産は外貨獲得に結びつかないため、外貨危機が発生した。また、重要原料や燃料の供給に不安のあるドイツにおいて、ゴム・燃料・繊維などの人工合成の実験が成功しており、巨大投資して大量生産に乗り出すか、コスト面を考えて輸入に頼るか、決断を下す必要があった。これらの対処法でシャハトとナチ指導部の考え方がくいちがった。経済合理主義者のシャハトは無理をせず軍拡のスピードを落とそうとしたのに対して、ナチ指導部は軍拡に固執した。

三六年九月の党大会でヒトラーは、ドイツの自給自足体制《アウタルキー》を目指す「四カ年計画」を発表した。隠された真の目的は「四年以内に軍を出動可能にし、経済を戦争可能な状態にする」ことであった。こうして軍拡強行路線が決定した。ゲーリングが四カ年計画全権に任命され、全官庁に命令する権限が与えられ、以後「経済の独裁者」となる。路線対立に破れたシャハトは、三七年に経済相と戦争経済全権を、三九年初頭にライヒスバンク総裁の職を辞した。

四カ年計画の中心政策は、重要な原料の割当と労働力・物価・賃金・投資・消費に関する政策の立案と統制であった。合成原料・燃料のプラントが建設され、化学工業の独占体IG《イーゲー》ファルベンがその担い手となった。国内の鉱山開発と製鉄所建設が推進され、国営企業ヘルマン・ゲーリング工業所が創設された。原料割当・労働力配置・投資規制において国家の統制が強化された。とはいえ、国家の統制は統一的構想に基づいた計画経済とは言えず、経済に介入するさまざまな機関（経済省、国防軍、四カ年計画庁、各種全権）の権限交錯によって、混乱が生じた。

こうして四カ年計画下のドイツ経済は問題が累積していった。外貨危機は慢性化し、農業労働力の流出によって食糧の増産や自給は達成されず、国家が価格・賃金の凍結や労働力移動の制限を繰り返しても、労働力を確保したい企業が各種手当の給付や賃金格付けを引き上げたため、労働者収入が増大する可能性は阻止できなかった。また、景気上昇による国民の購買力の向上は消費財の需要を高め、軍需生産の阻害要因になるが、消費財生産を厳しく削減すれば、国民の反発を買う危険性があり、ナチ政権はそれを強行できなかった。問題の根本的解決は、軍拡路線の見直しか、対外膨張で確保する「生存圏」からの収奪しかない。ナチ・ドイツは後者の道を選んだ。

民族共同体《フォルクスゲマインシャフト》——ユダヤ人の排除

ワイマル末期のドイツ社会の混乱を、階級対立や価値観の対立によって国民が分裂したためと考えたナチスは、ドイツを民族共同体《フォルクスゲマインシャフト》に基づく国家に作り替えようとした。当然「異民族」は民族共同体から除外される。その筆頭はユダヤ人であった。

ナチ党綱領第三条には、民族同胞のみが国家公民、ドイツ人の血統を持つ者だけが民族同胞、ユダヤ人は民族同胞たりえない、とあった。ナチスの反ユダヤ主義は、一九世紀後半に隆盛になった人種理論に基づき、「アーリア人」と「ユダヤ人」の差は宗教や文化によるものではなく、生物学的なものと考えた。反ユダヤ主義はナチ党独自のものではないが、国家によって今までドイツ国民であったユダヤ人の権利剝奪・収奪・迫害がなされ、戦時には移送・抹殺まで行なわれた点で、ナチ時代は特異である。大戦前の反ユダヤ政策には特徴がある。第一にユダヤ人の定義確定に時間がかかった。第二にユダヤ人の差別・収奪・排除は早くから行なわれたが、全面的暴力行使は比較的遅かった。第三に反ユダヤ政策は法令に基づく「合法性」を有していた。

ユダヤ人の定義は簡単ではなかった。三三年四月の「職業官吏再建法」で初めて「アーリア人条項」が出現し、その細則で「非アーリア人」は四分の一以上のユダヤの血統を持つものとされたが、この規定は混血者を数多く含むため、三五年一一月に訂正された。それによると「非アーリア人」は「混血者」と「ユダヤ人」とに細分化され、「ユダヤ人」とは、四分の三以上のユダヤの血統を持つ者と、二分の一の血統の場合はユダヤ教に属するかユダヤ人配偶者をもつ者に限定された。定義は重要である。「ユダヤ人」と区別された「混血者」は、後年の移送・抹殺等を免れたし、ドイツ人とユダヤ人の境界設定は、両者の交流断絶に直結した。三五年九月の「ニュルンベルク法」によって、ユダヤ人は公民権を失い、ドイツ人と結婚したり内縁関係を持つことを禁止された。

三三年から次々と、ユダヤ人は経済力と社会での場を奪われていった。公的職業（官吏、公営事業職員、大学教員、公証人、法廷弁護士、保険医等）が禁止され、民間企業でもユダヤ人解雇の圧力がかけられた。自由業でさえ、三三年五月にはユダヤ人作家の本が焚書にあい、非ユダヤの血統証明書を必要とする職が増えた。自営業の場合、ユダヤ企業は「アーリア化」と称するドイツ人への企業の売却を迫られた。しかし三八年までは、ユダヤ人への差別は進行するものの、露骨な暴力行使は案外少なかった。三三年四月一日に行なわれたユダヤ商店ボイコット運動は、国内外で不評であったし、命令に基づかない党員の無軌道な反ユダヤ暴力行為は上層部から戒められていた。

三八年から状況が悪化した。ナチ体制下でドイツ国内のユダヤ人は出国者増加により減少していたが、三八年春のオーストリア合併によって再び増加する。その状況のなかで、医師免許や弁護士資格の剝奪、男にイスラエル・女にザーラー（サラ）という名前の強制付加、旅券へのJの刻印、ポーランド国籍ユダヤ人一万七〇〇〇人の強制追放、そしてこの追放ユダヤ人によるパリ駐在ドイツ人外交官の殺害をきっかけにして、三八年一一月九日夜に全国的なユダヤ人迫害が起こった。ユダヤ人のシナゴーグ、商店、企業、住宅、墓場が襲撃され、二万六〇〇〇人のユダヤ人が強制収容所に入れられた。襲撃時のガラスの破片から「水晶の夜《クリスタルナハト》」と命名されたこの事件は、ユダヤ人政策の急進化を象徴する事件だった。事件後、ユダヤ人に特別税が課せられ、損害保険金も没収された。企業の「アーリア化」も無償譲渡へと変化し、ドイツ人企業は多大な益を得た。ユダヤ人の出国が増加したが、出国していくユダヤ人はほとんど財産を持ち出すことができなかった。また、どの国も大量のユダヤ人を引き受けたがらず、ドイツはユダヤ人出国の効率化を図るものの、すぐに限界に突き当たった。国内に残るユダヤ人は公的福祉の対象外となり、ユダヤ人の財産はドイツの国家・企業・個人に収奪された。「異民族」排除はシンティ・ロマ（ジプシー）にも適用され、大戦中にはスラブ民族への厳しい差別政策へと直結していった。

図9－2　「水晶の夜」直後のニュルンベルクのシナゴーグ

出典：Wolfgang Benz, *Geschichte des Dritten Reiches*, München 2000, S. 140.

民族共同体《フォルクスゲマインシャフト》――序列化と平準化

民族共同体のなかにはドイツ人すべてが含まれていたわけではなかった。遺伝病患者や先天性の病人や重度奇形の人、犯罪常習者、性的規範の逸脱者、「反社会的分子」など、「価値の低い者」と見なされた人は民族共同体から排除されていった。それは出産政策を見ればわかる。三三年七月の遺伝病防止法は「遺伝的疾患」と認定された人の強制的な断種・不妊手術を制度化した。しかし手術対象には遺伝性でない先天性の病気も含まれ、犯罪常習者や「反社会的分子」も手術の対象となった。約四〇万件の手術が行なわれたと言われる。さらに、三五年六月には遺伝病を絶つための妊娠中絶法、一〇月には結婚相手から「劣等な者」を排除する結婚健康法が制定された。

このような出産抑制策と同時に、ナチ流優生学からみて「価値のある者」には出産促進策がとられた。失業減少法に含まれる結婚貸付金制度もその一例で、貸付金の利用者は、遺伝的・精神的・身体的疾患がなく「反社会的」要素が血族にもない者に限られ、子供を産めば返済額が四分の一ずつ免除された。そのほか、遺伝因子も含めて健康な女性の妊娠中絶は厳しく罰せられ、健康な者の出産なら婚外出産も奨励された。未婚の母も入れる出産・育児施設「生命の泉《レーベンスボルン》」が三五年に創設されている。ナチ体制はドイツ人を「価値ある者」と「価値の低い者」に序列化し、前者を優遇し後者を排除した。「反社会的分子」には、アルコール中毒・麻薬中毒・売春婦・詐欺師・労働忌避者・浮浪者・生計不能者等が含まれており、断種手術の裁定が多かった「精神薄弱」の選別の重点は、労働能力・向上心・勤勉・節度といった「ドイツ的労働態度」の有無であった。これは、労働や競争になじまない人々を生物学的理由があるとして排除しようとした「社会人種主義」であった。

しかし、排除や序列化だけでは民衆統合は不可能である。ナチ・ドイツは、競争や業績主義を導入して社会を流動化しつつ、階級の壁を破りドイツ民族の一体感を促進する措置を講じた。その鍵となるのは、労働者層と中間層との平準化政策であった（中間層とは市民層のうちエリート部分を除いたもので、中小規模の自営業者・手工業者・商人・農民という古典的職業の「旧中間層」と、官吏・職員という近代的職業の「新中間層」とに細分化される）。

職員層と労働者とは、被雇用者・近代的・都市的という点で共通点が多いが、待遇や意識において一線を画していた。

ナチ体制はこの労職間格差をなくす政策をとった。例えば三四年の国民労働秩序法は、労働者・職員を「経営指導者」に対する「従属者」として一元化した。有給休暇の労職間格差の是正も行なわれた。またドイツ労働戦線は、従来の労働組合のような労職別組織でなく、産業部門別の組織編成をとって労職差をなくし、同団体の余暇組織「歓喜力行団」の活動では経営者まで含めて階級差別を排除した。労職間の平準化政策のなかで注目に値するのは、党からの文書に「職員」という言葉が消え、頭脳・肉体労働するものがすべて「労働者」と表現された点である。「労働者」概念の拡大によって労職間格差はイデオロギー的に否定されたのである。さらに社会保険の領域に目を転じれば、労働者層と新中間層をカバーしていた公的年金保険に、三八年、それまで加入義務のなかった手工業者（旧中間層）が組み入れられ、労働者と中間層の壁が意識的に取り払われていった。

労働者のプロレタリア意識は揺さぶられた。労働運動が体制初期に破壊されたために、労働者はプロレタリア的世界観や階級意識の伝道者を失っていたし、三〇年代後半の完全雇用下で労働能率向上のために業績主義が称揚されると、労働者としての連帯よりも自己の出世や私生活の充実を重視する人が増えたからだ。そのうえにナチ体制からの宣伝が浴びせられた。

宣伝と教化

国民へのナチズム宣伝で大きな役割を果たしたのが、党の付属組織である。ナチ党の付属組織は三五年に「分肢」「付属団体」へと体系化された。「分肢」は、準軍事団体（突撃隊、親衛隊など）と非職業的社会層団体（ヒトラー・ユーゲント、ナチ女性団など）からなり、「付属団体」は、職業団体（ナチ教員同盟、ドイツ労働戦線など）と福祉団体（ナチ国民福祉団など）からなり、国民の各階層に張り巡らされた。青年・女性・勤労者の状況を見てみよう。

「青年を獲得するものは未来を獲得する」と考えたナチ体制は、一〇～一八歳のドイツの青少年を男女別・年齢別に四つの下部組織にわけて、党分肢のヒトラー・ユーゲントに組織した。ヒトラー・ユーゲントはワイマル時代から存在し、三二年には一一万人弱であったが、ナチ時代にドイツの青年運動の各種組織を解体してそのメンバーや資産を吸収

図9-3　ヒトラー・ユーゲント
上は女子青年団の行進，下は軍事教練が重要な要素になっていった様子。
出典：Ebeling/Birkenfeld, *op. cit.*, S. 146, 147.

すると、三三年に二三〇万人に膨張し、三九年には八七〇万人にも達した。ヒトラー・ユーゲントは、家庭と学校以外での青少年の政治教育と肉体訓練を任務としたが、「若者が若者を指導する」方針のため、両親・学校・教会の権威に反抗することも多かった。従来の青年運動組織は都市の男子が主であったので、それを全国的・全階級的に拡大したヒトラー・ユーゲントは、権威への反抗や余暇活動の機会が少なかった農村の若者や少女たちには魅力的に映った。しかし、加入義務性が導入され、戦争が近づいて余暇活動よりも軍事色が濃くなると、従来の魅力が薄れ、各種の逸脱・反抗現象も出現した。とはいえ、大戦期の若い兵士たちはヒトラー・ユーゲント世代であり、ナチ国家に忠実であったことは、ナチ体制の青少年政策の効果をある程度物語っているだろう。

ナチ党は、男女の領域の分離や男性上位の社会秩序を主張し、男女平等を主張する女性運動に反対して「女性解放からの解放」をスローガンとした。ナチ的世界観によれば、女性の役割は家庭を守り子供を産むことであった。有職女性には離職する圧力がかけられ、多産の母親には「母親十字勲章」が与えられた。しかし現実には、性別分業が進み労働条件の男女格差が拡大したものの、経済的必要性から女性就業者数は戦前期に逆に増加した。また、婚姻率や出生率が上昇し、主婦がイデオロギー的にも経済政策上も優遇されたが、主婦も家庭に閉じこもっていなかった。強制的同質化《グライヒシャルトゥング》された女性組織を集合した組織、ドイツ女性事業団に参加して、家政教育・家族援護事業・慈善事業・ソーシャルワーク等で活躍した。このドイツ女性事業団を指導したのが党分肢のナチ女性団である。男女分離のナチ的世界観では、女性組織は男性指導者の監督下に置かれたが、活動は一任され、かなり自由に活動できた。男女参加のナチ国民福祉団でも活動の主力は女性であった。男性上位のナチ体制下で、女性は主婦役割を称揚され「女性の領域」の枠内で社会活動の機会を増した。この恩恵を最も受けたのは、専業主婦が多く社会活動の余裕がある中間層以上の女性であった。

被用者だけでなく自由業者・経営者に至るまで結集した党付属団体のドイツ労働戦線は、二〇〇〇万人以上ものメンバーを擁する最大の大衆組織で、公式任務は働く人たちの世話と世界観教育だったが、ここからあらゆる分野に活動を広げた。労働美化局を設置して職場の美化に取り組んだり、職業訓練に乗り出したり、従業員福祉に積極的な企業を選ぶコンテストを行なったり、歓喜力行団が中心になった余暇活動によって人々の自由時間も掌握しようとした。ドイツ労働戦線のなかで最も多い労働者層は、就業者のなかで最大グループであり、マルクス主義が浸透していたので、労働者にいかにナチズムを宣伝して体制側に取り込むかに最大の注意が払われた。労働者のなかに反ナチ的な態度をとる者も一定程度いたが、全般的には体制に対して積極的な賛成でも明らかな反対でもない「中立的な態度」が主流になっていった。この態度変化の最大の要因は大量失業の克服であるが、ドイツ労働戦線もこの方向に貢献した。

ナチズムの宣伝と教化は党組織だけでなく、三三年三月に創設された宣伝省によっても行なわれた。宣伝相ゲッベルスの下で、新聞・雑誌・ラジオ・映画というマスメディアが統制され、文化・芸術活動でもワイマル時代の前衛的で近代主義的な作品が否定された。文学ではユダヤ人の作品や、左翼・共和主義者・民主主義者の作品が三三年五月一〇日に焚書にさらされ、出版を禁止された。演劇・映画・音楽・美術においても、ユダヤ人の作品や前衛的・抽象的・表現主義的な作品が否定され、「退廃芸術」の烙印を押された。敵視された芸術家は活動中止や亡命に追い込まれた。非ナチ的な芸術や大衆芸能は隆盛であったが、それも反ナチ的でない限りにおいてであった。

3　戦争への道

テロ支配

ナチ・ドイツはゲスターポ（秘密国家警察、ゲシュタポは誤記）と親衛隊によってテロ支配を確立した。警察は国家機関、親衛隊は党機関で別系統だが、ナチ時代には両者が融合した。その融合自体ナチ国家の特徴をよく表している。

警察はドイツでは元来州《ラント》の管轄であった。一九三三年に、最大の州プロイセンではゲーリングの下で、ナチ運動発祥の州バイエルンでは親衛隊指導者ハインリヒ・ヒムラーとラインハルト・ハイドリヒの下で、政治警察の粛清・権限拡大・独立組織化が行なわれた。ゲスターポという名称はプロイセンから来ているが、性格の面では、親衛隊が政治警察を支配したバイエルンの影響が大きい。ヒムラーとハイドリヒは、バイエルン以外でも政治警察の支配権を握り、三四年にはプロイセンのゲスターポも統括した。全国の警察の統一的把握は、ヒムラーが三六年に新設されたドイツ警察長官に就任することによって完成した。ヒムラーは以後閣僚扱いを受けるようになり、ドイツの警察は親衛隊と人事上、緊密な結びつきを持つようになる。さらに三九年九月の大戦勃発時には、保安警察（ゲスターポと刑事警察の結合体）と親衛隊の保安部（SD、諜報機関）を統合した国家保安本部が設立され、警察と親衛隊は制度的にも融合した。この融合過程のなかで、党機関の持っていた急進的イデオロギーが国家機関にも浸透して実行されることになる。

ゲスターポは国家に敵対する動きを調査・撲滅することを任務とし、ささいな反体制的言動も厳しく摘発する組織として恐れられた。特に大戦時の占領地では悪魔視された。しかし最近の研究は、このゲスターポ像は、政敵を萎縮させるために体制側から宣伝され、反ナチ活動を行なわなかった人々の免罪符として戦後も主張された、誇張された像ではないかと疑問を投げかけている。というのはゲスターポの乏しい人員数や問題処理能力からして、人々をくまなく監視することなど不可能であり、現実の検挙例をみても、ゲスターポは通報を受けて初めて行動する受動的な組織だったからである。これは、ゲスターポの活動よりも、ささいなトラブルでもゲスターポに通報していた住民間の相互監視社会こそが、ナチ時代の抑圧社会を形成する鍵であったのではないか、との問題提起でもある。どんな民主的社会にも何らかの社会的コントロールは存在するが、ナチ支配は抑圧的な住民間の相互監視社会を至る所で発生させたのである。

親衛隊は、元来ヒトラーの護衛役で突撃隊の一部局にすぎなかったが、二九年にヒムラーが指導者となってから、党内の粛清や情報活動を通じて「党の警察」の性格を持つようになり、人種論に基づいたエリート集団を形成するようになる。革命的大衆運動の性格を持つ突撃隊のなかで、管理・統制的でエリート主義的な親衛隊は異質であったが、その性格が体制期に重用され、レーム事件鎮圧後は突撃隊から独立し、ナチ体制の屋台骨になった。

親衛隊の活動で有名なものは、警察業務、情報収集、強制収容所管理、人種政策の実行である。情報収集は保安部が担当し、秘密の世論調査が三万人のスタッフと連絡員によって行なわれた。強制収容所は、三三年春、政治犯の収容所としてミュンヘン郊外のダッハウを皮切りに、各地に設立された。ナチスに反抗的と見なされた人物は「保護検束」されて強制収容所に入れられ、親衛隊の厳しい監視下に置かれた。この親衛隊の強制収容所支配は、内務省や司法の規制からはずれたものであった。強制収容所の収容者はナチ体制の敵と見なされた人々で、当初は左翼活動家や民主主義者であったが、次第に「反社会的分子」、シンティ・ロマ、エホバの証人（キリスト教の一宗派）、同性愛者、ユダヤ人へと拡大されていき、戦時にはレジスタンス活動家も加わった。大戦期にエスカレートしたユダヤ人迫害や、占領地での民族差別など、人道に反する罪のほとんどに親衛隊はかかわっていた。

ヴェルサイユ体制脱却から戦争体制へ

ヒトラーは一九二四年に書いた『我が闘争』のなかですでに外交目標を示していた。一、ヴェルサイユ体制からの脱却、二、大ドイツ帝国の建設、三、東方におけるドイツ民族の生存圏《レーベンスラウム》の確保、である。これは、手段と程度の差はあれ、ドイツの戦前の地位への復帰を望む国防軍や外務省の意向に添い、国民感情にも一定の共鳴板があった。

しかし、特に最初は他国を刺激しないよう、平和的言辞と予告なしの行動が巧みに使い分けられた。公の場でヒトラーは繰り返し「平和演説」を行ない、三三年七月二〇日にはヴァチカンと政教条約《コンコルダート》を結び、三四年一月には国境問題で対立してきたポーランドとの不可侵条約も結んだが、一方で、ドイツは軍備平等権を認められないことに抗議して、三三年一〇月一四日に軍縮会議と国際連盟から脱退した。

ヴェルサイユ体制からの脱却は、ワイマル末期から少しずつ成果があり、三〇年にラインラントから外国軍が撤退し、賠償金支払いは三二年で打ち止めになっていた。集団安全保障体制であるヴェルサイユ条約を切り崩すため、フランスとソ連に対決し、イギリスとイタリアを味方につけるか中立化させるのが得策だとヒトラーは考えた。

三五年一月の住民投票でザール地方のドイツ帰還が決定してから、ドイツは積極的な攻勢に出る。ドイツは同年三月

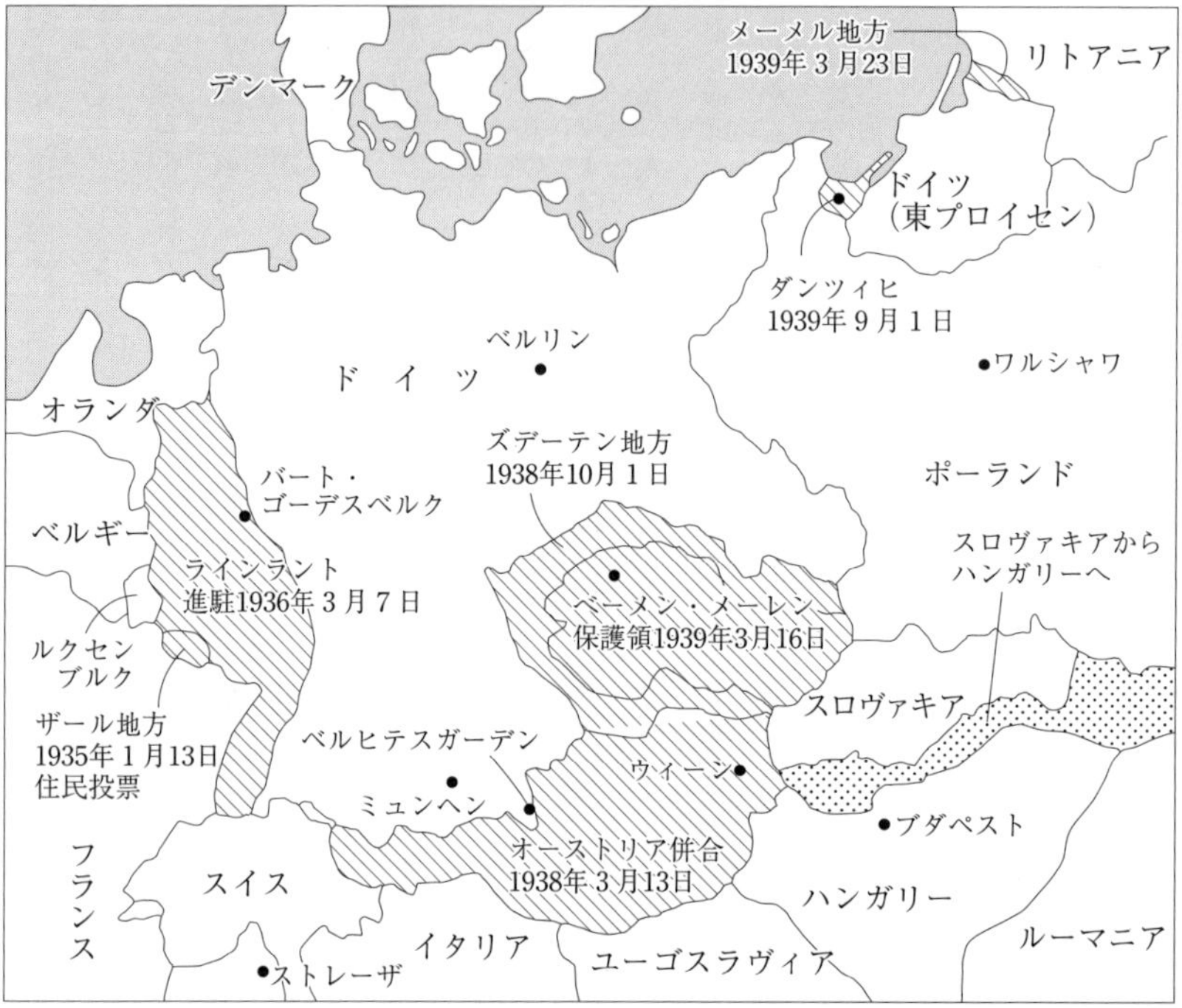

図9－4　戦前のドイツ領土の拡大（1935～39年）

出典：筆者作成。

に一般兵役義務を導入した。このヴェルサイユ条約違反に対し、英仏伊首脳は四月にストレーザで会談して反対したが、三国の共同歩調はすぐに崩れた。イギリスはドイツの要求をある程度認めてドイツの攻撃性を弱めようとする「宥和政策」をとり、ドイツとの戦艦保有率を定めた英独艦隊協定を六月に結んだ（ヴェルサイユ条約違反である）。イタリアは、三四年オーストリアで同国のナチスが首相エンゲルベルト・ドルフースを殺害した際には、軍を国境まで動かしてドイツを威嚇したが、三六年のエチオピア併合で国際連盟の制裁を受け国際的に孤立すると、ドイツと共同歩調をとるようになる（ベルリン・ローマ枢軸）。三六年からのスペイン内乱では両国ともフランコ軍を支援したし、三六年の日独防共協定に翌年イタリアも参加し、国際連盟脱退でもイタリアは日独にならった。

三六年三月七日、国際的関心がイタリアに向いている時に、ヒトラーはロカルノ条約破棄を宣言し、軍を非武装地帯のラインラントに進駐した。国際連盟はこの行動を断罪したが、ドイツの国民投票では九九％が支持した。

三六年九月の四カ年計画の発表以降、ヒトラーは戦争を視野に入れ、反対する保守派支配層を退けていった。三七年一一月五日、ヒトラーは陸海空軍の各最高司令官、ヴェルナー・フライヘア・フォン・フリッチュ、エーリヒ・レーダー、ゲーリングと、国防相ヴェルナー・フォン・ブロンベルク、外相コンスタンティン・フライヘア・フォン・ノイラートを前にして、武力を用いた生存圏獲得の開始、オーストリアとチェコスロヴァキアの征服、時期は遅くとも四三～四五年、という具体的計画を発表した。ゲーリングとレーダー以外は慎重論を唱えたが、慎重論者は更迭される。ブロンベルクとフリッチュはスキャンダルに関与したとして翌年二月に解任され、フリッチュの後任にはヴァルター・フォン・ブラウヒッチュが就任し、国防相の職は廃止され、ヒトラー自らが国防軍最高司令官を兼ね、ヴィルヘルム・カイテルを長とする国防軍統合司令部が新設された。ブラウヒッチュもカイテルもヒトラーに忠実な人物なので軍首脳にヒトラーの反対者はいなくなった。同年二月、外相もノイラートから、党の外交機関の長で三五年頃より積極外交で頭角を表してきたヨアヒム・フォン・リッベントロップに交代した。軍部と外務省で大幅な人事交代が続き、保守派が敗退していった。ナチ体制の急進化を示す出来事であった。

大ドイツ帝国の形成と第二次世界大戦前夜まで

一九世紀の小ドイツ主義に基づくドイツ統一は、大きなドイツ民族居住地を国境外に取り残した。そして第一次世界大戦後、ドイツは大きく国土を削減され、今やドイツ民族の小国になったオーストリアがドイツとの合併を希望したが、それは講和条約で禁止された。そのため、ドイツの現国境は正しいのかという疑問を、多くのドイツ人が持つようになった。ヒトラー自身、オーストリア出身でドイツに帰化した人間であり、ナチズムの理念では、ドイツ民族のオーストリア人はドイツ国にまとまるべきものであった。

ドルフース首相の時代に失敗したオーストリアの合併は、イタリアがドイツと協調するようになり、ドイツの軍部・外務省の粛清が行なわれた一九三八年、実行に移された。ヒトラーは二月一二日、オーストリア首相クルト・フォン・

図 9－5　独ソ不可侵条約の風刺画
お互いに敵対する世界観をもちながら手を組んだスターリン（右）とヒトラー（左）の様子。

出典：Benz, *op. cit.*, S. 165.

シュシュニクを呼び出し、オーストリアのナチ化の要求を飲ませると、シュシュニクは抵抗したが、ヒトラーは三月一一日、最後通牒を突きつけてシュシュニクを辞任に追い込み、一二日早朝、ドイツ軍をオーストリアに進駐させた。翌日オーストリアはドイツに合併され（独墺合邦《アンシュルス》）、この措置は四月一〇日の国民投票で、ドイツとオーストリアの両地域で九九％の支持を得た。「ドイツ民族の自決権」を主張されると、他国も大きな反対はできなかった（コラムⅪ参照）。

国の一部にドイツ民族集住地域があるところでドイツ民族の自決権を要求することも、ナチ・ドイツは敢行した。チェコスロヴァキアにはドイツ国境のズデーテン地方を中心に、三〇〇万人以上のドイツ系住民がおり、少数民族（人口の二八％）として不満を募らせ、三三年に同権と自治を求める政党を結成していた。三八年三月末にヒトラーは党首コンラート・ヘンラインをたき付け、チェコスロヴァキアで挑発行動を起こさせる一方、五月末にチェコスロヴァキア粉砕の秘密指令を軍に発令した。九月の党大会でヒトラーがチェコスロヴァキアへの進軍も辞さないと言ったとき、戦争の機運が立ちこめた。イギリス首相ネヴィル・チェンバレンはヒトラーを訪問して説得するが、失敗した。九月二九日、ムッソリーニの仲介を受けた英仏独伊の四カ国首脳がミュンヘンに集まり、ズデーテン地方のドイツへの割譲を決定して、チェコスロヴァキアに飲ませた。このミュンヘン会談は、参加国からは戦争の危機を救った行為と賞賛されたが、出席できなかった当事者のチェコスロヴァキアや、積極的協力を約束していたのに無視されたソ連は、西欧列強への不信を抱くことになった。こうしてドイツは半年で約一〇〇〇万人の国民と領土を獲得し、大ドイツ帝国を作り上げた。

ヒトラーはズデーテンがドイツの最後の領土的要求だと言ったが、一〇月に「残部チェコ問題の解決」の秘密指令を出していた。三九年三月一四〜一五日、ドイツはチェコスロヴァキアに進軍し、スロヴァキアを独立させて従属国にし、一六日、チェコをベーメン・メーレン保護領として支配下に置いた。もはや「ヴェルサイユ条約の修正」でも「民族自決権」でも、この行動は説明できなかった。

三九年三月二一日、ドイツはポーランドに、ダンツィヒの返還と、ポーランド回廊に治外法権を持つ自動車道と鉄道の建設を求め、拒絶された。二三日には軍の進駐によって、リトアニアからメーメル地方を返還させた。ドイツの標的がポーランドということが明らかになり、イギリスとフランスはポーランドの独立を保証した。ヒトラーは四月初頭、軍部にポーランド戦の準備を指令し、二八日にはポーランドとの不可侵条約とイギリスとの艦隊協定の破棄を宣言する。五月二二日にはイタリアと軍事同盟「鋼鉄条約」を結び、五月末から六月初め、ポーランドを孤立化させるため、バルト海沿岸諸国と不可侵条約を結んだ。しかし、最大の影響を及ぼしたのは独ソ不可侵条約だった。

ソ連はヨシフ・スターリンの下で一九三〇年代半ばから西欧との協調路線をとっていたが、ミュンヘン会談のころから英仏両国に強い不信感を抱き、ドイツに接近した。ドイツにとってもソ連との条約は、ポーランド戦を有利に進め、英仏との戦争が起こった場合も二正面戦争を回避でき、有益である。こうして両国の利害が一致して、八月二三日、独ソ不可侵条約が締結された。この条約には秘密議定書がついており、東欧（特にポーランド）における独ソ分割線が決められていた。反ファシズム統一戦線を掲げるコミンテルンの首領ソ連と、反共の旗手ナチ・ドイツが手を結んだことに世界は驚愕し、イギリスは宥和政策を破棄してポーランドと軍事同盟を結んだ。

4　第二次世界大戦

電撃戦から総力戦へ

一九三九年九月一日、ドイツは宣戦布告なくポーランドに侵入し、三日に英仏両国がドイツに宣戦して、第二次世界大戦が始まった。ポーランド軍は装備に優れたドイツ軍に圧倒され、九月一七日には東部からソ連軍の侵入も受けて、一〇月六日に降伏した。ポーランドは、東部のソ連領、西部のドイツ帝国編入地域、中部の総督府（総督はナチ党員ハンス・フランク）に三分割された。

イギリスとフランスはドイツからの和平提案を拒否したが、西部戦線では戦闘のない「奇妙な戦争」が半年間続いた。両国とも戦争準備が遅れていたため、積極的にドイツを攻撃することができず、ドイツも次の攻撃をどうするかで意見が割れていたからである。四〇年春、ドイツは戦略的観点から北欧に攻撃の矛先を向け、四月にデンマークとノルウェーに侵攻した。デンマークは四月九日に無血開城し、ノルウェーも六月上旬に降伏した。

ドイツの西部侵攻は、四〇年五月一〇日から始まった。ドイツ軍は、オランダ・ベルギー・ルクセンブルクの中立を侵して降伏させ、続いてフランスに侵入して六月一四日にパリを占領し、二二日に休戦協定を結んだ。フランスは北部の占領地区と南部の非占領地区に分けられ、後者ではヴィシー政権が対独協力体制をとった。

以上のドイツ軍の戦法は、兵器の集中的投入によって特定国を短期間に撃破するもので、「電撃戦」と言われ、ドイツの強さを強く印象づけた。ドイツ国内では、開戦時に底なしの戦争に拡大する不安を感じていた国民も、最小限の犠牲で最大限の戦果を得たヒトラーに喝采を送り、軍指導部ではヒトラーの作戦指令に異論を差し挟めなくなった。国際的には、ドイツの勝運に遅れまいとイタリアが四〇年六月一〇日に参戦し、九月二七日に日独伊三国同盟が結ばれた。

一方イギリスでは、西部戦線が始まるとウィンストン・チャーチルが戦時連立内閣を組閣し、ドイツとの対決姿勢を強め、ヒトラーの和平提案も拒絶した。ヒトラーは、イギリス上陸計画「あしか作戦」を準備させ、四〇年夏から一年近くイギリス空襲を続けたが、イギリスを屈服させることはできなかった。膠着状態のイギリス戦に風穴をあけ、「東方におけるドイツの生存圏確立」という本来の目標を達成するために、ヒトラーは四〇年一二月、対ソ戦計画「バルバロッサ作戦」を指令した。四一年六月二二日、ドイツがソ連を奇襲して独ソ戦が始まった。

この間、イタリアの参戦やイギリスの軍事拠点への攻撃もあって、戦線は南のバルカン地方や北アフリカにも拡大していた。ドイツの強さを見たハンガリー・ルーマニア・ブルガリアは三国同盟（枢軸側）に参加し、ギリシアとユーゴスラヴィアは四一年四月にドイツおよび枢軸軍の支配下に入った。一方、反枢軸側も結束し始め、四一年七月に英ソ軍事同盟が締結され、アメリカからソ連への軍事物資の供給も始まった。さらに、四一年一二月に日米戦が始まると、ドイツはアメリカに宣戦して、第二次世界大戦は地球大の戦争になった。

独ソ戦は当初ソ連軍が敗走を重ね、ドイツは半年のうちに決着がつくと楽観視したが、ソ連は四一年末のモスクワ攻防戦で持ちこたえ、戦争は長期化した。ドイツの電撃戦構想は破綻し、総力戦体制への転換を強いられた。

近代戦では総力戦の要は経済力である。早くから軍備増強に取り組んでいたドイツは、戦争前には高い武装水準を誇っていたが、連合国が本格的に軍備増強をすれば、すぐに追い越される運命にあった。平時経済から戦時経済に早急に転換できる豊かな経済力を持つ英米両国や、指令経済のソ連と異なり、ドイツは戦前期から戦争初期にかけて、平時経済と戦時経済とが共存する経済体制しかとれなかった。三国と比べて資源に乏しいうえに、極度に軍需を優先して民心を失うことを恐れたからである。この体制でドイツが勝てるのは、電撃戦が成功し占領地の収奪が可能な間だけだった。

総力戦から敗戦まで

長期戦に突入すると、ドイツは総力戦体制への転換が必要になった。総力戦体制への転換は、四二年二月のアルベルト・シュペーアの軍需大臣就任に象徴される。彼は、非能率的だった四カ年計画庁・国防軍・経済省の三者による兵器生産の統制を廃止し、計画は中央官庁が行なうが、生産に関する決定は産業界自らに任せる、生産過程の合理化を実施した。その結果ドイツの兵器生産は、四四年夏まで「軍需の奇跡」と言われるほど上昇した。四二年二月の生産量を一〇〇とすると、同年六月一五三、四三年七月二二九、四四年七月三二二にも上り、全工業生産中の軍備生産の比率は、四二年に二六%、四三年に三七%、四四年に四八%に達した。しかし、この「軍需の奇跡」も、最終的に連合国の軍備水準に勝つことはできず、英米ソと独日の軍備格差は拡大した（表9-1参照）。

四二年一一月~四三年のスターリングラード戦でドイツ第六軍が降伏すると、戦局は転換した。「不敗のドイツ」神話は崩壊し、占領各地のレジスタンス運動やドイツ国内の反ヒトラー抵抗運動が活性化した。宣伝相ゲッベルスは四三

表9－1　列強の軍需生産比較

	1939年	1941年	1943年	1944年
アメリカ合衆国	0.6	4.5	37.5	41.0
イギリス	1.0	6.5	11.1	11.0
ソビエト連邦	3.3	8.5	13.9	16.5
ドイツ	3.4	6.0	13.8	16.6
日本		2.0	4.9	6.0

注：1944年の価格を基準とする10億ドルの単位数。
出典：Ebeling/Birkenfeld, *op. cit.*, S. 165.

年二月一八日に「総力戦」宣言をし、国民に犠牲的精神を要求する。ソ連軍は東部戦線で巻き返し始め、英米連合軍はドイツの爆撃と地中海からの侵攻を開始する。イタリアではムッソリーニ政権が四三年七月末に崩壊し、九月にバドリオ政権が連合軍に降伏、一〇月にドイツに宣戦した。

四四年に入ると、東部ではソ連軍が大攻勢をかけて東欧をドイツの支配から解放し、西部では六月に西側連合軍がノルマンディに上陸して西部戦線が開かれ、八月にはパリが解放された。ヨーロッパでひとり連合軍と戦う羽目に陥ったドイツでは、四四年七月二〇日に、クラウス・シェンク・フォン・シュタウフェンベルク大佐を首班とするヒトラー暗殺未遂事件が起こった。このクーデターは失敗し、七〇〇〇人が逮捕され、二〇〇人が死刑になった。国民の締め付けはさらに厳しくなり、九月には一六～六〇歳の全男性を民族突撃隊に編入する布告が出された。

四五年になると、東から西から連合軍がドイツ国境内に侵攻してきた。東部では迫るソ連軍を前にして、ドイツ系住民が大量の難民となってドイツ国内へと逃げ込んだ。ベルリンに留まり「勝利か死か」の考えにとりつかれたヒトラーは、即決裁判所の設置や焦土命令まで出すようになった。四月にはベルリンもソ連軍に包囲され、四月三〇日ヒトラーは海軍元帥カール・デーニッツを後継者に指名して、地下壕で自殺した。五月二日ベルリンは陥落し、ドイツ軍は五月七日～九日、西側連合軍・ソ連軍に対し無条件降伏文書に調印（八日発効）、ヨーロッパ戦は終わった。後継のデーニッツ政権は五月二三日に廃止され、ドイツの主権は連合国に移行して、第三帝国は消滅した。

ナチ・ドイツの戦時支配

戦時になると、ドイツ民族共同体からの排除の政策がエスカレートした。また、ヨーロッパ大でナチ流の民族序列化政策が強圧的に実施され、膨大な犠牲者が出た。

戦前に断種手術の対象になった人たちは、開戦直後から「安楽死」という名の殺害政策の対象になった。「社会的負担を軽減する」という理由で、ドイツの医療・養護施設から重度障害者が国内六カ所の殺害施設に集められ、秘密裏に殺害された。犠牲者の数は一二万人とも言われる。人を助けるべき医師がこの政策に加担していた点、ここで開発されたガス殺の技術がユダヤ人殺害に転用された点など、ナチ体制の非人道性が表れた政策である。

反ユダヤ政策は戦時にさらに急進化する。「ユダヤ人問題の最終解決」という言葉は早くから使われていたが、その意味内容は曖昧で、電撃戦作戦が破綻する頃までは、ユダヤ人の追放が「最終解決」とほぼ理解されていた。したがってユダヤ人を隔離し追放の準備をするためにゲットーに収容したり、マダガスカルやシベリアなどに移送する計画が立てられた。独ソ戦が開始され電撃戦作戦が破綻する四一年後半に、ユダヤ人の殺害が出現する。まず、ポーランドやソ連のドイツ軍が確保した前線地域で、移動殺戮部隊によるユダヤ人の大量射殺が始まった。国家保安本部の行動部隊《アインザッツグルッペン》などの武装組織がこの作戦を実行し、一三〇万人が犠牲者になったといわれる。さらに、四一年秋に東部へのユダヤ人移送が開始され、ポーランド東部に絶滅収容所が建設されて、四一年末から四二年にかけて稼働し始めた。現場で始まっていたユダヤ人殺害が「最終解決」として党や国家の担当官の間で確認されたのが、四二年一月二〇日のヴァンゼー会議である。ここで、ユダヤ人の東部移送、強制収容・強制労働による自然淘汰、生き残るユダヤ人への相当な処置（＝殺害）の方策が確認された。空前の規模でヨーロッパ各地からユダヤ人が移送され、強制収容所と絶滅収容所での酷使やガス殺が実行された。強制収容所と絶滅収容所でのユダヤ人犠牲者は約三〇〇万人と言われる。大戦末までのユダヤ人犠牲者の総数は五〇〇～六〇〇万人にものぼった。

ユダヤ人に多大の犠牲者が出た原因は、ナチ・ドイツが民族序列による新しいヨーロッパ秩序を作ろうとしたからである。ナチ・ドイツは人種・民族の不平等原則にたち、「支配民族」には優遇を、「劣等民族」には劣等待遇をした。その民族序列は上から言うと、ゲルマン民族（最上層はドイツ人）―ラテン民族―スラヴ民族（細分化すれば、チェコ人―ポーランド人―ロシア人）―ユダヤ人、であった。したがって、北欧や西欧での占領政策は比較的穏やかで、ドイツの国家全権委員《ライヒスコミッサール》の下で被占領国政府の統治がなされたところが多いが、東欧では過酷なドイツの直接統治が敷かれた。ポーランドは支配層が大量殺害され、強制的民族移動が実行された。すなわち、東欧に散在するドイツ民族をポーランド西部のドイツ帝国編入地に定住させるため、ポーランド人を東部に追いやり、ユダヤ人をゲットーに押し込めてさらに東部に送ろうとしたのである。戦局の転換でより東部が確保できなくなったとき、行き場を失ったユダヤ人が犠牲となった。ポーランド人よりさらに下に位置づけられたロシア人に対して、ドイツはより過酷であり、親衛隊だけでなく国防軍も無慈悲だった。ソ連軍の政治委員は射殺され、捕虜の過半数は死亡した。占領地住民のことを配慮しない強硬な食糧挑発や、ドイツへの連行と強制労働（コラムⅫ参照）も、ナチ・ドイツの民族不平等原則から来ている。このような民族差別的な政策を体験して、各地で抵抗運動が起こった。

民族不平等原則は、しかしドイツ人には統合作用があった。ドイツ人は「支配民族」として優遇され、ドイツ国内の食糧事情は占領地よりも良かった。戦争末期にドイツの敗色が濃くなっても、国内で反ナチ抵抗運動をする人はむしろ例外的で孤立していた。それはテロ支配のせいだけではなく、ドイツ民族優遇政策の「成果」でもあった。

第二次世界大戦の犠牲者を推計すると、全世界で五五〇〇万人、国籍別統計で見れば兵員だけで、ソ連一三六〇万人、中国六四〇万人、ドイツ三八〇万人、日本一二〇万人、アメリカ二三万人、イギリス三三万人であった。民間人の犠牲は史上最大で、爆撃・パルチザンの戦闘・大量殺害・強制労働・報復行為・逃亡・追放などにより、二〇〇〇〜三〇〇〇万人の非戦闘員が死亡したと言われる。そのなかには、七〇〇万のソ連人、五四〇万人の中国人、四二〇万人のポーランド人、二〇〇万人のドイツ人も含まれた（ユダヤ人犠牲者数は国籍別統計では出てこない）。ドイツ人の犠牲も大きかったが、他国の被害はそれを遥かに超えた。暴力的なナチ支配のツケは、戦後ずっとドイツ人が払わなくてはならなくなるのである。

参考文献

ワルター・ホーファー著、救仁郷繁訳『ナチス・ドキュメント――一九三三―一九四五年』ぺりかん社、一九六九年。

山口定『ナチ・エリート――第三帝国の権力構造』中央公論社、一九七六年。

村瀬興雄『ナチス統治下の民衆生活』東京大学出版会、一九八三年。

村瀬興雄『ナチズムと大衆社会』有斐閣、一九八七年。

ディヴィッド・シェーンボウム著、大島通義・大島かおり訳『ヒットラーの社会革命』而立書房、一九八七年。

井上茂子・木畑和子・芝健介・永岑三千輝・矢野久『1939――ドイツ第三帝国と第二次世界大戦』同文舘、一九八九年。

中村幹雄『ナチ党の思想と運動』名古屋大学出版会、一九九〇年。

デートレフ・ポイカート著、木村靖二・山本秀行訳『ナチス・ドイツ――ある近代の社会史』三元社、一九九一年。

ノルベルト・フライ著、芝健介訳『総統国家』岩波書店、一九九四年。

ラウル・ヒルバーグ著、望田幸男・原田一美・井上茂子訳『ヨーロッパ・ユダヤ人の絶滅』柏書房、一九九七年。

南利明『ナチス・ドイツの社会と国家――民族共同体の形成と展開』勁草書房、一九九八年。

イアン・カーショー著、石田勇治訳『ヒトラー――権力の本質』白水社、一九九九年。

原田一美『ナチ独裁下の子供たち――ヒトラー・ユーゲント体制』講談社、一九九九年。

リヒャルト・グルンベルガー著、池内光久訳『第三帝国の社会史』彩流社、二〇〇〇年。

マイケル・バーリー／ヴォルフガング・ヴィッパーマン著、柴田敬二訳『人種主義国家ドイツ――一九三三～四五』刀水書房、二〇〇一年。

川越修・矢野久編『ナチズムの中の二〇世紀』柏書房、二〇〇二年。

扉図出典：Wolfgang Benz, *Geschichte des Dritten Reiches*, München 2000, S. 150.

コラムXI

両大戦間期のオーストリア

古田善文

一九一八年一一月一一日、ハプスブルク家最後の皇帝カール一世の国政放棄を受け、翌一二日、オーストリア第一共和国は誕生する。「誰も望まなかった国家」とも評されたこの短命の共和国は、フランスの強い意向によって、国民の多くが切望したドイツとの合邦（アンシュルス）を禁じられ、単独国家として生存することを強いられた。ハプスブルク帝国の瓦解後、中東欧に「継承国家」があいついで誕生するなか、六四〇万の国民に残されたのは、これまでの食料・燃料供給地から切り離された山がちの狭小な領土にすぎなかった。パリ講和会議の席上、フランス首相クレマンソーが述べた有名な言葉、「オーストリア、それは残りだ！」は、誕生間もない第一共和国が置かれた当時の厳しい状況を如実に物語っていた。

共和国誕生直後、国政は、保守のキリスト教社会党と、左翼の社会民主党が加わった大連立政権によって担われていた。しかし、一九二〇年一〇月の社会民主党の下野以降、各方面で顕著となった両者の対立はその後の共和国の運命に暗い影を落とすことになった。とりわけ、大連立期に共和国軍の編成を主に社会民主党が担ったことは、革命を恐れる保守陣営に強い危機意識を抱かせた。こうして、キリスト教社会党は、国防軍の中立化に力を注ぐ一方、第一次大戦直後に成立した各種の保守的な自警団に着目し、これらを密かに党の「私兵」として育成することを決断した。こうした自警団は、のちに護国団（ハイムヴェア）と呼ばれる準軍事組織へと発展し、二〇年代末には、保守政党のコントロールを離れてファシズム的な政治団体へと変化していく。なおこの頃、「ウィーン進軍」を叫ぶ護国団員と、これに敵対する社会民主党員の間で、多くの死者を伴う「政治的暴力事件」が頻発した。街頭での示威行進や政治集会が、重要な政治パフォーマンスとして強く意識されたこの時代の不幸な副産物であった。

一九三〇年代に入ると、オーストリアでも大ドイツ民族主義を標榜するナチスが急速に支持者を増やしていく。三二年五月に首相に就任したキリスト教社会党のエンゲルベルト・ドルフースは、経済状況が悪化するなか、労働者の支持を固める強力な社会民主党と、躍進いちじるしいオーストリア・ナチスとの間で、二正面作戦を強いられることになった。強権的な政治手法によって「小メッテルニヒ」とも呼ばれたドルフースは、政権運営のパートナーに政治的野心を抱く護国団指導者を選択し、三三年三月には国民議会を閉鎖、同年六月にはオーストリア・ナチスを禁止する。さらに、翌三四年二月には、護国団の挑発に乗った社会民主党に対し、容赦のない弾圧に踏み切ることになる。政府、社会民主党双方で多くの死傷者を出したこの「二月事件」の結果、社会民主党は非合法化され、この国の民主主義は実質的に終焉した。

一九三四年の「五月憲法」の制定により、オーストリアには「身分制国家」の完成を目指した権威主義的な独裁体制が誕生した。左翼陣営には無慈悲な弾圧者として憎まれたドルフースであったが、この小柄な独裁者は、保守陣営からはヒトラーに対抗するカリスマ的指導者として高い評価も受けていた。隣国の独裁者ムッソリーニも、ドイツとの対抗上、戦略的に重要な位置にあるオーストリアの独立を重視し、緊急時にはドルフース政府に軍事的支援を行なうことを約束した（一九三三年四月のローマ会談）。しかしながら、支持者の期待に反して、ドルフースの統治時代はあまりに短いものであった。一九三四年七月二五日、この日、オーストリア・ナチスが企てたクーデターにより、彼はウィーンの首相官邸で非業の最期をとげた。

ドルフースの死後、オーストリアの独裁体制は前政権で教育相を務めていたクルト・フォン・シュシュニクに委ねられたが、エチオピア戦争以降、ドイツに接近したイタリアの方針転換によって、新政府は重要な後ろ盾を喪失し、困難な外交的舵取りを余儀なくされた。

独墺合邦を目指すヒトラーの圧力が強まるなか、三八年二月、ベルヒテスガーデン会談でヒトラーに屈辱的な要求を突きつけられたシュシュニクは、帰国後、祖国の独立かドイツへの従属かを問うため、国民投票の実施を決定した。しかし、これを嫌ったヒトラーの命令により、三月一二日の早暁、ドイツ軍はついにオーストリア国境を越えるのである。かつてウィーンで苦い青春時代を送ったヒトラーは、三月一五日、王宮のバルコニーから英雄広場に詰めかけて歓呼する数十万の群集に向かい、アンシュルスの完成を高らかに宣言した。ここに、オーストリア第一共和国は消滅し、以後、旧版図はオストマルク（「東の砦」を意味）と呼ばれ、一九四五年までヒトラー・ドイツの一部を構成することになる。

図Ⅺ－1　演説するドルフースと「祖国戦線」のシンボル旗（1933年９月，ウィーン）

出典：Manfred Scheuch, *Österreich im 20. Jahrhundert. Von der Monarchie zur Zweiten Republik*, Wien, München 2000, S. 87.

コラムⅫ

ドイツ史における外国人労働者問題
――ナチ時代から戦後へ――

矢野　久

外国人労働者がドイツ史上、最も重要な労働力として利用されたのはナチ戦時体制下である。第二次世界大戦で徴兵されたドイツ人男性の労働力の穴を埋め、同時にドイツ人女性を労働動員の対象としない労働力政策を遂行するためにも、外国人労働者が不可欠の労働力源とされた。外国人労働者数は一九四二年に四〇〇万人を超え（比率は一〇％超）、四四年八月現在での外国人労働者数は七六〇万人を超え、比率は二六％強を占めた。ソ連人、ポーランド人が最も多かった。特に工業部門での外国人労働者数が急増し、四四年には工業部門の就業者のほぼ三人に一人が外国人となっている。

ワイマル末期から引き続いて、ナチスは外国人の滞在に対する秩序規制を行なう一方で、労働力政策上の制度化も断行したが、この滞在と労働の両面での制度化が戦後ドイツでも効力をもっていた点は注目に値する。

こうした制度的枠組みのなかで、一方ではイタリア人労働者を対象とする「協定」に基づく外国人労働力政策が遂行された。当初イタリア人熟練労働者は外国人労働者のなかでも地位が高く、ストライキも辞さない力をもっていたが、四三年九月を期に、対イタリア人労働力政策は強制的な政策に移行した。彼らは戦時拘留者としてドイツに連行され、強制労働を強いられることになった。

他方で、ポーランド人やソ連の諸民族、さらに戦時捕虜を対象とした抑圧的な強制的外国人労働力政策が導入され、戦況と労働市場状況に応じて、段階的かついっそう強制の色を強めていった。ポーランド侵略開始後ただちに労働行政機構の組織化が着手され、四〇年三月にはSSのヒムラーは「ポーランド人布告」によって、人種的な抑圧と結びつけて、帝国内の農業部門でポーランド人を強制労働させた。さらに、四一年秋の東部戦線における戦況とドイツ経済への影響によって、対ソ連人政策はドイツへの強制連行・強制労働へと転換した。翌年二月にヒムラーは「ポーランド人布告」を範にして「東方労働者布告」を公布し、ソ連民間人労働者に対する規制措置を講じている。

この「東方労働者」政策確定後に、労働配置行政機構を統轄する「労働配置総監」が設置された。労働力調達の重点は東部占領地域におかれ、強制的かつ残忍に連行され、本国では軍需工業、鉱業、建設業などの分野で労働を強いられた。しかしソ連人労働者の「低労働能率」が問題となり、業績によって条件を差異化する「労働能率」向上策が導入されるにいたった。

ナチス特有の現象として周知のユダヤ人絶滅と強制収容所体制も、この外国人強制連行・強制労働と密接な関係にあった。絶滅収容所建設とユダヤ人大量絶滅の方針決定は、ソ連人労働者のドイツへの労働動員決定とほぼ同時期であった。四二年秋には強制収容所の機能が変化し、SSは強制収容所の補助収容所を企業の傍に建設し、そこに収容した囚人を工場に派遣するシステムを制度化した。強制収容所へのポーランド人、ソ連人、ユダヤ人の重点的収容がはじまった。

第二次世界大戦後、世界は新しい局面に入り、冷戦体制の下におかれた。西ドイツは外国人労働者の滞在と労働の両面で戦前の制度的枠組みを再構築し、外国人労働者就業の決定権は警察当局・労働行政当局が保持することになった。

冷戦体制下、西ドイツは西ドイツ労働市場状況とからんで、五五年末にイタリア政府との労働力募集協定の締結を皮切りに、失業問題を抱えた南欧・南東欧諸国と協定を締結していった。連邦内務省の強硬意見を背景に、トルコ人に対して滞在期間・家族呼び寄せ・健康診断で差別化し、外国人労働者内部での差異化をはかっている。

外国人労働者は「景気調整弁」の機能を果たしつつ、大量に西ドイツ労働市場に流入したが、七〇年代に入るや、外国人問題が生じ、協定による労働力募集数を減らすなど政策転換が着手されはじめた。七三年のオイル・ショックを経て、一一月、連邦政府は外国人労働者新規募集を停止させた。こうして、新規流入阻止と帰国促進という外国人労働者政策の新局面がはじまったが、皮肉にも、外国人就業者数は減少しつつ外国人人口は増加するという事態が生じた。政府は外国人に母国へ帰るかドイツに「同化」するかの二者択一を迫る政策を展開した。八〇年代初頭には、長期化する外国人の滞在の社会的影響に内政・秩序政策から対処する外国人政策に重点が移動している。

第二次世界大戦期における外国人労働者の強制労働に関し、戦後、連合国の国際軍事法廷において有罪判決が言い渡された。しかしドイツ連邦政府と企業は強制労働の補償に関し、強制労働はナチスによって強制され、また特殊ナチ犯罪とは異なるという論理で責任はないと主張し、補償の提供を拒否してきた。

しかし被害者の訴訟、アメリカ合衆国での訴訟やドイツ製品の不買運動などが展開して、ドイツのおかれた状況は九〇年代後半には大きく変化した。保守政権から社会民主党・緑の党連立政権樹立へと政治状況が変化することによって、狭く限定されてきた戦後補償も強制労働被害者にも開かれるようになった。

二〇〇〇年になってようやく、強制労働補償基金〈記憶・責任・未来〉法が成立し、とりわけ東欧諸国出身の強制労働者に対して補償が支払われるようになった。強制労働が行なわれてから実に五〇年以上もの年月が経っていた。

参考文献

矢野久『ナチス・ドイツの外国人――強制労働の社会史』現代書館、二〇〇四年。

第Ⅳ部

成長の限界と生活の質を求めて

——二〇世紀後半のドイツ——

第十章　冷戦のなかの戦後復興

安野正明

「被追放民」の避難所生活（上）と新しい豊かさ，
ある家庭の居間（下）（1950年代半ば）

1945	5.7.～8.ドイツ，無条件降伏。7.17.ポツダム会談（～8.2.）。9.米地区に三州設置。ソ連地区では土地改革断行。11.20.ニュルンベルク国際軍事裁判開始（～46.10.1.）
1946	4.21.ソ連地区で社会民主党（SPD）と共産党（KPD）が統合され社会主義統一党（SED）結成。5.9.西側地区 SPD，再建党大会（～5.11.）
1947	1.1.英米地区の経済統合。3.10.四大国モスクワ外相会議，賠償問題を中心に米ソが対立し決裂（～4.24.）。6.5.マーシャル・プラン発表
1948	6.7.西独を樹立する「ロンドン勧告」。通貨改革（20日西側地区，23日ソ連地区）。7.1.西側三国軍政長官，「フランクフルト文書」を11人の州首相に手交，憲法制定権を与える。11.14.東独憲法草案公表
1949	5.23.西独基本法発効。8.14.西独第1回連邦議会選挙。9.15.アデナウアー，西独首相に選出。10.7.東独成立，グローテヴォール首相
1950	5.9.シューマン・プラン発表。7.6.東独，ポーランドとオーデル・ナイセ国境線を承認するゲルリッツ条約締結。10.26.仏のプレヴァン首相，西独を含むヨーロッパ軍構想を提唱
1951	1.1.東独，第一次5カ年計画発表。4.18.ヨーロッパ石炭鉄鋼共同体条約締結
1952	3.10.ソ連，ドイツ統一に関する「スターリン・ノート」。7.23.東独，連邦制解体，5州を14県に再編。9.1.西独，負担調整法発効
1953	6.17.東独，労働者を中心とする蜂起，ソ連軍が鎮圧。9.6.西独第2回連邦議会選挙，CDU/CSUの勝利，小政党の淘汰進む
1954	8.30.仏国民議会，ヨーロッパ防衛共同体条約批准拒否
1955	5.5.パリ諸条約（54.10.23.締結）発効，西独再軍備・NATO加盟，主権回復。9.6.アデナウアー訪ソ，国交樹立（～9.13.）。9.20.東独，国家主権回復
1956	3.23.東独，SED第3回協議会，第二次5カ年計画決定（～3.30.）。8.17.西独連邦憲法裁判所，共産党禁止
1957	1.21.西独，年金改革法成立。6.18.西独，男女同権法制定。9.15.第3回連邦議会選挙，CDU/CSUが単独過半数獲得
1958	1.1.ローマ条約発効。5.29.東独で食料品配給制が廃止
1959	6.東独，農業集団化の再強化。11.15.SPD，ゴーデスベルク綱領制定
1960	9.12.東独で国家評議会設置，議長にウルブリヒト
1961	8.13.「ベルリンの壁」建設。9.17.西独，第4回連邦議会選挙，CDU/CSUの後退，CDU/CSU・SPD・FDPで94.3%の票を獲得
1962	10.26.西独，「シュピーゲル事件」
1963	1.22.独仏友好協力条約締結。7.15.東独「新経済システム」導入を決定。10.16.西独でエアハルト内閣成立
1965	9.19.第5回連邦議会選挙，CDU/CSU勝利
1966	12.1.エアハルト首相辞任，大連立政権（CDU/CSU, SPD）成立
1967	6.14.西独，経済安定成長法発効
1968	4.6.東独，新憲法に対する国民投票，94.5%が賛成。5.30.西独連邦議会，非常事態法可決
1969	10.21.ブラント政権（SPD，FDP）樹立

1　占領の諸相

一九四五年のドイツ

かつて西ドイツの首都であったボンには、戦後ドイツ史の流れを豊富な展示物を用いて説明した「歴史の家」という博物館がある。その展示の始まりの所に映し出されていたのは、延々と続く、東欧から追放されたドイツ人の群れであった。西ドイツで「被追放民」と呼ばれるようになった彼らは、大戦末期から占領初期にかけて既成事実化されていった国境線の変動に伴って、また、少数民族としてのドイツ人が東欧諸国に残存することを危惧する連合国の意向もあって、父祖伝来の土地にあった財産を奪われ、西への移住を強制されたのである。この事実を「追放」と呼ぶか、「住民移動」とするかは、実は微妙な問題をはらんでいる。

「被追放民」にとって、これは秩序ある「住民移動」ではなかったから、自らの苦難や、彼らを追い立てたソ連軍や東欧諸民族の「暴力」とともに戦後史が始まってしまうのかもしれない。しかし、このような事態をもたらすことになった一九三三年（ヒトラーの政権掌握）や一九三九年（第二次世界大戦勃発）と結びつけることなく、「被追放民の悲劇」を戦後ドイツ史の出発点に置くことには、異論が寄せられるであろう。何が戦後史の出発点に置かれるかは、一人ひとりの第三帝国とのかかわりによってさまざまであるが、繰り返し問い直されるべき問題である。

無条件降伏をした一九四五年のドイツを指して、「零時」と呼ぶことがある。しかし、一九四五年のドイツをもたらしたものが「第三帝国の崩壊」をもって消滅したのではなかったし、すべて無から戦後がスタートしたわけでもないことを思うと、この表現には抵抗を覚える。一九四五年のドイツは、いかなる歴史的課題の前に立っていたのか。

「社会的市場経済」と呼ばれる西ドイツの経済政策に強い思想的影響を与えたヴィルヘルム・レプケは、一九四五年刊行の『ドイツ問題』で、ヨーロッパの未来は第二次世界大戦後に過去の数世代が解決することのできなかった問題を解決できるか否かにかかっている、と述べた。その問題とは、ドイツをヨーロッパに組み入れることによってドイツの危険からヨーロッパを護り、またドイツの危険からドイツ自身を護ることであった。

たしかにドイツは「危険な国」であった。ドイツは、西欧とは異質な政治文化を主張して民主主義を定着させず、「屈折したナショナリズム」を抱えて自国中心主義で国民国家の拡大を目指し、ヨーロッパの平和と安定に脅威を与えてきた。このような危険を取り除き、安定した民主主義国としてヨーロッパの一員となることができるか否かが、一九四五年の「ドイツ問題」であった。それは、決して容易な課題ではなかった。

ドイツ占領管理体制とその問題点

戦後ドイツの分割については、戦争中さまざまな案が出された。なかには「モーゲンソー・プラン」(一九四四年九月) のように、ドイツを解体し、弱体な農業小国にしてしまうような案もあったが、最終的にはドイツ解体は行なわないことを前提に、占領計画が練られていった。無条件降伏したドイツは、英米仏ソ四大国によって分割占領された。しかし、正確にいうと、ヒトラーの侵略以前のドイツ領はポツダム会談が終わった時点で、四つではなく六つに分割されていたのである。ただ、ポーランド領となったオーデル・西ナイセ川より東部、およびソ連領となった哲学者カントゆかりの地ケーニヒスベルクを含む東プロイセン北部は、ドイツ占領管理体制が始動する前に事実上ドイツから切り離されていたので、分割占領の版図に入れられなかったのである。ベルリンはソ連占領地区に入っていたが、首都という特別な重要性のゆえに、四大国によって占領された(図10-1参照)。

ヤルタとポツダムで賠償問題をはじめとする深刻な米ソ対立が解消されていなくても、一九四五年の時点では、ドイツ東西分断の不可避性を指摘することはできない。むしろ、四大国間に「民主化、非ナチ化、非軍事化、非集中化」を進めるという、占領目的における一致があったことを確認すべきである。ただ、占領目的の一致があっても、その実現のために機能すべき占領管理体制は、以下のように、きわめて複雑であった。

四大国が共同でドイツを占領するために、最高決定機関としてベルリンに管理理事会が設置された。しかし、全会一致でなければ何事も決定できず、決定できても、その執行は各軍政長官に委ねられていたから、統一的な執行は保証さ

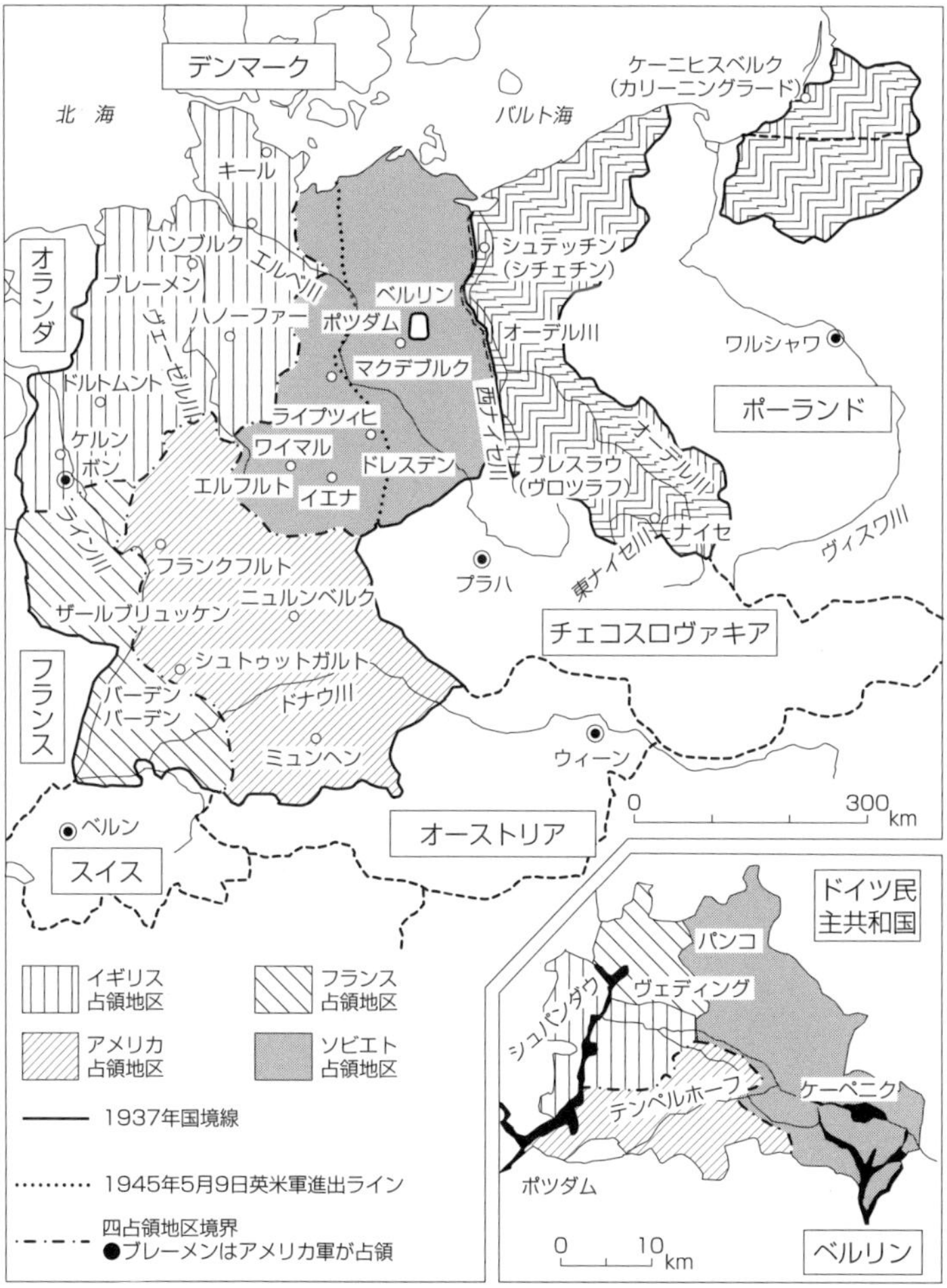

図 10-1　ドイツの分裂

出典：アルフレート・グロセール著，山本尤ほか訳『ドイツ総決算』社会思想社，1981年，86頁。

れていなかった。また、全会一致で決定できない場合、軍政長官の裁量で占領地区ごとに異なる「暫定措置」が取られていくことを妨げることもできなかった。つまり、事実上アメリカの単独占領下に置かれた日本とは異なり、ドイツでは「共同占領」と「単独占領」の複雑な組み合わせというべき占領管理体制が取られており、協調的な占領を行なうことは最初から容易ではなかった。

とはいえ、プロイセン解体など、この占領管理体制は何の成果も上げられなかったのではないが、一九四六年には出口の見えない行き詰まり状態に陥り、「共同占領」の先行きには赤信号がともった。それを示す象徴的な出来事は、分割占領下でもドイツを経済的には一つの単位として扱うためにドイツ中央行政機構を設置するという、ポツダム会談での合意がついに実現できなかったことである。ただ、管理理事会を紛糾させた挙げ句のこの挫折は、米ソ対立の帰結だったと思われるかもしれないが、実は違っていた。

ソ連は賠償を全占領地区から得るためにも、米英と共にこのポツダム合意の実現に積極的であった。「拒否権」を行使したのは、ヤルタ・ポツダムの会談に招かれなかったことを不服とし、自らの利益にならないヤルタ・ポツダムの合意には拘束されないとしたフランスだった。いかなるレベルであれ、ドイツを「一つの単位」として扱うことは、統一ドイツの復活につながりかねず、したがってフランスの国益にそぐわないと考えられたのである。つまり、ここかしこにいざこざが米ソ間に生じてはいたが、占領初期においてヤルタ・ポツダムで期待されていた共同統治が失敗した決定的要因は、フランスの「ノン」であった。この帰結として、早々とドイツ占領においては有効に機能する「中央」がなくなり、占領地区ごとにさまざまな展開をとげることになったのである。

四者四様の占領地区

アメリカ占領地区では連邦主義の復活が重視され、早くも一九四五年九月に三つの州が設置された。州政府も任命され、ドイツ側への権限移譲が他占領地区には見られぬテンポで進んでいった。一九四六年末には州憲法が制定され、州首相が議会制民主主義の手続きに従って選ばれるようになった。また、州評議会（Länderrat）は「ナチズムと軍国主義からの解放令」（一九四六年三月）という非ナチ化法を制定するなど、アメリカ地区全体のドイツ人立法機関として機能していった。つまり、占領の早い段階で、アメリカは自らは直接統治せず、監督者の役割を果たすようになっていた。

これと最も対照的だったのはソ連占領地区で、ここではきわめて中央集権的に占領体制が組織化された。一九四五年九月から断行された土地改革で一〇〇ヘクタール以上の土地を持つ者は無償で土地を没収され、階級としてのユンカーは消滅した。各地で基幹産業の国有化も進行し、マルクス・レーニン主義の理論に基づいて、ファシズムの社会的経済的基盤の破壊が「民主化」の名の下に行なわれた。

西側三国占領地区では土地改革は不徹底で、基幹産業の国有化は抑圧され、資本主義的再編と西欧民主主義の移植が意図されたという点では共通性を持つ。しかし、占領管理体制が集権的であったか分権的であったか、また、ドイツ側への権限委譲がどのようなペースで進んだかに注目すると、英仏はアメリカと相当異なっていた。

イギリス地区は長年の植民地統治の経験から得たノウハウを用い、したがって「直接占領」とは言い難い占領体制であったが、アメリカ地区のような州政府の樹立は後回しにされ、占領地区単位での中央集権的な官僚機構の設置が優先された。フランスは、ドイツ弱体化を意図した分離主義的な占領政策を取った。反中央集権が最も徹底しており、ドイツ側への権限移譲度は西側地区の中では最も低かった。

日独の占領形態について、一般にドイツは「直接占領」、日本は「間接占領」と対比される。たしかに一九四五年五月にドイツの中央政府は消滅していたから、「直接占領」で四大国の占領統治は開始された。しかし、その後の展開を含め、ドイツ占領の全体を「直接占領」という概念でくくることは適切ではない。両国の占領体制の基本的相違は、占領権力の実質的な「中央」の有無であった。ドイツの場合は、占領開始後間もなく「中央なき占領」となった。その帰結として、各占領地区は相互に交流が乏しくなり、四者四様の展開を遂げることになったのである。

ドイツ分断への道

では、どのようにして、「四者四様」から「東西分断」へと事態は推移していったのであろうか。四占領地区はどれ一つとして、自給自足で経済的には立ちゆけなかった。「四占領地区を経済的には一つの単位として扱う」というポツダム合意の制度化がフランスの反対で挫折したこともあって、ドイツの経済状況は悪化の一途をたどり、一九四六年から四七年にかけての冬は破局的状況に陥った。ドイツ人を餓死させるわけにはいかなかったが、納税者の負担増を避けたかったアメリカは、「納税者の論理」によってドイツ経済復興重視に占領政策を転換し、一九四七年一月、米英占領地区経済統合が行なわれた。

この措置は、結果的にドイツ占領からソ連を除外し、東西ドイツ分断に至るプロセスの第一歩をアメリカが踏み出したことになったが、この時点では「経済統合」に止まり、「政治統合」にならないよう注意が払われていた。しかし、アメリカによる「納税者の論理」の貫徹は、ドイツ復興の足枷となるソ連の巨額に上る対独賠償要求に関する妥協を困難にした。その結果、一九四七年三月一〇日から四月二四日までモスクワで開かれた米英仏ソ外相会議は決裂して終わった。この会議開始の翌々日、「冷戦の宣戦布告」と通称される「トルーマン・ドクトリン」が出されていたことは象徴的であった。

すなわち、「納税者の論理」を貫徹したアメリカの対独占領政策の転換は「冷戦の論理」を先鋭化し、「経済統合」に止まらない「ドイツ分断の決定」が、アメリカではモスクワ外相会議決裂後に下されていた。しかし、すみやかに西ドイツを建国することはできなかった。というのは、ドイツ人に「強い中央政府」を持たせることに対するフランスの抵抗が強硬に続いていたからである。ルール工業地帯を西ドイツの主権から切り離して国際管理下に置くという「ルール条例」制定等の譲歩を米英は行ない、ようやく一九四八年六月一日、西側六カ国会議（米英仏とベネルクス三国）のロンドン協定でフランスの説得は成功し、西ドイツ国家樹立が西側陣営のコンセンサスを得た。

一九四八年は、戦後ドイツ史の大きな節目となった年である。一九四八年六月、西側三占領国は通貨改革を実施した。かつては、この通貨改革は西側地区の経済を活性化し、崩壊社会から「経済の奇跡」への転換点と位置づけるのが定説であった。しかし最近では、通貨改革による経済回復効果の画期性に強い疑義が出されている。たしかに、数値化される経済指標を重視すれば、このような疑義は一定の説得力を持つのであろう。しかし、それでもなお、通貨改革（およびそれとワンセットで断行された統制経済の撤廃）を戦後ドイツ史の大きな流れのなかで一大画期ととらえることは、以下の理由から許されると考える。

ヒトラーの時代からのライヒスマルクは、通貨としての信用を喪失して久しかったが、ヤルタ・ポツダムの合意に基づく「ドイツの一体性保持」の最後の象徴であった。それが消え、西側地区とソ連地区で別々の通貨が流通するようになったことは、事実上の東西ドイツ分断を告知していた。

また、一九四五年は政治史的には重要な区切りであるが、スターリングラードの戦いを経て大戦末期に激しさを増した社会的混乱・窮乏状態は、一九四五年で終わったのではなく、占領下にあっても続いていた。爆撃の恐怖はなくなっても、食料・燃料・住宅不足は「被追放民」の流入もあって、むしろ深刻化していった。たとえ、短期間の劇的経済回復が通貨改革とともに実現したのではなくても、信用できる通貨が流通しはじめたことに伴い、カオス的状況にあった社会は秩序再建の方向に切り替わっていった。また、第三帝国期から続いていた統制経済が同時に撤廃されたことは、統制から自己責任重視への転換を意味し、西側地区に住む民衆にとって生活意識における大きな切れ目となった。

西側の通貨改革に対抗して、ソ連は西ベルリンへの出入口を封鎖した。一九四八年六月から一九四九年五月まで続いたベルリン封鎖の間、西側陣営は孤立した西ベルリンに生活物資を空輸した。これは、西ベルリンと西側占領地区を、アメリカを盟主とする陣営に単に物質的に結びつける以上の効果を持ったのである（図10-2参照）。

図10－2　テンペルホーフ空港近くで，救援物資を積んだ飛行機を見守る西ベルリン市民

出典：Frank Grube / Gerhard Richter, *Die Gründerjahre der Bundesrepublik*, Hamburg 1981, S. 88.

2　冷戦のなかの強制と自己決定

二つの「暫定国家」の成立

ソ連がベルリン封鎖を強化するなか、七月一日に西側三国軍政長官は一一人の州首相をフランクフルトに呼び、憲法制定議会の招集権を与えた。ドイツ分断を暫定的ととらえる立場から、憲法に代えて基本法という呼称がドイツ側によって主張された。一九四九年五月に採択された基本法は、連邦主義的で民主主義的であることという、言わずもがなの条件を占領軍に課せられはしたが、占領軍の介入はきわめて限定的にとどまり、ドイツ人自らが書き上げた事実上の憲法であった。

この基本法には、民主主義崩壊の苦い体験から教訓を汲み、それを繰り返さないためにはどうしたらいいかを模索したドイツ人でなければ書き込めなかった条項が、散見される。ワイマル憲法とは異なり、基本法は自由の敵には自由を与えないという立場を鮮明にし、「自由で民主主義的基本秩序」を否定する政党は解散を命じられる。大統領命令をはじめ、強い大統領権限がヒトラー首相誕生につながったことを想起し、大統領は直接選挙で選ばれず、政治的実権は与えられなかった。議会に安定した多数派不在で内閣不信任決議が可決され、首相の国会解散権が濫用されたことがナチ党の台頭につながった歴史を踏まえ、基本法は首相の解散権を厳しく制約した。また、議会に対しても安易な内閣不信任ができないように「建設的不信任」（新しい多数派で新首相を選出しなければ、不信任は成立しない）が定められ、何よりも政治の「安定」に意が用いられた。

基本法は上からの「占領改革」の産物ではなく、特定の占領国の「命令」でもなく、ドイツ人がワイマル・デモクラシーの崩壊から教訓を汲みつつ、主体的に自らの政治的伝統を踏まえて書き上げたものであった。これは、西ドイツ成立後の民主化を理解するには、何よりもドイツ人自身の学習過程が重要であったことを示唆している。

また、密接に連携していなかったフランス地区と米英地区の行政組織の統合をはじめ、四九年九月に樹立される西ドイツ国家機構は、ドイツ側の積極的協力がなければ整備し得なかった。通貨改革後の西側地区ドイツ人政治家の行動は、ソ連の影響力浸透があり得る統一よりは、西側に結びつきアメリカの援助を受けられる分断を望ましいと考えていたことを示していた。統一を求めるドイツ人を冷戦が引き裂いての分断というよりは、「占領した者と占領された者の共同決定」としての西ドイツ（ドイツ連邦共和国）樹立であった。

西ドイツに約一月遅れて東ドイツ（ドイツ民主共和国）が成立した。二つのドイツは、その出発点において、経済的には対照的な初期条件を与えられていた。西ドイツはマーシャル・プランによる経済援助を与えられてスタートを切れたのに対し、東ドイツは本来西ドイツの人々も負担すべき「ヒトラーの戦争に対する償い」を色々な名目で、単独でソ連に払い続けなければならなかったのである。

ただ、二つのドイツはともに「暫定国家」として建国されたことは共通していた。ソ連は東ドイツを、他の衛星国とは異なり「人民民主主義」の国とは遇していなかったし、主権回復協定は先送りされていた。西ドイツもまた、四九年四月に米英仏が手交した「占領条例」にあるように、当初は外交権もなければ、貿易や外国為替を管理する権限もなく、国家主権は厳しい制約下に置かれていた。軍政府は廃止されたが、代わって高等弁務官が任命された。つまり、軍政ではなくなったが占領は終結していなかったのであって、主権回復と陣営内での平等同権をいかにして早く獲得するかが、最優先の政治課題であった（図10-3参照）。

図10-3　連合国高等弁務官に第一次内閣の閣僚を紹介するアデナウアー首相

高等弁務官が立っている絨毯にドイツ人閣僚は足を踏み入れてはいけないと通告されていたが，アデナウアーは平等同権を主張して一歩前に出た。

出典：Dennis L. Bark/David R. Gress, *A History of West Germany* Vol. 1, Oxford UK & Cambridge USA 1993.

西ドイツ主権回復への道——西欧統合と再軍備

西ドイツ発足時には外務省の設置が許可されていなかったので（外務省設置権限が与えられたのは一九五一年三月）、アデナウアー首相の外交は、当初は米英仏の高等弁務官との交渉であった。彼はナショナリズムが二つの世界大戦をもたらした癌であると考え、平等同権の獲得を一九世紀的な国民国家の再建によってではなく、統合されるヨーロッパのなかに西ドイツを組み入れることで達成しようとした。

しかし政権発足時、この構想の実現には困難が立ちはだかっていた。フランスは西ドイツ樹立を認める代償として、ルール工業地帯を国際管理の下に置く「ルール条例」を制定させた。これは第二の「ルール占領」になりかねず、独仏和解を困難にし、反仏ナショナリズムを台頭させるおそれがあった。この克服は、西ドイツ単独では不可能であった。

一九五〇年五月、石炭・鉄鋼の生産および取引についての国際管理機関の設立を呼びかけたフランスのシューマン外相の提案（シューマン・プラン）は、アデナウアーの構想の実現に道を開くものであった。「ルール条例」では、西ドイツのみが差別されて共同管理の対象であった。しかし、シューマン・プランでは他の加盟国も同じように共同管理下に置かれ、加盟国が等しく主権の一部を管理機関に移譲することを通じて、西ドイツは平等同権を獲得できる。

また、戦争に向けての軍拡は、鉄鋼業の生産の変化によって察知される。シューマン・プランは、関係国が秘密再軍備などできないようにするという意図を持ち、広域経済圏形成と、独仏和解・戦争のないヨーロッパの実現を結びつけようとした。将来、他分野でも進むであろうヨーロッパ統合のモデルとなるように組織づくりに工夫が重ねられ、一九五一年四月にヨーロッパ石炭鉄鋼共同体（ＥＣＳＣ）（加盟国は西ドイツ、フランス、イタリア、オランダ、ベルギー、ルクセンブルク）の創設に関する条約が締結された。これに伴って「ルール条例」は廃止された。これは一九五八年のローマ条約（ヨーロッパ経済共同体、ヨーロッパ原子力共同体）につながり、曲折を経て現在も拡大を続けるヨーロッパ統合制度化の第一歩となったのである。

この追い風を受け、朝鮮戦争勃発後現実的な政治課題となった西ドイツ再軍備も、西欧統合と独仏和解を促進する方向で案が練られた。アデナウアーは再軍備を西側陣営への貢献とし、再軍備と主権回復をリンクさせ、一九五二年五月、ヨーロッパ防衛共同体（ＥＤＣ）条約と主権回復に関する条約（ドイツ条約）は同時に調印された。

西ドイツ国防軍は作らせず、ヨーロッパ軍を組織し、そのなかでドイツ人を戦力として利用するというＥＤＣ構想は、もともとはフランスの提案になるものであった（一九五〇年一〇月のプレヴァン・プラン）。にもかかわらず、超国家的なヨーロッパ軍を作ることには提案国自身が慎重になり、また不安定な第四共和制の国内事情もネガティヴに働き、フランス国民議会は一九五四年八月ＥＤＣ条約の批准を拒否してしまった。

しかし、すでに西ドイツ再軍備は西側同盟の既定の方針となっていた。また、フランスの批准拒否は、西ドイツ再軍備を原則的に拒絶するのではなく、その時点でのヨーロッパ統合の限界を示したものであった。最終的には西ドイツ国防軍を創出し、その全軍を北大西洋条約機構（ＮＡＴＯ）の傘下に置くことで西ドイツ再軍備は決着した。それが一九五四年一〇月のパリ諸条約である。アデナウアーの巧妙な統治によって、すでに占領条例は有名無実化していたが、一九五五年五月のパリ諸条約発効に伴って高等弁務官府は廃止され、西ドイツはようやく主権を回復した。

ドイツ統一問題の展開とそれぞれの外交

一九五二年の有名な「スターリン・ノート」（中立を条件に、自由選挙で東西ドイツの統一を容認するソ連の提案）が真剣な提案であったか、それとも西ドイツ再軍備を妨害するための宣伝にすぎなかったかについては長年の論争がある。冷戦終結後の新たな史料状況を踏まえた研究によれば、ソ連の提案は真剣なものであったが、西側の「無視」以上の強硬な反対が、自由選挙による権力喪失を恐れた東ドイツ指導部から突きつけられ、「スターリン・ノート」は受け入れられなかったという。最終的結論が出ているとはいえないが、「スターリン・ノート」をめぐる論争は、ドイツ分断固定化は冷戦のなかでも一直線に進んだのではなく、再統一の可能性と分断固定化のベクトルが交錯して一九五五年に至っていたことをうかがわせる。西ドイツの再軍備・ＮＡＴＯ編入を受けてワルシャワ条約機構が発足し、東ドイツも一九五五年九月に主権を回復した。主権回復に至る東ドイツ外交は西ドイツ以上に「陣営の盟主」の意向に強く規定されてはいたが、ソ連と東ドイツの間には微妙な緊張関係があり、一方的な支配―従属関係が貫徹されていたと決めつけるべきではない。西ドイツも東ドイツも、程度の差はあっても、「冷戦のなかの強制と自己決定」の複雑な絡まりのなかで対外関係構築を模索していたのである。

一九五五年九月、アデナウアーはソ連を訪問し、国交を樹立した。この時、ソ連指導部は公式には初めて「二つのドイツ国家の存在」を絶対の前提として交渉し、「スターリン・ノート」のような提案はおくびにも出さなかった。「西側に統合された強い西ドイツはソ連を譲歩させ、東ドイツを磁石のように吸い付ける」というアデナウアーのドイツ再統一戦略は、受け入れられなかった。ソ連訪問後アデナウアーは、ハルシュタイン・ドクトリン（ソ連を例外として、東ドイツを承認する国とは西ドイツは外交関係を結ばないという原則。ハルシュタインは当時の外務次官）を定め、この原則は一九六〇年代末まで東方外交の展開を拘束し続けた。

早期主権回復をはじめ、アデナウアー外交は成果を上げたが、米ソを中心とした国際政治は、時の経過とともにドイツ分断を前提として動くようになっていった。一九六〇年代に入り、ドイツ問題が副次的に扱われていくなかで、一九六三年、引退直前のアデナウアーがドゴールと共に執念を燃やして締結にこぎ着けたのが西ドイツ・フランス友好協力条約（エリゼ条約）であったように、アデナウアー外交は独仏和解を基軸にしたヨーロッパに何よりも重きを置いていた。これに対し、後継者となったエアハルトは、アメリカの助けなくして西ドイツの安全はおぼつかないとして、対米関係をより重視していた。この二つの路線の葛藤には深刻なものがあった。冷戦のなかで西側陣営に組み込まれながらも、西ドイツ外交は超大国によって敷かれたレールの上を歩むのではなく、対米、対英、対仏、対ソ、対ヨーロッパの複雑な絡まりのなかで、自主的な舵取りをどのようにするか、絶えず模索することを余儀なくされていたのである。

3　二つの社会の戦後復興

東ドイツにおける社会主義の建設

建国時の東ドイツ憲法は、多くの条項でワイマル憲法を引き継いでいた。スターリン主義的な社会主義憲法に特有な

「党の指導的役割」に関する条項はなく、憲法上は、冷戦激化以前の「反ファシズム・民主主義」理念がまだ消えてはいなかった。しかし、建国後の変化は急であった。

社会主義統一党（SED）は、一九四六年四月にソ連地区の社会民主党（SPD）と共産党（KPD）が合同して結党されたが、当初は人事でも両党出身者の「対等性」が強調されていた。しかし、一九五〇年七月の党大会で結党時の目標と原則は時代遅れになったと否定され、「民主集中制」と「分派活動の禁止」という共産党特有の組織原則に厳密に立脚した「新しい型の党」になったことが宣言された。

また、同じ年の一〇月に行なわれた人民議会選挙で秘密選挙は最終的に放棄され、投票率九八％、「統一候補者リスト」に賛成が九九・七％という「成果」が誇られた。SEDの方針を多様な社会層に伝えるため、形式的に多党制は維持されたが、SEDは無制限の「指導的役割」を要求した。中央集権を強化するため、連邦主義的な州制度は一九五二年七月に廃止され、五つの州（ラント）は一四の新しい県（ベツィルク）に再編された。その際、県の指導者は全員SEDの党員であることが定められ、中央・地方を問わず、「党の指導的役割」が貫徹する支配システムが作られた。

しかし、経済再建は円滑には進まなかった。一九五一年から始まった五カ年計画のもとで重化学工業は復興したが、消費財生産は低迷を続けた。賠償の一形態として、ソ連は東ドイツの企業を所有していたが、この「ソ連所有株式会社」は占領期に較べると減りはしたが、それでも一九五一年の時点で全生産の三二％を占めていたといわれる。また、ウラン鉱山など、生産が完全にソ連の手に握られていた部門もあった。つまり、経済援助を与えられた西ドイツとは対照的に、東ドイツは「陣営の盟主」から搾取される経済システムのなかに組み込まれていった。

労働者の受け取る給料であるが、社会主義であるから「競争原理の働かない悪平等」で「賃金水準の平準化」が進んでいたと考えるとしたら、それは誤解である。生産性向上と優れた専門家確保のため、東ドイツでは国家権力によって給料が細分化されていた。例えば、一九五一年の時点で、金属工の平均給与は税込みで一八五マルクであったが、「進歩的専門家」の給料はその何倍も高く、政治局決議で一万マルクを超えることもあった。模範労働者報奨金制度や能力別労働ノルマの導入は悪平等的な横並び賃金を退けるものであったが、このような社会主義建設は労働者に複雑な葛藤を与えざるを得なかったであろう。

ノルマの引き上げに抗議した労働者のストは、一九五三年六月一七日、自由選挙の実施を含む政治的要求を掲げた蜂起に発展した。これは東ドイツの社会主義体制に社会的同意が欠如していたことを示し、ソ連軍の戦車の力を借りなければ東ドイツ指導部はこれを鎮圧できなかった。しかし、この事件後の党内権力闘争の結果、早急なソ連型社会主義化を進めたウルブリヒトに批判的な党内反対派は失脚し、彼の立場と路線が強化されることになってしまった。

六月一七日事件はソ連にも衝撃を与え、東ドイツに対して「援助」の手が差し伸べられるようになった。ソ連は一九五四年一月分から賠償受け取りを放棄し、占領費徴収は東ドイツ国家予算の五％を上限とした。また、「ソ連所有株式会社」を東ドイツに返還することが決められた。

以後、次第に東ドイツでも消費財生産は上昇し、一九五八年五月にようやく食料配給券が姿を消したことに象徴されるように、住民の生活水準は改善の方向に向かった。生活の安定とともに、少なからぬ住民は体制に順応し始めていた。しかし、一九五二年に導入しようとしたが、西側へ逃亡する農民の激増を前に一旦頓挫した農業集団化が、一九五九年以降本格的に導入された。これに伴って、一九五七年以後減りつつあったベルリン経由での東ドイツから西ドイツへの逃亡者は、再び急増した。

西ドイツへの逃亡の道をふさぐため、一九六一年八月に東側が構築した「ベルリンの壁」（図10-4参照）は、東ドイツ内部崩壊の危機克服のための措置であり、以後、東ドイツは社会主義国として確立期に入る。一九六一年には集団化された農場は農業総生産の九〇％を生産するようになり、個人農はほとんど存在しなくなった。建国時は手工業でも個人所有が優勢であったが、同様の変化はこの部門でも起こっていた。政治においても一九六〇年九月に設置された国家評議会（立法権と行政権を併せ持つ国家の最高機関）の議長にウルブリヒトが就任し、名実ともに党を掌握する者が国家の頂点にも立つ政治システム、「党の国家化」が確立した。

ボン・デモクラシーの形成と安定

主権国家として憲法を制定したのに、ワイマル・デモクラシーはその正当性に絶えず攻撃が加えられて崩壊への道をたどった。これとは対照的に、占領下に暫定性を強調して誕生したにもかかわらず、戦後の民主主義（ボン・デモクラシー）はその正当性に深刻な異議申し立てを受けることなく、西ドイツ社会に根付いて現在に至っている。

ただ、占領改革の結果、西ドイツに西欧民主主義が定着するのは自明であったと考えるとしたら、それは「神話」である。というのは、第三帝国の指導者原理に対する肯定的反応、ワイマル時代と同じような西欧民主主義に対する反感は、西ドイツ成立の頃はまだ広範に強く残存していたことが、最近は改めて強調されているからである。

政党システムにしても、キリスト教民主同盟・社会同盟（CDU／CSU）、社会民主党（SPD）、自由民主党（FDP）といった民主主義政党のみが占領初期から西側地区で優位を占めたのは、民主主義肯定に、ドイツ人の政治意識が急激に転換したことを意味していたとはいえなかった。この結果は、反民主主義政党の活動を許可せず、少数の民主主義政党にドイツの政党システムを集約しようという、占領軍政府の政党許認可政策の影響が大きかったことの帰結であった。

図 10－4　有刺鉄線を張られた窓

「ベルリンの壁」建設の時，東西ベルリンの境界線に接して東側に住んでいた男性を西側から撮った写真。

出典：Dennis L. Bark/David R. Gress, *A History of West Germany* Vol. 1, Oxford UK & Cambridge USA 1993.

それが証拠に、西側地区で政党設立の「規制緩和」が行なわれた一九四八年以降、必ずしも民主主義肯定的とはいえない政党も含めて、さまざまな政党が雨後の竹の子のように結成された。その結果、一九四九年の連邦議会選挙はCDU／CSU、SPD、FDPの三党（三会派）では七二・一％しか結集できず、少なからぬ弱小政党が議席を獲得し、占領期の「三大政党制」からワイマル時代の悪夢を想起させる「小党乱立」の方向に戻りつつあるかのようであった。加えてこの選挙は、選挙に打って出た諸政党の組織・人脈・イデオロギー・宣伝方法など多くの点で、議会制民主主義が不安定だったワイマル共和国期との「連続性」が強く指摘され、「最後のワイマル選挙」と呼ばれることもある。

このような「連続性」が後退し、ボン・デモクラシー独自の政治状況を規定する勢力関係を示した画期的選挙が、一九五三年選挙であった。この選挙では「五パーセント条項」が強化され（全国レベルで五％得票できなければゼロ議席）、三党の得票率が八三・五％に上昇して三党体制が確立の方向に向かい、ワイマル時代とは大きく異なった政治状況の形成を告げ知らせていたからである。特にCDU／CSUが国民政党として飛躍したのは、広範な保守勢力を結集しただけでなく、ルター以来のカトリックとプロテスタントの宗派的対立を政治レベルで克服したことも大きかった。

ただ、五〇年代はアデナウアー首相の個人的威信や、いささか権威主義的統治スタイルが前面に出た「宰相民主主義」であり、一九五六年に共産党が憲法違反の政党として禁止されたことは、冷戦下とはいえ、ボン・デモクラシーの行き過ぎた反共コンセンサスを感じさせた。また、一九五七年選挙ではCDU／CSUが得票率で単独過半数を獲得するという大勝を収め、政権交代困難な「一党優位の政党システム」になるかに見えた。

しかし、万年野党を定められたかに見えたSPDが、一九五八年の党組織改革や一九五九年のゴーデスベルク綱領制定を中心とする党改革を断行し、階級政党から国民政党に脱皮すべく、自己変革につとめた。その結果、一九六一年の第四回連邦議会選挙でそれまで続いていた「一党優位」への傾向が断ち切られ、CDU／CSU、SPD、FDPの三党で投票数の九四・三％を集め、さまざまな組み合わせの連立政権を可能にする「穏健な多党制」確立の方向に切り替わった。一九四九年選挙で示された懸念は、一九六一年の選挙で払拭された。

一九六三年にアデナウアーを引き継いだエアハルトは、一九六五年の選挙で勝利を収めた。しかし、この「経済の奇跡」の立役者は、皮肉なことに戦後初の不況を克服できず、党運営の拙劣さもあって、一九六六年に失脚した。この後、議会の九〇％以上が与党というCDU／CSUとSPDの大連立政権が成立し、キージンガー首相の下にSPDはブラント外相、シラー経済相をはじめとする人材を送り込んだ。シラー経済相はエアハルトが退けていたケインズ主義的手法を動員して不況の克服に成功し、経済安定成長法の制定に中心的役割を果たした。また、大連立内閣の下で懸案の非常事態法も制定され、SPDは政権担当能力を示した。この実績をもとに、六九年の連邦議会選挙でSPDはFDPとともに「二・三位連合」でブラント政権を樹立した。ブラントは、ワイマル時代のミュラー以来、四一年ぶりのSPDの首相であった。CDU／CSUが初めて野党になった、この本格的な政権交代は、西ドイツに民主主義が定着したことの証であった。

一九四六年、生産指数は一九三六年を一〇〇として三三に落ち込んでいたが、一九四九年夏には九〇に回復し、西ドイツ成立後一〇年間に生産は二二六％増えた。また、建国時には多かった失業者は、一九六一年には完全雇用状態といって差し支えない数に減少した（五〇年九月の就労人口一三八二万七〇〇〇人に対し、失業者は一五八万人。六一年九月には就労人口二〇九三万三〇〇〇人に対し、失業者数は九万五〇〇〇人）。独裁と戦争、戦後の混乱を経た「経済の奇跡」のなかで、かつては右翼に流れる予備軍であった中間層は、民主主義と折り合うようになった。階級社会的対立は緩和され、ドイツ労働組合総同盟（DGB）は、政治の党派的対立に翻弄されない、統一された強力な労働組合として発展した。労働者と職員の行動や生活様式は接近し、かなり緩慢な過程ではあったが、労働者のサブカルチャーも五〇年代には消滅の方向をたどった。これらは、ボン・デモクラシーの定着にとって贈り物となった。

社会的弱者への対応

社会的市場経済を掲げたエアハルト経済相は、真に競争が支配する市場の実現を目標としていた。そのためカルテル阻止法（妥協を重ねて一九五七年七月成立まで七年を要した）には熱心だったが、景気刺激策など、市場に働きかける経済政策を行なうことは彼の哲学に反していた。アデナウアー首相は経済政策についてはエアハルトに任せていたが、「経済の奇跡」の受益者を拡大するため、以下に述べる社会政策の充実には強いイニシアチブを発揮した。

「被追放民」を根無し草的な疎外された少数者とせず、西ドイツ社会に統合するため、さまざまな社会政策が取られたが、その代表的なものとして、一九五二年の負担調整法を挙げることができる。自然人・法人を問わず、戦争で財産を失わなかった者は所有財産の査定を受け、その評価額の五〇％を三〇年にわたって金銭で支払うことが定められた。負担調整法による拠出金は「被追放民」救済の基金となり、配分された総額は一二六〇億マルクにのぼった。

アデナウアー時代、「被追放民」がアイデンティティを喪失しないように同郷人団体の結成は奨励され、オーデル・ナイセ国境線不承認をはじめとして、「被追放民」に帰る故郷の断念を求めるような外交は行なわれなかった。しかし、アデナウアーは、彼らが社会主義化した故郷に戻ることを心の底では望まなくなるように、社会政策上、この集団を格別に優遇し、「被追放民」の西ドイツ社会への統合は五〇年代に成功した。

これと対照的に、東ドイツにおける「被追放民」政策は一時的な緊急援助以上のものではなく、「被追放民」が社会政策的に優遇されることは拒否されていた。東ドイツはオーデル・ナイセ国境線を早々に承認し、上からの圧力を加えることで、また「ベルリンの壁」が構築されるまでは多数の「被追放民」が西へ逃亡したことを通じて、残った「被追放民」は早々にアイデンティティを喪い、西ドイツとは異なるプロセスで東ドイツ社会に組み込まれていった。

ところで、「被追放民」政策の一環でもあるが、一九五〇年四月の第一次住宅建設法を皮切りに、アデナウアーは「社会的住宅」、政府主導の低家賃住宅建設の促進を重点政策とした。家賃を一平方メートル＝一マルクに抑えた「社会的住宅」は、六年間で一八〇万戸建設された。これに対して、東ドイツでは、西への大量の逃亡者で住宅不足が西ドイツほど深刻化しなかったし、工場建設優先政策もあり、住宅政策は西ほど熱心に取り組まれてはいなかった。

次に社会保障制度であるが、占領初期、ソ連も含めた占領国の間に「社会保険の一元化」（災害・疾病・年金といった分野ごとに、また労働者・職員・官吏といった運用主体ごとに複雑に編成されていた社会保険制度を、すべての被用者と自営業者まで拡大して一元化する改革案）をめぐって合意があった。しかし、この一元化構想は、何よりもドイツ人側の強い抵抗にあって西ドイツでは挫折した。

西ドイツでは基本的に、社会階層別に分かれていたワイマル時代の社会保険制度が復活したが、年金については画期的な改革が行なわれた。西ドイツで「経済の奇跡」の恩恵を受けたのは、主として生産過程に関与する社会層であった。東西対立のなかで、社会主義イデオロギーに対抗して内政の安定をはかるため、アデナウアーは年金生活者をはじめとする社会的弱者への社会政策を精力的に進めた。その仕上げが、一九五七年の年金改革であった。この年金改革では積み立て方式が放棄され、賦課方式が採用された。つまり、就業者が所得の一定の割合を年金金庫に払込み、同金庫はこうして得られるその年の収入を年金生活者に配分するという「世代間連帯契約」であり、就業者の所得の上昇に年金も自動的に連動する仕組みであった。

この年金改革実現にあたっては野党ＳＰＤの貢献も無視できなかったが、「アデナウアーの年金改革」として宣伝され、一九五七年連邦議会選挙でのＣＤＵ／ＣＳＵの大勝につながった。アデナウアーは「保守」ではあったが自由主義経済の信奉者ではなく、カトリックの社会教理に立脚した彼の社会政策は、一九六九年以降のＳＰＤ主導連立政権に先立って「社会国家」（西ドイツ型福祉国家）の基礎を作り上げていたのである。

東ドイツでは、ソ連占領地区の時代に導入された一元的で強制的な社会保険システムが継承された。その結果西ドイツとは対照的に、元々は西ドイツも含めた労働運動の要求でもあったが、労働者・職員・官吏といった階層による支給差別のない、包括的な生活上の保障が実現された。ただ、運営組織が非効率的で、実際の給付は必要を満たすものとは言い難かった。よって、改組再編が一九五一年、一九五六年と繰り返し行なわれ、最終的には労働組合（ＦＤＧＢ）が社会保険の運営責任をすべて負うようになった。労働組合は党と国家の「道具」となり、自立性は失われた。

消費と生活

一九五〇年代の西ドイツではまだ労働時間は長く、余暇を楽しむ余裕のない家庭が一般的であった。自動車や電化製品をはじめとする耐久消費財は、西ドイツでも「経済の奇跡」とともに、短期間に爆発的に普及したのではなかった。五〇年代半ばにおける個々の耐久消費財の普及率をいくつか挙げると、ミシン五六％、掃除機三九％、電気冷蔵庫一〇％、電気洗濯機九％に止まっていた。自動車や電化製品が一般家庭に手の届くものとなるのは五〇年代終わり以降であるが、「経済の奇跡」のなかで所得が上昇を続けると、労働者・職員を問わず、やがて皆がある程度は耐久消費財を購入し、豊かな消費生活を享受できると期待を持てるようになったのが五〇年代であった。

また、消費は、冷戦下で東側に対抗する戦術としても宣伝された。戦争中から占領期まで続いた混乱と窮乏の時代を生きた人々にとって、戦後復興期の消費の変化、生活水準の向上は、その実態以上に、何よりも意識において大きな変化を与えたのである。

五〇年代の西ドイツでは女性の家庭への回帰が顕著で、専業主婦は家族の安定を支える柱として尊重されていた。一九五七年六月に男女同権法が制定された後も、既婚女性の就業は容易ではなかった。文化の領域では一九二〇年代への回帰が語られ、資本主義と官僚制の「連続性」も看過できない。

しかし、これらのことは西ドイツの五〇年代が「復古」の時代であったことを主張するものではない。五〇年代は、農業セクターが産業社会に統合され、モータリゼーションは伝統的村落共同体の社会環境を解体していった。また、教会に対する伝統的結びつきが弱まり、電化による生活の変化をはじめ、日常生活におけるさまざまなイノベーションへの適応が始まった。社会史研究の進展と共に、そのような意味での「近代化」がさまざまな領域で進行していった変革の時期として、五〇年代はとらえられるようになっている。

東ドイツでは、食料品を安価にするため多額の補助金が投入されたが、「贅沢品」は高価かつ貧相で、計画官僚の介入によって消費が政治的に歪められる構造が作られていた。ただ、一九六三年に採用された新経済政策は、社会主義的計画経済の枠内ではあるが、非集権化や利潤追求に配慮し、労働者に物質的刺激を与えようとした。西ドイツとの格差はまだ大きかったが、それでも、六〇年代にテレビの保有率が一七％から六九％に、電気冷蔵庫は六〇年の六・一％から六七年の三七・七％を経て、七二年には六九・五％になった。また、電気洗濯機も七二年に六三・四％に上昇したように、東ドイツの生活水準は向上し、「社会主義国の優等生」となった。

世代問題と青年

ドイツ現代史では、その時々の「世代」の性格や役割がよく議論の対象となる。ワイマル時代には自己の価値観を確立できない年齢で、第三帝国の教育が絶大な影響を与えた「ヒトラー・ユーゲント世代」は、これ以外にはないと信じ込んでいた民族共同体の崩壊に衝撃を受け、その反動として戦後はイデオロギー信奉や熱狂的な政治動員には背を向けるようになった。しかし、このような「私的かつ非政治的」な「懐疑的世代」は業績主義的立身出世には熱心で、「経済の奇跡」に貢献したと、一般的にはとらえられている。

しかし、「ヒトラー・ユーゲント世代」に属するSPDのヘルムート・シュミット（一九一八年生、一九七四年から一九八二年まで首相）の述懐によれば、彼はヒトラー・ユーゲントでの体験を通じて、「社会主義」を社会的公正や団結・連帯を意味すると肯定的に理解していた。ナチズムは否定しても、この刻印は消えず、それを戦後に接ぎ木できる場を模索した結果、たどり着いたのが「社会主義」のSPDであった。「国民社会主義から社会民主主義へ」の道をたどったシュミットは、新しいタイプの社会民主党員となるであろう。戦後の「ヒトラー・ユーゲント世代」は、政治的熱狂には懐疑的であっても、「私的かつ非政治的」とは一括できないさまざまな道を歩んでいた。

「ヒトラー・ユーゲント世代」は、ワイマル時代までの伝統に囚われることがなかったがゆえに、伝統を掲げて指導的地位に戻ることを当然と考えていた年長者との間に、世代紛争が生じた。五〇年代、スポーツクラブに参加した若者は、参加の動機に「体を鍛える」「気晴らしや娯楽のため」と答えるのが一般的となっており、「同じ世界観」は何の役割も果たさなくなった。ワイマル時代までのような、「同じ世界観」を持つ「生活共同体」の一部として余暇組織に関与するのは、劇的に減少していた。

とはいえ、ジーンズ、プレスリーをまねた前髪、ロックンロール、「アメリカ化」の一環としてステレオタイプ化されているイメージとは異なり、五〇年代の実際の若者文化は控え目であった。窮乏の四〇年代は終わったが、経済的安定を求めて若者もまずは稼がなければならなかった。一九三八年制定の青少年労働保護法が改正されたのはようやく一九六〇年であったが、そのとき決められた週単位の最長労働時間は四八時間であった。実態はしばしば、もっと長時間労働であった。若者が余暇を謳歌し、「文化革命」の担い手となるのは、六〇年代以降のことである。

参考文献

アルフレート・グロセール著、山本尤ほか訳『ドイツ総決算——一九四五年以降のドイツ現代史』社会思想社、一九八一年。

永井清彦『現代史ベルリン』朝日新聞社、一九八四年。

山口定「西ドイツにおけるデモクラシーの再建」犬童一男ほか編『戦後デモクラシーの成立』岩波書店、一九八八年。

ヘルマン・ヴェーバー著、斎藤哲・星乃治彦訳『ドイツ民主共和国史』日本経済評論社、一九九一年。

平島健司『ドイツ現代政治』東京大学出版会、一九九四年。

ヴェルナー・アーベルスハウザー著、酒井昌美訳『現代ドイツ経済論——一九四五—八〇年代に至る経済史的構造分析』朝日出版社、一九九四年。

クリストフ・クレスマン著、石田勇治・木戸衛一訳『戦後ドイツ史 一九四五—一九五五——二重の建国』未来社、一九九五年。

ペーター・レッシェ／フランツ・ヴァルター著、岡田浩平訳『ドイツ社会民主党の戦後史』三元社、一九九六年。

野田昌吾『ドイツ戦後政治経済秩序の形成』有斐閣、一九九八年。

清水聡「『スターリン・ノート』とドイツ統一問題」『政治学研究論集』（明治大学大学院）第一〇号、一九九九年。

ハンス・カール・ルップ著、深谷満雄・山本淳訳『現代ドイツ政治史』彩流社、二〇〇二年。

斎藤哲「家事と消費生活——ヴァイマル時代から『経済の奇跡』まで」『政経論叢』（明治大学）第七一巻第一・二号、二〇〇二年。

安野正明『戦後ドイツ社会民主党史研究序説』ミネルヴァ書房、二〇〇四年。

Axel Schildt, Arnold Sywottek（Hrsg.）, *Modernisierung im Wiederaufbau : Die westdeutsche Gesellschaft der 50er Jahre*, Bonn 1993.

Konrad Jarausch, Hannes Siegrist（Hrsg.）, *Amerikanisierung und Sowjetisierung in Deutschland*, 1945-1970, Frankfurt 1997.

扉図出典：Christoph Kleßmann, *Die doppelte Staatsgründung*, Göttingen 1982, S. 313, 322.

コラムXIII

ナチ戦争犯罪人の戦後

芝　健介

第二次世界大戦の戦局転換後、わけても一九四三年一二月のモスクワ会議以降、連合国が対ドイツ戦後処理問題のなかで、戦争犯罪人裁判と非ナチ化を重視したこと自体は比較的知られているが、この「過去の清算」の実際の展開や後世への影響については、現在に至るまで十分吟味されているとは言い難い。

大戦に勝利した米英仏ソ四カ国（対独占領管理理事会構成国）は、一九四五年八月八日、ロンドンで「ヨーロッパ枢軸国の主要戦争犯罪人追及および処罰に関する協定」を結び、国際軍事裁判所（IMT）憲章を制定。同年一一月二〇日から翌四六年一〇月一日まで開廷されたニュルンベルク国際軍事裁判もこの四カ国が構成した。IMT憲章第六条に基づき、侵略戦争の共同謀議罪、平和に対する罪（a項）、通例の戦争犯罪（b項）、人道に対する罪（c項）を適用、二二名の被告（表XIII-1参照）中、一二名に絞首刑を宣告、約二週間後の一〇月一六日未明一〇名に対して刑を執行した（表XIII-1備考欄参照）。さらにIMTは訴追された六つの組織ないし集団のうち、親衛隊（SS）、秘密国家警察（Gestapo）／保安部（SD）、ナチ党指導者団を犯罪組織と断定した（あとの内閣、陸軍参謀本部／国防軍統合司令部〔OKW〕、突撃隊〔SA〕は除外）。米軍占領下のニュルンベルクでは、国際軍事裁判に引き続き、四六年一〇月二五日から四九年四月一四日まで、管理理事会法第一〇号に基づき、一二の「ニュルンベルク継続裁判」を開廷（したがって現在では英語もドイツ語も複数表現が普通になり、Nuremberg Trials, Nürnberger Prozesse で、国際軍事裁判プラス一二のニュルンベルク継続裁判を指す）。表XIII-2の有罪訴因に示されているとおり、継続裁判では特に人道に対する罪の追及が焦点になり、また犯罪組織の構成員であった事実も厳しく問われた。

この「継続裁判」で裁かれた被告のなかでも特に第十一号事件（諸官庁裁判）の被告にはIMT被告と同ランクの元閣僚被告が多数含まれていた点なども考慮し、ニュルンベルク裁判全体の被告数は（IMTの二二名＋継続裁判の一七七名）計一九九名であったと考えるのが裁判担当者の間では一般的である。無罪を言い渡された被告は三八名、絞首刑を宣告された被告は三六名（一三名が無期、残りは一～二五年の有期刑）であった。一九五〇年六月一日までに一八名が処刑されたが、翌五一年一月末に米占領文官トップ《ハイ・コミッショナー》のJ・マクロイが発した特赦令により、有罪人一六一名のうちかなり多数が罪を減ぜられた。

表XIII-1　ニュルンベルク国際軍事裁判判決

被告	〈第三帝国〉時代の地位	生年～没年	訴因 I	訴因 II	訴因 III	訴因 IV	判決	備考
H・ゲーリング	帝国元帥、空軍総司令官、四カ年計画全権	一八九三～一九四六	○	○	○	○	絞首刑	執行前に自殺
R・ヘス	ナチ党総統代理	一八九四～一九八七	○	○	×	×	終身刑	ソ連裁判官はこの判決に反対し、死刑相当とした。一九八七年自殺
J・v・リッベントロップ	外相（一九三八年～）	一八九三～一九四六	○	○	○	○	絞首刑	執行
W・カイテル	国防軍統合司令部長官	一八八二～一九四六	○	○	○	○	絞首刑	執行
E・カルテンブルンナー	国家保安本部長官	一九〇三～一九四六	×		○	○	絞首刑	執行
A・ローゼンベルク	東部占領地域担当相	一八九三～一九四六	○	○	○	○	絞首刑	執行
H・フランク	ポーランド総督	一九〇〇～一九四六	×		○	○	絞首刑	執行
W・フリック	内相（～一九四三年）、ボヘミア・モラヴィア総督（一九四三年～）	一八七七～一九四六	×	○	○	○	絞首刑	執行
J・シュトライヒャー	ナチ党フランケン大管区指導者、反ユダヤ紙『シュテュルマー』発行人	一八八五～一九四六	×			○	絞首刑	執行
W・フンク	経済相（一九三八年～）、中央銀行総裁（一九三九年～）	一八九〇～一九六〇	×	○	○	○	終身刑	健康上の理由で一九五七年釈放
F・ザウケル	労働動員全権	一八九四～一九四六	×	×	○	○	絞首刑	執行
A・ヨードル	国防軍統合司令部作戦部長	一八九〇～一九四六	○	○	○	○	絞首刑	執行
A・ザイス＝インクヴァルト	オーストリア国家総督（一九三八～一九三九年）、ポーランド総督代理（一九三九～一九四〇年）、占領オランダ全権（一九四〇年～）	一八九二～一九四六	×	○	○	○	絞首刑	執行
A・シュペーア	軍備・戦時生産相	一九〇五～一九八一	×	×	○	○	二〇年	満期出獄

C・v・ノイラート	外相（～一九三八年）、ボヘミア・モラヴィア総督	一八七三～一九五六	○	○	○	○	一五年	健康上の理由で一九五四年釈放
M・ボルマン	ナチ党官房長、総統秘書（一九四三年～）	一九〇〇～一九四五	×		○	○	絞首刑	欠席裁判判決。一九七三年西独裁判所はボルマンの一九四五年死亡を確認
B・v・シーラハ	ヒトラー・ユーゲント指導者、ナチ党ウィーン大管区指導者	一九〇七～一九七四	×			○	二〇年	満期出獄
E・レーダー	海軍総司令官（～一九四三年）	一八七六～一九六〇	○	○	○		終身刑	高齢・健康上の理由で一九五五年釈放
K・デーニッツ	海軍総司令官（一九四三年～）ヒトラー後継元首	一八九一～一九八〇	×	○	○		一〇年	満期出獄
H・シャハト	中央銀行総裁（～一九三九年）、経済相（一九三五～一九三七年）	一八七七～一九七〇	×	×			無罪	ソ連裁判官は判決文末尾でこの無罪判決に対する反対意見を附した。
F・v・パーペン	副首相（～一九三四年）オーストリア大使	一八七九～一九六九	×	×			無罪	（同上）
H・フリッチェ	ラジオニュース解説局長	一九〇〇～一九五三	×		×	×	無罪	（同上）
訴因Ⅰ（侵略戦争の共同謀議） 訴因Ⅱ（平和に対する罪） 訴因Ⅲ（戦争犯罪） 訴因Ⅳ（人道に対する罪）			8	12	16	16	……有罪とされた訴因（○）	
			14	4	2	2	……無罪とされた訴因（×）	
			22	16	18	18	……訴因合計	

この後なお罪を贖うことになった被告は五〇名を超えなかった。特赦を敢えて出したマクロイには、行動部隊《アインザッツグルッペン》というユダヤ人殲滅実行部隊を指揮した第九号事件（死刑判決を受けた者がニュルンベルク裁判のなかで最多）の被告たちのための、《いわゆる「戦争犯罪人」の烙印を押された戦争犠牲者を救え！》というキリスト教会幹部による猛烈なキャンペーンの圧力が直接間接かけられていた。

第二次世界大戦開始直後に成立し、行動部隊指揮官たちを輩出した国家保安本部（スタッフ約三〇〇人）は、ドイツ国内および占領地の治安機能の要であり、他のエリートと比べて著しく若かった（スタッフの三分の二が三六歳以下）。「机上の殺人者」の典型となったアイヒマンは、イェルサレムでの裁判後、六二年に処刑されたが、ドイツ各地から東部の絶滅収容所にユダヤ人を移送した各地の「小アイヒマン」は訴追されても無罪放免される場合が多かった。なお管理理事会法第一〇号に基づく戦犯裁判は、英仏ソ各占領区でも展開された。

ポツダム会談でも確認された、連合国遠征軍最高司令部（SHAEF）指揮による非ナチ化政策は、四六年末までに米英仏ソ各占領区でそれぞれ九万五〇〇〇、六万四〇〇〇、一万九〇〇〇、六万七〇〇〇人の身柄を即拘束し、それをはるかに上回る数の人々に対し、「ナチ犯罪」容疑者として五つのカテゴリー（第一級《重罪者》、第二級《有罪者》〈積極分子〉、第三級《軽罪者》、第四級《同調者》Mitläufer、第五級《無罪放免対象者》）に分けて査問審判を開始した。その結果、米英仏の西独占領区では一四万名以上、ソ連の東独占領区では五二万七三四名が公職その他のポストを解任された。ただ「非ナチ化」措置遂行の際、ナチ党の党籍（累計では一〇〇〇万人以上）やSSはじめ党分肢組織への所属の有無が重視されたから、党員でなければ重大な犯罪をおかしていても審査対象から外されるか微罪で済まされる一方、審査対象者が膨大な数になり、重大複雑なケースの処理は後回しになってヒラの者が先にむしろ重い刑を科されリーダー格が本格的に審査対象になった段階では国際情勢と占領政策の微妙な変化のため審査基準が緩和され、「小物が追及され大物が放置される」という不公平が生じた。いずれにしてもニュルンベルク国際軍事裁判以後審問の大部分はドイツ人に委ねられるようになる。

一般に非ナチ化は、公職追放はじめ対象者の範囲拡大のために、復興さなかの行政や経済に機能不全をもたらし、冷戦亢進のなか、占領側の政策の重点も経済へシフトし、結局大量の元ナチを復権させて挫折したと見なされがちである。しかし日本の公職追放政策と比較しても、非ナチ化の範囲が広範にわたったことの影響は大きく、社会復帰後の元ナチが新しいドイツ社会を脅かす存在になる危険は阻まれた。多かれ少なかれ、ナチ体制に責任を負った数多くのドイツ人が非ナチ化を経て、新民主主義体制に適応する構えを身につけた点も、無視し得ない。

表XIII-2　ニュルンベルク継続裁判判決

裁判事件番号	裁判通称	事件内容	訴追を受けた者の数	備考	実際の被告人の数	判決宣告年月日	有罪とされた訴因 o	a	b	c	判決 絞首刑	終身刑	有期刑	無罪
1	医師裁判	強制収容所における残虐な人体実験	23		23	一九四七・八・二〇	10		15	15	7	5	4	7
2	ミルヒ裁判	ミルヒ空軍元帥（航空省次官）の強制労働計画への関与	1		1	一九四七・四・一七				1		1		
3	法律家裁判	法務官僚・裁判官・検事による司法殺人	16	1名自殺 1名重病のため免訴	14	一九四七・一二・四	3		7	9		4	6	4
4	ポール裁判	SS経済管理本部による強制収容所管理・大量虐殺	18		18	一九四七・一一・三	13		15	15	3	3	9	3
5	フリック裁判	フリック・コンツェルンによる外国人強制労働	6		6	一九四七・一二・二二	2			2			3	3
6	IG《イーゲー》ファルベン裁判	巨大化学コンツェルンによる経済的略奪。外国人労働者の奴隷化	24	1名重病のため免訴	23	一九四八・七・三〇				13			13	10
7	南東戦線将官裁判	南東欧戦線とくにパルチザン戦をめぐっての民間人・人質の殺害	12	1名自殺 1名重病のため免訴	10	一九四八・二・一九			5	7		2	6	2
8	SS人種・植民本部裁判	他民族の強制移住・子弟略奪・大量虐殺	14		14	一九四八・三・一〇	13		8	8		1	12	1
9	行動部隊裁判	オーレンドルフらによるポーランド・ソ連での大量虐殺	24	1名自殺 1名重病のため免訴	22	一九四八・四・一〇	22		20	20	14	2	6	
10	クルップ裁判	巨大鉄鋼企業による俘虜・抑留者・ユダヤ人の虐待	12		12	一九四八・七・三一				11			11	1
11	諸官庁裁判	国際条約違反・経済的略奪・大量虐殺への諸官庁の関与・協力	21		21	一九四九・四・一四	12	3	3	14			19	2
12	国防軍統合司令部裁判	俘虜の虐待・殺害、コミッサールの殺害	14	1名自殺のため免訴	13	一九四八・一〇・二七			10	11		2	9	2
o：犯罪組織への所属　a：平和に対する罪	b：戦争犯罪　c：人道に対する罪	人数計	185	8	177		75	3	83	126	24	20	98	35

出典：表XIII-1、XIII-2ともに、Kensuke Shiba, "Die Kriegsverbrecherprozesse von Nürnberg und Tokio — ein Vergleich", in: Bernd Wegner（Hg.）, *Wie Kriege enden*, Paderborn/München/Wien/Zürich 2002, S. 270-278 の表を整理。

第十一章　冷戦の変容と東西ドイツ市民

井関正久

冷戦の象徴「ベルリンの壁」

1966	12.1.西ドイツ，キージンガーを首相とする大連立政権（CDU／CSU・SPD）発足
1968	4.6.東ドイツ新憲法発効。4.11.学生運動指導者ドゥチュケ襲撃事件後，西ドイツ各地で学生反乱勃発。8.20./21.ワルシャワ条約機構軍のチェコスロヴァキア侵攻。東ドイツで若者の抗議活動
1969	10.21.西ドイツ，ブラントを首相とするSPD・FDP連立政権発足
1970	3.19.エアフルトで初の両ドイツ首脳会談。5.21.カッセルで第2回会談。8.12.西ドイツ，ソ連とモスクワ条約締結。12.7.西ドイツ，ポーランドとワルシャワ条約締結
1971	5.3.東ドイツ，ウルブリヒト辞任，後任はホーネッカー。9.3.米英仏ソ，ベルリン4カ国協定締結
1972	12.21.東西ドイツ「基本条約」締結。翌年，東西ドイツ国連加盟
1973	10.17.石油ショック勃発。世界的な経済危機へ
1974	5.6.西ドイツ，ブラント辞任。後任にシュミット。10.7.東ドイツ憲法改正
1975	8.1.全欧安保協力会議CSCEで35カ国がヘルシンキ宣言に署名
1976	11.16.東ドイツ，反対派ビアマンの国籍剝奪。11.26.反対派ハーヴェマンの自宅軟禁
1977	9.～10.西ドイツ，赤軍派RAFによるテロの波（「ドイツの秋」）
1978	3.6.東ドイツで教会と国家のトップ会談
1979	12.12.NATO二重決定。12.24.ソ連軍，アフガニスタンに侵攻
1981	10.10.西ドイツ，ボンで30万人規模の反核平和デモ。翌年も40万人規模のデモ。12.11.～13.東ベルリン近郊で両ドイツ首脳会談。12.13.ポーランドで戒厳令
1982	1.25.東ドイツ，エッペルマン牧師ら「ベルリン宣言」発表。10.1.西ドイツ，シュミット失脚。コールを首相にCDU／CSU・FDP連立政権発足
1983	3.6.西ドイツ，連邦議会選挙で緑の党が議席獲得。6.29.西ドイツが東ドイツに対して10億マルク（翌年にも9億5000万マルク）の政府保証融資
1985	3.11.ソ連でゴルバチョフが共産党書記長に就任。10.16.西ドイツ，ヘッセン州で「赤緑」連立政権成立。環境相に緑の党のフィッシャー
1986	4.26.ソ連でチェルノブイリ原発事故
1987	9.7.～11.ホーネッカーの西ドイツ訪問。12.8.米ソ首脳，中距離核戦力（INF）全廃条約調印
1989	5.7.東ドイツ地方選挙で国家の不正が発覚。9.11.ハンガリー，対オーストリア国境を開放。東ドイツ市民の大量出国。10.18.東ドイツ，ホーネッカー失脚，後任はクレンツ。11.9.「ベルリンの壁」崩壊。12.7.東ベルリンに中央円卓会議設置
1990	3.18.東ドイツ人民議会選挙。デメジエールを首相とする大連立政権発足へ

一九六〇年代後半から八〇年代にかけて冷戦状況が移り変わるなかで、東西ドイツの政治は大きな変化を遂げる。七〇年代に始まる世界経済危機もまた、両ドイツの経済・社会に大きく作用した。こうしたマクロ的変化は東西ドイツ市民にどのような影響を与えたのだろうか。本章では、国内外の情勢と、市民による諸運動との関連に焦点を当てて、六〇年代後半から八九／九〇年までの東西ドイツについて概観する。

1　激動の「六八年」から緊張緩和《デタント》へ

西ドイツ――「六八年運動」と、その後の社会変化

▽議会外反対派ＡＰＯの盛衰

一九六〇年代、保守政権下で戦後の経済復興に全力が注がれた結果、西ドイツ経済は大きな成長を遂げ、完全雇用に近い状態となった。また、自動車・テレビなどの耐久消費財の普及とともに消費社会が確立された。六〇年代半ばに戦後最初の不況を迎えるが、大連立政権は公共投資の拡大を実施し、迅速な景気回復に成功する。六〇年代はまた、多くの産業分野で労働力不足となり、南欧やトルコから外国人労働者を受け入れ、外国人の人口が増加した（コラムⅫ参照）。大連立政権は、経済政策で成果を収めたものの、ナチの過去をめぐる世代間紛争を背景に、これまでにない内政的混乱を引き起こした。弱体化した野党に代わり議会外反対派（ＡＰＯ）が形成され、ナチ時代も西ドイツ国家建設も経験していない、最初の戦後世代が、反権威主義を掲げて抗議運動を展開した。

ＡＰＯは複数の個別運動によって形成された。その一つは、反核・平和を目指して六〇年代に展開された復活祭デモ行進運動である。キリスト教グループによって開始されたこの運動は、五〇年代に軍縮キャンペーンを展開した左派の反核運動家を吸収しつつ、ネットワークを拡大した。一方、大連立政権の提出した非常事態法案に対する反対運動の枠内では、金属・化学労組がＡＰＯに合流し、学生組織が結成した「民主主義の非常事態」委員会に財政支援などを行なった。しかしＡＰＯで最も重要な役割を果たしたのは、社会主義ドイツ学生同盟（ＳＤＳ）を基盤とする学生運動であった。

図11－1　西ベルリンの学生運動（1968年２月）

出典：Hans Georg Lehmann, *Deutschland-Chronik 1945 bis 1995*, Bonn 1995, S. 168.

学生運動の背景には、六〇年代初頭からマスメディアを中心に展開された、ナチの過去をめぐる議論があった。大連立政権期にはさらに、キージンガー首相のナチ党員としての過去が大きな論議を呼び、極右のドイツ国家民主党（ＮＰＤ）の州議会進出が、市民に大きな衝撃を与えた。過去への関心が高まるなかで、戦後世代が、ナチ台頭を許した親世代への非難を開始する。ＳＤＳは、社会全体の根本的変革の必要性を唱え、若年世代のオピニオン・リーダーとなった。六〇年代半ば以降、ベトナム反戦運動を展開したＳＤＳは、南米の解放運動や、毛沢東主義を高く評価した。また米国のフリースピーチ運動をモデルに、「座り込み」や「ティーチ・イン（自己組織的討論集会）」といった抗議スタイルを実践した。西ドイツ学生運動は、このように国際的な運動と連動して展開されたのである（図11-1）。

六七年六月の警官による学生オーネゾルク射殺事件や、六八年四月に起きた極右青年による学生運動指導者ドゥチュケ襲撃事件は、運動の急進化を促進し、西ドイツ各地で学生と警官隊との衝突が頻発する。とくに、反共的なシュプリンガー出版社への攻撃はエスカレートし、またフランクフルトで起きた左翼急進派によるデパート二軒の放火事件は、運動の社会内における孤立をもたらした。パリで「五月革命」が進展した六八年五月には、西ドイツでも非常事態法阻止を目標に、「ボンへの星状行進」をはじめ、大規模な抗議運動が展開された。しかし、同年五月末に法案が連邦議会で採択されると、ＡＰＯは求心力を失って急速に衰退する。「新左翼」と呼ばれた学生運動の活動家たちは、さまざまな共産主義グループへ分裂し、六九年九月に自発的ストライキの波が発生すると、労働運動に傾倒していった。しかし、長期的に見ると、制度内部からの組織的変化と意識変化を通して社会変革を目指す「制度内への長征」（ドゥチュケ）が実践され、ＡＰＯ活動家の多くが既成政治組織や教育機関、マスコミ、一般企業に吸収されていった。

後に「六八年運動」と呼ばれるようになった一連の抗議運動は、政治的には挫折したが、その後の西ドイツ社会に持続的に影響を及ぼした。この時期を境に、政治・教育機関の権威主義的性格は弱まり、市民の間では批判的な政治活動が浸透していった。また文化面においては、伝統的な家族概念にとらわれない居住共同体の実践や、反権威主義思想と若者文化の融合によって「対抗文化」が形成され、「ライフスタイルの革命」という現象が見られるようになった。

▽ブラント政権と新東方外交

六九年九月の連邦議会選挙後、社会民主党（ＳＰＤ）のブラントを首相とする、ＳＰＤと自由民主党（ＦＤＰ）の連立政権が誕生した。ブラントは、首相就任とともに「より多くの民主主義」をスローガンに掲げたことから、国内では改革を目指す新政府への期待が高まる。かつて反ナチの闘士であったブラントの人気は高く、多くの若者が「六八年運動」解体後にＳＰＤの青年組織（ユーゾー）に流れ込んだ。ブラント政権は、社会の価値観の変化に対応して、数々の内政改革に取りかかり、その分野は、教育改革から、環境プログラムの実施、選挙権年齢の引き下げ、共同決定の拡大、さらに社会福祉の拡充にまで及んだ。

内政改革よりも成果が見られたのが、ブラントとシェール外相（ＦＤＰ）の新東方外交である。これまでも六〇年代初めに、当時の外相シュレーダーが、東ドイツの国際的孤立を狙う「ハルシュタイン・ドクトリン」の枠内で、他の東欧諸国との通商関係強化に着手するが、モスクワの抵抗により挫折していた。ブラント首相は、「接近による変化」を提唱するバールを首相府次官に登用し、そのコンセプトに基づいて新東方外交を実践する。ここでは、ドイツ分断という現実を受け入れ、東ドイツを事実上承認することが必要であるとされた。新東方外交の推進により、西ドイツは冷戦の受け手から緊張緩和《デタント》の担い手へと変貌を遂げる。

新東方外交において重要な役割を果たしたのは、経済状況の悪化に苦しむ当時のソ連であった。ブレジネフは欧州における既存の国境の固定化と、技術面での経済援助を西側に要求し、とくに、経済力のある西ドイツとの関係改善に努めた。これを機に、ブラント政権は両ドイツ関係の改善を狙い、七〇年に東ドイツ首相シュトフとの間で、東ドイツのエアフルト（三月）、および西ドイツのカッセル（五月）で最初の両ドイツ首脳会談を行なった。エアフルトでは、ブラントを熱狂的に歓迎する東ドイツ市民を治安当局が制御できない事態が起こった。

両ドイツ関係の進展にソ連の協力を必要とした西ドイツ政府は、まず七〇年八月にソ連との間で武力不行使を定めたモスクワ条約を締結する。ソ連にとって当条約の核心は、西ドイツが現在の国境を事実上承認することであった。しかし、モスクワ条約では、将来の両ドイツ統一の可能性は排除されなかった。また、同年一二月にポーランドとの間で調印されたワルシャワ条約では、オーデル・ナイセ線がポーランドの西部国境であることを事実上承認したが、統一ドイツはこれに拘束されないとした。ワルシャワ訪問時にブラントはゲットー跡地に立つユダヤ人犠牲者追悼碑の前にひざまずき、その姿は「過去の克服」への取り組みの象徴となった。

翌七一年九月には、米英仏ソ間でベルリン四カ国協定が締結され、冷戦の最前線であるベルリンの状況が改善される。そして両ドイツ関係の包括的調整が、七二年一二月の「基本条約」として結実した。ここでは両国間の善隣関係と国境の不可侵が宣言されたが、西ドイツ政府はこの条約がドイツ統一の目標と矛盾するものではないことを確認した。両ドイツ国家間の特別な関係は、大使館に代わる「常設代表部」の設置によって示された。

モスクワ条約とワルシャワ条約は、連邦議会で野党CDU／CSUの激しい抵抗に遭い、批准が難航した。これを機に政権奪還を狙う野党は、CDU党首バルツェルを首相候補に立てて建設的不信任動議を提出する。しかし、連邦議会での採決の結果、ブラント不信任は僅差で否決された。事実上新東方外交への国民投票となった、七二年一一月の連邦議会選挙では、SPDが四五・八％を得票して連邦議会で初めて第一党となった。

しかし、第二次ブラント政権では、内政改革が一向に進まなかった。七三年の石油ショックによって始まった経済危機により、社会政策の拡張期は終わりを告げる。こうしたなか、首相府の私設秘書ギョームが東ドイツのスパイであることが発覚し、七四年五月、ブラントは退陣を表明した。

東ドイツ——政治的安定と、国民への統制強化

▽六〇年代後半における若者の抗議

労働力流出に苦しんだ東ドイツは、「ベルリンの壁」建設後、安定期を迎える。六〇年代前半、ウルブリヒトが「新経済システム」を導入し、中央集権的計画経済の柔軟化を図った。これにより、

東ドイツは社会主義圏においてソ連に次ぐ第二の経済国となったとはいえ、物資の不足と機械の老朽化、住宅難といった根本的な問題を解決することはなかった。一方、文化政策においても自由化のきざしが見られ、若者・芸術家・知識人の活動領域が拡大された。その一方で、「社会主義的人格の形成」という教育目標が掲げられ、自由ドイツ青年同盟（FDJ）などの大衆組織の整備によって、青少年の生活管理や思想統制が強化された。東ドイツでは、西ドイツほどの世代間紛争は見られなかったものの、日常生活の隅々までコントロールする国家に対する抗議が現れ始める。

体制批判勢力の拠点となったのは、福音教会であった。東ドイツで唯一、独自の活動領域を有した教会は、建設兵や兵役拒否者のグループに活動の場を提供し、後の人権・平和運動の基盤を築いていた。教会はまた、社会奉仕活動の枠内で、体制に順応しない若者の保護を行ない、一種の「対抗文化」の拠点にもなっていた。当局が西側サブカルチャーに関する規制強化を始めると、六五年一〇月にライプツィヒでビート音楽ファンによる抗議デモが沸き起こった。五三年六月一七日事件以来最大のデモとなったこの騒動を受けて、当時治安問題を担当していたホーネッカーは、六五年一二月の第一一回党中央委員会総会で、文化政策をさらに硬化する方針を打ち立てた。

こうしたなか、教会外においても、知識人・芸術家・学生の間で体制批判活動が始まっていた。とくに、マルクス主義の立場からドイツ社会主義統一党（SED）への批判を行なった、フンボルト大学教授のハーヴェマンとフォーク歌手のビアマンは、多大な影響力をもっていた。これに対して、SEDは両者を党から追放し、政治活動を禁じるなど、厳しい弾圧を加えた。

西ドイツでナチの過去をめぐる議論が高まると、「反ファシズム」を掲げる東ドイツは、これを西ドイツ批判のために政治的に利用した。東ドイツ政府は、シュプリンガー社出版物ボイコットの呼びかけや、政治エリートにおけるナチ時代の過去の暴露など、西ドイツへの攻撃キャンペーンを展開していった。

六八年、東ドイツ市民は、西側からは学生運動の影響を、東側からは民主主義的社会主義を掲げるチェコスロヴァキアの改革路線「プラハの春」の影響を受けた。六八年八月、ワルシャワ条約機構軍のチェコスロヴァキア侵攻により「プラハの春」が蹂躙《じゅうりん》されると、東ドイツ市民の間で抗議の声が高まる。学生や知識人、若年労働者が中心となって、デモや署名活動、ビラの配布などを行なったが、こうした自然発生的な抗議活動は、即座に当局によって弾圧された。一方、チェコスロヴァキア侵攻において発動された、社会主義諸国の主権を制限する「ブレジネフ・ドクトリン」は、その後、東ドイツにおけるSED体制を保障するものとなった。

この頃、SEDは政権固めに力を注いでいた。六八年の新憲法では、SEDの指導的役割が明確に記される。新憲法はさらに、二国家における「ドイツ民族」の存在を前提とし、東ドイツの国家的独自性を「ドイツ民族の社会主義国家」として強調した。しかし、イデオロギーや経済面における東ドイツの独自路線は、緊張緩和《デタント》を目指すソ連にとって障害となった。ウルブリヒトは七一年初めにソ連の圧力により解任され、ホーネッカーがその後任となった。

▼ホーネッカー体制の開始

七〇年代は、ホーネッカー体制のもとで、監視国家が構築されていった。国家保安省（通称シュタージ）正規職員が九万人以上に倍増するとともに、スパイや密告を行なう大量の非公式協力員が国家保安省において主要な役割を果たすようになった。監視体制の確立により、市民の間では私的生活のなかへ引きこもる傾向が現れ、いわゆる「壁がん（ニッチ＝物を飾るために壁面をくぼめた部分）社会」が形成されていった。

五三年六月一七日事件の再発を危ぶむ党指導部は、シュタージ拡充の一方で、住民の生活水準の改善を図った。賃金や年金の引き上げ、労働時間の短縮、休暇の拡大を実現するとともに、長年滞っていた住宅建設を促進した。また、冷蔵庫・テレビ・洗濯機といった耐久消費財の普及も推進した。さらに、女性労働力を確保するため、託児施設の設置を推進したほか、七二年には妊娠三カ月以内の堕胎を規制しない決定が人民議会で下された。

「経済政策と社会政策の統一」がうたわれ、東ドイツ市民は東欧ブロック内では高い生活水準を享受したものの、西ドイツと比べればはるかに劣っていた。道路や電話網の不整備といった状況は改善されず、国産車トラバントも発注から納品まで一〇年以上を要した。生産力は依然として西側の三割程度しかなく、世界市場において競争力のある製品を生産するレベルに達することができなかった。東ドイツ市民は、自らの生活を他の東欧諸国ではなく西ドイツと比較していたため、不満がしだいに高まっていった。

七〇年代後半になると、労働力の不足を補うために、ベトナムやモザンビークなどの社会主義諸国から、外国人労働者が受け入れられるようになる。外国人労働者は、おもに機械労働や肉体労働に携わり、東ドイツ市民とは隔離されて居住していたため、一般市民にはあまり知られていない存在であった。職場での差別や軋轢《あつれき》などの問題も日常的に生じていたが、外国人労働者がこれに抗議すると強制送還を迫られた。

一方、対外的には七二年の東西ドイツ「基本条約」により、東ドイツ政府の国際的評価が高まった。七三年には西ドイツとともに国連加盟を果たし、その後、米英仏を含む計一三〇カ国以上が東ドイツを承認した。

2　緊張緩和《デタント》から「新冷戦」へ

西ドイツ――政治的経済的危機と、「新しい社会運動」の形成

▽シュミット政権の課題と苦悩

七三年秋の第一次石油ショックは、西側諸国に戦後最大の経済危機をもたらした。石油価格値上げの結果、西ドイツ製品の輸出が急激に落ち、失業率が上昇する。これにより、五九年以来続いた完全雇用に近い状態は終わりを告げた。七〇年代はまた、サービス社会への移行期でもあったため、石炭・鉄鉱といった旧主要産業の衰退が、西ドイツの失業率をさらに高めていった。この時期、政府は外国人労働者の応募を打ち切る一方、外国人の社会統合が問題となり、市町村では外国人審議会の設置が始まる。七九年・八〇年の第二次石油ショックは西ドイツにさらに大きな影響を与えた。

こうしたなか、七四年五月、連邦議会はブラントの後任としてシュミット（SPD）を選出する。シュミットはFDPとの連立を続行し、外相にはゲンシャー（FDP）が就任した。ブラント政権期に国防相と財務相を歴任したシュミットは、安全保障から経済・財政問題にまで精通していた。最初の政府声明でシュミットは、コストのかかる改革プロジェクトは行なわないと表明し、ブラント期の改革熱は冷めていった。

シュミットのもとで、両ドイツ関係における連続性が保たれ、「基本条約」が一連の交通協定・通商協定の更新によって実体化されていった。また、ソ連との関係においても、シュミット／ゲンシャー政権は連続性を重視し、米ソ間の

緊張が再び高まったときにも両国の関係は維持された。こうした緊張緩和《デタント》のなか、七五年七月末から八月初めにかけて、ヘルシンキで全欧安保協力会議（ＣＳＣＥ）が開催される。ここでは東西ドイツを含む三五カ国首脳が、安全保障・経済協力・人権問題について協議し、最終議定書（ヘルシンキ宣言）に署名した。

ソ連に対する北大西洋条約機構（ＮＡＴＯ）の安全保障政策は、シュミット期における最大の争点だった。当時、ソ連の新しい中距離核ミサイル（ＳＳ２０）が、西欧諸国の脅威を高めていた。七九年一二月、ＮＡＴＯは、独自の中距離核戦力（ＩＮＦ）による軍拡と、ソ連との軍縮交渉とを結合させた「二重決定」を下す。これは、八三年末までに欧州からＳＳ２０が撤去されなければ、中距離核ミサイル「パーシングⅡ」と巡航ミサイルを西ヨーロッパに配備するという内容であった。ソ連はＮＡＴＯ二重決定の二週間後にアフガニスタンに侵攻し、それとともに緊張緩和《デタント》の時代が終わり、「新冷戦」期へと突入する。

八〇年代に入っても、西側諸国によるモスクワ・オリンピックのボイコット（一九八〇年）、ポーランドでの戒厳令布告（一九八一年）、対ソ強硬路線をとるレーガンの米大統領就任（一九八一年）などによって、「新冷戦」はさらに続いた。シュミットとホーネッカーは、「新冷戦」下で両ドイツ国民が大きな危機にさらされていることを認識する。そして、八一年一二月、両首脳の会合が東ドイツで開かれ、東西ドイツ国家の「善隣関係」の維持が公言された。このとき、ブラントのエアフルト訪問時のような混乱を防ぐため、シュミットの訪問先であるメクレンブルク地方ギュストロウでは、住民の外出が禁止され、大量のシュタージ職員たちがシュミットを出迎えた。

シュミット政権が抱えた最大の国内問題は、左翼過激派のテロリズムであった。六八年のフランクフルト・デパート放火事件で逮捕されたバーダーとエンスリン、そして彼らを擁護したジャーナリストのマインホフが中心となり、七〇年に「赤軍派」（ＲＡＦ）が結成された。「帝国主義的支配システム」に対する武装闘争を表明した赤軍派は、南米の「都市ゲリラ」をモデルに、警察機関や米軍施設、シュプリンガー社を標的とした爆破事件を引き起こす。警察当局は赤軍派指導部を逮捕するが、その後もテロ活動は続いた。

テロの波は七七年にピークに達する。九月から一〇月にかけて経営者連盟会長シュライヤーの誘拐殺害事件と、赤軍派と結託したパレスチナ・テロリストによるドイツ機ハイジャック事件が起きた。シュミット首相は、ソマリアに着陸したハイジャック機に特殊部隊を投入して人質全員を解放し、その直後、バーダー、エンスリンは拘置所内で自殺を遂げた。その後もシュミットは対テロリスト政策を強化し国内外で威信を高める一方、左派知識人たちは警察国家への傾倒を批判した。

▼「新しい社会運動」の発展

七〇年代の西ドイツでは、反原発・平和・環境・フェミニズムなどをテーマに、数多くの市民団体が各地に結成され、水平的で緩やかなネットワークを形成し、運動を展開した。こうした市民運動は、労組による組織化された旧社会運動との対比から、「新しい社会運動」と総称される。「新しい社会運動」の中心的担い手である若年世代は、環境破壊や軍拡など、生活を危機に陥れる根源を、物質主義的価値観とテクノクラシーに見いだし、これに対抗するとともに、政治参加の拡大を要求した。「新左翼」運動のなかから赤軍派などのテロ組織が派生した経験から、ここでは革命的思想から距離をとるようになった。すなわち、社会的諸問題を革命理論に基づいて解決しようとした「六八年運動」とは異なり、「新しい社会運動」は生活領域の問題に実践的に取り組む運動であった。

反原発運動は、七〇年代半ばに、原発の立地予定地であるヴィール、ブロクドルフや、核廃棄物処理施設の候補地であるゴアレーベンなどで、大衆デモや建設現場占拠という形で起こった。個々の原子力施設建設に対する直接当事者の抗議は、やがて一般的な反原子力運動へと発展する。

環境運動では、居住環境の改善を求める住民運動が西ドイツ各地で広まり、運動相互間のネットワークも構築される。また七五年に結成されたドイツ環境自然保護同盟（ＢＵＮＤ）は、連邦・州・市町村レベルにおいてあらゆる環境問題に取り組み、西ドイツに支部をもつグリーンピースや世界自然保護基金（ＷＷＦ）などとともに、環境運動を牽引した。

「新冷戦」期には、とりわけ平和運動が大きな盛り上がりを見せた。ＮＡＴＯ二重決定（前出）は西ドイツ市民に大きな心理的影響を与え、核戦争による人類滅亡への不安は、あらゆるグループを平和運動へと結集させた。八一年と八二年にボンで行なわれた平和デモは、それぞれ三〇万人、四〇万人規模となり、西ドイツ誕生以来最大の抗議運動とな

図11－2　30万人が参加したボンの平和デモ（1981年10月）

出典：Hans Georg Lehmann, *Deutschland-Chronik 1945 bis 1995*, Bonn 1995, S. 252.

った（図11－2）。

反原発・環境・平和運動と並んで、七〇年代に大きな展開を見せたのが、女性運動であった。ここでは「六八年運動」を出発点とする女性グループが重要な役割を果たす。当時、反権威主義を掲げた社会主義ドイツ学生同盟内においても、女性の役割はタイプ作業やチラシ配布などに限定されていたため、女性メンバーが男性優位の構造に対する批判を開始した。こうした論争から女性解放組織が結成され、やがて社会主義的・反権威主義的教育を掲げて、共同保育所運動が広まった。七〇年代に入ると、雑誌を通して行なわれた多くの女性の堕胎告白を契機に、堕胎罪を規定した刑法二一八条に対する抗議を争点として、女性運動が大きく展開する。その後も、女性の自己決定が主要テーマとなり、女性センターや女性の家、出版社などさまざまなフェミニズム関連施設がつくられた。

東ドイツ――人権問題の国際化と、体制批判のきざし

▽ヘルシンキ宣言をめぐる国内動向

東西ドイツ「基本条約」の結果、対外的に信頼を高めた東ドイツは、国際社会の一員として人道的状況の改善が強く求められるようになる。その一方で、七〇年代半ば以降は市民の生活水準が停滞し、八〇年代に入りソ連の経済状況が悪化すると、東ドイツへの石油輸出が大きく減らされ、東ドイツ経済のさらなる低迷を招いた。西側メディアを通して西ドイツの生活に関する情報を得ていた一般市民の間では、政府に対する不満が高まっていった。

七五年八月、東西ドイツはＣＳＣＥヘルシンキ宣言の署名国となる。ヘルシンキ宣言により、社会主義諸国は、欧州分断の現実と現存国境の承認と引き換えに、市民の人権と基本的自由を尊重することとなった。以後、ヘルシンキ宣言

でうたわれた、東西間における人や情報の自由な移動や、旅行緩和に関する人道的合意を引き合いに出して、多くの東ドイツ市民が西ドイツへの出国を申請するようになる。八四年に三万人以上の出国が認可されると、出国申請はその後も年間四、五万件にのぼった。これに対して、SEDはシュタージを通して出国申請者に圧力をかけていった。

緊張緩和《デタント》の時期においても、東ドイツ政府は、西ドイツに対する遮断化の政策を強化することを国内にアピールした。まず、七〇年代初頭、ブラント外交への対応策として路線変更を強いられ、「二民族二国家」論が展開されるようになる。「ドイツ」という言葉の使用はできるかぎり避けられ、西ドイツは「帝国主義的外国」とされた。そして、六八年憲法の第一条で「ドイツ民族の社会主義国家」とした国家規定が、七四年の憲法改正後は「労働者と農民の社会主義国家」となり、共通の「ドイツ民族」概念が拒否された。さらに、ヘルシンキ宣言を盾に出国申請を行なう市民を犯罪者扱いするとともに、七八年には、義務教育の九・一〇年次生の必修科目として国防教育を導入するなど、東ドイツ社会の軍事化を狙った政策も実施された。

▽平和運動の展開

国家指導部は、いかなる体制批判にも弾圧で応じた。七六年一一月には、ケルンでコンサートツアーを行なっていたフォーク歌手ビアマンの国籍が剝奪されたのに引き続き、物理学者ハーヴェマンが自宅軟禁に処された。ビアマン国籍剝奪に対して、数多くの作家や芸術家が抗議を行なったが、国家指導部は厳しく対処した。多くの体制批判的知識人は改革の進まないSEDと訣別し、西ドイツへの移住を志願した。

七八年、ホーネッカーは福音教会の指導部と会談を行なった。その結果、教会側は、SEDの公式プロパガンダと一致する平和運動などにおいて、自由な活動範囲を拡大した。その代わり、教会指導部は「社会主義のなかの教会」としての自己理解を打ち出し、SED国家に対する公然とした批判を自粛するようになる。しかし、こうした教会上層部とは異なり、教会内では体制批判勢力が形成されていく。ここでは、人権保護のほかにも環境や平和、第三世界などをテーマとするグループが結成され、SEDの政策に対する批判活動が徐々に展開されるようになる。「新冷戦」期には、SED指導の平和デモに対抗して、教会の庇護下で若い牧師らを中心に独自の平和運動が展開された。ここでは、旧約聖書の文言である「剣を鋤に」をスローガンに掲げたワッペンが、運動のシンボルマークとなった。

八二年一月には、東ベルリンの牧師エッペルマンが、ハーヴェマンら三五人の署名とともに「武器なしの平和を」という題名の「ベルリン宣言」を発表する。署名運動が禁じられていたにもかかわらず、数日後には二〇〇人以上の署名を集めた。また、同年二月には、平和サークルの呼びかけで若者を中心に約五〇〇〇人がドレスデンの平和デモに集結した。この時期、平和セミナーが東ベルリン、ドレスデンをはじめ、東ドイツ各地に結成される。

平和運動内において、八二年に「平和を目指す女性」が結成されると、当局は、ボーライやポッペら個々の活動家を逮捕し、他の活動家に対してもシュタージを通して私生活の隅々まで監視した。それにもかかわらず、八〇年半ば以降、体制批判勢力のネットワーク形成が進展した。八三年初頭、東ドイツ全土の平和グループが東ベルリンで開かれた「平和のために具体的に」と題する会合に集まり、同名のネットワーク組織を結成する。ここでは、年一回のセミナーの開催を通して、平和・人権・環境・女性・第三世界をテーマとするグループ間の連携が図られた。

3　東側の変化による冷戦構造の変動

西ドイツ――新たな政治構図の形成

▽コール政権誕生とゲンシャー外交の継続　八〇年の連邦議会選挙では、SPD・FDP連立与党が勝利を収めた。しかし、FDP指導部は連立パートナーのSPDから距離をとり始め、CDU／CSUと接近する。その背景には、連立政権内での経済・社会政策をめぐる対立があった。そして八二年一〇月、シュミットは建設的不信任案の可決により首相の座から退き、コール（CDU）を首相とするCDU／CSUとFDPの連立政権が誕生した。

コール政権下の八〇年代は、経済面において全般的に改善された時代であった。八〇年代半ば以降の石油価格の引き下げにより景気が回復し、輸出ブームとなった。しかし、多くの西ドイツ企業が安価な労働力を求めて生産工場を外国へ移転したことから、失業者が増加する。雇用創出が促進されたものの、全体として失業対策は進まず、八九年までに毎年二〇〇万人を超える失業者が記録された。

外交・安全保障政策においては、基本的に前政権との連続性が見られたが、その背景には再び外相に就任したゲンシャーの存在があった。CSCE路線を支持し、ソ連および東ドイツとの対話の継続を主張するゲンシャーと、親米路線をとるコールとの間では対立も見られたが、NATO重視の点では連立与党は一致し、シュミット前政権の安全保障コンセプトを実践に移す方針を打ち出した。

NATO二重決定に基づく中距離核ミサイル国内配備に対して、議会外では反核・平和運動と労組が、また議会内では緑の党とSPDが激しく抗議した。それにもかかわらず八三年一一月、ミサイル配備が連邦議会で可決されると、抗議運動が大きな展開を見せる。ミサイル配備の現場には、知識人や芸術家をはじめ、あらゆる年齢層の一般市民が「座り込み」によるバリケードに参加した。

ソ連が東欧と東ドイツにミサイル配備を始めると、西ドイツとソ連の関係は急速に悪化していった。ゴルバチョフ登場後の対ソ関係においても、コールが当初、ゴルバチョフをナチ宣伝相ゲッベルスにたとえる失言を行なったため、モスクワとの接触が難航した。一方、東ドイツに対しては、既存の条約と協定に基づく関係の平常化が目標とされ、事実、両ドイツ関係は八九年まで安定した。また、対欧州政策では、コール政権は、ミッテラン仏大統領との緊密な協力により欧州統合プロセスにおいて牽引役を果たした。

▼緑の党の躍進

八〇年代初め、西ドイツの政治構図が変化する。環境運動を中心とする「新しい社会運動」を基盤に、「新左翼」からエコロジー保守派までを結集して、八〇年に連邦レベルで緑の党が結成された。緑の党の前身は、七〇年代後半から西ドイツ各地で結成されていた「緑のリスト」や「多色のリスト」であり、その中心的担い手は「六八年世代」であった。緑の党は、市町村・州レベルでの議会進出後、八三年には連邦議会でも五・六%の得票で議席を獲得し、西ドイツに四党体制をもたらした。エコロジーやフェミニズムに対する市民の意識の高揚と、硬直したSPDへの不満を背景に、緑の党は、都市部の高学歴の若年世代を中心に支持を拡大する。緑の党は「新しい社会運動」の諸テーマを行政に橋渡しするとともに、各分野における専門家の形成を促進していった。

緑の党は設立時の八〇年連邦綱領において、「エコロジー的」・「社会的」・「底辺民主主義的」・「非暴力的」の四つを党の理念に掲げた。また、党内では「新左翼」が大きな影響力をもち、「分権的直接民主主義」としての「底辺民主主義」が強調され、「反政党的政党」という表現さえ用いられた。当初、こうした主張は、議員の「ローテーション原則」として具体化されるが、実践的でなかったこの原則は、後に廃止された。その一方で、党役員や選挙名簿における女性への「割当制」が機能し、他の政党にも影響を与えていった。

八〇年代初頭、保守派が離党した後は、「原理派」と「現実派」の間で路線抗争が始まり、党内で激しい議論が繰り広げられていった。八〇年代後半には「現実派」が中心勢力を形成し、その後は緑の党の既成政党化が進展する。州レベルでは、八五年一〇月にヘッセン州でＳＰＤとの連立協定が成立し、緑の党のヨシュカ・フィッシャーが州環境相に就任した。

八七年一月の連邦議会選挙においては、ＣＤＵ／ＣＳＵの得票率が四四・三％に落ち込んだ。これに対して緑の党は、チェルノブイリ原発事故（一九八六年四月）以降の環境意識の高まりを背景に、八・三％と得票率を大きく伸ばす。緑の党の躍進とともに、環境保護・男女同権・市民参加といった新たな概念が議会内にも浸透し、他の政党にも大きな影響を及ぼした。

東ドイツ——ＳＥＤ権力基盤の崩壊

▽ゴルバチョフ外交への対応　八〇年代に入ると、東欧諸国では、民主主義の不足、政治的自由の欠乏、人権侵害、旅行の制限、経済状況の悪化などに対する批判活動が広がり、不穏な空気が漂っていた。とりわけ、ポーランドで展開された、独立労組「連帯」の運動は、ＳＥＤ指導部に脅威を与えた。

西ドイツ政府は、東ドイツ指導部が旅行の自由化をはじめとする人道的緩和を認めれば、東ドイツに対して財政支援を行なうことを視野に入れていた。ミサイル配備が議論される「新冷戦」期、ホーネッカーとコールは「理性の連合」を公言し、欧州平和のために両ドイツが担う特別な責任を認めた。こうした状況下において、バイエルン州首相シュトラウス（ＣＳＵ）の主導で、八三年と八四年の二度にわたり、それぞれ一〇億マルク、九億五〇〇〇万マルクの対東ドイツ融資が行なわれた。この融資は西ドイツ政府によって保証されたもので、両ドイツ間の接近過程において重要な役割を果たした。SED指導部は、その代償として人道的緩和を行ない、国境に設置された自動発射装置の撤去が開始されるとともに、東ドイツ市民の出国許可数も上昇した。

コールとホーネッカーの会合は、ソ連のアンドロポフ書記長の葬儀（一九八四年）と、チェルネンコ書記長の葬儀（一九八五年）の際にモスクワで行なわれ、米ソ関係の改善が両ドイツ国家の特別な課題である点について確認される。そして、八五年にソ連でゴルバチョフが共産党書記長に就任すると同時に、新時代が始まった。彼の「グラスノスチ（情報公開）」・「ペレストロイカ（たて直し）」路線では、ソ連の国家・経済・社会の根本的改革に取り組まれた。また対東欧政策では、各国の独自路線が認められていった。

図11－3　ルクセンブルク／リープクネヒト追悼デモ行進での運動家逮捕に抗議するミサ（1988年1月）

出典：Hans Georg Lehmann, *Deutschland-Chronik 1945 bis 1995*, Bonn 1995, S. 319.

モスクワでのこうした変化のもとで、八七年九月、ホーネッカーのボン訪問が実現し、両ドイツ間協力の改善が確認された。ボン訪問後、ホーネッカーは自らの体制が安定し、ゴルバチョフ路線と対抗できると信じた。東西軍縮、核兵器削減などの安全保障問題において、ホーネッカーはゴルバチョフと意見が一致していたが、自らの権力基盤を崩すような体制改革には激しく反発した。その結果、ソ連映画は部分的に上映禁止となり、またソ連雑誌『スプートニク』も発売禁止となった。

一方、ゴルバチョフは西側の経済援助を必要とし、米国や西ドイツとの通商関係の促進と、軍事費の削減を目指した。八〇年代半ばの米ソ首脳会談では米国の戦略防衛構想SDIが大きな障害となったが、八七年一二月のワシントンでの米ソ首脳会談で、中距離核戦力（INF）全廃条約が調印された。

▽テーマ別運動から体制批判運動への発展

八〇年代後半は、教会内外において人権・環境グループによる運動が大きく展開した。教会外では、八六年に「平和と人権のイニシアチブ」が結成される。この団体は、国家による弾圧のなか、チェコスロヴァキアの「憲章七七」やポーランドの「連帯」といった、東欧諸国の体制批判組織との連携に力を注ぎ、国内でも、地下新聞の発行を通してさまざまな体制批判グループ間のネットワーク形成に努めた。

この頃、環境運動が大きな展開を見せる。環境データを極秘事項とする東ドイツでは、大気汚染や水質汚濁などの環境問題が深刻化し、チェルノブイリ原発事故も市民の環境に対する関心をいっそう高めていた。こうしたなか、八六年に東ベルリンのシオン教会内に設立された「環境文庫」は、環境新聞の発行やセミナーの開催を通して、運動のネットワークを拡大した。西ドイツにおいて、こうした東ドイツ体制批判勢力との接触に努めたのは緑の党のみであり、他の政党はむしろホーネッカーとの良好な関係を望んでいた。

八七年のホーネッカーの西ドイツ訪問後は、再び硬化路線がとられ、体制批判活動への弾圧が強まった。八七年一一月、「環境文庫」の深夜家宅捜索で関係者が逮捕されると、これに対する抗議を契機にさまざまな人権・環境グループ間の結束が強まる。また、八八年一月、東ベルリンでルクセンブルクとリープクネヒトを追悼する公式デモ行進が国家によって開催された際、プラカードに「自由とは、常に、考え方の違う者の自由である」というルクセンブルクの言葉を掲げた人権・環境団体メンバー一二〇名以上が逮捕され、数多くの運動家が西側へ追放された（図11-3）。八八年にドレスデンとマグデブルクで行なわれた全キリスト教大会において、教会底辺グループの掲げる環境保全が教会全体の関心事と決定されると、教会を基盤とする環境グループの体制批判運動に拍車がかかった。

一方、八〇年代後半には特定グループによらない、自然発生的な抗議活動も強まった。八七年六月、西ベルリンの「壁」付近で、世界的ポップスターによる野外コンサートが開かれると、東ドイツの若者は音楽を聴くために「壁」周辺に集まり、警官隊と激しく衝突した。こうした若者による抗議は、翌年西ベルリンで開かれた同様のコンサートでも繰り返され、秩序維持に悩む東ドイツ当局の姿が露呈された。

4　「ベルリンの壁」崩壊

東ドイツ市民運動の発展

八九年は「東欧革命」の年となった。ポーランドでは二月、カトリック教会が仲介役となり、「連帯」などの在野団体と共産党との間に円卓会議が設けられた。その結果、同年六月に総選挙が実施されて「連帯」が圧勝し、東欧で初めて非共産党主導の政権が誕生する。また、東欧ブロックで最もリベラルな政権を有するハンガリーでも、改革勢力の指導下で、複数政党制・法治国家・市場経済の原則がつぎつぎと実現した。八九年五月には、東ドイツとの事前協議なしに対オーストリア国境の鉄条網の撤去を開始し、鉄のカーテンに穴をあけた。

一方、東ドイツ政府は、東欧諸国の民主化への動向に対抗する姿勢を見せていた。しかし、八九年五月の地方選挙で国家の不正が発覚すると、大規模な抗議運動が展開される。市民運動家たちが各投票所で独自に調査し、国家による選挙結果の操作を暴いた結果、多くの市民がその後も毎月七日に東ベルリンのアレクサンダー広場に集結して抗議を表明した。さらに、八九年六月の北京天安門事件の際、東ドイツ党指導部が中国政府を擁護すると、抗議運動はいっそう拡大していく。

その一方で、東ドイツ市民の大量脱出が始まった。この時期、夏休みを利用して多くの東ドイツ市民がブダペスト、プラハ、ワルシャワの西ドイツ大使館へ逃げ込み、出国を要求していた。西ドイツからの経済援助を必要としたハンガリーは、コール／ゲンシャーとの秘密会談の結果、東ドイツとの査証協定の停止を決定し、九月一一日に対オーストリア国境を開放した。一〇月六日・七日、混乱のなかで開催された東ドイツ建国四〇周年記念式典は、東ドイツ政権にとって失敗に終わった。来賓として出席したゴルバチョフがホーネッカーに対して改革を進める警告を発する一方で、デモでは、ゴルバチョフを支持するシュプレヒコールが沸き起こった。

大量出国が続くなかで、東ドイツ各地では市民運動が大きな展開を見せた。とりわけ、ライプツィヒでは毎週月曜日に開かれるニコライ教会での「平和の祈り」の後、大衆デモが形成された。一〇月九日に行なわれた七万人規模のデモの際、直前で武力介入が回避されると、これを機に市民の不安は払拭され、デモは規模を拡大していった。

九月以降、体制批判勢力は「新フォーラム」、「民主主義を今」をはじめとする市民グループや、社会民主党（SDP、後にSPD）を設立し、「平和と人権のイニシアチブ」もこの新しい市民運動の流れに加わった。とくに、東ドイツ全土で結成された国内最大の市民団体「新フォーラム」は、デモや討論会の開催によって市民運動を牽引する。これに対して、権威の失墜した当局は、各地で「新フォーラム」との対話を余儀なくされた。当時、体制批判勢力が目指したのは、国家転覆ではなく社会主義体制の民主化であった。

一〇月後半、ホーネッカーは退陣に追い込まれ、人民議会は後任にクレンツを選出する。しかしコールはホーネッカー路線の後継者であるクレンツを交渉相手として認めず、旅行の自由に関する新たな規定、政治犯の釈放、体制批判グループの認可などを経済援助の条件とした。国内でもクレンツ路線への抗議は止まず、一一月四日には、およそ一〇〇万人の市民がアレクサンダー広場での集会に参加し、民主化を要求した。大量出国と大衆デモという二重の圧力により、同月七日、シュトフ内閣は総辞職し、翌日政治局が退陣する。改革派として知られていたモドロウの首相就任により、クレンツは市民の信頼を取り戻そうとした。

この時期、国民の大量出国に苦悩する東ドイツ指導部は、新たな旅行規則の作成に迫られていた。一一月九日、国外旅行の自由化に関する決議案が中央委員会総会で採択されるが、混乱状態にあった指導部は、早急に作成されたこの決議案が国家の存続にかかわる重大なものであるとは認識していなかった。同日夜の国際プレスセンターでの記者会見で、旅行自由化の規定が「ただちに」有効であると誤って発表されると、大衆が「ベルリンの壁」に押し寄せ、当局はついに「壁」開放に追い込まれた（図11-4）。

SEDの権威は失墜し、一二月一日にSEDの指導的役割が憲法から削除され、三日にはクレンツを書記長とする新政治局が退陣する。一方、西側諸国首脳はこうした状況に対して控え目な対応を見せた。英仏を中心に、東西ドイツ統一へ向けた動きが欧州の秩序を不安定にし、ゴルバチョフの権威を失墜させるのではないかという危惧が見られた。コールは、このような隣接諸国の不安を考慮し、統一ドイツをも取り込んだ欧州統合を促進することを繰り返し主張した。こうしたなか、モドロウは、両ドイツ国家の「条約共同体」を提唱するが、国内世論の賛同を得ることはできなかった。

円卓会議、そして人民議会選挙

この頃、東ドイツ各地で結成された「新フォーラム」は、地域レベルで対話集会やデモ行進を組織していた。こうした市民運動の圧力によって、ポーランドを模範に、八九年一二月七日、東ベルリンに中央円卓会議が設置される。ここでは、「新フォーラム」をはじめとする新政治勢力と、ＳＥＤを中心とする旧政治勢力が、教会代表者の仲介のもと、危機的状態の打開に向けて議論を展開する。円卓会議は地域レベルでも東ドイツ全土に設けられ、権力の空白を埋めたことから、東ドイツの「平和革命」の象徴となった。

図 11－4　「ベルリンの壁」開放を祝う東西ドイツ市民（1989年11月９日）

出典：Hans Georg Lehmann, *Deutschland-Chronik 1945 bis 1995*, Bonn 1995, S. 374.

中央円卓会議は、国家再建に向けて、シュタージ解体、自由・秘密選挙の実施、新憲法草案の作成、という中心課題に取り組み、それぞれ実現していった。しかしこの頃は、デモのシュプレヒコールが「我々こそが人民《ダス・フォルク》だ！」から「我々は一つの民族《アイン・フォルク》だ！」に変わり、世論がドイツ統一要求へと向かっていた。中央円卓会議は、市民参加や人権擁護、環境保護を重視した民主的憲法の草案を作成するが、その後、新たに選出された人民議会には受け入れられなかった。一方、地域レベルの円卓会議では、地元のあらゆる政治・社会団体が参加し、さまざまな日常問題が政治議論へ汲み上げられた。

この間、ＳＥＤは党名を民主社会党（ＰＤＳ）と改め、改革への意志をアピールした。早急な改革を強いられたモドロウは、九〇年二月初め、中央円卓会議に参加する市民グループに協力を求めた。その結果、第二次モドロウ内閣（「国民責任政府」）には、市民運動代表者八名が無任所相として入閣する。これ以降、市民運動勢力の政治的影響力は急速に弱まり、円卓会議に参加する団体は、活動の中心を人民議会選挙の準備においた。一方、西ドイツではコールが八九年一一月二八日、「ドイツとヨーロッパの分断を克服するための一〇項目プログラム」を発表し、東西ドイツ統一に向けて自らイニシアチブをとる方針を国内外に示した。

ドイツ統一への道を決定づけたのは、九〇年三月一八日の人民議会選挙であった。西ドイツ政党の代理戦となった選挙では、コール指導のもとで早期統一を主張するCDU（東）中心の保守同盟「ドイツ連合」が、四八・一％を獲得し大勝した。当初優勢とされたSPD（東）は、段階的統一を主張したため得票率は二一・八％に低迷し、PDSの得票率は一六・三％にとどまった。一方、「平和革命」の「触媒」となった市民運動勢力の選挙連合「同盟九〇」は、PDSとともにドイツ統一に批判的な立場をとり、得票率二・九％と大敗した。

選挙の結果、CDU（東）のデメジエールを首相とする大連立政権（「ドイツ連合」・SPD（東）・自由民主同盟）が誕生し、その後、西ドイツ基本法第二三条に基づくドイツ統一、すなわち東ドイツの西ドイツへの加入という形による統一の実現へ向かっていった。

参考文献

中木康夫・河合秀和・山口定『現代西ヨーロッパ政治史』有斐閣、一九九〇年。

ヘルマン・ヴェーバー著、斎藤哲・星乃治彦訳『ドイツ民主共和国史――「社会主義」ドイツの興亡』日本経済評論社、一九九一年。

ホルスト・テルチク著、三輪晴啓・宗宮好和監訳『歴史を変えた三二九日――ドイツ統一の舞台裏』日本放送出版協会、一九九二年。

雪山伸一『ドイツ統一』朝日新聞社、一九九三年。

平島健司『ドイツ現代政治』東京大学出版会、一九九四年。

山田徹『東ドイツ・体制崩壊の政治過程』日本評論社、一九九四年。

坂井榮八郎・保坂一夫編『ヨーロッパ＝ドイツへの道――統一ドイツの現状と課題』東京大学出版会、一九九六年。

星乃治彦『社会主義と民衆――初期社会主義の歴史的経験』大月書店、一九九八年。

高橋進『歴史としてのドイツ統一――指導者たちはどう動いたか』岩波書店、一九九九年。

矢野久／アンゼルム・ファウスト編『ドイツ社会史』有斐閣、二〇〇一年。

石田勇治『過去の克服――ヒトラー後のドイツ』白水社、二〇〇二年。

ハンス・カール・ルップ著、深谷満雄・山本淳訳『現代ドイツ政治史――ドイツ連邦共和国の成立と発展』（第三版／増補改訂版）彩流社、二〇〇二年。

扉図出典：Friedemann Bedürftig, *Lexikon Deutschland nach 1945*, Hamburg 1996, S. 67.

コラムXIV

過去の克服

石田勇治

「過去の克服」（Vergangenheitsbewältigung）という言葉は、ドイツ連邦共和国（旧西ドイツ）の初代大統領テオドーア・ホイスによって人口に膾炙したといわれるが、今では普通、ホロコーストなどナチス・ドイツの暴力支配がもたらしたおぞましい帰結に対する戦後ドイツのさまざまな取り組みを総称する言葉として用いられている。具体的には、㈠ナチス不法の被害者に対する補償、㈡ナチス体制下の犯罪に対する司法訴追、㈢ネオナチの規制、㈣現代史重視の歴史教育（反ホロコースト教育）など政策・制度面での実践と、これらを支える精神的、文化的活動の総体を意味する。それらは相互に連関しながら全体として戦後ドイツの民主主義を育み、この国の国際的信用の回復に寄与してきた。

　戦後ドイツは、主としてドイツ民主共和国（旧東ドイツ）が担った巨額の賠償支払いとならんで、ナチス不法の被害に対する補償を行なってきた。ドイツ連邦共和国がこれまでに支払った補償金の総額は日本円に換算して約六兆円に達し、その約八割を外国および外国在住の被害者が受け取っている。近年では、第二次世界大戦中の強制労働の被害者個人を救済するために、政府と企業の共同出資による補償基金「記憶・責任・未来」が設立され、二〇〇一年から補償金の支給が始まった。また、四回にわたる「時効論争」の結果、二一世紀になった現在もナチス体制下の犯罪（謀殺罪に限る）は司法の裁きを受けている。ネオナチや極右運動に対する取り締まりも厳しく、「ホロコーストはなかった」（アウシュヴィッツの嘘）に類する宣伝活動は刑罰の対象となっている。さらにナチス時代の公文書は全面的に公開され、補償政策と歴史研究に活かされている。学校では歴史教科書がナチス時代の記述に多くの紙数を割き、「負の歴史」の実態を詳しく教える一方で、ポーランドやフランス、イスラエルとの間に歴史認識の相互理解と教科書改善のための共同作業が積み重ねられている。

　「過去の克服」の精神は指導的政治家の言動にも息づいている。ブラント首相（SPD）は一九七〇年一二月、ワルシャワ・ゲットー跡地のユダヤ人犠牲者追悼碑の前で跪き、頭を垂れて謝罪の意を明瞭に表した。ヴァイツゼッカー大統領（CDU）は一九八五年五月の終戦四〇周年記念式典で「罪のあるなしや老若を問わず、我々全員が過去を引き受けなければなりません。我々全員が、過去のもたらした帰結にかかわっており、その責任を負っています。（中略）過去に目を閉ざすものは結局のところ現在にも盲目となります」と述べて、世界の注目を集めた。さらにラウ大統領（ＳＰＤ）は一九九九年一二月、強制労働被害者団体と政府との補償交渉の始まりにさいして「遅すぎた補償」を詫び、「私はドイツの支配下で奴隷労働・強制労働を行なわねばならなかったすべての人に思いを馳せ、ドイツ国民の名において赦しを請います。我々は彼らの苦しみを忘れません」と言明した。

こうした指導者の発言の影に、「反省しない世論」が存在することはたしかである。過去を直視し、そこから教訓を学ぶという公的規範の背景で、これを「自虐的だ」といって切り捨て、「いい加減ケリをつけよう」とする主張は、分断時代以来、現在に至るまで重奏低音のように鳴り響いている。後者はなにもネオナチや右翼勢力に限らない。「過去の克服」は、これを促す力と押しとどめる力のせめぎ合いのなかで進められてきたのである。

ナチス時代の強制労働の被害者に対する補償政策が始まるまでに半世紀以上の歳月が流れたように、かつての不法が不法として認識され、被害者の名誉が回復されるまでには社会の法意識の成熟と人権感覚の成長が不可欠であった。その意味で、「過去の克服」の歩みは現代ドイツの民主主義そのものの度合いを映す鏡であるともいえよう。

「過去の克服」には、ドイツを取り巻く国際環境も強い影響を及ぼしている。ドイツを占領した四つの戦勝国、特にアメリカ合衆国のイニシアチブ、冷戦下の西ヨーロッパで比較的早い時点で始まった地域統合の試み、イスラエルや東側陣営からの手厳しい批判は、ドイツの人々に過去と向き合うことを強いた。むろん外圧だけでなく、それを正面から受けとめる世論の動きが肝心なのだが、そもそも外からの批判がなければ「過去の克服」の進展は困難なものとなったであろう。戦後ドイツの「過去の克服」には初めから国際的な共同作業としての側面があったのである。

参考文献

望田幸男『ナチス追及――ドイツの戦後』講談社、一九九〇年。

粟屋憲太郎ほか『戦争責任・戦後責任――日本とドイツはどう違うのか』朝日新聞社、一九九四年。

イアン・ブルマ著、石井信平訳『戦争の記憶――日本人とドイツ人』ＴＢＳブリタニカ、一九九四年。

朝日新聞社編『日本とドイツ――深き淵より』朝日新聞社、一九九五年。

ヴェルナー・ベルクマンほか著、岡田浩平訳『「負の遺産」との取り組み――オーストリア・東西ドイツの戦後比較』三元社、一九九九年。

石田勇治『過去の克服――ヒトラー後のドイツ』白水社、二〇〇二年。

コラムXV

戦後オーストリアの歴史政策

近藤孝弘

一九九一年七月八日、フランツ・フラニツキ（オーストリア社会民主党）は首相として初めて国民議会の場でオーストリアのナチス犯罪への責任を認め、国民に過去を直視するよう訴えた。

オーストリアが一九三八年三月に軍事侵略の犠牲となったことについては議論の余地がありません。……その一方で、ドイツとの合併を歓迎し、ナチス体制を支持し、そのヒエラルヒーに加わったオーストリア人も大勢いました。第三帝国の抑圧・迫害機械のなかには多くのオーストリア人がいて、なかには重要な地位につく者もありました。私たちの国民による行為に対する責任を、今日無視することはできません。

戦後オーストリアは、「犠牲者論」と呼ばれる歴史理解の上に再建された。それによれば、一九三八年にナチス・ドイツによって武力で併合された瞬間にオーストリア国家は存在をやめたのであり、それ以降の経緯には責任がないことになる。

こうした理解は、自らを敗戦国の地位から救い出し、さらに左右の対立から内戦にまで至った戦前の第一共和国の失敗への反省に基づく国内融和を最優先する基本政策を反映すると同時に、それを支えるものでもあった。相互に不信を抱く二大政治勢力、すなわち社会民主主義勢力と保守・カトリック勢力が国家再建のために協力するうえで、「ともにナチス・ドイツの犠牲者」という自画像はきわめて好都合であり、また「戦争の犠牲者」と言えば、人口の一割程度を占める旧ナチス勢力を統合することもできた。

さらに冷戦下で中立のオーストリア国家の存在を望む東西の連合国も、戦争責任の追及には消極的だった。

公式の歴史理解に迫る一つの手がかりとして、教育省の検定を経た歴史教科書に注目しても、五〇年代から八〇年代にかけて、ナチス体制下におけるオーストリア人の被害を強調する姿勢がライトモチーフを形成していたことは明らかである。戦後のオーストリア第二共和国は、言わば厄介な過去を自らの歴史から排除しながら奇跡の経済成長を実現し、第一共和国が達成できなかったオーストリア・ナショナル・アイデンティティの確立という課題をなし遂げたのである。

しかし、一九八六年に転機が訪れる。ナチス犯罪への関与の疑惑が晴れないクルト・ヴァルトハイムを国民が大統領に選出したとき、第二共和国は国際社会における深刻な孤立に見舞われることになった。犠牲者論に基づく国家運営が行き詰まったのである。さらに、外国からの非難に対する反動として右翼急進主義が活性化するなか、第三帝国における加害者としての過去に積極的に取り組む以外に、国内外に複雑に広がる歴史理解の亀裂を縫合することは不可能と思われた。

　このような状況下で登場したのが、いわゆる「二つの真実論」である。冒頭に引用したフラニツキの演説に典型的なように、自分たちには犠牲者の側面があるとはいえ加害者としての責任も自覚しなければならないとする姿勢が、犠牲者論に代わる正統な歴史理解の位置に据えられた。特にナチス・ドイツによる併合五〇周年にあたる一九八八年は「追想の年」とされ、教育省が政治教育の一環としてナチス時代のオーストリアについての歴史教育を強化したほか、公式・非公式の様々な記念行事を通じて、遅ればせながらナチス体制下の七年間を再検討する試みが進められた。

　二つの真実論は期待された政治的役割を一定程度に果たしたと考えてよいだろう。加害者としての責任の承認は、強制労働者を含むナチスの犠牲者に対する補償をオーストリア政府が非オーストリア人に対して行なうことを可能にした。また、一九九八年に設置された歴史家委員会は、二〇〇三年二月、ナチスによる財産没収と既に実施された補償についての一万四〇〇〇ページにおよぶ最終報告書を公表した。

　他方、単に加害者・犠牲者双方の面があるとする妥協的な歴史理解には限界があることも否定できない。曖昧さのもとで温存されてきた犠牲者としての自己理解は、今も右翼・保守勢力がナショナル・アイデンティティへの欲望を動員する際に一つの支点を提供している。このこともまた、二つの真実論が、オーストリア国家の安定を目指す歴史政策として採用された経緯を反映するものと考えられる。

図ⅩⅤ－1　ウィーン大学医学部が設けたナチス犠牲者追悼プレート
「ナチス支配下で〈人種〉あるいは政治的理由により迫害，追放，虐殺されたウィーン大学医学部の教官と学生を追悼して。共同責任を忘れることなく。医学部　1998年」と書かれている。
出典：筆者撮影。

参考文献

近藤孝弘『自国史の行方――オーストリアの歴史政策』名古屋大学出版会、二〇〇一年。
増谷英樹『歴史のなかのウィーン――都市とユダヤと女たち』日本エディタースクール出版部、一九九三年。

第十二章　統一後のドイツ

近藤潤三

ドイツ統一の記念式典

1990	3.18.東ドイツの最初の自由な人民議会選挙。5.18.通貨・経済・社会同盟に関する東西ドイツの国家条約。西ドイツの制度の移植。9.12. 2プラス4会議でドイツ統一承認。10.3.東ドイツ5州の加入によるドイツ統一。12.1.全ドイツの最初の連邦議会選挙でコール政権続投
1991	1.17.湾岸戦争勃発，ドイツ連邦軍は参加せず。この年，信託公社による旧東ドイツ国営企業の売却開始，市場経済への移行が本格化する
1992	2.7.マーストリヒト条約締結，翌年の発効で欧州共同体（EC）は欧州連合（EU）になる。夏以降，排外暴力事件の拡大，11月にメルンでトルコ人家族放火により死亡。夏以降，ユーゴ紛争で連邦軍艦艇アドリア海での監視活動に参加，翌年から空軍が監視飛行に参加。夏以降，「産業立地ドイツの確保」の声が高まる
1993	7.1.基本法の庇護権条項改正，庇護申請者数減少へ。この年の経済成長率マイナスを記録
1994	公式の失業者400万人を超える。10.16.連邦議会選挙でコール与党が辛勝，同盟90と合同した緑の党が連邦議会に復帰。11.15.統一に伴う基本法改正の完了・施行
1995	12.6.連邦軍ボスニア＝ヘルツェゴヴィナでの平和履行軍に参加決定
1996	1.1.財政緊縮法成立。春頃，ドイツ労働総同盟が政府の経済・財政・労働政策に対する大規模な反対運動
1997	「改革の停滞」が年の言葉になる
1998	9.27.連邦議会選挙でSPDがCDU/CSUに大差で勝利し政権交代。10.27.SPDと同盟90・緑の党の連立でシュレーダー政権発足。12.7.「雇用のための同盟」設置
1999	1.1.欧州共通通貨ユーロがスタート。3.24.連邦軍の空軍機新ユーゴ爆撃に参加，その後コソボ平和維持軍に参加。4.1.環境税の第一段階実施
2000	1.1.改正国籍法施行，二重国籍容認で帰化数増加。6.14.原発からの段階的撤退で電力業界と合意。8.1.グリーンカード制による外国人IT専門技術者の導入開始。9.12.政府に移民委員会設置，翌年7月報告書提出
2001	秋以降，アメリカの同時多発テロの影響で景気減速，失業者が増加に転じ，400万人台へ
2002	1.1.ユーロ流通開始，経過措置として使用されていたドイツ・マルク廃止。3.22.画期的な移民法成立，しかし連邦参議院での手続上の欠陥のため施行されず。9.22.連邦議会選挙でシュレーダー政権辛勝，SPDとCDU/CSUの得票率同率。PDS脱落
2003	3.14.包括的な経済・社会構造改革を内容とする「アジェンダ2010」の声明
2004	7.9.一定の条件で移民を認める移民法が成立。労働市場改革の柱となるハルツⅣ法に対し，夏から主として東ドイツ地域で反対デモが拡大
2005	9.18.連邦議会選挙が実施され，勝利が予想されたCDU／CSUがSPDと僅差の結果になる。11.22.メルケル（CDU）を首班とする大連立政権がスタート

1　ドイツ統一に向かって

ドイツ統一の国内的局面

前章でみたように、東ドイツ人民議会選挙の結果、社会民主党（ＳＰＤ）の敗北とともに、ＳＰＤなどが主張した、基本法一四六条による東西ドイツの対等合併という方式は消滅した。選挙でのキリスト教民主同盟（ＣＤＵ）などの大勝は、迅速な統一を可能にする東ドイツの西ドイツへの加入という基本法二三条による方式が選ばれたことを意味したからである。

こうした展開を背景に、デメジエール政権が成立すると、西ドイツ政府は直ちに通貨・経済・社会同盟の構築に関する交渉に乗り出し、一九九〇年五月一八日には東西の蔵相によってボンで国家条約が署名された。条約は七月一日発効し、ドイツ・マルクが東ドイツでも正式な通貨になった。賃金や年金はそれまでの東ドイツ・マルクと一対一の比率でドイツ・マルクに切り替えられた。貯金と現金は成人の場合四〇〇〇マルクまでは一対一で、それを超える額は二対一の比率でドイツ・マルクと交換された。また西ドイツの社会的市場経済の原則が導入されるとともに、東ドイツの社会保険制度は西ドイツのそれに合わされることになった。さらにドイツ統一基金が設けられ、これによって統一のコストが賄われることになった。

続いて東西両ドイツ政府間で統一条約に関する交渉が始まった。デメジエール政権内部では経済危機への対応をめぐって対立が深まり、ＳＰＤが政権から離脱して大連立が崩れたが、八月二三日には人民議会が一〇月三日に東ドイツが西ドイツに加入して統一することを決定し、八月三一日には両政府間で統一条約が調印された。統一条約により東西ドイツの法的統一が果たされ、基本法は前文などの改正をしたうえで東ドイツにも適用されることになった。統一ドイツの首都はベルリンと定められた。条約では人工妊娠中絶の扱いのように条約作成までに決着のつかなかった若干の問題は統一後に持ち越されたが、その他の点では西ドイツの法制度が東に拡大され、東西は一体化したのである。

ドイツ統一の国際的局面

こうして一〇月三日には新たな首都ベルリンで統一式典が挙行された。無論、統一は東西ドイツ政府の協議だけで実現されたわけではない。ドイツ統一には依然として一定の権限を留保している戦勝四カ国の同意が不可欠だった。またNATO、全欧安保協力会議（CSCE）などでの了解の取り付けも重要だった。そのための手順としてコール首相は二プラス四方式を提起した。戦勝四カ国主導で東西ドイツを加えた四プラス二方式ではなく、両ドイツ政府が協議し、これに四カ国が同意を与えることでドイツの主導権を確保しようとしたのである。

この方式は一九九〇年二月に承認され、統一に向けて動き出した。ドイツ統一への重要なステップになったのは、一九九〇年七月に開かれたコール首相、ゲンシャー外相とゴルバチョフ・ソ連共産党書記長との首脳会談である。アメリカのブッシュ大統領はじめ、イギリスのサッチャー首相、フランスのミッテラン大統領は警戒心を抱きながらもドイツ国民の自由な選択を尊重することを表明していたから、統一への関門になったのはソ連だった。そのソ連では、ゴルバチョフがペレストロイカを推し進め、東欧諸国の民主的変革にも介入しなかった。このソ連の不介入こそ、東ドイツで社会主義統一党（SED）独裁の崩壊が可能になった重要な条件だった。しかしドイツが統一し、中央ヨーロッパに大国が出現することは、NATOと対峙してきたソ連にとっては、安全保障面で重大な脅威になりかねなかった。統一は、ワルシャワ条約機構の一員である東ドイツの消滅とNATOの東への拡大を意味したからである。それゆえ、ドイツ統一の鍵はゴルバチョフが握っていたのである。

ゴルバチョフは会談以前には統一の条件としてドイツの中立を望んでいた。これが無理と判明すると、新たに条件とされたのは、ドイツが核・生物・化学（ABC）兵器を保有しないこと、兵力を削減すること、ソ連軍が撤収するまでNATOの軍事組織を東ドイツに拡大しないことであった。これらの条件は、ソ連からみれば重大な譲歩だった。そうした譲歩を引き出したのは、コール、ゲンシャー外交の大きな成功だった。無論、見返りとして、巨額の経済援助が約束されたのは当然であり、無利息の政府保証融資八〇億マルクを中心に総計で数百億マルクに上った。

コール首相の訪ソ直後に開かれた二プラス四会議には、オブザーバーとしてポーランドが参加した。これにより、多年にわたり懸案となっていたポーランド西部国境問題に決着がつけられた。現行のオーデル・ナイセ線を西ドイツは一九七〇年のワルシャワ条約で認めていたものの、平和条約で最終的に決定するものとしていた。そのため、統一ドイツとポーランドが国境条約を締結し、現状を固定化することが決められた。これを受け、国際面でもドイツ統一が承認され、一〇月三日の統一により、戦勝四カ国はなお留保していた権利をすべて放棄し、ドイツは完全に主権を回復した。

このように、予想を超えるテンポでドイツ統一は進行した。しかし、この過程では統一についての国民の意思表示が欠けていた。その意味で、統一の実現に伴い、事後的に統一の是非を国民に問うべく、戦後初めて全ドイツ規模の選挙が必要になった。一二月二日に実施された連邦議会選挙の結果は、予想通り「統一宰相」コールを擁するCDU／CSUの勝利に終わった。これにより統一は追認された。しかし、東ドイツ地域での高い得票率にもかかわらずCDU／CSUが全体では前回よりも得票率を減らしたことは、統一への支持が西ドイツで必ずしも広範囲に存在するわけではないことを示していた。一方、統一に慎重なラフォンテーヌを首相候補にしたSPDは三〇年来経験したことのない大敗を喫した。そのなかで躍進したのは自由民主党（FDP）であり、東の出身で統一に大きく貢献したゲンシャー外相の人気に支えられた。この選挙に限り、特例として東西それぞれで五％条項が適用され、これによって東の市民グループを糾合した同盟九〇が議席を得たが、統一に冷淡だった緑の党は五％の壁に阻まれて議席を失った。また社会主義統一党（SED）の後継政党である民主社会党（PDS）は生き残りが難しいと見られていたが、特例に助けられて議席を得た。こうして全ドイツの選挙により一九八三年以来の四党システムは五党に増えたのである。

図12－1　ゴルバチョフ書記長との首脳会談（1990年）

出典：Manfred Görtemaker, *Kleine Geschichte der Bundesrepublik Deutschland*, München 2002, S. 374.

統一後に残された課題

統一条約までに東西ドイツで合意に至らず、あるいは統一に伴って解決すべきいろいろな問題が現れた。ここでは四つの点に触れておこう。

まず基本法の問題を見よう。統一に伴い、一四六条に基づき、新憲法の制定が課題として浮上した。しかし、統一は東ドイツの西ドイツへの加入の形で行なわれたので、基本法の適用領域の拡大として処理することが可能であり、部分的改正にとどめることもできた。前者の立場のＳＰＤと後者をとるＣＤＵ／ＣＳＵなどの妥協の結果、統一条約には、統一に関連して生じた基本法の改正または補足について二年以内に対処すること、その際、国家目標に関する規定を設けることなどを求める条文が盛り込まれた。

一九九一年末に連邦議会と連邦参議院から選ばれた合同憲法委員会が設置され、二年後に最終報告書を提出した。これを受けた改正基本法は一九九四年一一月一五日に発効した。

幾度かにわたった改正の注目点としては、第一に、かねてから強い要求があった男女同権の実現、障害者の保護を明文化したことが挙げられる（三条）。第二の注目点は、緑の党の進出以来、主要政党の共通項になっていた環境保護を国家目標として新設したことであるが（二〇ａ条）、個人の請求権を直接に保障するものとはなっていないという限界がある。第三に、この改正で連邦と州の立法権限の配分にも変更が加えられたことや、自治体の財政面の自己責任を明示したことも重要である（七二条、七四条など）。これらの改正の裏面で、憲法改正の手続きの一つとしても議論された、国民請願、国民投票などの直接民主主義的方式の導入は見送られ、基本法の改正自体も通常の手続きで完了した。全体として改正は小幅であり、白熱した議論も乏しかった。例外といえるのは、庇護権条項の改正問題であり、国論を二分した激しい攻防の的になった。結果的に庇護権は実質的に制限する形で九三年五月に改正され（一六ａ条）、開かれた人権保障の観点からは後退と評価されるものに変わった。

妊娠中絶法は調整が難航した代表例である。東ドイツでは「女性の解放」の名目で妊娠中絶が女性の意思に委ねられていた。これに対し、西ドイツでは刑法で厳しく制約され、違反すると刑罰が科された。こうしたギャップを背景にした激しい論争と紆余曲折の末、同法はようやく一九九五年に成立した。これにより妊娠から一定の期間内に医師のカウンセリングを受けた場合には、妊娠中絶は刑事責任を問われないことになった。

統一条約では首都はベルリンと定められたが、政府など首都機能の所在地については未定のままだった。そのため、ボンを実質的な首都として存続させる意見と、ベルリンに移す意見とが対立した。前者はボンが繁栄と民主主義のシンボルとして相応しいとし、後者はドイツ史の連続性を根拠とした。この問題をめぐり激しい論争が展開され、一九九一年に連邦議会は僅差でベルリン移転を決定した。これに基づいて一九九九年に議会、政府などがベルリンに移った。ボン民主主義は五〇年の歴史に幕を引き、ベルリン共和国に衣替えした。

さらに東ドイツの国家保安省（通称シュタージ）が残したファイルも重苦しい問題になった。シュタージは大量の非公式協力者を抱え、監視網を張り巡らしていたので人権抑圧のシンボルになった。その解体後には六〇〇万人分、並べると二〇〇キロメートルものファイルが残された。一九九二年から一般市民は自分のファイルを閲覧できるようになり、身近な知人・友人がシュタージの協力者で監視報告していた事実が明るみに出るケースが頻発した。またファイルは公務員として再任する際の審査にも使われ、協力の過去が判明するとポストを失った。そのため東の市民の間で疑心暗鬼が強まり、そうした風潮を憂えて文書の閲覧を打ち切るべきだという声も上がった。こうして今後の取り扱いをめぐり、余震はいまなお続いている。

2 「産業立地」問題の浮上と政権交代

深刻化する失業問題

ドイツ統一後、東ドイツ地域のインフラ整備などの必要から統一特需が生じた。しかし、それは短期的なブームに終わった。その後、ドイツ経済は急速に後退局面に入り、九〇年代半ば以降の回復にもかかわらず、全体として低成長が基調となっている。実質GDP成長率でみると、一九八三年から八九年までの西ドイツの年平均は二・四％だったのに対し、一九九三年から九八年までの全国の年平均は一・二％であり、半減した形になっている。

一九九二年から九三年にかけドイツ経済はマイナス成長に転じた。多くの国民が統一の喜びに浸っていただけに、この落ち込みの衝撃は大きかった。主要先進国のなかでの経済大国ドイツの特徴は、産業全体における製造業の比重が大きく、その製品輸出を中心とした貿易の占める比率が大きいことにあるが、不況の主因は貿易相手国の景気後退よりも、ドイツ産業の国際競争力の低下にあるととらえられた。こうして官民一体となって「産業立地ドイツの確保」というスローガンが叫ばれた。それを支えていたのは、これまで享受してきた豊かさを失うまいとする姿勢だった。

経済の低迷はなによりも失業率の上昇として現れた。一九九二年からは倒産件数が増大するとともに、主要企業で軒並み大規模な人員整理が始まった。主軸である西ドイツ地域の失業率を見ると、一九九〇年に七・二％だったのが、九三年の七・三％を経て、九五年に八・三％となり、一九九七年の九・八％をピークに一〇％近いレベルで推移している。また登録された全国の失業者数も一九九二年の三〇〇万人程度から、九六年以降は四〇〇万人のラインを前後する状態になっている。失業率の上昇につれ、雇用不安が拡大するとともに、低成長が一時的ではないという見方から、自分の将来について現在以上のレベルの生活は期待できないという意識が広がった。同時に、社会扶助の受給者増加で自治体財政が圧迫され、貧富の格差が広がって社会が分極化する傾向が浮かび上がっている。

こうして国際競争力の低下という「産業立地ドイツ」の衰退は、普通の市民の目にはなによりも深刻な失業問題として顕在化した。産業立地問題は一九九〇年代末にはグローバル化の問題と等置されるようになるが、ドイツの場合、これにEU統合に伴うヨーロッパ化のレベルが重なっている点に注意が必要であろう。ともあれ、一九九六年初頭にコール政権は二〇〇〇年までに失業者を半減させるという目標を立て、「雇用と立地確保のための同盟」の名の下に政労使の代表による協議を重ねた。けれども、この方式は奏功しなかった。一方、労働組合は、公務・運輸・交通労働組合の大規模なストライキなどがあったものの、全体的に見ると物価上昇率程度の賃上げで妥協する穏健な姿勢をとった。それは、賃上げや労働条件の改善よりも雇用の確保を優先したからであった。そうした窮状を示す代表例は、フォルクスワーゲン社の対応である。同社は労使合意に基づいて賃金カットと労働時間の短縮を行ない、ワーク・シェアリングを実施したのである。

「産業立地ドイツ」の再構築をめぐって

ところで、産業立地の再構築をめぐって多岐にわたる論点が浮かび上がった。とりわけ焦点になったのは、社会保険料など賃金付帯費用と呼ばれるコストの高い比率だった。年金、失業などの社会保険料は労使折半となっているために生産コストが高くなり、ドイツ製品の競争力が押し下げられているとされたのである。そこから、ドイツ特有の協約自治と共同決定を枠組みとして国民生活の一定の水準と安定を確保しようとするドイツ型福祉国家すなわち「社会国家」の見直しが急務とされた。それまでは右肩上がりの経済発展を前提とし、労使間で合意を形成する協調システムの下で産業平和が保たれてきた。かつてシュミット政権が唱えた「モデル・ドイツ」という標語はその象徴である。しかし、国際競争の激化を受けて、労働側の既得権は維持できなくなったのである。失業率の上昇に伴い、「社会国家の解体か改造か」という形で議論が展開された。もちろん、本当に争われたのは、激化する国際競争に合わせて何をどこまで市場の論理に委ねるかという点であり、社会国家の選択的縮小と効率化だった。一方、一九九五年に社会保険の第四の柱として新設された介護保険の負担が加わり、国民負担率は上昇の一途をたどった。そのため、国民の側でも高負担・高福祉の社会国家は重荷と感じられるようになっていたのである。

社会国家の改造に関しては、年金などの保険財政の悪化がテーマになった。最初の争点に押し出されたのは、賃金継続支払いと呼ばれる病気休業の賃金保障の見直しである。これに続き、「雇用と立地確保のための同盟」の協議の場では、女性に対す

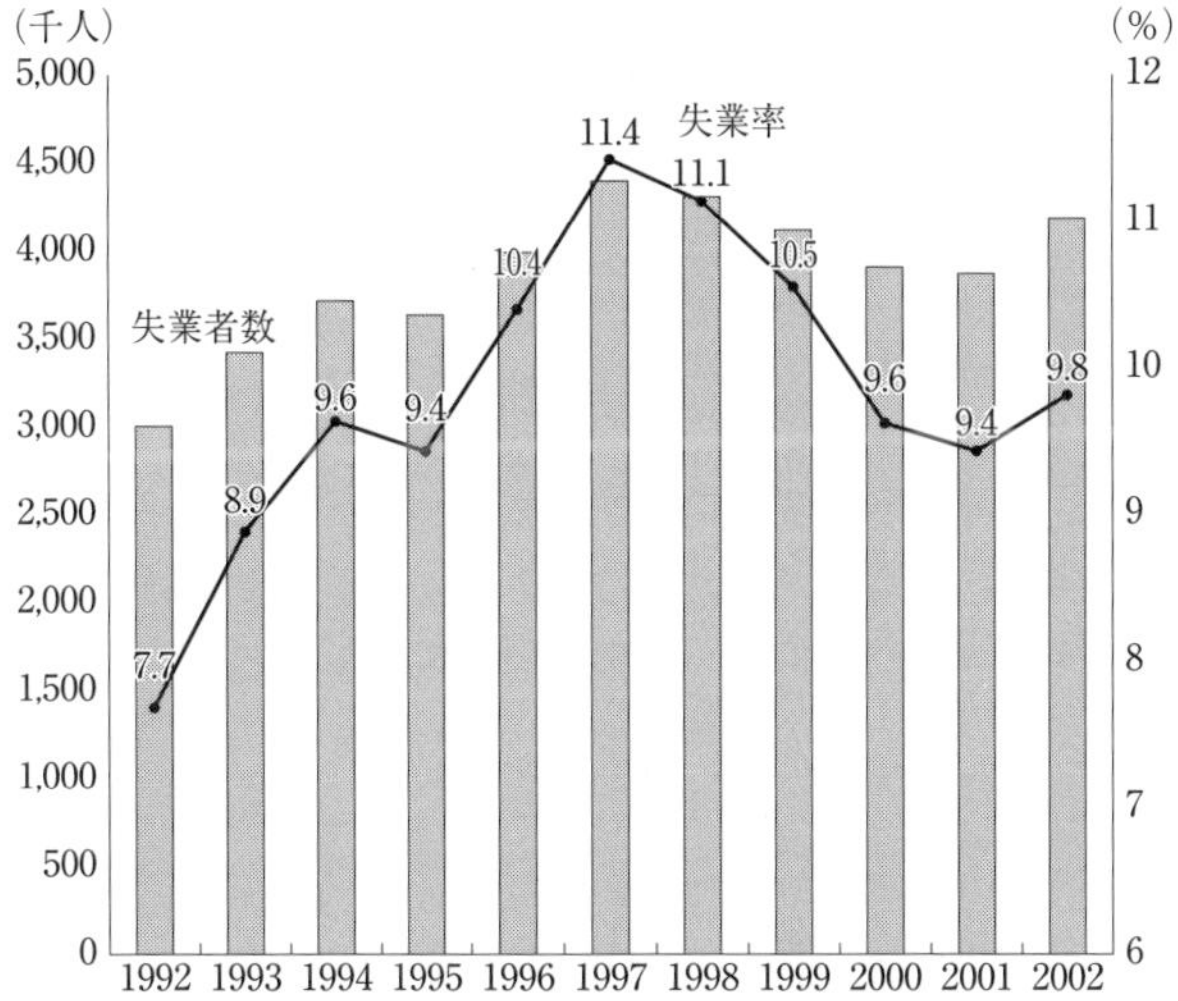

図 12－2　統一後の失業者数と失業率

出典：近藤潤三『統一ドイツの政治的展開』木鐸社，2004年，51頁。

る老齢年金の支給開始年齢の引き上げ、解雇からの保護の緩和、医療保険での薬剤一部負担の引き上げ、長期療養などの医療給付の縮減など労働側の既得権にかかわる多数の論点について論議された。しかし、労使の合意は得られず、改革は進まなかった。ドイツ語協会は一九九七年の「年の言葉」として「改革の停滞（Reformstau）」を選んだが、そこには同年後半に四五〇万人に達した失業問題の深刻さと国民の失望感が反映されている。

産業立地をめぐる議論では、企業に対する課税が他の先進国に比べて重いことも問題になった。重い法人税が事業の積極的な拡大や外国企業の投資を阻害し、企業の逃避による産業の空洞化に拍車をかけているとされ、法人税の減税を中心とする税制改革も産業立地立て直しに不可欠だとされた。この供給面重視の政策は一九九六年の「投資と雇用のためのアクション・プログラム」に盛り込まれ、翌年には営業税の改革などが実現したが、賃金税や付加価値税を含む包括的な税制改革は与野党の対立で挫折した。

この関連では労働市場の硬直性が産業立地を弱めているとの認識から、市場の活力を引き出すために規制緩和による柔軟化や官業の民営化が推進され、「スリムな国家」への改革が着手されたことも重要である。規制緩和については、日曜・祝日労働禁止の緩和、強制的閉店時間の延長、解雇保護法の適用除外事業所の範囲の拡大、民間職業紹介事業の解禁などが挙げられる。一方、民営化では、ドイツ連邦鉄道が一九九四年からドイツ鉄道株式会社に変わり、また郵便事業と通信事業でも一九九八年にドイツ郵便株式会社、ドイツ郵便銀行などが誕生した。これに伴い、一〇〇年以上にわたって政府の一角を占めてきた連邦郵便・通信省が廃止された。

しかしながら、全体的に見ると、深刻な失業問題を伴う低成長から抜け出し、衰弱したドイツの産業立地を立て直すという自ら課した課題を、コール政権は解決できなかった。その原因は、既得権による束縛のほかに、後述する東ドイツ地域の経済再建のために巨額の支援が必要とされ、低成長による税収の伸び悩みとあいまって財政赤字が拡大したことにある。連邦の累積財政赤字は一九九〇年には五四二〇億マルクだったが、九五年に七五四〇億マルク、九九年に一兆三八五〇億マルクに膨張したのである。これに対し、コール政権が推進したEU共通通貨の導入には財政赤字の厳しい抑制が条件とされていたから、産業立地の強化は財政再建と併せて進めねばならず、財政支出の大幅削減以外に道はなかった。既得権の切り下げを軸とするこの政策が利害対立を激化させたのは当然であり、厳しい財政規律を課されて選択肢が狭められていたためにコール首相は苦しい政権運営を強いられたのである。

コール政権からシュレーダー政権へ

このような情勢を背景にして、一九九三年を境にして国民の関心は圧倒的に失業の克服に向けらるようになった。そして、選挙の際にも重心は経済運営での業績評価に置かれ、政党の固定的支持層の融解は一段と進んで政党支持は流動化した。統一の過程で一時的に薄れた「政治倦厭《けんえん》（あきていやになること）」が統一後に再び広がり、一九九二年の「年の言葉」に選ばれるまでになった。それは、政治スキャンダルの頻発だけではなく、なによりも主要政党が国民の期待に応えられないと感じられたことに原因がある。州レベルの選挙で極右政党が躍進したのも、既成政党に対する幻滅感が抗議投票という行動を広げる土壌になったからだった。

図 12-3　シュレーダー政権の誕生（1998年）

出典：Helmut M. Müller, *Schlaglichter der deutschen Geschichte*, Leipzig 2002, S. 468.

一九九四年は「スーパー選挙年」と呼ばれ、連邦議会選挙のほか、欧州議会選挙、大統領選挙、八つの州議会選挙が行なわれた。一九九四年になって景気が持ち直したことに助けられて、連邦議会選挙では辛うじて政権与党が勝利を収めた。しかし、この選挙ではコール政権が勝ったというよりも、一九八二年に政権を降りたSPDが敗北を繰り返したというべきであろう。野党としてのSPDは党内の求心力が低かっただけでなく、一〇〇年以上に及ぶ党史上初めて、党首B・エングホルムがスキャンダルで辞任に追い込まれる事態さえ生じたからである。

この選挙では、東ドイツ地域の同盟九〇と合同した緑の党が連邦議会への復帰を果たした。原理派と現実派の党内闘争が繰り返された緑の党では、一九九一年の分裂で前者の多くが離党したのを受け、議席獲得を重視する現実路線を明確にした結果、FDPを上回る得票率で第三党の座を占めた。一方、早晩消滅すると見られていたのに前回は特例に救われたPDSは、社会主義を標榜しながらも実質的には東の地域政党という性格を強め、五%には届かなかったものの、小選挙区での議席獲得を基礎に連邦議会に踏みとどまった。

この五党制は一九九八年の連邦議会選挙によっても維持されたが、しかし重大な転換が伴った。一九八二年以来のコール長期政権に終止符が打たれ、SPDと同盟九〇・緑の党の連立によるシュレーダー政権が誕生したのである。選挙での与党の敗北と野党の勝利による完全な形の政権交代は西ドイツの建国以来初めてであった。過去の政権の交代はいずれも連立の組み替えという形で起こったからである。この選挙では政策的な争点よりも政治指導者のシンボル化が顕著になった点に特色があった。安定を約束するコールか、それとも若いシュレーダーによる刷新かという形で争点が人格化されたのである。こうした状況では、「改革の停滞」のイメージを拭えず、二〇〇〇年までの失業者半減の公約達成が絶望視されていたコールが不利になったのは当然だった。

一方、SPDは党首のラフォンテーヌと首相候補のシュレーダーが二頭制を組み、前者が「公正」、後者が「刷新」をシンボル化する形で選挙戦に臨んだ。その際、イギリスで前年に保守党を破ったブレア労働党の「ニュー・レーバー」を模して「新しい中道」というキャッチ・フレーズが掲げられたが、その内容は明確ではない。そのことは「公正」が伝統的なSPD支持層向け、「刷新」が新たに取り込むべき新中間層向けだった点に表われている。それでもコール長期政権に対する飽きと、雇用対策を中心とする産業立地立て直しという経済政策での成果の乏しさは、有権者をCDUから離反させ、SPDを大差での勝利に導いたのである。

シュレーダー政権の改革政策

シュレーダー首相はラフォンテーヌを蔵相につけ、同盟九〇・緑の党と連立を組んだ。同党の政権入りは初めてである。一九九〇年の選挙での敗北以後、同党は現実主義的な路線を強めていたが、統治責任を引き受ける地点まで到達したことについては、副首相格で外相に就任した現実派のフィッシャーの指導力に負うところが大きい。

シュレーダー政権は発足するとすぐに、労働組合から強く批判されたコール政権の労働者に厳しい政策を元に戻すことに着手した。その結果、減額された賃金継続支払いや緩和された解雇制限が旧に復した。しかし間もなく権力闘争が表面化し、敗れたラフォンテーヌは一九九九年三月に党首も蔵相も辞任して引退し、シュレーダーがSPD新党首の座についた。二頭制の解消によって権力基盤を強化したシュレーダー政権が真っ先に取り組んだのは、雇用対策だった。コール政権の末期には失業者数は四〇〇万人をかなり上回っていたから対策は急務であり、そのためにシュレーダーは政労使のトップ・リーダーの協議機関として一九九八年末に「雇用、職業教育、競争力のための同盟」を設置した。これは一般に「雇用のための同盟」と略称され、若年失業者と長期失業者を考慮した職業訓練、賃金付帯費用の削減を狙いとする社会保障制度の改革、ワーク・シェアリングやパート・タイム労働の拡充に向けた規制緩和と税制改革、東の経済再建策などをテーマとした。

政労使のこのような協調システムを背景に、シュレーダーは調整能力を発揮して実績を積み上げた。まず不足が深刻化し、経済界からも要望の強かったIT専門技術者につき、CDU／CSUの反対を押し切り、当面二万人を限度としてEU域外からの外国人雇用を認めるグリーン・カード制度を二〇〇〇年八月から導入した。その直前には、少子・高齢化による将来の労働力不足を補うために移民に門戸を開く方策を審議する移民委員会が設置された。またグリーン・カードに先立ち、同年一月からは外国人のドイツ国籍取得の要件が緩和され、一定の条件で二重国籍も容認された。これらは「ドイツは移民受け入れ国ではない」という公式の立場を実質的に否定し、ドイツを移民受け入れ国に転換する重要な意味をもっている。

さらにシュレーダーは税制改革法をはじめとして、年金改革法、経営組織法の改正などを成立させた。税制改革法は法人税と個人所得税の大幅減税を盛り込んだものである。また、年金改革法は、少子・高齢化に合わせ、公的年金制度を維持しつつ、国庫助成による新たな企業年金と個人年金の枠組みを導入するものであり、これらはいずれもコール政権が試みて挫折した前例がある。けれども他方では、改革努力にもかかわらず、年金、医療など社会保険の四分野すべてで財源不足が深刻化し、保険料率の引き上げや給付水準の引き下げなど国民に痛みを強いる措置が避けられなくなっている。同様に、財政赤字の削減が進まないために財政均衡の目標年次を繰り延べざるを得ず、財政赤字三％以下などのＥＵの財政安定化協定を順守することが困難になっているのも見過ごせない。

環境政策の面でもシュレーダー政権が誕生してから前進が見られた。気候変動枠組み条約に基づき一九九七年の京都議定書で温室効果ガス排出量の数値目標が定められたのを受け、シュレーダー政権は一九九九年に環境税を導入した。具体的には同年四月から第一段階として電力税の導入と鉱油税の増税が実施され、引き続き税率の引き上げと課税対象の拡大が行なわれた。この増収分は、負担感の強い年金保険料の引き下げに充てられている。また、原子力発電についても進展が見られ、電力業界との協議の結果、二〇〇〇年六月に脱原発協定が締結された。その要点は国内に一九基ある原発を稼働三二年で全廃することにあり、このため代替エネルギーの開発に重点が移り、水力、風力、太陽光、バイオマスなどの再生可能エネルギーへの関心が一段と高まっている。

男女同権化政策でも新たな展開が見られる。二〇〇一年に政府が企業団体と結んだ「民間経済における男女の機会均等の促進のための協定」に基づき、職業訓練、採用、昇進で女性の比率を引き上げることが決められ、ポジティブ・アクションが強められた。そのほか、経営協議会法の改正によって従業員で男女のいずれが少数派であっても、少なくともその比率だけは委員数を確保することが義務づけられた。また関連して、同年に生涯パートナーシップ法が施行され、同性の婚姻が公認されたことも注目に値する。これにより同性のカップルでも医療保険に一体で加入し、遺産を相続するなどの権利が認められたのである。

ところで、シュレーダー政権にとっても最大の課題は雇用問題だが、これについては、一九九九年後半から外需拡大による輸出主導で景気が回復したのに伴い、高止まりしていた失業者数は二〇〇〇年には年平均で三八八万人まで下がった。しかし、ＩＴバブルの崩壊に加え、翌年九月にアメリカで発生した同時多発テロによる世界経済の冷え込みの影響で景気は減速感を強め、雇用情勢は再び悪化した。シュレーダーは一九九八年の選挙の際、次回連邦議会選挙までに失業者を三五〇万人以下に減らすことを公約していたが、二〇〇一年一一月に公式に断念せざるをえない事態に追い込まれた。また失業者数も翌年初頭には四〇〇万人の大台に逆戻りした。このようにして世紀が代わってからも失業問題は依然として統一ドイツが抱える最大の問題であり続けている。

3　東ドイツの再建と外国人問題——内政上の主要問題

東ドイツ地域の経済再建

統一以後、産業立地の衰退に伴う失業の拡大のほかにもドイツは内政面で重大な問題に直面した。ここではこれを東ドイツの経済再建と外国人問題の二つに絞ってみておこう。

統一当時、コール首相は数年のうちに東ドイツ地域の経済は復興し、花開く地になるとのバラ色の夢をふりまいた。しかし、現実はそれとは反対の方向で推移し、幻滅や失望が広がる結果になった。西ドイツ地域との巨大な落差が再建を困難にしたからである。

まず東では産業インフラの不備が目立った。高速道路をはじめ道路は整備されておらず、市民相互の連絡を困難にする思惑が手伝って電話などの通信網はきわめて不十分だった。また粗悪な褐炭が広範に使用されていたために大気汚染がひどく、工場からは未処理のまま廃棄物や廃水が放出されていたので、河川の水質や土壌の汚染も深刻な問題だった。インフラの不備、環境破壊と並んで重大だったのは、東の産業の技術レベルが押しなべて低く、競争力がなかったことである。東では老朽化した産業設備が広く稼働していたばかりでなく、最新鋭の設備も西側と比べると旧式だった。そのため、ソ連・東欧圏の市場がコメコン体制の解体とともに縮小してからは販路がほとんど失われる結果になった。また、コール政権が東ドイツ・マルクを西ドイツ・マルクと一対一で交換する方針を決め、実勢よりはるかに過大評価することになったために、元来競争力の乏しい東の企業が高賃金に圧迫されたことも、東の企業を破綻に追いこむ主要な原因になった。

こうしたなか、社会主義の中央指令型経済システムから市場経済システムへの転換が強行された。その中心は国営企業の民営化である。信託公社による国営企業の売却は種々の障害のために難航した。交通・通信網などの産業インフラの不備、生産性に比べて著しく高い賃金と並んで大きな障害になったのは、所有権や債務などの複雑な問題が残されていたことである。というのは、ドイツ民主共和国（ＤＤＲ）時代に社会主義建設が強行された際、土地や工場施設の強制収用が行なわれたので、統一後の不動産売却の際、本来の所有権の確定が必要とされたが、文書の散逸などでその作業が困難をきわめたからである。こうした事情から、東ドイツで企業を買収して操業するよりは、賃金がはるかに安く、市場としても将来有望な東欧圏に進出する動きが現れたのは当然だった。たしかに政府の優遇措置を受け、東ドイツに投資する企業が増えてきてはいるが、雇用吸収力が小さいことから、東ドイツでは大量の失業者が出る結果になった。

もちろん、東ドイツの経済再建のために政府はさまざまな対策を講じてきた。一九九〇年の通貨・経済・社会同盟の時点で早くも西ドイツ政府は「ドイツ統一基金」を設け、東ドイツへの財政支援の枠組みを構築して公的資金の東への移転を開始した。さらに九一年と九二年の二年間で二四〇億マルクに上った連邦、州などの共同事業「東の躍進」に代表される集中的な投資も実施された。その他、汚染土壌の撤去や河川浄化をはじめ、失業対策として職業訓練を実施してきたことなども政府の努力の例に挙げられよう。

しかしながら、東の経済の立ち遅れと荒廃は当初の予想を上回っており、コール首相が約束した「増税なき統一」は早々と反故にされた。湾岸戦争の戦費負担の影響もあり、早くも一九九一年に東のための連帯賦課税が導入されたのである。こうした財政的テコ入れにもかかわらず、東の経済的自立は進まず、その遅滞は経済低迷に苦しむ西ドイツに大きな負担としてのしかかった。「ドイツ統一基金」による財政移転は一九九四年までで総額五七〇〇億マルクに達したが、その後も引き続き西から東にさまざまな種類の公的資金が投入されている。その総額は二〇〇〇年までに一兆マルクをかなり上回っており、連邦財政や社会保険財政の大きな負担になっている。しかも、失業手当のように個人の家計に入って消費支出に回る部分が大きく、経済再建に及ぼす効果が小さいことも問題になっている。

東西ドイツの心の壁

以上で見たような旧東ドイツ地域の経済再建の難航を背景にして、同地域の市民の間で西に対する不信感が強まり、東ドイツ時代を懐かしむ傾向さえ現れている。これは郷愁（ノスタルジー）と東を意味するオストを合成してオスタルジーと呼ばれている。

ドイツの両地域の市民間の不信と反目が問題視され、「心の壁」が語られるようになったのは、統一から間もない一九九三年頃からである。当初は経済状態の改善に伴って解消する過渡的な問題として軽く考える傾向が強かった。しかし、各種の調査で東ドイツ市民が「二級市民」という劣等感を抱いており、その根底に社会主義の下で育まれた価値観・社会観があることが明らかになるにつれて、重要問題としてクローズアップされるようになった。法制度や経済システムなどの外的統一は達成されたものの、それを実質化すべき内的統一が果たされていないことが「心の壁」によって可視化されたのである。

この問題にはさまざまな角度からアプローチがなされている。なかでも重要なのは、次の二つであろう。一つは、工業社会と脱工業社会の相違に着目するものである。それによれば、東ドイツは工業社会であり、そこでは集団としての活動が社会の基本的な型になっていたので、社会規範の中心は集団的規律化に置かれた。これに対し、西ドイツは脱工業社会に達していたために、個人の自主的な行動や自己責任が重視され、個人主義化が進行していた。その結果、二つの社会の間では社会規範の衝突が避けられなかったというのである。

もう一つは体制の相違を重視するものである。西の社会で重んじられるのは自由であるが、東ドイツでは安全が最優先される価値であり、生活に見通し、計画性、確実性を与えるものに関心が向けられた。例えば西で人権といえば言論の自由のような自由権的基本権が思い浮かべられるが、東では労働権や住宅権のような生活保障に関する権利が考えられた。しかも安全は個人が自己の責任と努力によって確保すべきものではなく、公的に提供されるのが当然視され、国家に依存するメンタリティーが作り出された。この点で、市場経済と競争原理の下で個人の自由がリスクや自己責任と不可分であることが自明な西の社会とは異なる価値観・メンタリティーが東の社会に存在したというのである。

このような心の壁が強固になったことについては、さらに二つの事情に考慮を払う必要がある。一つは統一の非対称性である。統一が西ドイツへの東ドイツの加入という形で実現したことは、破産した東に対する西の勝利という優越感をもたらた。そして勝利した西は何も変える必要はなく、変わるべきは東の社会と市民であるという姿勢が広範に形成された。この非対称性が東の人々の間に屈辱感を生みだし、心の壁を高くしたのである。

もう一つは近代化ショックである。東の市民は統一によって新しい自由を享受したが、同時に統一に伴う生活の激変は大きな不安をもたらした。しかし彼らには新たな生活関係に徐々に習熟していく時間的余裕は与えられなかった。その意味で統一の名でハード・ランディングが強行されたのであり、そのショックが自己防衛の心理的機制を強めたのである。

外国人問題の諸側面

次にドイツの外国人問題に目を向けよう。

第二次世界大戦終結後のドイツは分断国家になっただけでなく、領土が縮小した。その狭小化した国土に、それまでの東部領土出身者やチェコのズデーテン・ドイツ人、ルーマニアのドイツ系住民など膨大な数の人々を受け入れた。その数は総計で一二〇〇万人に達する。さらにベルリンの壁が作られる一九六一年までに東ドイツから西ドイツに二七〇万人以上の市民が逃亡した。これらの大規模な移動が経済の高度成長を労働力として支えたが、東ドイツからの流入が事実上途絶えた一九六一年以降、外国人労働者の導入が本格化した。

西ドイツが受け入れた外国人は、ガストアルバイター（客人労働者）という呼称が示すように、一時的な滞在者であって数年の就労後に帰国するものとされていた。しかし、石油ショックが起こった一九七三年に新規の募集が停止されたのを契機に、多数の外国人労働者が帰国を先延ばしし、故国から家族を呼び寄せた。そのため、外国人に占める女性や子供の比率が増大した。その結果、一時的に就労するはずの外国人労働者は多面的な生活問題を抱える移民へと変貌していったのである。

定住化した外国人は、一九九〇年の西ドイツで総人口の八・四％を占めるまでになり、ドイツ生まれの第二、第三世代も増えている。最大の集団はトルコ人であり、ユーゴスラヴィア人、イタリア人がこれに続く。滞在の長期化につれて分化傾向が見られるものの、彼らの多くは不熟練労働者であり、低所得者が大きな部分を占めている。トルコ人のケースでは、文化的背景が異なるために学校教育や地域社会で予期せざるさまざまな問題が生まれている。禁止されたクルド労働党によるトルコからの紛争移入もその一例である。

ドイツ統一以前からのこうした外国人に加え、統一前後から二つの別のタイプの外国人がドイツに流入するようになった。一つはアオスジードラーと呼ばれる集団であり、もう一つは庇護申請者である。

アオスジードラーというのは、ソ連・東欧各国に散在しているドイツ移民の子孫であり、故郷でドイツ系であることを理由に圧迫を受けているために、祖先の出身国であるドイツに帰還する人々の総称である。したがって、本来は彼らは外国人であるが、ドイツに受け入れられると簡単にドイツ国籍を取得できる仕組みになっている。年間流入数は東欧諸国で変革が生じた一九八九年に三八万人、翌九〇年に四〇万人に上った。そのため、流入規制が必要になり、受け入れ手続きの改正などの結果、九一年からは二〇万人台、九六年からは一〇万人台に下がっている。また一九九〇年を境に主たる出身国がポーランドから旧ソ連に移っている。ポーランドは単一民族国家を自称し、少数民族の存在を否定していたので、ドイツ系住民はドイツ語使用の権利などを認められずに暮らしていた。一方、旧ソ連では、彼らは第二次世界大戦期に敵国であるドイツの協力者の嫌疑でシベリアなどに強制移住させられて収容所に閉じ込められ、戦後も部分的に権利が回復されただけで差別を受けていた。こうした理由から、アオスジードラーについては受け入れに反対する声は大きくならなかった。

これに対し、大量の庇護申請者の流入は深刻な政治的対立を引き起こした。基本法に定められた庇護権は、ナチズムの苦い経験に基づくものであるが、これを拠り所にして政治的迫害を理由にドイツでの亡命を求める庇護申請者が冷戦終結に伴って激増した。一九八八年に一〇万三〇〇〇人だったその数は九〇年に一九万三〇〇〇人、九二年には四三万八〇〇〇人にも達したのである。彼らはいったんドイツに入国すると審査結果が出るまでの数年間は公費負担で滞在を許された。しかし、その財政負担に加え、応急の収容施設での近隣住民とのトラブルや、審査結果で庇護権を認められるのは一〇%未満と少なく、大半が経済難民と判定されたために、受け入れに対する一般市民の態度が冷ややかになるのは避けられなかった。こうして基本法の庇護権改正が大きな政治的争点になったのである。

図12－4　排外暴力に抗議する市民の光の鎖（1992年）

出典：Helmut M. Müller, *Schlaglichter der deutschen Geschichte*, Leipzig 2002, S. 448.

排外暴力と外国人政策

ところで、庇護申請者を含む外国人問題が重大化した要因は他にもあった。難民として一括された庇護申請者の収容施設に対する襲撃事件が頻発し、その攻撃対象がドイツに定住しているトルコ人家族をはじめさまざまな国籍の外国人にまで瞬く間に拡大したのである。

最初に火の手が上がったのは旧東ドイツ地域の小都市であり、一九九一年九月に難民収容施設への大規模な襲撃事件が起こった。しかし、この事件が驚愕を引き起こしたのは、襲撃そのものよりそれに拍手喝采を送る住民の姿だった。翌九二年八月に発生したロストックの事件でも同じ光景が見られ、襲撃を繰り返す若者は国民の怒りを代弁している錯覚にとらわれたといわれる。これらを契機に各地で外国人に対する暴力事件が急激に増大し、同年一一月にはメルンで、翌九三年五月にはゾーリンゲンでトルコ人家族の住宅が放火され、死者がでる惨事になった。

こうして国民の間に立ちこめた外国人排斥感情は、統一したばかりのドイツにおける人権尊重と民主主義の未熟を印象づけた。このような事態に迫られて浮上したのが、襲撃事件の引き金となった庇護申請者の流入を規制するために基本法を改正するという問題である。庇護権条項はドイツの良心と目されていただけに、その見直しは激しい反対を巻き起こした。しかし、九二年末に至って与野党間で改正が合意され、「安全な出身国」から来る者や「安全な第三国」を経由してきた者は受け入れないとする規制が九三年七月から適用された。これを境に、それまで大量だった庇護申請者の流入数は急速に減少し、排外暴力事件も幾分低調になった。さらに九六年五月に連邦憲法裁判所が改正を合憲とする判決を出し、庇護権改廃をめぐる激しい論戦も沈静した。

外国人が事実上の移民になってからは、彼らを社会に統合するため、外国人特別代表部や外国人審議会を設置するなど自治体レベルでさまざまな試みが行なわれた。また、論壇では多文化社会の是非をめぐる活発な議論が展開された。

しかし、排外暴力に脚光が当てられたのを機に改めて外国人の社会的統合が課題として浮上した。時間の経過とともに定住化した外国人がドイツ社会に溶け込むという期待は排外暴力によってだけでなく、外国人の側の自閉化傾向によっても幻想であることが証明されたからである。交わることのない「平行社会」という表現が失望と不安を表している。こうした問題に加え、先進国に顕著な少子・高齢化による人口構造の変化が高福祉の社会を危機に導くという認識から、シュレーダー政権の登場によって国籍法の改正が提起された。「ドイツ人」の枠を広げ、国民の定義にかかわる問題なので、CDU／CSUが署名活動を展開じて激しく反対し、一九九九年五月に妥協が成立した。その要点は、ドイツで出生した外国人の子供に多重国籍を認め、成人した段階で選択させることや、定住化した外国人の帰化条件の緩和であるが、移民法制定に向けた二〇〇二年の立法作業と合わせ、長期的に見た意義はきわめて大きい。

一方、ドイツ国内で根強い外国人敵視の風潮のもう一つの表現は、極右政党やネオナチ団体の存在である。特に従来は泡沫政党だった共和党とドイツ民族同盟は、九〇年代に州レベルで度々議会進出に成功した。もっとも、極右政党の基礎票は少なく、既成政党に対する抗議票が流れ込んでおり、そうした集票構造にも他の政党との相違がある。極右政党の度重なる議会進出と、二〇〇〇年にデュッセルドルフで発生した爆発事件を頂点とする排外暴力事件の頻発を受け、ドイツ国家民主党に対する政党禁止請求が連邦議会・連邦政府などによって二〇〇一年に行なわれた。民主主義的秩序を破壊する政党の禁止は基本法に定められているものの、一九五六年の連邦憲法裁判所によるドイツ共産党の禁止以来絶えていたのであり、そのこと自体がドイツでの民主主義の成熟のバロメーターにもなっていた。この点を考えれば、禁止請求には極右勢力に対する政治指導者たちの断固たる決意が反映しているといえよう。

4　国際社会のなかのドイツ――「ドイツのヨーロッパ」か？

国際貢献と連邦軍派遣問題

東西ドイツの統一に向けた動きが終盤を迎えた一九九〇年八月、突如イラク軍がクウェートに侵攻した。ドイツ統一を挟み、この湾岸危機は翌年一月にアメリカ、イギリスを中心とする多国籍軍によるイラク攻撃に発展した。こうして勃発した湾岸戦争にいかなる姿勢で臨むのか、ドイツは統一したばかりの時点で直ちに重大な試練に晒された。NATOの域外である湾岸に連邦軍を派遣することが許されるか否か、国連への協力にはどこに限界が引かれるのかといった重大な政治問題が生じたのである。

開戦前後からドイツ国内では湾岸戦争へのドイツの参戦に反対する運動が高まったが、コール政権はNATO加盟国であるトルコに空軍部隊を派遣したものの、実戦には加わらなかった。またイラクがイスラエルをミサイル攻撃したのに対し、イスラエルのミサイル防御を支援した。そして戦争が終結すると、日本に次ぐ九〇億ドルを拠出して戦費を分担した。このような湾岸戦争の教訓を踏まえ、コール政権は国連の下の平和活動に連邦軍を参加させる方針をとった。しかし最大野党SPDでは大勢は、国連の決議があってもNATO域外での連邦軍の武力行使に消極的であり、国論は分裂した。

しかし問題はすぐに再燃した。ユーゴスラヴィアの解体が始まったからである。

一九九二年から九四年にかけてドイツ連邦軍の看護兵がカンボジアに、輸送部隊がソマリアに派遣された。これらは論議の的にはならなかったが、ユーゴ紛争での派遣は与野党の重大な対立を招いた。ドイツの艦艇が同時期にアドリア海での物資輸送封鎖の監視に参加し、九三年四月からは空軍がボスニア＝ヘルツェゴヴィナ上空の監視飛行に加わったが、これにSPDが反対したからである。特に前者の合憲性を巡っては、同党の議員が連邦憲法裁判所に提訴した。九四年七月の判決は、連邦議会の承認を条件としたうえで、国連の枠内であれば連邦軍のNATO域外派遣を合憲とした。この解釈変更によって連邦軍の活動に対する制約が大きく緩められた。一九九五年から連邦軍は平和維持の任務で国連決議に基づくボスニア和平安定化軍などの一翼を担ったが、これは上記の判決によって可能になった。またシュレーダー政権に交代した九九年には、コソボ紛争を巡りドイツ空軍機がNATO軍による新ユーゴ空爆に参加した。こうした行動にはSPDばかりでなく、フィッシャー外相の属す同盟九〇／緑の党を中心にして強い反対が起こった。しかし、空爆からコソボ平和維持軍への参加や、二〇〇一年に発生したテロ後のアメリカに対する「無制限の連帯」の表明とアフガニスタンへの連邦軍派遣に見られるように、シュレーダー政権はコール政権の積極的国際貢献の路線を継承しており、連邦軍は実戦に加わるところまできている。ドイツが周辺国の警戒心に囲まれて政治小国に徹した冷戦期とは違い、統一後のドイツは、国内に対立を残しながら、国際社会でＮＡＴＯや国連の枠組みのなかで軍事的にも国際貢献を行なう国家、つまりは「普通の国」に変貌してきているのである。

ヨーロッパ統合の発展

統一ドイツの歩みはヨーロッパ統合と並行している。一九九二年二月にオランダのマーストリヒトで欧州連合条約が締結され、九七年一〇月にはアムステルダム条約が結ばれた。また、この間の九五年からはオーストリア、スウェーデン、フィンランドの三カ国が新たに加わって加盟国は一五になった。

マーストリヒト条約は一九九三年一一月に発効した。しかし、批准の是非を巡る国民投票でのデンマークの否決、フランスのきわどい承認など波乱が多く、推進力であるはずのドイツも批准が最後になった。それはこれらの国々で一般の国民の間にヨーロッパ統合の意義についての理解が浸透せず、将来への不安を払拭できなかったからである。マーストリヒト条約については、ドイツ国内でも反対論が根強く、各種世論調査の結果から判断すると、もしフランスのように国民投票を実施した場合、否決される可能性が小さくなかった。

同条約により一九九〇年に始動した経済・通貨同盟（ＥＭＵ）は第二段階に移行した。そして最後の第三段階で、一九九九年一月一日からイギリスなど四カ国を除くＥＵ加盟国で共通通貨ユーロが導入されたのをはじめ、多面にわたる協力体制が構築されている。これにより、約三億人の人口を擁し、世界の生産の約二〇％を占めるユーロ圏が出現した。また二〇〇二年一月一日からは過渡的に併用されていた各国通貨が姿を消し、日常生活でもユーロ

図12－5　アフガニスタンの連邦軍兵士（2001年）

出典：Manfred Görtemaker, *Kleine Geschichte der Bundesrepublik Deutschland*, München 2002, S. 395.

が流通するようになった。その結果、一九四八年の通貨改革で登場して以来、ドイツ国民の自信と豊かさのシンボルにもなったドイツ・マルクは退場した。

このようなユーロ圏を誕生させる原動力になったのはドイツとフランスの協力である。イギリスがユーロや共通社会政策に加わらず、また通貨統合の条件として各国に厳しい財政規律を課すなど、ユーロのスタートまでの道程は平坦ではなく、原加盟六カ国の通貨統合の先行論が唱えられたりしたが、ユーロ生誕を可能にしたのはとりわけ独仏の指導者の強い意思と緊密な連携だった。歴史を振り返れば、独仏の対立こそヨーロッパの危機の震源だったといえるが、その反省を踏まえ、戦後ヨーロッパの安定と発展は、アデナウアーとドゴールのペア以来の独仏指導者の信頼関係によって支えられてきたといってよい。

マーストリヒト条約では通貨統合への道筋だけでなく、共通外交・安全保障政策、共通内務・司法政策、共通社会政策についても合意された。さらにヨーロッパ市民権の設定についても合意され、自由移動にとどまらず、加盟国の国民は居住しているEU域内のどの国でも地方議会の選挙権・被選挙権が認められることになった。例えば共通安全保障政策では、ユーゴ紛争を教訓にして、EU独自の緊急対応軍が二〇〇三年に創設された。また共通内務・司法政策の領域では、国境を越える犯罪の増大に対応して共同警察機構ユーロポールが一九九九年に発足した。ただ独自の捜査権限は認められておらず、加盟国の情報の集約と交換が主たる役割になっている。

「ドイツのヨーロッパ」か？

ユーロ誕生にみられるように、ヨーロッパ統合は深化しており、拡大のプロセスも進展している。そのことは、冷戦期に東側陣営に属していたポーランド、ハンガリーなど東欧諸国を中心とする一〇カ国が二〇〇四年に加盟したことに示されている。こうした統合の両面で、フランスと並んでドイツは推進力の役割を果たしてきている。

ところで、欧州統合の過程では、実質的にはドイツが優位を占める傾向にある。そのことは人口と経済力の両面でEU内部でドイツが突出していることを考えれば当然かもしれない。一九九八年に動き出した欧州中央銀行（ＥＣＢ）のフランクフルト誘致は偶然ではないし、ＥＵ財政の純負担比率でドイツが半分以上を引き受けている実情を考えれば、ＥＵの将来に関してドイツの発言権が強まるのは不可避といわねばならない。また、連邦軍のＮＡＴＯ域外派遣の実績や、国連改革の際に安保理常任理事国になるというシュレーダー政権の主張などを考え合わせると、軍事面でもドイツの影が一段と色濃くなると考えられる。

もちろん、ドイツの存在感が大きくなるにつれて軋みも生じている。統一による巨大なドイツの出現は周辺国に脅威を抱かせたが、そのドイツが一九九一年末にクロアチアなどの独立を真っ先に承認し、ユーゴ解体を加速した前歴があることなどから、ドイツの独り歩きを懸念する声が消えていない。またＥＵ統合で主導的役割を果たしていることから、ドイツがヨーロッパのヘゲモニーを握り、「ドイツのヨーロッパ」を作ろうとしているのではないかという疑心も見られる。無論、ドイツの政治指導者はそうした野心を否定し、「ドイツのヨーロッパ」ではなく、「ヨーロッパのドイツ」として協調を重んじる方針を表明している。しかし、ナチズムの悪夢が消え去らないなかで、統一によってヨーロッパで抜きん出た地位を占めたところから、これからもドイツは周辺からの厳しい眼差しに晒され続けると考えられる。難航の末、一九九七年にドイツ・チェコ和解宣言に署名し、二〇〇一年にナチ時代の強制労働に対する補償基金を設立したように、統一後のドイツは過去の負債にも取り組んでいるが、その意義はこの文脈で把握されるべきであろう。

5　シュレーダー赤緑政権からメルケル大連立政権へ

二〇〇二年連邦議会選挙と「アジェンダ二〇一〇」

二〇〇二年九月二二日に連邦議会選挙が実施された。事前には野党のＣＤＵ／ＣＳＵが勝利すると予想されていたが、結果はＳＰＤとＣＤＵ／ＣＳＵの得票率が同率になり、同盟九〇／緑の党の得票率が野党のＦＤＰのそれをわずかに上回ったので、シュレーダー政権が継続することになった。このように前回の選挙に比べ、政権が大きく支持を失い、薄氷を踏む勝利に終わった最大の原因は、雇用対策で成果が上がらなかったことにあった。事実、失業者数は公約していた三五〇万人以下に減少するどころか、逆に四〇〇万人台で推移し、増大傾向すら示したのである。

それにもかかわらず、野党が奮わず、シュレーダー政権の存続を許す結果になったのは、選挙直前に二つの要因が働いたからだった。一つは、東ドイツの広い地域で洪水が起こり、多数の被災者が生じたが、これに政府が迅速な救援活動を行なったことが信頼感の回復につながったことである。東ドイツ地域でSPDの得票率が急上昇し、そのあおりでPDSが落ち込み、五％の壁を越えられずに連邦議会から事実上姿を消したのは、主としてこの点から説明できる。もう一つは、アメリカが計画していたイラクのフセイン政権に対する戦争に反対の立場を打ち出したことである。戦争は翌年開始され、戦闘が終結してからも開戦の理由とされた大量破壊兵器は発見されなかったから、シュレーダーの立場はいっそう正当化された。しかし、注目に値するのは、大規模な反戦デモをはじめとして戦争反対の世論が強く、選挙で苦戦を強いられていたシュレーダーに風向きを転じる絶好の機会を与えたことである。無論、この決断は対米関係の悪化を招かないでは済まなかった。対米関係と対欧州関係は戦後ドイツ外交の二本の柱だったが、シュレーダーはフランス、ロシアと連携してイラク戦争に反対し、ドイツがもはやアメリカの従順なジュニア・パートナーではないことをみせつけた。このため、対米関係は一気に冷却し、その修復はドイツ外交の重い課題として残されたのである。

連邦議会選挙が終わると、シュレーダーは包括的な経済・社会構造改革に着手した。それをまとめたのが、二〇〇三年三月に発表された政策パッケージ「アジェンダ二〇一〇」である。

その主眼は、経済の低成長と失業問題への対処、少子高齢化により行き詰まりが予想される社会保障制度の堅固化、赤字が深刻化する財政の再建にある。そして、硬直化した制度の弾力化と自己責任の強化が全体を貫く基調になっている。政策面での主軸は労働市場改革にあるが、そのほかに所得税の減税を中心とする税制改革、保険料率の上昇を抑制し、持続可能な年金制度を確立するための年金改革、診察と薬剤の自己負担を引き上げる医療制度改革なども含まれている。

「アジェンダ二〇一〇」の主柱である労働市場改革は、立案者の名前をとってハルツ改革と呼ばれている。それは大きく四つの部分から成る。第一は、解雇保護規定の適用を受けない小規模事業所の範囲の拡大であり、新規雇用をしやすくすることに狙いがある。第二は、職業安定所の組織と役割を見直し、失業者の人材派遣サービスなどを行なえるようにすることである。第三は低賃金労働で税・社会保険料の負担が免除される「ミニジョブ」制度と、失業者が事業を興す際に補助金を支給する「私会社」制度の新設であり、失業者の就労を促進するものである。そして第四は、失業給付の支給期間の短縮と、従来の失業扶助と生活保護に当たる社会扶助を失業給付Ⅱに統合することを柱とするハルツⅣ法であり、失業者の増加によって伸びる一方の給付総額を圧縮することに主眼がある。

こうした内容の「アジェンダ二〇一〇」が国民から強い反発を受けたのは当然だった。どの改革も自己責任強化の名目で国民の負担を増やし、痛みを伴ったからである。特にハルツⅣ法は、強い利害関係を有する人々が広範囲に存在するだけに激しい抵抗を引き起こした。東ドイツ地域でドイツ統一の起爆剤になった市民のデモに倣い、月曜デモが繰り広げられたのはその一例である。その結果、シュレーダー政権は苦境に立たされ、支持率も低落したが、そのことは、世代間、階層間での負担の公平を確保しつつ福祉制度を圧縮したり、厳しい国際競争の下で労働者の権利を削らずに雇用を創出することがいかに困難かを浮かび上がらせた。こうしてドイツでは経済・社会構造改革の一点に政治の焦点が絞られる状況となり、環境保護やジェンダー、あるいはＥＵ統合の将来像のようなテーマは脇に押しやられる形になったのである。

二〇〇五年連邦議会選挙と大連立政権の成立

「アジェンダ二〇一〇」に起因するシュレーダー政権への強い逆風は、二〇〇五年までの州議会選挙で連立与党の敗北が相次いだことに表れている。そして同年五月に行なわれたドイツの最大州ノルトライン＝ヴェストファーレンでの敗北により、同盟九〇／緑の党はついにすべての州議会で議席を失うに至った。これを受け、シュレーダーは異例の連邦議会解散に踏み切った。野党が優勢な連邦参議院で与党の政策が阻止されるのは不可避であり、翌年に予定された選挙で敗北は必至と考えられたからである。選挙戦では当初ＣＤＵ／ＣＳＵが圧倒的に優勢だったが、シュレーダーは社会的公正の回復を掲げ、「アジェンダ二〇一〇」を軌道修正する方針をアピールした。結果は、予想に反するＣＤＵ／

ＣＳＵの不振と予想通りのＳＰＤの後退だった。その傍らでは、ネオリベラルな路線を鮮明にしたＦＤＰが得票を大きく伸ばし、ＳＰＤの離党組とＰＤＳが連合した左翼党が大きな政府の維持を掲げて躍進したのが注目される。このコントラストは、経済の低迷が続き、有効な打開策を提示できない二大政党が求心力を失いつつあり、コンセンサスを特徴としてきたドイツの政治が二つの極に分裂する傾向を孕んでいたことを示唆している。こうしたなか、難局を乗り越えるためにＣＤＵ／ＣＳＵとＳＰＤが歩み寄り、メルケル（ＣＤＵ）を首班とする戦後史上二度目の大連立政権が二〇〇五年一一月にスタートした。この連立形態による巨大与党と弱小野党という構図は議会政治のうえでは変則ではあるものの、二大政党がともに統治責任を引き受けるところから、難航している経済・社会構造改革を前進させるうえで期待がもたれているのも事実である。いずれにせよ、大連立政権という異例のシフトが組まれたところに、戦後ドイツが転換点に立っている事実が反映されているのは確かである。

参考文献

雪山伸一『ドイツ統一』朝日新聞社、一九九三年。

広渡清吾『統一ドイツの法変動』有信堂、一九九六年。

走尾正敬『現代のドイツ経済』東洋経済新報社、一九九七年。

渡辺重範編『ドイツ・ハンドブック』早稲田大学出版部、一九九七年。

加藤雅彦ほか編『事典現代のドイツ』大修館、一九九八年。

近藤潤三『統一ドイツの変容』木鐸社、一九九八年。

大西健夫／ウルリヒ・リンス編『ドイツの統合』早稲田大学出版部、一九九九年。

高橋進『歴史としてのドイツ統一』岩波書店、一九九九年。

走尾正敬『ドイツ再生とＥＵ』勁草書房、一九九九年。

フリッツ・フィルマー編著、木戸衛一訳『岐路に立つ統一ドイツ』青木書店、二〇〇一年。

近藤潤三『統一ドイツの外国人問題』木鐸社、二〇〇二年。

ハンス・カール・ルップ著、深谷満雄・山本淳訳『現代ドイツ政治史』彩流社、二〇〇二年。

リヒャルト・キースラー／フランク・エルベ著、田中謙次訳『ドイツ統一の舞台裏で』中央公論事業出版、二〇〇三年。

戸原四郎・加藤栄一・工藤章編『ドイツ経済』有斐閣、二〇〇三年。

近藤潤三『統一ドイツの政治的展開』木鐸社、二〇〇四年。

扉図出典：Hans Georg Lehmann, *Deutschland-Chronik 1945 bis 2000*, Bonn 2000, S. 418.

コラムXⅥ

〈普通の国〉論争

横井正信

冷戦の終結とその後の国際情勢の大きな変化のなかで、ドイツは日本と同様に外交・安全保障政策面でより大きな「国際貢献」を求められるようになった。実際、ドイツは湾岸戦争において多国籍軍に対して日本とほぼ同額の一二〇億ドルの拠出を行ない、一九九四年の連邦軍のNATO域外派遣合憲判決を経て、現在では六〇〇〇名以上の兵士を国外に派遣するに至っている。これと並行して、一九九〇年代前半を中心に「普通の国」たれとする議論が再燃した点でも両国は似ているが、日本における議論が国際貢献論や憲法・安全保障政策論を中心としたものであったのに対して、ドイツにおける論争はそれとはかなり内容を異にし、より大きな広がりと深さをもって展開された。

戦後西ドイツがナチズムに至る「ドイツ特有の道」を克服し、西欧民主主義的な意味での「ノーマルな国家」になったのかどうかという議論はすでに以前から行なわれていたが、ソ連圏社会主義の崩壊とドイツ統一は、国内状況と共に同国を取り巻く国際状況をも激変させ、その下で統一ドイツが「普通の国」になったのか、あるいはなるべきか否かをめぐる論争を新たな次元で再燃させた。この論争は一九八〇年代の「歴史家論争」ほどの大論争にはならなかったものの、過去よりも現在及び未来に視点が向けられ、ドイツを代表する歴史学者、社会科学者、政治家が議論に参加した。

この論争において焦点の一つとなったのは、民主的で主権的な「国民国家」という観点から統一後のドイツをどのように位置づけるかという問題であった。この点に関して、著名な歴史学者であるユルゲン・コッカやハーゲン・シュルツェは、戦後西ドイツはナチズムをもたらした社会的精神的構造を克服し西欧的な意味で「相対的にノーマルな国家」になったとの認識の上で、ドイツ統一によって国家の分裂状態も最終的に解消され、ドイツ史上初めて「国民」と「国家」の範囲が一致した「国民国家」が誕生したと主張した。彼らによれば、この「国民国家」が事実上西ドイツによる東ドイツの吸収によって誕生したという点で、今やドイツは完全に西欧的な意味での「普通の国民国家」となったのであった。これに対して、ユルゲン・ハーバーマスやハンス・アウグスト・ヴィンクラーは、ドイツが統一によって「普通の国民国家」になったとする解釈を欺瞞であるとし、そのような見方は一九四五年よりも一九八九年にドイツ史の断絶点を見いだし、第二次世界大戦の戦勝諸国によって押しつけられた不正常な状態がドイツ統一によって正常化されたという考え方につながる危険性があると警告した。また、彼らは、統一ドイツが多文化社会であること、EC（EU）やNATOなどの主権制限的な国際組織に組み込まれていることをあげて、ドイツが古典的な意味での「国民国家」になったことは統一後を含めて一度もないと指摘した。

もう一つの焦点となったのは、統一後のドイツが対外面で西ドイツと同様に「西欧国家」の一員であり続けるか、あるいは「中欧の国家」として独自の判断で行動すべきかという点であった。この点に関して、「中欧国家」派の代表者であり現実主義派の国際政治学者でもあるアルヌルフ・バーリングやグレゴール・シェルゲンは、西ドイツは西欧統合路線の下でECやNATOに組み込まれることによって主体的決定の負担を免れてきたが、統一ドイツはその地理的位置に加えて冷戦の終結という背景からも必然的に「中欧の国家」となり、他方、ECの政治的統合の限界などから、今後はドイツ自身の「国益」を基礎とし権力政治からも目をそむけない自己決定が必要になると主張した。これに対して、「西欧国家」派を代表する一人であるヴァイツゼッカー元大統領は、西ドイツが西欧諸国との統合と相互依存を不可逆的に深化させてきたことを指摘し、今後欧州統合は政治的な面でもさらに進展し、「国民国家」による単独行動はますます抑制されていくであろうと主張した。このような認識から、彼は、統一後のドイツがその方向を転換して「中欧の国民国家」を標榜し、ナショナルな単独行動に走るようなことをしてはならないと警告した。

一九九〇年代に「普通の国」をキーワードとしてこのような論争が再燃した背景には、旧東西ドイツ地域間の社会経済的格差解消の問題に加えて、統一後に緊迫の度を加えた財政・経済・社会保障問題や移民・難民問題といった難題が山積するなかで、「新しいドイツ」とその国民のアイデンティティをどのように形成していくかという根本的な課題が横たわっていた。また、国際政治の面では、冷戦の終結による東西ヨーロッパの境界線の消滅という劇的な変化のなかで、従来よりもいっそう「大国」化したドイツがどのような位置を占めるべきかを根本的に再検討する必要が生じたという背景があった。それらの問題は現在もなお必ずしも解決されたとは言えない状況にあり、その意味で、ドイツにおける「普通の国」論争は、今なおアクチュアルな論争であり続けている。

参考文献

ユルゲン・ハーバマス「ドイツはノーマルな国家になったのか」『思想』第八三二号、一九九三年。

住沢博紀「連邦共和国の遺産と制約――ノーマルな国家と『ヨーロッパ連合』との間で」『思想』第八三三号、一九九三年。

高橋進『解体する現代権力政治』朝日新聞社、一九九四年。

教養のための西洋史入門	中井義明・佐藤専次 他著	A5判三二八頁 本体二五〇〇円
教養のための現代史入門	小澤卓也・田中聡 他編著	A5判四一八頁 本体三〇〇〇円
新しく学ぶ西洋の歴史	南塚信吾・秋田茂 他編	A5判四五〇頁 本体三二〇〇円
大学で学ぶ 西洋史［古代・中世］	服部良久・南川高志 他編著	A5判三七六頁 本体二八〇〇円
大学で学ぶ 西洋史［近現代］	小山哲・上垣豊 他編著	A5判四二四頁 本体二八〇〇円
西洋の歴史 基本用語集〔古代・中世編〕	朝治啓三 編著	四六判三〇四頁 本体二二〇〇円
西洋の歴史 基本用語集〔近現代編〕	望田幸男 編著	四六判二五六頁 本体二〇〇〇円
オックスフォード ヨーロッパ近代史	ブランニング 編著 望田幸男 他監訳	A5判三八〇頁 本体四〇〇〇円
50のドラマで知る ドイツの歴史	M・マイ 著 小杉尅次 訳	四六判四五六頁 本体三五〇〇円
教養のドイツ現代史	田野大輔・柳原伸洋 編著	A5判三六〇頁 本体三〇〇〇円
近代イギリスの歴史	木畑洋一・秋田茂 編著	A5判三九二頁 本体三〇〇〇円
はじめて学ぶ イギリスの歴史と文化	指昭博 編著	A5判二六四頁 本体二八〇〇円
近代フランスの歴史	谷川稔・渡辺和行 編著	A5判三八八頁 本体三二〇〇円
教養のフランス近現代史	杉本淑彦・竹中幸史 編著	A5判三六〇頁 本体三〇〇〇円
近代イタリアの歴史	北村暁夫・伊藤武 編著	A5判二八四頁 本体三一〇〇円
はじめて学ぶ イタリアの歴史と文化	藤内哲也 編著	A5判三八四頁 本体三一〇〇円
大学で学ぶ アメリカ史	和田光弘 編著	A5判三四四頁 本体三〇〇〇円

《編著者紹介》

若尾　祐司（わかお・ゆうじ）

1945年　岐阜県に生まれる。
1972年　名古屋大学大学院法学研究科博士課程退学。
現　在　名古屋大学名誉教授。法学博士。
主　著　『ドイツ奉公人の社会史』ミネルヴァ書房，1986年。
『近代ドイツの結婚と家族』名古屋大学出版会，1996年。
『近代ヨーロッパの探究２　家族』（編著）ミネルヴァ書房，1998年。
『記録と記憶の比較文化史』（共編著）名古屋大学出版会，2005年。

井上　茂子（いのうえ・しげこ）

1954年　山口県に生まれる。
1986年　東京大学大学院社会学研究科博士課程満期退学。
現　在　上智大学文学部教授。
主　著　『1939――ドイツ第三帝国と第二次世界大戦』（共著）同文舘，1989年。
『ドイツ近代史――18世紀から現代まで』（共著）ミネルヴァ書房，1992年。
『ドイツ社会史』（共著）有斐閣，2001年。
『ナチズムのなかの20世紀』（共著）柏書房，2002年。
『歴史家の工房』（共著）Sophia University Press 上智大学，2003年。
訳　書　R.ヒルバーグ『ヨーロッパ・ユダヤ人の絶滅』（共訳）柏書房，1997年。
W.ラカー『ホロコースト大事典』（共訳）柏書房，2003年（日本翻訳出版文化賞受賞）。

近代ドイツの歴史
――18世紀から現代まで――

2005年５月25日　初版第１刷発行　〈検印省略〉
2019年６月30日　初版第８刷発行

定価はカバーに
表示しています

編著者　若　尾　祐　司
　　　　井　上　茂　子
発行者　杉　田　啓　三
印刷者　江　戸　孝　典

発行所　株式会社　ミネルヴァ書房
607-8494　京都市山科区日ノ岡堤谷町１
電話代表　(075)581-5191番
振替口座　01020-0-8076番

共同印刷工業・清水製本

ISBN978-4-623-04359-0

Printed in Japan

執筆者紹介（所属，執筆分担，執筆順，＊は編者）

神《しん》寶《ぽう》 秀《ひで》夫《お》（九州大学名誉教授，第一章）

田《た》北《きた》 廣《ひろ》道《みち》（九州大学名誉教授，コラムⅠ）

姫《ひめ》岡《おか》 とし子《こ》（東京大学名誉教授，第二章）

望《もち》田《だ》 幸《ゆき》男《お》（同志社大学名誉教授，コラムⅡ・Ⅴ）

丸《まる》畠《はた》 宏《ひろ》太《と》（敬和学園大学人文学部教授，第三章）

木《き》谷《たに》 勤《つとむ》（名古屋大学名誉教授，コラムⅢ）

松《まつ》本《もと》 彰《あきら》（新潟大学名誉教授，第四章）

大《おお》津《つ》留《る》 厚《あつし》（神戸大学名誉教授，コラムⅣ）

＊若《わか》尾《お》 祐《ゆう》司《じ》（名古屋大学名誉教授，第五章・付図）

野《の》村《むら》 真《ま》理《り》（金沢大学人間社会研究域経済学系教授，コラムⅥ）

服《はっ》部《とり》 伸《おさむ》（同志社大学文学部教授，第六章）

永《なが》原《はら》 陽《よう》子《こ》（京都大学大学院文学研究科教授，コラムⅦ）

三《み》宅《やけ》 立《たつる》（元明治大学文学部教授，第七章）

西《にし》川《かわ》 正《まさ》雄《お》（東京大学名誉教授，コラムⅧ）

田《た》村《むら》 栄《えい》子《こ》（元佐賀大学文化教育学部教授，第八章）

熊《くま》野《の》 直《なお》樹《き》（九州大学大学院法学研究院教授，コラムⅨ）

岡《おか》田《だ》 英《え》己《み》子《こ》（首都大学東京大学院人文科学研究科客員教授，コラムⅩ）

＊井《いの》上《うえ》 茂《しげ》子《こ》（上智大学文学部教授，第九章・人名索引）

古《ふる》田《た》 善《よし》文《ふみ》（獨協大学外国語学部教授，コラムⅪ）

矢《や》野《の》 久《ひさし》（慶應義塾大学名誉教授，コラムⅫ）

安《やす》野《の》　正《まさ》明《あき》（元広島大学大学院総合科学研究科教授，第十章）

芝《しば》　健《けん》介《すけ》（東京女子大学名誉教授，コラムXIII）

井《い》関《ぜき》　正《ただ》久《ひさ》（中央大学法学部教授，第十一章）

石《いし》田《だ》　勇《ゆう》治《じ》（東京大学大学院総合文化研究科教授，コラムXIV）

近《こん》藤《どう》　孝《たか》弘《ひろ》（名古屋大学大学院教育発達科学研究科教授，コラムXV）

近《こん》藤《どう》　潤《じゅん》三《ぞう》（愛知教育大学名誉教授，第十二章）

横《よこ》井《い》　正《まさ》信《のぶ》（福井大学国際地域学部教授，コラムXVI）

人名索引

[ア　行]

アイヒホルン（Eichhorn, Emil　1863-1925）　195

アイヒマン（Eichmann, Karl Adolf　1906-62）　284

アデナウアー（Adenauer, Konrad　1876-1967）　258, 268, 270, 274-276, 338

アルトホフ（Althoff, Friedrich Theodor　1839-1908）　143

アンドロポフ（Andropov, Yurii Vladimirovich　1914-84）　303

ヴァイツゼッカー（Weizsäcker, Richard von　1920-　）　310, 342

ヴァルトハイム（Waldheim, Kurt　1918-　）　313

ヴィクトリア（英国女王）（Victoria　1819-1901　在位1837-1901）　98

ヴィーラント（Wieland, Christph Martin　1733-1813）　30, 35, 39

ウィルソン（Wilson, Thomas Woodrow　1856-1924）　166, 184

ヴィルト（Wirth, Johann Georg August　1798-1848）　70

ヴィルヘルム１世（Wilhelm I　1797-1888　在位1861-88〔プロイセン国王〕, 1871-88〔ドイツ皇帝〕）　83-84, 86, 98, 132, 140, 217

ヴィルヘルム２世（Wilhelm II　1859-1941　在位1888-1918）　98, 104, 134, 140-141, 144-145, 166-167, 192-193

ウィレム１世（オラニエ公）（Willem I, Prins van Oranje　1533-84）　15

ヴィンディッシュグレーツ（Windischgrätz, Alfred Fürst zu　1787-1862）　78

ヴェルカー（Welcker, Karl Theodor　1790-1869）　70

ヴォルテール（Voltaire　本名 François Marie Arouet　1694-1778）　20, 190

ヴォルフ（Wolff, Christian Freiherr von　1679-1754）　33

ウルブリヒト（Ulbricht, Walter　1893-1973）　258, 272, 288, 292, 294

エアハルト（Erhard, Ludwig　1897-1977）　258, 270, 274-275

エッペルマン（Eppelmann, Rainer　1943-　）　288, 300

エーベルト（Ebert, Friedrich　1871-1925）　188, 192-195, 198, 204

エルクスレーベン（Erxleben, Dorothea Christiana　1715-62）　47

エルンスト２世（ザクセン・コーブルク公）（Ernst II　1818-93）　97-98

エングホルム（SPD）（Engholm, Björn　1939-　）　325

エンゲルス（Engels, Friedrich　1820-95）　128

エンスリン（Ensslin, Gudrun　1940-77）　296-297

オッセ（Osse, Melchior von　1506/7-57）　17

オットー（Otto〔-Peters〕, Louise　1819-95）　129

オーネゾルク（Ohnesorg, Benno　1940-67）　290

オーブレヒト（Obrecht, Georg　1547-1612）　17

オーレンドルフ（Ohlendorf, Otto　1907-51）　285

［カ　行］

カイテル（Keitel, Wilhelm　1882-1946）　241, 282
カウツキー（Kautsky, Karl　1854-1938）　189
カヴール（Cavour, Camillo Benso di　1810-61）　95
カップ（Kapp, Wolfgang　1858-1922）　192, 200
カプリーヴィ（Caprivi, Georg Leo von　1831-99）　140-142
カール１世（Karl I　1887-1922　在位1916-18）　250
カール６世（Karl VI　1685-1740　在位1711-40）　13
カール・アルブレヒト（カール７世）（Karl Albrecht〔Karl VII〕　1697-1745　在位1742-45）　4
カルテンブルンナー（Kaltenbrunner, Ernst　1903-46）　282
カール・フリードリヒ（バーデン辺境伯）（Karl Friedrich　1728-1811）　21
カンディンスキー（Kandinskii, Vasilii Vasil'evich　1866-1944）　159-160, 202
カント（Kant, Immanuel　1724-1804）　4, 20, 30, 33, 35, 46, 50, 91, 260
カンペ（Campe, Joachim Heinrich　1746-1818）　30, 46
キージンガー（Kiesinger, Kurt Georg　1904-88）　274, 288
ギョーム（Guillaume, Günter　1927-95）　292
クラース（Claß, Heinrich　1868-1953）　180
クリスティアン９世（デンマーク王）（Christian IX　1818-1906　在位1863-1906）　99
クルップ（Krupp, Alfred　1812-87）　116, 123
クレー（Klee, Paul　1879-1940）　160, 202
グレーナー（Groener, Wilhelm　1867-1939）　177-179, 195
クレンツ（Krenz, Egon　1937-　）　288, 306
グロス（Grosz, George　1893-1959）　206
グローテヴォール（Grotewohl, Otto　1894-1964）　258
グロピウス（Gropius, Walter　1883-1969）　202
ケッテラー（Ketterer, Wilhelm Emanuel Freiherr von　1811-77）　110, 129
ゲッベルス（Goebbels, Joseph　1897-1945）　214, 222, 226, 237, 246, 301
ゲーテ，C.（Goethe, Cornelia　1750-77）　31, 48
ゲーテ，J. W.（Goethe, Johann Wolfgang von　1749-1832）　31, 35, 37, 39, 48-49, 51, 82, 198
ゲーリング（Göring, Hermann　1893-1946）　222-223, 231, 241, 282
コツェブー（Kotzebue, August von　1761-1819）　58, 69
コッホ（Koch, Robert　1843-1910）　143
コール（Kohl, Helmut　1930-　）　288, 300-303, 306-308, 316, 318, 324-326, 329-330, 336-337
ゴルバチョフ（Gorbachyov, Mikhail Segeevich　1931-　）　288, 301-303, 305-306, 318
コルピング（Kolping, Adolf　1813-65）　110, 127, 129

［サ　行］

ザイス＝インクヴァルト（Seyß-Inquart, Arthur　1892-1946）　282
ザウケル（Sauckel, Fritz　1894-1946）　282
サッチャー（Thatcher, Margaret　1925-　）　318
ザント（Sand, Karl Ludwig　1795-1820）　69
シェリング（Schelling, Friedrich Wilhelm Joseph von　1775-1854）　31, 49, 59

シェール（Scheel, Walter　1919-　）　291
シェーンベルク（Schönberg, Arnold　1874-1951）　160
ジーベンプファイファー（Siebenpfeiffer, Philipp Jakob　1798-1845）　70
ジーメンス（Siemens, Werner von　1816-92）　110
シャイデマン（Scheidemann, Philipp　1865-1939）　192, 194-195, 198
シャハト（Schacht, Hjalmar　1877-1970）　222, 229, 231, 283
シャルンホルスト（Scharnhorst, Gerhard Johann David von　1755-1813）　64
シュヴァルツェンベルク（Schwarzenberg, Felix Fürst zu　1800-52）　78
シュシュニク（Schuschunigg, Kurt von　1897-1977）　241-242, 251
シュタイン，K.（Stein, Heinrich Friedrich Karl Reichsfreiherr vom und zum　1757-1831）　58, 64, 122
シュタイン，L.（Stein, Lorenz von　1815-90）　110, 127
シュタウフェンベルク（Stauffenberg, Claus Graf Schenk von　1907-44）　246
シュティンネス（Stinnes, Hugo　1870-1924）　204
シュトフ（Stoph, Willi　1914-99）　291, 316
シュトライヒャー（Streicher, Julius　1885-1946）　282
シュトラウス，F. J.（Strauß, Franz Josef　1915-88）　302
シュトラウス，J.（2世）（Strauß, Johann〔Sohn〕　1825-99）　101, 104
シュトラッサー，G.（Strasser, Gregor　1892-1934）　227
シュペーア（Speer, Albert　1905-81）　222, 245, 282
シューマン（Schuman Robert　1886-1963）　258, 268
シュミット（Schmidt, Helmut　1918-　）　279, 288, 295-296, 300-301, 323
シュライエルマッハー（Schleiermacher, Friedrich Daniel Ernst　1768-1834）　51
シュライヒャー（Schleicher, Kurt von　1882-1934）　192, 211, 213, 227
シュライヤー（Schleyer, Hans-Martin　1915-77）　296
シュリーフェン（Schlieffen, Alfred von　1833-1913）　168
シュルツェ＝デーリチ（Schulze-Delitzsch, Hermann　1808-83）　110, 128
シュレーゲル，A. W.（Schlegel, August Wilhelm von　1767-1845）　30, 39, 49, 51
シュレーゲル，F.（Schlegel, Friedrich　1772-1829）　31, 39, 49, 51
シュレーダー，G.（CDU）（Schröder, Gerhard　1910-89）　291
シュレーダー，G.（SPD）（Schröder, Gerhard　1944-　）　316, 325-328, 336, 339-341
シュレーダー，K.（銀行家）（Schröder, Kurt Freiherr von　1889-1965?）　192, 213
シュレーツァー（Schlözer, Dorothea　1770-1825）　47
シラー（Schiller, Friedrich von　1759-1805）　31, 82, 198, 274
シーラハ（Schirach, Baldur von　1907-74）　283
スターリン（Stalin〔Dzhugashvili〕, Iosif Vissarionovich　1879-1953）　190, 242-243, 258, 269-270
ゼッケンドルフ（Seckendorff, Veit Ludwig von　1626-92）　4, 18

［タ　行］

ダイムラー（Daimler, Gottlieb Wilhelm　1834-1900）　110
タウト（Taut, Bruno　1880-1938）　202
ダレ（Darré, Richard Walther　1895-1953）　230

チェルネンコ（Chernenko, Konstantin Ustinovich　1911-85）　303
チェンバレン（Chamberlain, Arthur Neville　1869-1940）　242
チャーチル（Churchill, Winston Leonard Spencer　1874-1965）　244
ツィーツ（Zietz, Luise　1865-1922）　170-171
ディックス（Dix, Otto　1891-1969）　165
ディートリヒ（Dietrich, Marlene　1901-92）　206
ティルピッツ（Tirpitz, Alfred von　1849-1930）　140, 145
デーニッツ（Dönitz, Karl　1891-1980）　246, 283
デメジエール（de Maizière, Lothar　1940-　）　288, 308, 317
ドゥチュケ（Dutschke, Rudi　1940-79）　290
ドゥンカー（Duncker, Franz Gustav　1822-88）　128
ドゴール（de Gaulle, Charles　1890-1970）　270, 338
ドーズ（Dawes, Charles Gates　1865-1951）　192, 204
トマージウス（Thomasius, Christian　1655-1728）　30, 33
トライチュケ（Treitschke, Heinrich von　1834-96）　137-138
ドルフース（Dollfuß, Engerbert　1892-1934）　222, 228, 240-241, 250
トロータ（Trotha, Adrian Dietrich Lothar von　1848-1920）　161-162

[ナ　行]

ナポレオン（Napoléon Bonaparte　1769-1821）　58, 62-67, 71, 111, 118
ナポレオン３世（Napoléon III　1808-73　在位1852-70）　95, 100
ニコライ２世（ロシア皇帝）（Nikolai II Aleksandrovich　1868-1918　在位1894-1917）　98, 166
ニーメラー（Niemöller, Martin　1892-1984）　226
ノイラート（Neurath, Konstantin Freiherr von　1873-1956）　241, 283
ノヴァーリス（Novalis〔本名 Friedrich Leopold Freiherr von Hardenberg〕　1772-1801）　49, 51
ノスケ（Noske, Gustav　1868-1946）　188

[ハ　行]

ハイドリヒ（Heydrich, Reinhard　1904-42）　238
ハイネ，H.（Heine, Heinrich　1797-1856）　137
ハイネ，Th.（Heine〔Forster Huber〕, Therese　1764-1847）　31, 48-49
ハイム（Heim, Georg　1865-1938）　181
ハーヴェマン（Havemann, Robert　1910-82）　288, 293, 299
ハウプトマン（Hauptmann, Gerhart　1862-1946）　126
バーダー（Baader, Andreas　1943-77）　296-297
バッハ（Bach, Johann Sebastian　1685-1750）　4, 22
バドリオ（Badoglio, Pietro　1871-1956）　246
ハーネマン（Hahnemann, Christian Friedrich Samuel　1755-1843）　155
パーペン（Papen, Franz von　1879-1969）　192, 213, 217, 228, 283
バール（Bahr, Egon　1922-　）　291
ハルコルト（Harkort, Friedrich　1793-1880）　115-116
ハルシュタイン（Hallstein, Walter　1901-82）　270, 291
バルツェル（Barzel, Rainer Candidus　1924-　）　292

ハルデンベルク（Hardenberg, Karl August Fürst von　1750-1822）　64
パルム（Palm, Johann Philipp　1768-1806）　66
バンデル（Bandel, Ernst von　1800-76）　82
ビアマン（Biermann, Wolf　1936-　）　288, 293, 299
ビスマルク（Bismarck, Otto Edward Leopold Fürst von　1815-98）　82-86, 94-95, 99-104, 130-134, 141, 143-144, 180
ヒッペル（Hippel, Theodor Gottlieb von　1741-96）　30, 46
ヒトラー（Hitler, Adolf　1889-1945）　192, 196-197, 200, 213-214, 222-231, 238-246, 251, 259, 265-267
ヒムラー（Himmler, Heinrich　1900-45）　238
ビューロー（Bülow, Bernhard von　1849-1929）　140, 145
ヒルシュ（Hirsch, Max　1832-1905）　128
ヒルファーディング（Hilferding, Rudolf　1877-1941）　188
ビルンバウム（Birnbaum, Nathan　1864-1933）　137
ヒンデンブルク（Hindenburg, Paul von Beneckendorff und von　1847-1934）　166, 172, 174, 177-178, 180, 183, 192, 204, 210, 213-214, 222, 224, 227
ファラスレーベン（Fallersleben, Hoffmann von〔本名 August Heinrich Hoffmann〕　1798-1874）　87
ファルケンハイン（Falkenhayn, Erich von　1861-1922）　175
フィッシャー（Fischer, Joschka　1948-　）　162, 288, 302, 326, 336
フィヒテ（Fichte, Johann Gottlieb　1762-1814）　30, 37, 39, 46
フォルスター（Forster, Georg　1754-94）　31, 48-49
ブッシュ（父）（Bush, George　1924-　）　318
プーフェンドルフ（Pufendorf, Samuel Freiherr von　1632-94）　4
ブラウヒッチュ（Brauchitsch, Walther von　1881-1948）　241
フラニツキ（Vranitzky, Franz　1937-　）　312-313
フランク（Frank, Hans　1900-46）　282
フランコ（Franco, Francisco　1892-1975）　228, 240
フランツ1世（Franz I　1708-65　在位1745-65）　4, 13
フランツ2世（Franz II　1768-1835　在位1792-1806）　63
フランツ・フェルディナント（Franz Ferdinand　1863-1914）　168
フランツ・ヨーゼフ1世（Franz Joseph I　1830-1916　在位1848-1916）　94, 104
ブランデンブルク（Brandenburg, Friedrich Wilhelm Graf von　1792-1850）　78
ブラント（Brandt, Willy　1913-92）　258, 274-275, 288, 291-292, 295, 299, 310
プリーヴィエ（Plievier, Theodor　1892-1955）　195
プリースニッツ（Priessnitz, Vincenz　1799-1851）　155
フリック（Frick, Wilhelm　1877-1946）　218, 223, 282
フリッチュ（Fritsch, Werner Freiherr von　1880-1939）　222, 241, 283
フリードリヒ1世（プロイセン王）（Friedrich I　1657-1713　在位1701-13）　13, 30, 33
フリードリヒ2世（大王）（Friedrich II　1712-86　在位1740-86）　4, 14, 20, 22, 30, 37, 48, 60, 89
フリードリヒ3世（ドイツ皇帝）（Friedrich III　1831-88　在位1888）　98, 140
フリードリヒ・ヴィルヘルム1世（プロイセン王）（Friedrich Wilhelm I　1688-1740　在位1713-40）　4, 14

フリードリヒ・ヴィルヘルム３世（プロイセン王）（Friedrich Wilhelm III　1770-1840　在位1797-1840）　114
フリードリヒ・ヴィルヘルム４世（プロイセン王）（Friedrich Wilhelm IV　1795-1861　在位1840-61）　74, 78
ブリューニング（Brüning, Heinrich　1885-1970）　192, 210-211, 213, 215
プリンス＝スミス（Prince-Smith, John　1809-75）　128
ブレア（Blair, Tony　1953-　）　326
プレヴァン（Pléven, René　1901-93）　258, 269
ブレジネフ（Brezhnev, Leonid Ilich　1906-82）　294
プロイス（Preuß, Hugo　1860-1925）　217
ブロンベルク（Blomberg, Werner von　1878-1946）　222, 241
フンク（Funk, Walther　1890-1960）　282
フンボルト（Humboldt, Karl Wilhelm Freiherr von　1767-1835）　30, 39, 51, 142, 146
ヘーゲル（Hegel, Georg Wilhelm Friedrich　1770-1831）　39, 59-60
ヘス（Heß, Rudolf　1894-1987）　282
ヘッカー（Hecker, Friedrich　1811-81）　58, 74
ベートーヴェン（Beethoven, Ludwig van　1770-1827）　65
ベートマン＝ホルヴェーク（Bethmann Hollweg, Theobald von　1856-1921）　140, 166, 168, 178, 180-181, 183
ベーベル（Bebel, August　1840-1913）　130, 134, 189
ベーリング（Behring, Emil von　1854-1917）　140, 143
ヘルダー（Herder, Johann Gottfried von　1744-1803）　31, 37, 39
ヘルダーリン（Hölderlin, Friedrich　1770-1843）　59
ヘルツ（Herz, Henriette　1764-1847）　31, 50-51
ヘルツォーク（Herzog, Roman　1934-　）　162
ヘンライン（Henlein, Konrad　1898-1945）　242
ホイス（Heuss, Theodor　1884-1963）　310
ボイマー（Bäumer, Gertrud　1873-1954）　170-171
ホーエンローエ（Hohenlohe-Schillingsfürst, Chlodwig Fürst zu　1819-1901）　140
ボーダン（Bodin, Jean　1529/30-96）　14-15
ポッペ（Poppe, Ulrike　1953-　）　300
ホーネッカー（Honecker, Erich　1912-93）　288, 293-294, 296, 299, 302-306
ホープレヒト（Hobrecht, James　1825-1902）　124
ホーベルク（Hohberg, Wolf Helmhard Freiherr von　1612-1688）　23
ボーライ（Bohley, Bärbel　1945-　）　300
ポール（Pohl, Oswald　1892-1951）　285
ボルジヒ（Borsig, August　1804-54）　116
ボルマン（Bormann, Martin　1900-45）　283

［マ　行］

マインホフ（Meinhof, Ulrike　1934-76）　296
マクロイ（McCloy, John Jay　1895-1989）　281, 284
マーシャル（Marshall, George Catlett　1880-1959）　258, 267
マックス・フォン・バーデン（Max von Baden　1867-1929）　166, 184
マリア・テレージア（Maria Theresia　1717-80　在位1740-80）　4, 13-14, 90
マルク（Marc, Franz　1880-1916）　160
マルクス（Marx, Karl　1818-83）　92, 128
マン（Mann, Heinrich　1871-1950）　206
ミッテラン（Mitterrand, François　1916-96）　301, 318

ミヒャエリス（Michaelis〔Schlegel Schelling〕, Caroline　1763-1809）　31,48-49,51
ミュラー（Müller, Hermann　1876-1931）　192,210-211,275
ミルヒ（Milch, Erhard　1892-1972）　285
ムッソリーニ（Mussolini, Benito　1883-1945）　197,228,242,246,251
メッテルニヒ（Metternich, Klemens Wenzel Lothar von　1773-1859）　58,67,71-72,94-95,114
メルケル（Merkel, Angela　1954-　）　316,342
メンデルスゾーン，D.（Mendelssohn〔Veit Schlegel〕, Dorothea　1763-1839）　31,50-51
メンデルスゾーン，M.（Mendelssohn, Moses　1729-86）　30,50
モーゲンソー（Morgenthau, Henry Jr.　1891-1967）　260
モーツァルト（Mozart, Wolfgang Amadeus　1756-91）　22
モドロウ（Modorow, Hans　1928-　）　306-308
モルトケ（小）（Moltke, Helmuth Johannes Ludwig von　1848-1916）　175
モルトケ（大）（Moltke, Helmuth Karl Bernhard Graf von　1800-91）　83,100
モンジュラ（Montgelas, Maximilian Graf von　1759-1838）　64

［ヤ　行］

ヤング（Young, Owen D.　1874-1962）　192,212
ユンガー（Jünger, Ernst　1895-1998）　175
ヨーゼフ2世（Joseph II　1741-90　在位1765-90）　4,14,21,60
ヨードル（Jodl, Alfred　1890-1946）　282
ヨハン（オーストリア大公）（Johann, Erzherzog von Österreich　1782-1859）　58,76,94
ヨハン7世（ナッサウ伯）（Johann VII, Graf von Nassau-Siegen　1561-1623）　15
ヨルク（Yorck von Wartenburg, Hans David Ludwig　1759-1830）　66

［ラ　行］

ラウ（Rau, Johannes　1931-　）　311
ラサール（Lassalle, Ferdinand　1825-64）　129-130
ラーテナウ（Rathenau, Walther　1867-1922）　177,188,192,200
ラフォンテーヌ（Lafontaine, Oskar　1943-　）　319,326-327
ラング（Lang, Fritz　1890-1976）　206
リスト（List, Friedrich　1789-1846）　113-115,120
リッベントロップ（Ribbentrop, Joachim von　1893-1946）　241,282
リープクネヒト（Liebknecht, Karl　1871-1919）　169,177,182,186,192,196,304
リューダース（Lüders, Marie Elisabeth　1878-1966）　179
リルアコ（Riruako, Kuaima　1935-　）　162
リルケ（Rilke, Rainer〔René〕Maria　1875-1926）　159
ルクセンブルク（Luxemburg, Rosa　1870-1919）　182,186,188-190,192,196,304
ルソー（Rousseau, Jean Jacques　1712-78）　45
ルーデンドルフ（Ludendorff, Erich　1865-1937）　166,172,174-175,178,183,192-194,196,200
ルートヴィヒ2世（バイエルン王）（Ludwig II　1845-86　在位1864-86）　98
レーヴィン（Levin〔Varnhagen〕, Rahel　1771-1835）　31,50-51
レーオポルト2世（Leopold II　1747-92　在位1790-92）　21
レーガン（Reagan, Ronald Wilson　1911-2004）　296

レーダー（Raeder, Erich　1876-1960）　241, 283
レッシング（Lessing, Gotthold Ephraim　1729-81）　30, 37
レッテ（Lette, Adolf　1799-1868）　128-129
レーニン（Lenin〔Ulyanov〕, Vladimir Ilich　1870-1924）　189-190, 196
レプケ（Röpke, Wilhelm　1899-1966）　259
レーム（Röhm, Ernst　1887-1934）　222, 226
ローゼンベルク（Rosenberg, Alfred　1893-1946）　282
ロテック（Rotteck, Karl von　1775-1840）　70

付図　境界の変遷

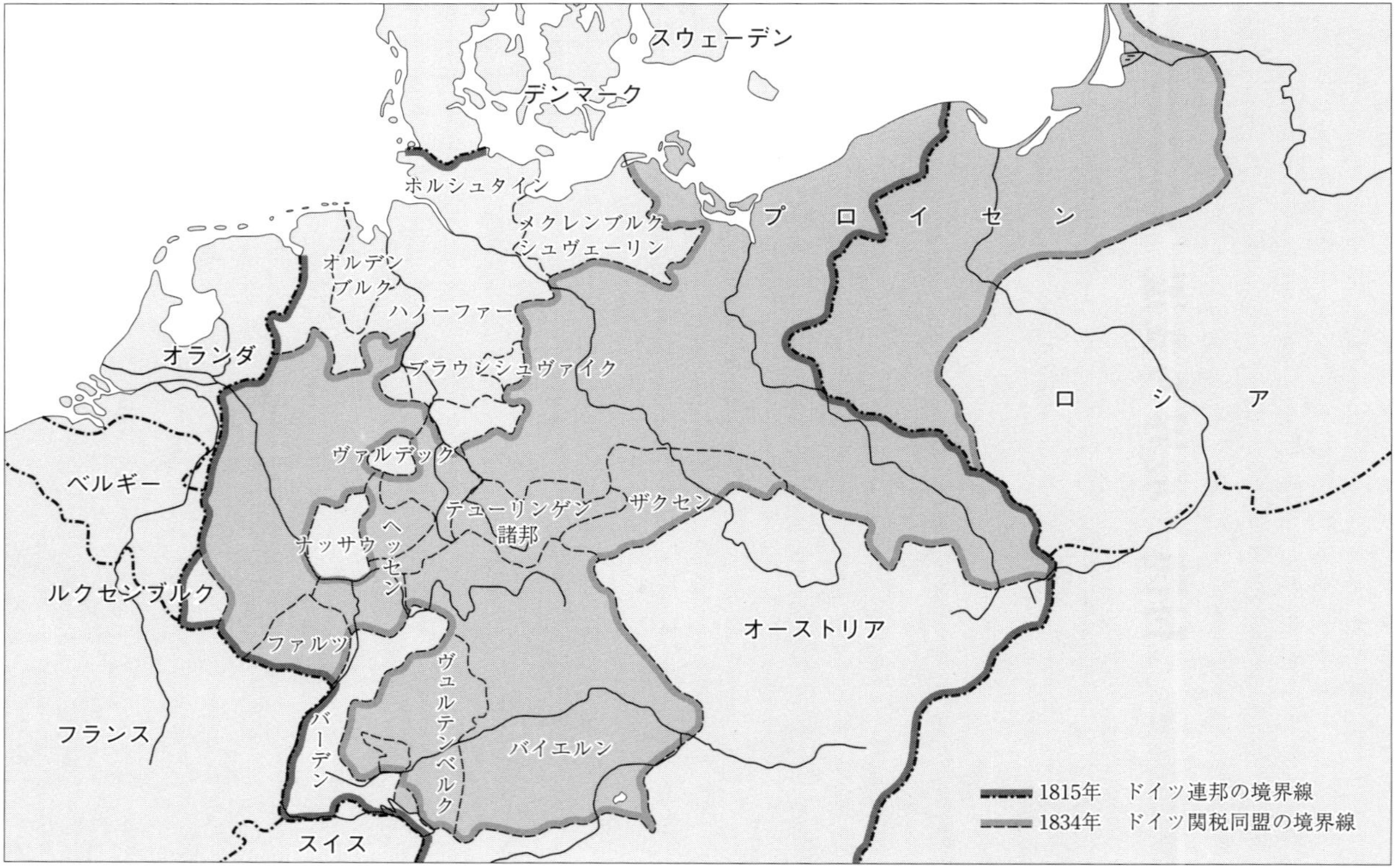

付図１　1815年ドイツ連邦と1834年ドイツ関税同盟の境界線

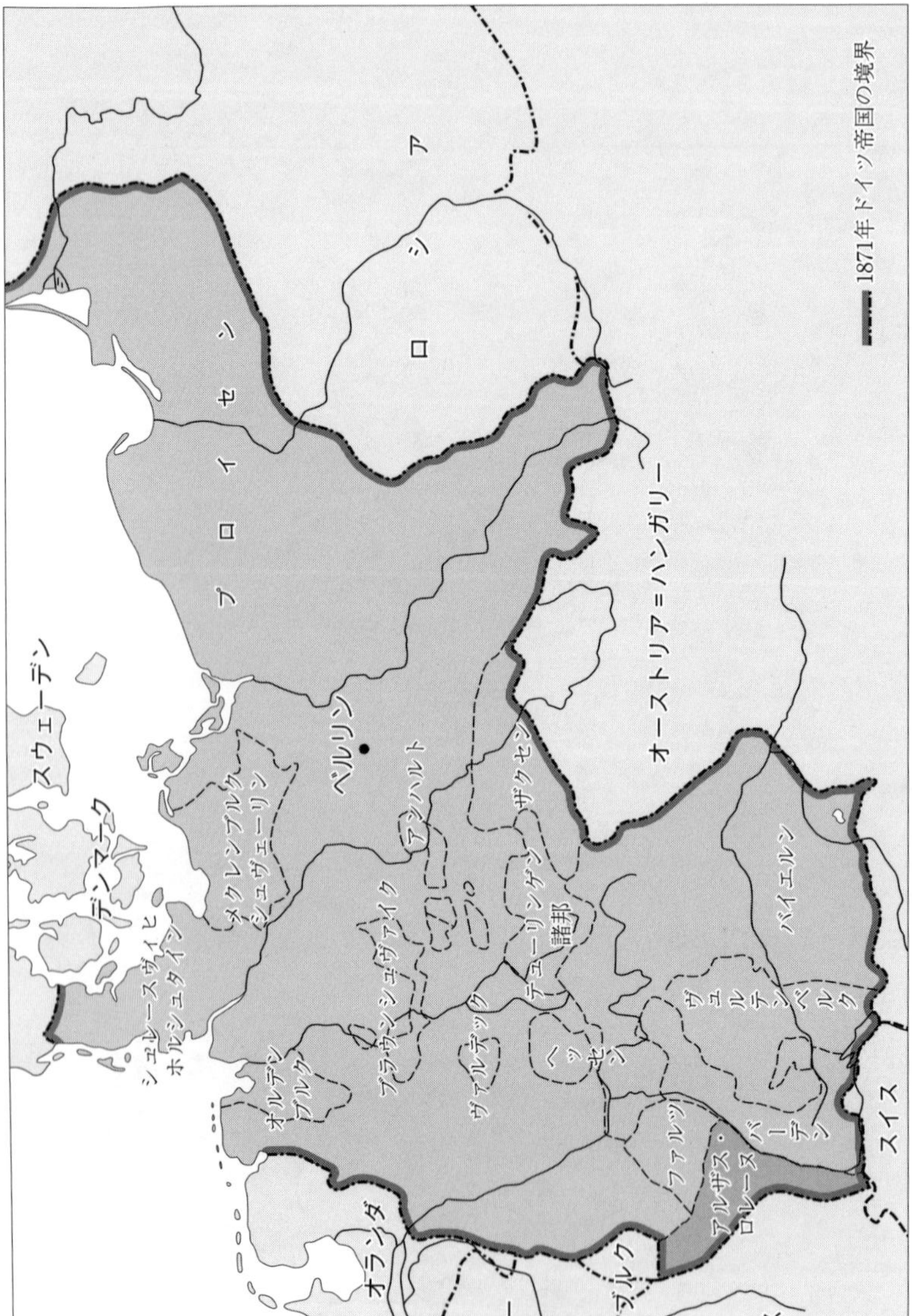

付図2　1871～1918年ドイツ帝国の国境

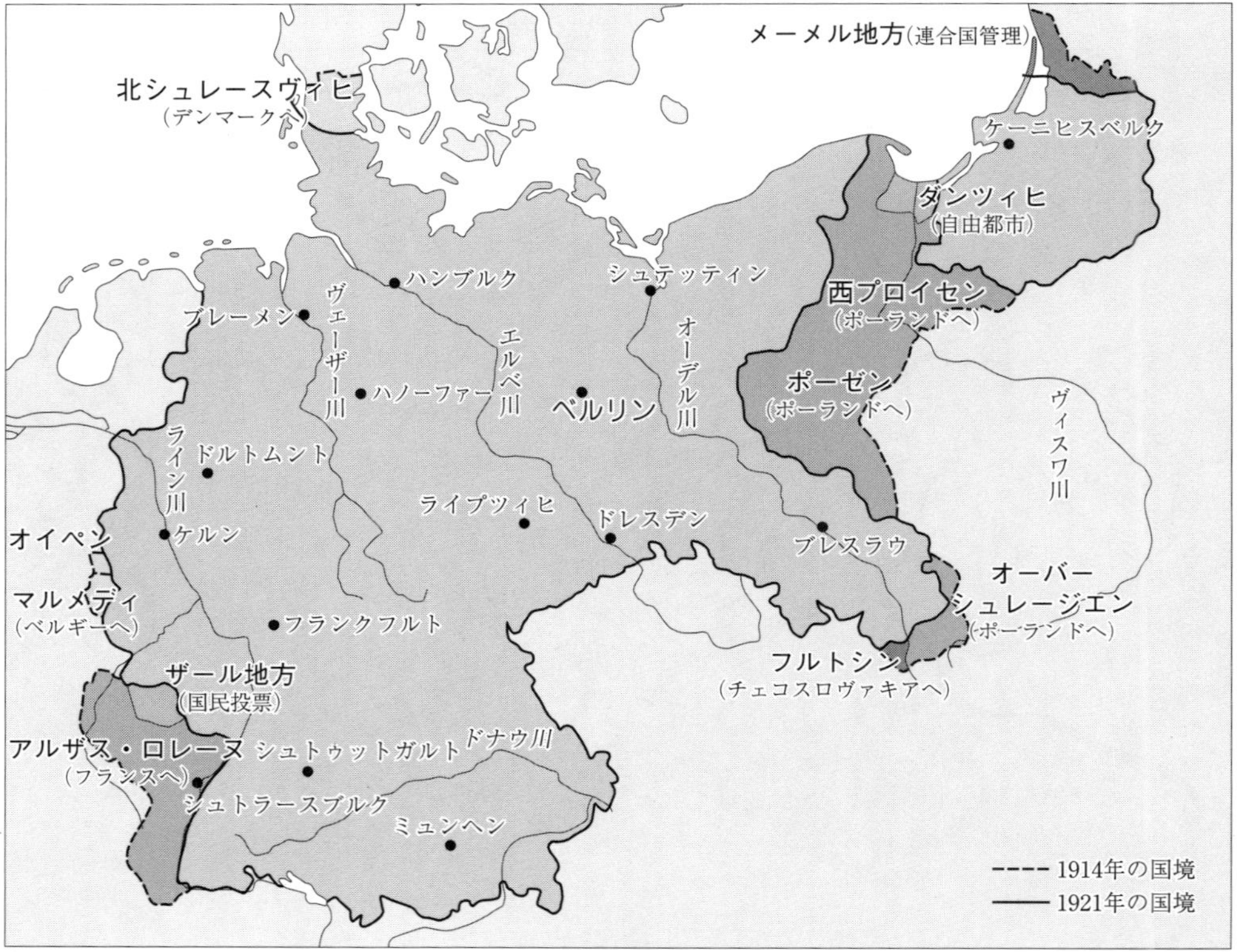

付図3　ヴェルサイユ条約による領土喪失とワイマル共和国の国境

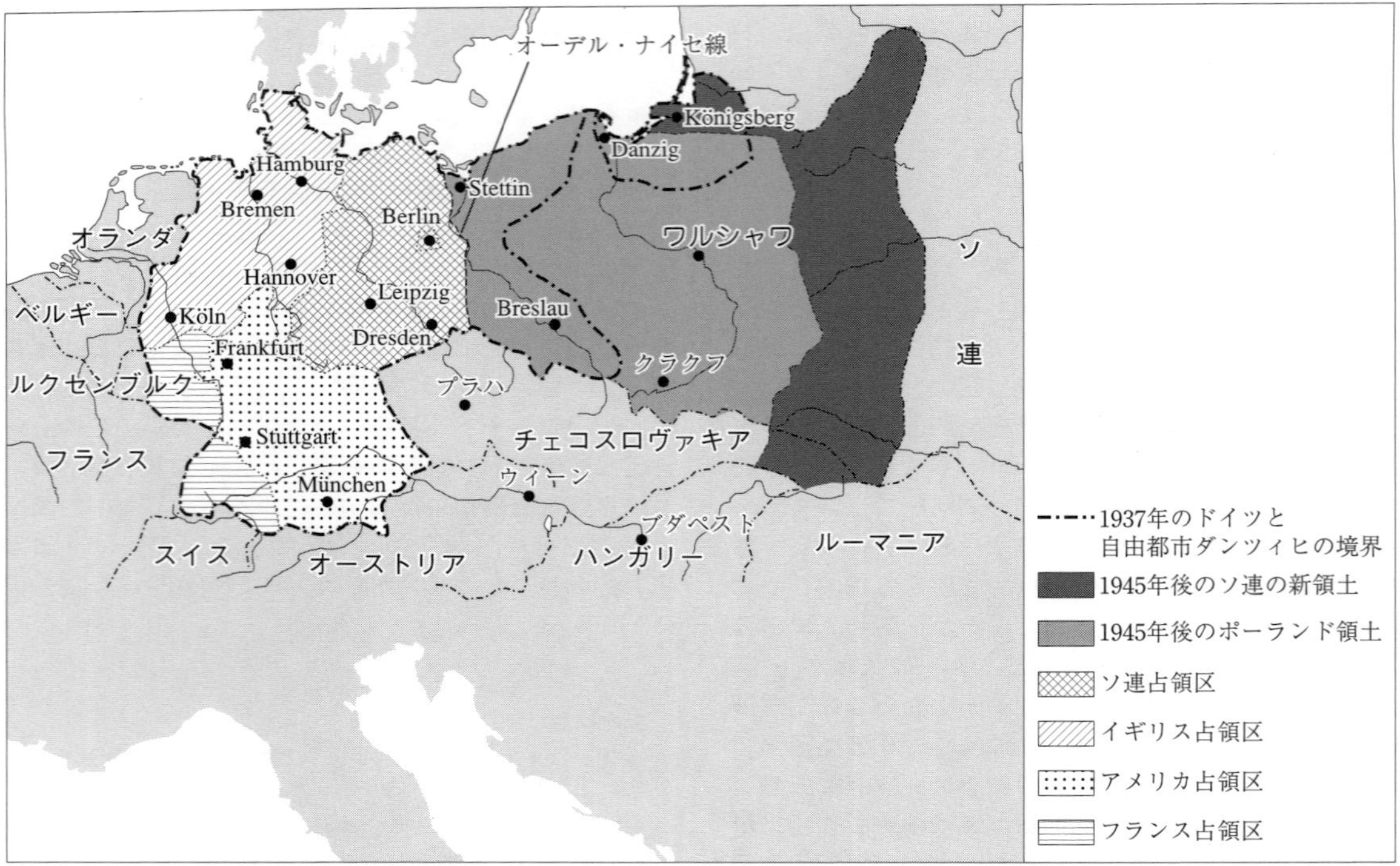

付図 4　1945年後の中欧

注：付図 1 には自由都市 4 を含め39の邦国があり，とくにテューリンゲン諸邦には多数の国が含まれる。詳細は本書61頁を参照。付図 3 の各都市は，付図 4 と一部重なるので，付図 4 のその部分は原語表記してある。

出典：*Deutschland. Porträt einer Nation*, Gütersloh 1985, S. 265, 298, 341.